U0148964

文學叢刊

田鳳台著

雪泥鴻影文集

文史哲出版社印行

國家圖書館出版品預行編目資料

雪泥鴻影文集/ 田鳳台著. -- 初版. -- 臺北市：
文史哲, 民 95
頁： 公分. --（文學叢刊；183）
ISBN 957-549-668-X (平裝)

1.論叢與雜著

078　　95008509

文學叢刊 183

雪泥鴻影文集

著者：田鳳台
出版者：文史哲出版社
http://www.lapen.com.tw
登記證字號：行政院新聞局版臺業字五三三七號
發行人：彭正雄
發行所：文史哲出版社
印刷者：文史哲出版社
臺北市羅斯福路一段七十二巷四號
郵政劃撥帳號：一六一八〇一七五
電話886-2-23511028 · 傳真886-2-23965656

實價新臺幣六〇〇元

中華民國九十五年（2006）五月初版

ISBN 957-549-668-X

母親的話

一讓兩有

一爭兩醜

人生到處知何似
應似飛鴻踏雪泥
泥上偶然留指爪
鴻飛那復計東西

雪泥鴻影文集 目錄

四、詩詞遣懷……二六七

五、學術論著

六、雜著論綴……五〇一

平生記實（代序）

語云：「失之東隅，收之桑榆。」其意「早歲未悟，晚悔不遲。」悠悠光陰，一去不返，黑髮白首，暮年已至。而人生飄忽，諸事無成，回首前生，歷歷在目。倘蹉跎依舊，則一生往事，皆成過眼雲煙。上無以告遠祖，下無以啓來世，豈能無憾於心。奈疏筆已久，臨稿踟躕，不知所云，誠苦事也。然苟不奮此餘生，克服難困，略憶前塵往跡，則恍惚浮生，眞成泡影。故不計髮蒼目茫，免力以赴，或可雪泥鴻影，影留紙上，以告來者。

壹　生活前期

一、故鄉素描

楊邑村在河南省湯陰縣西四十華里。我出生地南楊邑。名南楊邑者，蓋有北楊邑爲之對稱也，俗名五楊邑。以位置言，北楊邑又名張家楊邑，因張姓居多。東楊邑應名盧家楊邑，盧姓人衆。西楊邑故名秦家楊邑，秦姓過半。中楊邑亦名許家楊邑，不言可喻。南楊邑居民分三姓，田姓居村頭，王姓村中，武姓村尾，三姓人口較難軒輊。

楊邑村北方鶴壁鎮，乃村民貿易聚集之所。南方鹿樓鎮，地遠貿稀、村民少聚，西臨東堯鎮，乃林縣管轄，屬太行山區。

湯陰縣在大陸屬三等縣，地瘠民貧，東部平原、西臨太行山區，居民以務農爲業。鶴壁鎮因產煤，平漢鐵路有支線可達。煤礦以土法開採，經常發生礦變，災及礦工。農產收小麥、稻穀、玉蜀黍、雜糧、棉花、豆類。年熟二季。果類以柿、棗、桃、杏、梨等。然產量不豐。

湯陰縣乃民族英雄岳飛誕生地，城內岳廟，每年農曆二月十五日，武穆誕辰，省府派大員到縣致祭。城北羑里古跡，係商紂囚文王姬昌之所。有演易樓，文王長子伯夷考墓。城南爲正氣歌中嵇侍中灑血處。楊邑村南臨獅子崗，崗上現存宋初平南王鄭恩賣油遺跡，並且有五代柴王周世宗作戰運糧碾石成溝之軌痕。村北方寶峰寺，有北國蕭太后掛衣無鉤之荆棘，有校場村、有練馬場、南寺灣村有楊家將七郎所舉之千鈞石，雖事涉道傳，但村民言之鑿鑿，古史家爲補正史之缺，常訪之民間遺老，非無稽也。（見湯陰懷古一文）

居民風俗淳厚，生活清苦，貧民終年柿糠稀飯糊口；逢年過節，才買肉打牙祭。平時烹飪鮮見油脂，但勤樸成風，鄉里扶持，春耕夏耘，秋收冬藏，村諺云：「莊稼老頭納了糧，便是自在王。」是說種田人家，只要向政府交了稅款，便可「日出而作，日入而息，帝力何有於我哉。」田莊之樂，可見一般。

二、家庭寫眞

從我有記憶，家中共十口，曾祖母、祖父母、父母、兄嫂、我及內子、弟弟。祖父及父皆單傳，父母生我兄弟四人，但三弟七歲早夭。

曾祖母，蘇姓，家人呼稱老奶奶，是曾祖父之繼室，高壽八十餘，乃家中之最長者，已無問家事，安享天年。祖父事繼母至孝，雖已年邁，然鄉間衛生較差，棉被中藏有蚤子，祖父待親起床後，將棉被曬至陽光下，爲親捕蚤，未嘗少懈。古有二十四孝，如黃香溫蓆、王祥臥冰，載在史册，爲親捕蚤，或亦事親佳話。曾祖母逝世時備極哀榮，父親係鄉紳，在鄉里中濟弱扶傾，人緣極佳，記憶中喪禮中輓聯輓帳掛滿庭院，我年紀幼小，只記得出殯時帶黃色孝帽，以鄉間風俗禮節，如果是高曾祖母，更要帶紅色，蓋年長者壽終，已非喪事，乃喜事也。古人制禮作樂，份際之分，親疏有別，信不誣也。

曾祖母逝世後，家中之長者祖父母，二老雖曾祖母在世，已是家中之正尊，曾祖母只是虛位象徵而已。祖父正路公、諱義，祖母徐氏，二老雖皆高邁，但體尚康健，祖父身偉岸，長鬚髯，家事已託父親掌管，一身輕閒，然頗有科學技藝，家中農具壞損，隨時塡補修復。鄉間交通不便，親手自製大車，以代背負牲載之苦，雖屢經失敗，但矢志不懈，終底於成，鄉人視爲異稟。冬時天寒，鬚滴口水成冰，未曉即起，儲糞肥田，其一生志業，爲幼孫三人，置田三頃，每頃百畝。我幼時因母親尙有幼弟在抱，與祖父母同寢，晚上工作，掌燈爲二老捉寢牆隙中臭蟲，視爲樂事。因二老眼睛昏花，小子眼視敏銳，二老下有壯子、兒媳、孫兒、孫媳，含飴之年，清閒是福，少問家事。

談起父母親，乃家中主宰靈魂人物。父親璧瑩公，諱玉鏡。母姬氏，系出名門。家中無論帳簿管理出納，長工僱用調配，奉親育子，敦親睦鄰，事無巨細，皆由父親一肩承擔。而排難解紛，鄉里重大事故，須其出面，方可迎刃而解。我家有田三百畝，雇長工五人，田間種植收獲，禽畜飼養，皆須精心擘畫，勞其精力。母親一生，上有公婆侍奉，下有子媳須護，有享則公婆在先，有責則己身在前，一生不上不下，含辛茹苦，福無其享，責有其擔，如今思之，衷心慘怛，愧疚難安。

我兄弟四人，長兄鳳樓，字皇庭。我排行老二，名鳳台，字蕭引。三弟鳳殿，七歲早夭。四弟鳳閣。以家譜排序，屬鳳字輩，祖父以樓、臺、殿、閣、命名。長兄鳳樓取鶴壁鎮旁曹家村李氏女，哥哥婚娶時在家鄉排場之大，記憶中花轎四座，前面八名隊子馬開道，駿馬上乘者，身掛盒子炮、鼓樂喧天，禮炮震地，所經鄉里，皆擺香案接風致賀。鄉間民風保守，不希望兒孫出外讀書致仕，經商創業，只希望子孫勤守祖業，務農耕田。哥哥因受新潮影響，經過與家庭力爭，棄鄉塾到縣城讀高等小學，高小畢業時，縣府派員到家中報喜，門口張貼大紅報條。後又升入縣立精忠中學，兄長聰穎過人，無論文科算學，皆列優選，其帶回之新思潮，校內作業，余幼時耳濡目染，對余爾後影響深遠。嫂嫂進門後，母親已有兒媳，遂將庖廚烹飪之責，交其代掌，待我娶媳中羅村郭氏進門之後，二媳輪流，不過母親並未稍息，因家事實在頭緒萬端，昔時男耕女織，農忙時婦女仍須下田收割，農閒時晝織夜紡，全家大小男女衣帽鞋襪，皆須親手縫製，忙得無時清閒。

談過家人後，再敘我家親戚，父親單傳，有妹四人，大姑母嫁後羅村，適王早逝，遺子女各一，子名運生，女名桂雲，二姑嫁鶴壁鎮，適郭，但姑丈中年癱瘓在床，後病逝，二姑早寡。三姑嫁東窯頭村，家中開粉房。四姑性開朗，嫁郭家崗村，育女名妹弟，常住外婆家，四姑母中四姑生活較美滿，最得我兄弟幼小時喜歡。外婆家住姬家山，先代在清朝曾任千總拔總之職。外公外婆早逝，現存大舅全家及二舅媽。只有逢年節，照例我及大哥須到舅家拜年，平時親戚往來，只有婚喪喜慶，重大病痛，相互往來慰問。

家中除親戚外，還有雇用長工，我家雇用長工五人，有領班一人，負責長工工作調配，年薪稻穀五石餘，掌犁二人、負責犁田擔水耘田之責，年薪稻穀四石餘，另有雜役長工一人，負責不屬任何專職工作，類不管部門政務委員，年薪三石餘。另有牧童一人，專司牧牛山野，早出晚歸。薪給稻否石餘。在我記憶中，較深影響的領班長工，一名楊佩路，毛連洞人，通達世情，與家人協調圓滿，長工配合良好，順利完成任務。一名郭城，工作認眞，處事明快。二人當値時，是家中極盛時代，耕耘適時，田禾豐收，夏季新穀下種，鋤草助苗，長工人手不足，尤需僱臨時短工，幫助耕田，約二三十人，一時鋤頭齊舉，並列競前，眞有「鋤禾日當午，汗滴禾下土；誰知盤中餐，粒粒皆辛苦。」年收二季，冬下麥種，五月收割，夏種稻苗，秋季收割。秋收以後，田邊柿棵又熟，又須採收，柿棵曬滿居家屋頂，和以穀糠，碾成柿餅，爲家中長工早晚主食。家中年收小麥六十餘石，稻穀八十餘石，堆滿倉房，喜慶豐年。

家中除長工外，所養之牲畜，有馬一匹，騾一頭，驢兩頭。同在一槽飼養。牛六頭，同在一圈飼養，馬驢等食穀桿，以鍘切碎，配黑豆煮熟餵之，由長工領班負責。牛則有專司牧童，牽至山野水草處以生，而牲畜之糞便，用作肥田之用。

敘過家中長工，再言我家鄰里。俗云：「遠親不如近鄰，近鄰不如對門。」此云除家人外，鄰里鄉親，與人關係密切。南楊邑村三姓共處，相互扶持，水乳交融，農閒時早晚餐齊聚街頭，曰飯市，共話桑麻，間有盲人說唱弦歌助興。村中大事，共商解決。每年歲尾由社首負責神戲演出，共祝豐年，是一年歡娛時節。

三、世事難料

我的童年雖窮居僻鄉，鄉民生活普遍窘困，然我家尚稱小康，衣食未感缺乏。祖父輩思想保守，不願兒孫輩到外面創業發展，只要勤守祖業，在家作孝子賢孫，教孩子讀書，只求能認識姓名、記帳管家、畢生大事。

幼時我在私塾受教，由鄉里幾位住在縣城受教塾師任教，課程內容新舊兼包，有百家姓、必須雜字、三字經，稍長再加四書。亦有新式洋課本，唸第一課「弟弟來，妹妹來，來來來，來上學。」有時縣督學來校視察，騎輛自行車，大家圍觀，喊作洋馬，嘆爲奇事。學童農忙時回家巡守田園，防竊賊偷損田禾莊稼，這樣無憂渾噩中度日。教師從不解釋課程內容，只求背誦朗咏，不熟時戒尺伺侯，兩手被打得紅腫，視爲苦事。

此後風氣日開，抗日戰爭爆發，縣城淪陷，我鄉屬山區，仍在中央軍掌握，縣內中學遷至鄉間山區，我經過家中同意，到山區精忠中學受教。以前受長兄影響，愛讀文藝作品，在中學時，亦以能文以名，並受國文牛老師之鼓勵，全校壁報專刊，大半作品由我提供。後慕林縣聯中之名，校長係余內弟縣書記長郭英林之友，翻山越嶺，赴該校就學，終因年少，遠離家鄉，不能適應，無功而返。

在這期間，山區駐守之中央軍，常夜間出動，偷襲縣城之日軍，斷其電線，挖其鐵路，夜出曉歸，從事游擊戰術，稍後時勢丕變，中央軍撤守，鄉間成爲共黨八路軍之天下，趁抗戰之便，名爲抗日，實則狀大自己力量，共軍以鬥爭起家，發動鄉民，分田地，打富農，開鬥爭大會，貧民受其誘惑，可不勞而獲，弄得妻鬥其夫，子鬥其父，冤死民衆不計其數，和平之鄉間，竟成人間地獄，我家以地主之名，家父被擄去作人質，要繳出鎗枝贖回，祖母被迫自縊，祖父死於非命，言之痛心，世變大劫，前世噩運，如之奈何。

後縣城被中央軍收復，全家人避難城中，此時家人大悟前非，早知老守家園，不該讓兒孫外出，有此下場，始准予到安陽初中入學，我在安陽初中二年級時，即以同等學力考進安陽高中，後安陽城被共軍圍困，城內外縣學生經濟斷絕，被分發城中商家寄養，所幸安高校長喬昭然此時在省府開封，交涉以空投食物援守軍之飛機，回航時空機將受困城中數萬之中學生，空運至河南之新鄉。大陸淪陷之前，多少政府機關，碩學名彥，身陷大陸。安陽學子，有此萬幸，能脫魔掌，重見自由，亦天意也。

安高流亡至鄭州後，此時湯陰城早陷，全家流亡至鄭州行乞度日，當時鄭州麕集難民之多，眞是哀鴻遍野。余和家人此時在鄭州復得相會。旋鄭州又告急，安高又西遷河南密縣，在密歲月無幾，復遭失守，整個江北，共軍有風聲鶴唳之勢，余遂告別流亡中之家人，單身南逃，哥哥臨別給我金戒一枚，約二錢，乃隨身長物。由於南逃難民過多，鐵路車箱內無容身之地，坐車箱頂上，一幅流亡圖，眞是國難當頭。火車直達徐州後，因徐蚌會戰在急，復轉車至南京下關車站，得政府之安排，分配至江西樟樹鎮槎溪村王家祠堂復課，靠政府公糧，學生白晝上山砍柴，歸來燒炊煮粥，復課虛名而已。後南京失守，中共渡江，江西不保，乘車南逃至江西新喻，斯時已成無政府狀態，新喻火車站由民衆自營，流亡學生無資坐車，遭民衆蜂擁持棍棒石塊下山攻擊，幸火車司機見事迫學生死亡慘重，急速開車，得免於難，然仍有一名同學，未及上車，遂及於難，流亡生活，眞如逃命之旅。

倉皇逃至衡陽後，因衣食無着，斯時救國團在衡陽招生，遂往投效，進團後因飯食中沙粒難以下咽，隔壁新軍招生有白米飯可食，遂棄團投戎，遂新軍南下至廣州，待船啓程赴台，終乘台安輪離開大陸，這一去至今五十餘年，在海外島中度過。

貳　生活中期

來台後被帶至鳳山五塊厝營地，進門見操場上新兵訓練，在炙熱之陽光下，全身赤裸，僅著紅色短褲一條，下穿草鞋，全身黝黑，幾疑身入非洲境內，旋云師長至，召募新兵訓話，身穿短袖汗衫，草鞋一雙，致詞歡迎知識青年投效入伍。從此以二等兵支上等兵餉，月入新台幣拾貳元，可購新樂園香煙五包，師長胡英傑，番號是八十軍三四零師一〇二〇團，團長陸伯齊，二營六連，營長忘其名，連長王寶宣，排長羅榮培。

受訓開始，由於師長檢閱，由班長帶領班兵示範，先學編草鞋，班長起個頭，班兵照例模仿，記得我第一次所編之草鞋，站着待師長檢閱後，未起步即已破碎。此後操訓嚴格，當時軍中還有打罵教育，操演動作稍有遲緩或不正確，就得挨上兩個拳頭。此後無論操場訓練，實兵攻防演習，海防守備，急速行軍，身負背包，肩扛長鎗，曉行露宿，日曬雨淋，歷盡人間辛酸苦辣。從民國三十九年七月十九日起，至民國四十年十月二十四日止，余考進政工幹部學校，共歷兩年餘，天涯淪飄，子身孤零，家音杳然，接受歷練，不堪回首之當兵生涯。

政府來台之後，接受大陸失敗教訓，乃軍紀渙散，宣傳無效，心防瓦解，士氣不振，而軍中貪腐，虛報與喫缺種種弊端，由經國先生發起重整軍隊之決心，重建軍中政工組織，培養軍中政治工作人材，故在北投日據時代之競馬場，設立政工幹部學校，競馬場從此易名復興崗。

受訓期間，復興崗在一片榛蕪荒涼中建校，所靠全體師生，胼手胝足，克難建校。經國先生雖未親掌校務，然策劃經營，備極辛勞。第一任校長胡偉克，空軍出身，風度翩翩；教育長沈祖懋，雍容寬厚；教務長賴琳，大方明快；訓導長王昇，精敏幹練。經國先生每親臨致訓，耳提面命，同學帶小板凳，在烈日風沙之下，靜寂聽訓，不以為苦。當時的口號：「大兵是聖人，他們一無所有，一無所求。」初期課程方面，雖稍涉雜蕪，未上軌道，但所聘皆政學界耆宿俊彥，淵博廣聞。入伍訓練僅三月，學生分發到部隊實習當兵生活，「要與喫人家所不肯喫的苦，冒人家所不肯冒的險，負人家所不肯負的責，忍人家所不願忍的氣。」信條是「絕對性的信仰主義，無條件的服從領袖，不保留的自我犧牲，極嚴俗的執行命令。」要培養「開闊、大方、忠厚、實在、徹底。」之幹部。受訓一年半。民國四十二年五月一日，正式分發到部隊服務，以中尉任用。

我分發到澎湖四十九師，以年少歷世未深，工作開展不順，改調北部防守區勤務連。駐地台北公館。勤務單位，並無部隊操練之勞，與連上官兵相處融洽，尚稱愜意。旋由北防部整編為第一軍團本部連，移駐中壢龍崗。後八二三金門砲戰起，金門防務告急，後方政戰人員須調補前線連隊政戰人員缺額，余復調金門四十五師，在金門僅二十天、四十五師調回本島，與搜索團整編成陸戰隊第一師。余派任陸戰隊一師一團二營重兵器連任輔導長，陸戰隊以訓練嚴格著稱，司令羅友倫，在部隊衛生方面，要求廁所能開飯，廚房無蒼蠅，官兵全副武裝舉行水上分列式閱兵，官兵要無理由服從。眞是前無古人，後無來者。余在陸戰隊服務之單位，第一師一團二營重兵器連、團部連、戰勤團汽車修護四級連輔導長，戰勤團團部政戰處民事官、陸戰隊第一旅四團二營助理營輔導長、二旅團部組訓官，是年升少校，民國五十三年調海軍總部張雄風辦公室，任組織通訊編輯工作，五十八年辦理假退，民六十一年正式以海軍少校退役。

總云，余在部隊任職期間，經歷驚濤駭浪，士兵自裁、逃亡，士兵鎗殺連長等案，陸戰演習登陸戰車沉水，戰士溺斃，余皆親與其役，能大難不死，可謂萬幸。

參　生活後期

我辦理假退後，移駐中和海軍營區，與同室唐其春，相處甚睦，然長日無事，又起復學之念。此時有同事在淡江夜間部就讀，受其鼓勵，遂往投考，得錄取英語系，與同僚李蓮松共硯，相互扶持，齊競學業。四年苦讀期間，以年歲較長，引起同學訝異眼光。晝則研讀複習，夜則擠車趕校。余雖英語系課程忙碌，以性喜文學，複選中文系主要課程三十六學分，因修兩系課程，一天從早到晚，無片刻喘息。兩系同學亦分不清我屬何系，只見我兩系考試時皆要參加。如此四年光景，我共修英語系一百二十八學分，中文系三十六學分，並曾兩次獲得英語系全班第一名，獎勵是免去該學期全部學分費。

淡江畢業後，得友人魏金庭之介紹，受聯勤兵工技術學校之聘，謀得兼任教職，生活賴微薄薪資及補助費得以維持。本思出國深造，然以單身未婚限制，不克如願。而國內研究所，尚未有英語博士班之設，而慕道之志既堅，希望有攻讀最高學位機會，以舊有文學根基，因有在淡江修習中文系三十六學分，符合同學院可跨系考讀規定，遂投考國內各大學中國文學研究所，第一次考試，惟政大以微分之差，竟落榜外，復窮全部精力，於兼課之暇，自修不懈，終於翌年秋，錄取政大中國文學研究所。所長高仲華在入學點名訓勉，至余則笑語云：「汝是英文系學生，因何投考中文研究所，而汝之國文一科，竟在本所投考諸生成績之上，我亦在折取糊名試卷始知也。」先生一番嘉勉之言，對余今後在研究所攻讀期間，益增信心。

政大是屆碩士班研究生共錄取文學組十名，新增目錄組，錄取五名，共十五名。吾儕早夕相處，同窗問道，互切琢磨，其樂融融。以余年歲較長，同學皆以大哥呼之，弦歌之樂，令余側身群彥之中，亦忘年歲之長。斯後半工半讀，凡閱三載，終於民國六十四年，以王充思想研究論文，獲碩士學位。復經是年秋試，升入政大中國文學研究所博士班。此亦非倖取，蓋余在碩士班時，無論課堂考試，研究報告，皆獲任課教授之好評，否則以余之年歲，在年輕群彥之競爭下，博士班名額僅有三名，怎能得考試教授之青眼。又歷經四載，終此呂氏春秋研究論文，經過教育部考試，全票通過，獲得國家文學博士，時在民國六十八年十二月十四日，考試委員有高仲華指導教授，林尹教授、毛子水教授、李鍌教授、王靜芝教授、華仲麐教授、何佑森教授、主試教授毛子水先生。華教授對余之論文，讚譽有加。

余半生戎馬，生活萍飄，兩岸遙隔，家音杳然。至民六十一年，得在越南顧問團任職友人鄭占鰲之介紹，認識華裔越僑張秀蘭小姐，通信年餘，結爲連理，婚後育有二女一子。此正值余在研究所攻讀期間，既操勞於謀生，復分心於課業，所幸內子體余心境，雖簞食瓢飲，撫幼任勞，未嘗怨尤。於六十八年博士論文通過後，經同窗曹伯一之函薦，回政戰學校專聘教職。七十三年後，接長母校中文系主任之職。

接任初期，因中文系原係母校之文史系，係共同學系，擔任全校國文歷史課程，現中國學系成立，開始招收新生，草創伊始，在師資教材課程配置，皆無前規可循。而軍校環境特殊，如何配合要求，達成雙重使命，更須殫精竭慮。然經歷屆師生之共同努力，無論師資增聘，教材編著，在本校各系中，有蒸蒸日上後來居上之趨勢。然格於世變，與國防部精實政策，中國文學系奉令於民國八十六年暫停招生，共歷十五屆。白雲蒼狗、令人唏噓之嘆。然在余任職期間，新編教材有國學導讀、歷代文選、中國現代文學史、中國文學概論，國防部歷次全國軍校政治抽考，均名列前茅，可資慰藉。余於民國七十九年任滿兩屆，卸去主任職務，專任教職，至民國八十四年屆齡退休。

計余一生，除單職外專任教職外，兼任教職，有淡江大學，空中大學，聯勤兵工技校，協和工商，東山高中，情報學校等。

肆　結　語

余退休後，生活單純，不打麻將，不飲醉酒，看書電視，聽聽時評。長子正華，交通大學研究所畢業後，現服國防役，長女書華，淡江大學法語系畢業後，現服務於幼教工作。次女藝華（現易名沁潔）慈濟大學護理研究所畢業，現服務於新店慈濟醫院，長女已嫁，適陳，現育一子陳皓，現就讀北投文化國小。妻秀蘭，性愛整潔，居家一塵不染，喜烹飪，余得享其口福。歷年曾遊跡所至，台灣島，曾環島旅遊，阿里山、日月潭、溪頭、佛光山等地。大陸各地，桂林、西安、北京、南京、楊州、無錫、蘇州、杭州、上海、山東、山西、河北、河南，國外部份：日本、韓國、泰國、美國、加拿大、德國、奧地利、法國、瑞士、荷蘭、比利時。民國九十三年三月三日，因直腸與攝護腺肥大，住台北榮總醫院施行手術，開刀兩次，直至是年七月始離開醫院，現雖尚稱康復，仍感體力不如從前，內子秀蘭，亦於同年病脊椎，亦動手術兩次，同住榮總，亦幸保全。可告慰者，兒女畢業後工作，皆能自力謀生，無勞我心。現全家雖僅溫飽，但無欠債，僅祈平安度日，於願已足。世界多變之秋，稱心快意，幾家能夠，但願天佑愚拙，保我無災無難，已屬萬幸，尚復何求。

是集以雪泥鴻爪集命名，記得一首詩，象徵人生一切，但記不起作者姓名，詩中有句云：「人生到處知何似，應似飛鴻踏雪泥；泥上偶然留指爪，鴻飛那復計東西。」人生不就是如此，日出雪融，指爪不見，一切皆空。（本序言爲紀念大陸已逝家人而作）

田家世系表

始　祖　田　清　明朝遷居河南省石鼓溝村，有二子，田雲，田雨。

二世祖　田　雨　無後，由雲子田仲佑承嗣，以上均葬石鼓溝老塋。

三世祖　田仲佑

四世祖 田貴

五世祖 田文禮

六世祖 田自福

七世祖 田國用 以上均葬於趙家廠家西北地老鵬堰。

八世祖 田增 葬於趙家廠家西文義地。

九世祖 田逢浴 葬於南楊邑村西馬臨山。

十世祖 田晙

十一世祖 田珗

十二世祖 田實發 以上均葬南楊邑村西馬臨山。

十三世祖 田守業

十四世祖 田同會

十五世祖 田義 以上均葬南楊邑塔灣，後遷葬於皇姑堰北坡。

十六世祖 田玉鏡 葬皇姑堰北坡，生四子田鳳樓，田鳳台、田鳳殿（早夭）、田鳳閣，田鳳樓已經生二子長安、平安。田鳳台大陸妻郭氏已逝，生一子長成，在大陸已逝，遷台生二女一子，田書華、田藝華（易名沁潔）一子田正華，弟田鳳閣無後，收一義子，田國芳。

著者田鳳台近影

妻張秀蘭結婚時留影

著者服務陸戰隊時攝

著者服務海軍總部政戰部攝

著者與妻張秀蘭新婚合影

政大碩士班金位女同學受禮台前合影
右：梁春華、謝春聘、左：鍾慧玲、唐明敏

結婚二十週年全家合影後排
後排長女書華，兒子正華及著者，前排妻及次女藝華

著者淡江大學畢業全家合影
右起長女書華、妻及子正華及次女藝華

著者和秀蘭妻攝於政大校園

全家合影北投公園，後排右起著者及妻秀蘭，右起前排次女藝華子正華長女書華

著者手抱著親戚小孩，前排右起次女藝華兒子正華及書華

右起長女書華次女藝華幼時合影

長女書華新婚全家合影，右起次女藝華、妻張秀蘭、女婿陳文聰、女兒書華著者及兒子正華

長女書華與女婿陳文聰參加台北市集團結婚，中立者市府證婚人

長女書華新婚時拜別時攝

長女新婚男友雙方家長合影，右起妻張秀蘭及作者，中長女書華及女婿陳文聰，親家公陳福進先生，親家母陳王麗女士

政大中國文學研究所碩士班畢業合影。右起田鳳台、陳茂村、江建俊、謝春聘、梁春華、唐明敏、鍾慧玲、王新華、古國順

政大中國文學研究所碩士班畢業合影。右起江建俊、陳茂村、李達賢、高明老師、盧元駿老師、古國順、田鳳台

新婚時與全體安陽高中同學合影

安高同學與李松岩老師合影
前排右起田鳳台、李松容老師、作家歸人、龐俊爵、張金根
後排右起馮本堂、馮蜀英、本堂子、李景鄴、姬祥發、李景舜、崔長松及夫人

政戰學校第一屆中文系畢業生全體師生合影

政戰學校中文系畢業生全體師生合影
前排右起徐賢遴、葉鍵得、周小萍、黃文吉、席涵靜、作者、嚴鈴善、徐瑜、李再儀、劉麗慧、王昆華、廖和永、陳邦楨、丁光玲

大陸探親與大哥全家合影，前排有鬚者大哥田鳳樓

大陸探親與四弟鳳閣全家合影，中座者四弟田鳳閣與弟媳

著者南京國父中山陵攝

子正華淡江大學畢業時攝

著者登泰山時攝

外孫陳皓六歲時攝

著者與妻攝於北京居庸關長城

著者杭州宋岳鄂王墓攝

著者與妻攝於瘦西湖

著者遊山西云崗石窟

著者遊西湖蘇堤時攝

著者攝於寒山寺

著者與妻攝於西安楊貴妃池畔

著者與妻攝於桂林蘆笛宕

妻和我攝於黃河中流沙灘

正華淡江畢業時和阿姨張秀萍合影，右起妻張秀蘭、正華女友、正華、張秀萍及作者

著者與妻攝於台中日月潭，右爲次女藝華左藝華女友小青

攝於北京紫禁城金鑾殿

駐韓薛大使接見政戰學校訪問團，右起第三人爲著者中立者薛大使

政戰學校訪問團日本富士山攝影
左起第二人爲著本人

政戰學校訪問團韓國佛國寺攝影，右起第一人爲著者

著者與妻攝於巴黎艾菲爾鐵塔前

妻攝於荷蘭風車前

旅美和岳母全家攝於費城公園，
右起第三人岳母阮氏好

旅美攝於尼加拉瓜大瀑布，右起三
人妻張秀蘭及著者

著者遊金門太武山攝影

愛犬嘟嘟陪我度過一段美
好時光

散文習作

小序

是集所刊作品，未刊稿係流亡高中時所寫，餘則爲民五十年至六十年散發表各報刊雜誌的稿件

漫談散文

散文是一切文章的基礎。無論是寫小說、編戲劇、詠詩歌、談政論，決沒有說是一個連散文亦寫不通的人可以勝任的，要知道小說是散文的故事化，戲劇是散文的對白話，詩歌是散文的音韻化，政論是散文的理由化，就是世間最刻板的應用文，亦可以說是散文公式化的結果。所以說你要寫任何作品，都非從這個散文的基礎上著手不可。下面想談一談散文寫作上的有關問題。

㈠散文的流變——文學的起源，以詩歌爲最早。在沒有文字之前，人遇有喜樂之事，發而爲聲音，即是歌謠。後來社會進化，文字發生，人們所要記載事物日見複雜，不是受音韻限制的詩歌所可應付，散文便應運而生。因爲散文的寫作比較自由，可以敘述事物，可以談哲理，可以發抒情感，所以在古代的散文只可說是別於音韻的詩歌而言。但散文演變到今天，由於社會的分工日漸精細，各種學術論著都脫離散文而自成一體，即是在純文學的範疇中，

散文的領域亦縮小到專指發抒情感描寫自然的小品文而言了，我今天談的散文就是指今天的小品文而言的。

㈡散文的性質——一般人把今天的小品文看成是一種沒有結構佈局信手拈來的東西，這可以說是一種誤解。好的小品文作者在寫作之前，固然沒有去匠心佈局和結構是眞的，但是寫成後的小品文如果沒有一種所謂自然的結構便是假的。那麼什麼能代表它的性質呢？這裡我想應用古人和今人的話加以說明。

蘇東坡曰：「吾文如萬斛泉，不擇他皆可出，在平地滔滔汩汩，雖千里無礙，及其遇山石曲折，隨物賦形，而不可知，常行於所當行，止所當止，如斯而已，其他吾不知也。」

梁實秋先生說：「風雨故人來，心情枯寂，百無聊賴，忽然有客叩扉，把握言歡，何其幸也。但此客第一不許談宦海浮沉，第二不許談物價升降，第三不勸我保險，第四不勸我信教，乘興而來，興盡而返。」

第一種說明了散文寫作的態度，第二種說明了散文寫作的內容。

㈢散文的風格——文章的體裁是具體的，風格是抽象的，所以前人討論到風格便說是意會而不可言傳的。因之說風格便是指文章的特性而言。那麼什麼是散文的風格呢？我提出以下數點：就是自然，雋永，空靈，簡潔。

⑴自然——什麼是自然然？梁實秋先生說：「自然是什麼，這簡直不易回答，我想凡是山水、雲雹、風雨、禽獸、蟲魚，大如崇山峻嶺，小如沙粒，清澹如秋夜的天空，瑰麗如蝴蝶的翅膀，凡未經人工擺佈的就謂之自然。公園內經人工剃過的草木不得稱之謂自然。在自

然中可以找到一個慈愛的心。」所以說小品文是描寫自然的利器。

⑵雋永——就是意淡而味永，說淺而指深，仔細咀嚼，韻味無窮。使讀者如飲甘露，而非烈酒；如食素齋，而非盛宴；如嚼蟹，而非啃饅頭；寫不盡之意，盡在言外；狀無窮之景，鮮見著墨。白居易之「綠螘新醅酒，紅泥小火爐，日暮天欲雪，能飲一杯無？」庶幾近之。

⑶空靈——就是要著筆無墨，爨炊無煙，只覺四週山光水色，一片空靈，然後靈犀一點，直通神我。王維之「空山不見人，但聞人語響，返景入深林，復照青苔上。」是最好的寫照。

⑷簡潔——就是不說廢話，不說空話，不帶閒字，不帶髒字。小品文一定要簡要短，要精要煉，要酌意推敲，是純鋼而非雜鐵，是佳玉而非璞石。古人云：「二句三年得，一吟雙淚流」是也。

㈣散文的功用——小品文是供人欣賞的，不是供人研討的。茶餘飯後，一卷在手，三五分鐘，聘目暢懷。尤其是在繁忙的今日社會裡，有幾個人有時間去欣賞長篇大論的鉅著，小品文如果能一枝獨秀，代替了不堪入目荒誕怪張的武俠小說，則社會人類的精神修養，將會向前邁進一步。要知道文學的功用，不在激發讀者的狂熱，而在引起讀者寧靜沉思的理性。小品的散文是適合沒有的了。

㈤散文的作法——散文的作法是沒有成法可尋的。它是一個作者內人格高度涵養的自然流露，在這裡我引用自由中國兩個女作家對此方面的實際經驗，作爲讀者參考。

張淑菡女士說：「經常我喜歡到附近那些怡人情緻的風景區去散步一回，讓晚霞和朝霞裝滿了我一腦子新鮮美麗的印象，然後回家來，讓一缸清涼的水浴去一身的疲倦，便可以坐在書桌前提筆了，或是讓它儲藏在腦中，留待以後寫作時慢慢地消化它。」

蕭傳文女士說：「小說之外，我經常愛寫的是散文，提到寫散文，覺得遠沒有寫小說那樣費勁和辛苦，亦許是我個人的感覺，朝霞夕暉，風聲鳥語，一彎新月，滿階落葉，處處都是我寫散文的題材，只要興緻來到，提筆就寫。結尾——最後我用幾句簡單的話作爲這文章的結束。散文的藝術，看似簡單，實在是不太容易。要在短短的字數內，給讀者對某些事物有一個很美的概念，便是散文的長處，散文人人可寫，卻很難工，看來是一百公尺，卻是馬拉松，因爲它是沒有眞正的終點。

原載於淡江週刊

白話與文言

到今天再談文言與白話似乎是多餘的，但這兩個問題在今日的行文上卻仍然多少有些爭辯，寫文言的人把寫白話的視爲淺薄幼稚，寫白話的人把寫文言的目爲頑固落伍，所以青年學子大半看不懂古書，老一輩的又大半拒受新知，這種不協調不進步的現象，實在是沒瞭解文字乃傳達思想與情感工具，無新舊的可分，只有適用與不適用，活的文言今日必須應用，死的白話今日亦必須摒除，下面想就文言與白話上的幾個問題，隨便談談。

一、文言與白話之爭——文言與白話之爭，發生在五四運動以後，一代學人胡適提出了八不主義：「一不用典，二不用陳套語，三不講對仗，四不避俗字俗語，五講求文法，六不作無病呻吟，七不摹仿古人，語語有個我在。八須言之有物。」與三大號召，「第一推倒雕琢阿諛的貴族之文學，建設平易抒情的國民文學，第二推倒陳腐鋪張的古典文學，建設新鮮立誠的寫實文學，第三推倒迂晦艱澀的山林文學，建設明瞭通俗的社會文學。」與兩大口號：「主張國語的文學，文學的國語。」先以國語寫文學，然後自然以文學代國語。胡先生的主張，雖被多數青年人所景從，但卻被多數青年人所誤解，要知道胡先生的「八不」「三倒」與「兩大口號」，如果以一句話來代表，那就是一切文字以適用為原則，不適用的都是死的，適用的才是活的。死的要剔除，活的要保留發揚，所以胡先生的主張不應當是連根拔，而應當是對舊有的加一番整理，所謂整理，就是在舊有的中找出適用的來，明瞭這文言與白話就無所爭的必要了。

二、文言文存在的原因——白話文推行到今天已普遍的為大衆所接受，但文言文沒有完全被淘汰亦是有目共睹的事實，無論是報章，雜誌，書函，應酬，到處仍看到文言文的流行，與其說這是新舊交替的現象，到不如說這是自然的史實，文學是孕育的，不是突然生長的，不論誰有多大力量，要想舊有的文學從今日起把它一刀兩斷，這是違反常道，亦是不可能的事實，其實我們今日的所謂文言，實際上就是古代的白話，詩三百篇是民歌俚語，書上下是古代的佈告詔令，那時人類文化並不見得十分發達，如果人民不懂的東西，何以能從自己口中唱出，和喻曉人民呢？文字與語言分家是文字興起以後的事情，因為文字是紀錄語言的，初有文字，必為語言，但以後語言多變，文字少變，所以語言與文字脫節，一直到今天我們又來提倡白話止，提倡白話的意義，就是要語言與文字重新合起來，但我們知道文言不能完全配合今天的應用是事實，但決不是說可以一筆推翻而不要，正如我們今天不能去寫倉頡造的象形字，但象形字的內涵今天我們仍然保留著。我們今天的佈告不能用「堯曰咨爾舜。」但遲啓者的意思亦頗相似。古今中外文學演變進化莫不遵循這個規則，適者保留，不適者淘汰，今天我們不能完全用文言，正如千百年後人家不能完全用我們白話一樣。黃遵憲云：「我手寫我口，古其能拘牽，即今流俗言，我若登簡編，五千年後人，視爲古斑爛。」

三、文言與白話的長短——提到文言與白話的長短問題，這是行文時作者一個體驗，文言文有簡潔、雄渾、典雅之長，白話文有細膩、情微、美妙的優點，分別說明如下。

㈠文言文——

①簡潔——文言文的簡潔，章學誠在乙卯劄記曰：「古人作書，漆文竹簡，或著縑帛，或以刀削，繁重不勝，是以文辭簡嚴，章無賸句，句無賸字，良由文字簡難，故不得已而作書，取足達意而止，非第不屑爲冗長，亦無暇爲冗長也，自後世紙筆作書，其便易十於竹帛刀漆，而文繁冗亦遂矣。更加今日印刷普遍，按字計酬，安得不繁。這是文言簡潔原因最好說明。

②雄渾——古人行文，特重聽覺，故對聲韻頗多講求，我們誦讀古詩古文，常覺鏗鏘有聲，不論爲騷爲賦，爲詩爲歌，唐宋八家，宋明諸子，其文無不氣勢雄渾，滂礴淋漓。再好的白話文是沒此特長的。阿皇宮賦之「六王畢，四海一，蜀山兀，阿皇出。」短短數語，振振有聲是也。

③典雅——語文分家後，文言文為中國數千年來知識份子所保有，行之於上層社會，上層社會講風度修養，故出語行文，皆重典雅，並非引車賣漿之言，皆可入文，如寫「別離」則為「灞橋折柳」「陽關三疊」寫「相思」則喻言「春蠶絲盡」「蠟燭成灰」「閒愁則喻春水」「悲傷則譬杜鵑」白話文因為要求普遍易懂，故不避俚語俗言，而典雅不存焉。

㈡白話文——

①細膩——白話文是語文合一的，所以腦之所思，即筆之所書，只要通達流暢，就可隨意所之，不像文言文要推敲詞句，引經據典，我想寫「鏡子」就寫「鏡子」。不必再思什麼「菱花」「秦台」。我想寫「信件」就寫「信件」，不必再填什麼「鴻雁」「雙鯉」。我寫父母則曰「父親」「母親」，不必想什麼「椿堂」「萱室」。我想寫「生男」「生女」就寫「生男孩」「生女孩」，不必尋什麼「弄璋」「弄瓦」。文言文若讀書不多，積詞不富，則三句寫來，常有詞窮之感，白話文沒有此種忌諱，故可想到寫出，細膩入微。

②情密——白話文是抒情的利器，因其語文合一，故可款訴衷曲，絲絲入扣，不像文言文要辭藻堆砌，咬文嚼字，失其自然之美，如果今天向愛人寫情書而用雕琢的文言文，雖寫得文比斑馬，麗若辭賦，亦會令愛人覺得是官話連篇，毫無親切生動之感。那你就是二十歲小伙子，小姐不把你當老頭子看待才怪呢？

③美妙——文言文以典雅見長，但典雅不是美妙，典雅是理智的結晶，美妙是情感結晶，如讀唐宋八大家之文，則覺典雅高潔，字正詞清；讀謝冰心給小讀者通信，則覺情意款款，美妙無窮。此境大不同也。

四、如何適宜的應用——談過上述諸問題之後，我們談到二者應用的問題，文言文既以簡潔、雄渾、典雅見長，則上層社會應用公文公函，時談議論諸文，以通俗流暢文言文爲宜，求其行文簡潔，立論明快，不若白話文之婆婆媽媽，拖泥帶水是也，白話文既以細、情密、美妙見長，故用之寫景寫情，自能刻劃入微，不若文言文之義正詞嚴，令人肅然起敬也。當然這只是就大致而分的，至若書函，日記，遊記，何者宜用文言，何者宜用白話，不可一概而論，讀者自能體會也。

結論——我們知道文學是孕育的，不是突然生長的，我們今日要用的是活的文言文，要不用的是死的白話文，戴季陶先生說：「文學第一個要件，就是使人懂，人家不懂的不是文學，第二要引人入勝，現在許多作品，不但人家看不懂，讀不斷，恐怕連自己都不懂不斷。舊文學家說：『我的肚子餓了要吃飯，』新文學家說：『我請你們吃飯，如果你們肚子餓了。』」所以要把握這二個要件去活用兩種文體，不必薄古厚今，亦不必厚今薄古，寫文言文固不易，寫眞正的語體文比文言還難，要知道寫好都是不容易的事呀！

原載於中興評論

歸人和他的「夢華集」

純文藝是思想沉澱後提煉的菁華。惟有在心靈澄明時，才可創造出滿意的作品來。思想在什麼時候會沉澱呢？當你寂寞遐思及午夜夢迴的情景中，這時心靈像一片靜謐的湖水，沒有一點漣漪，你就常會油然興起對過去回憶的品味，這品味中包含有歡娛、傷感、悔恨、和引起心底良知重現。歸人先生的夢華集大都是在這種心境下完成的。

我平時愛讀愛寫的是散文，因爲散文信筆拈來，自成篇章，不像小說那的要苦心結構，詩歌那樣的要字句琢磨，行其所當行，止其所當止，不矯揉，不造作，在自由中國寫散文的作家當中，如以錘鍊見稱的張秀亞女士，以淒迷見稱的鍾梅音女士。但歸人先生這本夢華集讀後給我的卻是一種人生深度的感受。這正如作者所說在人生的大道上他曾經過許多折磨的緣故吧！據我的寫作經驗，抒情的散文是在心情平靜下的產品，而其中智慧的語言，則是在坎坷境遇中所得的結論，這些結論形成了篇章中的跳躍語言，扣人心弦。古今中外許多著名作家，其成功處並不是他的大部頭作品，而是這些篇章中寥寥數句時常跳躍在人類心坎中的智慧語言，令人永銘不忘，歸人先生的夢華集中你就可以找出不少這些成功的結晶。

像鄉愁中他智慧的說：「鄉間雖沒有耀眼的電，但你從純樸的鄉民面容上，你可知道他們的內心比任何電燈更爲明亮麼？」煙雲中說：「人生眞是一本奧妙的書冊，都是在一瞬間改變了一切的。」樊籠中說：「不論什麼地方，只要你愛它，就是你的世界。」這些跳躍的語言，在集中隨時可以發現，只要你稍加咀嚼，便覺其趣無窮，我常覺得好的文不是粗讀的，而是細品的，你應當從品味中衡量一篇散文的藝術高下。

除了這些跳躍語言在篇章中勾起你心底的欣喜時，我更愛的是作者有深度人生的感受，因爲他情感的豐富，觸覺的靈敏，所以能從日常細小的事物中領略到人生的眞諦，像「洗衣婦」輕淡寫地說出唯女子與小人爲難養的處世哲理。「五分鐘之死」刻劃出現實社會的欺詐；「大龍峒散步」中說出那些寄生在大都市街頭巷爲生活而奮鬥的小市民樂觀奮鬥精神。這些平凡簡單不常爲人注意的瑣事，作者都能深入淺出，生動描述，是如何的教人深醒呢！

更難能可貴的是作者一個教育工作者，憑他多年教育的經驗，他發現不可以報復去對付孩子們的頑皮，只有以耐心和愛心喚回孩子們的良知，使孩子們改過向善、潛移默化，收到教育上的效果。所以「黌宮隨筆」中他對教育上啓示的結論中說：「教書是一種犧牲，要以耐心去克服，不可有與孩子較量高下的心理。人們只知道醫院是救助生命的機構，那知道學校是更重要救助生命的機構呢！」亦須因爲作者被天眞無邪的孩子所圍繞的結果吧，所以他亦回復到赤子之心，集中那篇「孩子」，實在是令我百讀不厭的一篇佳構。

讀了作者整個集子，除了讚美作者超越的思想和嚴整的結構外，至行文的優美，情感的豐富，亦是頗値得學習的。因爲作者是個單純而熱情的人，他在人生的大道上，他卻是個遍體鱗傷者、屈辱過、哭泣過、絕望過，但沒有被征服。始終憑著一顆愛信之心，支持他渡過了難關和失望，所以他曾夜間起來大喊說：「我以前不是這樣的，我以前不是這樣的沉痛聲音。」所以他在「愛力」中說：「能愛即是生命最大的財富，不必占有。」我想這些痛苦給予作者只是身心上的磨折，而反面的賜予卻是精神上的財富。

關於這個集子的編排問題，作者分爲二輯，我覺得三輯更爲適宜。第一輯是偏重故鄉童年的回憶，如鄉愁、復興、福星、童年、憶兒時、除夕斷想、鄉思草等篇。第二輯應當包含的是一些人生大社會上。第三輯是偏重抒情的記述，如樊寵、綠窗、新居、溫情、小天地、迎春等篇。當然這個分輯並不是說絕對的合乎邏輯，其間亦有些錯綜複雜，因爲感情是難一刀截然劃分開來的。

原載於中國語文

月夜遐想

夜！本來是神祕的，——夜如果在北投，似乎更絢爛了它的多采多姿，誰會知道我這時正是月夜中的遐想者。

我靜靜的坐在公園爲遊人而設的石凳上，微風拂過後樹梢傳出沙沙的響聲，月光如水銀般瀉滿了大地，篩滿了畫圖般的陰影，噴水池濺水的聲音敲擊著詩一般的樂章，斷續的蛙聲和協著這樂章的音節，遊人悠閒的穿梭來往，一切是顯得這樣靜，靜得可以聞得見一片落葉從樹上掉下來。

對面屋宇櫛比的旅館，霓虹燈放出五彩六色的光芒，每一塊招牌上的幻燈字都好像有誘人的魔力，很多人被魔誘惑，卻很少人知道著魔能使人瘋狂，中魔便能使人毀滅。

一個人在靜的時候思想便會出生翅膀，在靜的時候思想才會沉澱，在靜的時候才會體味出眞正的自我，在靜的時候才能透透徹徹的去了解人生，靜中有無窮天地，靜中有無邊的樂趣。

世間上追求物慾的享受使人墮落，尋求良心上的安慰卻可使精神昇華，爲什麼世間上大多數人都逃不出物慾的掌握，只有少數的聖賢才可求得精神上昇華，一句話，不是少數，便不能稱聖賢。

天即是理，理就是良心，沒有了良心，便亦沒有了天理，你可無惡不作，但良心會在你的腔子裏作怪，這就是天罰你。

翻開報紙，一片殺機，這些都是缺乏眞性情產生的怪現象，社會上無往而不假，父母對小兒女說假話，夫妻假情假意，人與人間，國與國間戴上假面具，若要你不假，除非你跳出假世界。

哲學家說：「用感覺生活的人，生命是悲劇；用思想生活的人，生命是喜劇。」又說：「人最快樂的時候，是渾噩無知，當智慧入腦海，快樂就從腦後飛去。」

男女兩性間的愛是偉大的，有人說：「愛之河流航著人類的希望與歷史的消息。但不是又有人告訴我們說：「有女人的男人活受罪，沒有女人的男人受死罪。」又說「上帝製造女人，女人製造問題嗎？」

感情是容易給人帶來煩惱的東西，一切牽掛，繫絆，丟不開，放不下，魂牽夢縈，都是情感豐富的人的病症。

在動盪無已的大世界中，人們的精力都緊張的集中在注意金戈鐵馬的鳴聲，物質幾械的速度，國際風雲的變幻，誰去關懷那些內在人心的回響。

汽笛鳴聲和歌女的笑聲，將我從冥想中帶回到現實的世間，夜色很重了，只有路燈微弱的光輝，陪著我沉重的腳步，拖著思想的尾巴踏回歸程。

原載於復興崗週刊

湯陰懷古

湯陰，豫北之縣城，余之故鄉也，其地北當安陽，南控新鄉，平漢鐵路由此經焉，商業雖不甚繁盛，然地饒民樸，頗具小城風味。又因爲宋名將岳飛之故里，人咸稱之。境內頗多宋朝遺跡，擇其著者述之。

㈠岳王廟——在城南門內，步行數十武即達，廣約十數畝，爲紅磚綠瓦之建築。廟門口牌坊題岳忠武王祠，係大書法家董其昌之手筆；大門口正中央則懸清乾隆帝御題之匾額，黑底金字，筆勁蒼猷，氣力雄渾，正殿爲三楹，塑王像，袍笏整肅，有儒將風；兩廂房則陪塑其子岳雲，牛臯、王貴之像。殿後有屋兩棟，藏有武穆親筆書之出師表碑碣，慕名拓購者頗衆，多用之餽贈親友，懸之廳堂，其後嗣賴之每年收入甚豐。院內碑碣林立，歷朝名人學子，達官顯宦，過縣必訪，題詞書壁，附庸風雅，年代既久，不可勝數。鄉諺常曰：「岳王廟的碑，數不清。」記其多也，鄉人好事者不之信，以紅籤書號碼貼碑上清查之，窮終日不可得；因無論殿內門處牆壁，路側倒翻之碑石，皆有隱現可辨之題詞書刻，一數既過，復遺其餘，查之再三，猶難盡焉，始信諺不不人欺。每年舊曆二月十五日，爲王之誕辰，縣有盛會，演神戲三日，中央派員與祭焉。

㈡羑里城——在城北五里許，爲商紂囚周文王之處，其地蒼松成蔭，好鳥鳴幽，圍牆寂寂，院落沉沉，鄉人避暑之勝地也。正殿供王像，香火不盛，有祠人守之，殿旁有一閣，名演易樓，爲王當時被囚之演易處也，殿北二百公尺，有高約三丈之土塚，爲王長子伯夷考之墓。紂王殺之醢，令王食，王隱忍之，遂葬於斯。殿旁有石碑，高三尺，寬四尺，晶瑩剔透，文皆蝌蚪，不可辯識，相傳有士人居此地窮究三年，盡得其奧，出門暢呼曰：「原來如斯！」遂遭雷擊，以天機不可洩也。雖傳近荒誕，姑誌其事。

㈢楊四郎探母處——在縣西三十五里之楊邑村，余家居此焉，村北有山曰空山，爲當時遼侵宋時之營壘，南距余村十里有寺灣村，爲宋兵楊家將之營寨，二寨對壘約十里許。今觀京劇中之楊四郎探母，其開首詞曰：「楊延輝坐宮院自思自嘆！……」常令後人誤解當延輝係從遼歸宋探母，此實大誤，蓋延輝當時實在從軍之營寨中也。村中老者能道其事，謂當時延輝隨蕭太后侵宋，兵次於此，延輝思母心切，白之公主，公主恐其去而不歸，故與之誓，而限其四更探母，五更返回，以其爲偷，時久必洩，如以時里計之，四更爲今日之夜四時，五更爲夜五時，延輝於一句鐘之內，乘駿馬，加快鞭，奔馳十里，當有可能，故此說當爲可靠也。現寺灣村宋楊之營寨處遺有千鈞石一方，重八百餘斤，傳爲楊七郎練武功時所用。村北空山下有村曰校場爲當時遼營之閱兵場，其後村以此名焉。空山下有寶峰寺，係南北朝時梁武帝所建，寺旁有無刺荆棘一叢，遼蕭太后陳兵於此，下山到寺遊玩，荆棘刺掛其裙，太后怒曰：「荆棘惡得生刺也。」此荆以太后乃王者之尊，金口玉言，刺遂盡脫；今寺旁仍有無刺荆棘一叢，供人賞玩，余幼時常徘徊其側，雖事涉荒誕，亦造物之奇也。

㈣獅子崗——負余村之背，崗長四十餘里，迄邐綿延，西接太行山脈。崗上有宋開國功臣平南王鄭恩賣油古蹟，鄭微時不得志，爲賣油郎，道經此崗，卸擔而憩，有猛獅出崗上，偷吮其油，王怒，持扁擔而擊之，力大而猛，獅首被擊落十里之外。現崗上遺跡有石一方，約一坪，石上生有天然之靴，帽，扁擔，之圖形，栩栩如畫，有若精美之照片，非刻畫品也，相傳即鄭之休憩處。距此石東西各二十公尺處，有兩土塚存焉，傳爲當時之油簍，東油簍旁有石獅一，僅存身尾，而距此十里之校場村旁，則僅有一石獅之首，即被鄭擊落之地，誠奇事也。崗上另有古蹟爲五代時候周世宗名柴王者，與敵人戰，押運軍糧，車經崗上，糧車過處，雙輪碾石成溝，深約二寸許，此轍綿延十數里，歷歷可尋，余鄉諺猶稱曰：「柴王趕車一道溝。」即指此也。

余于民三十六年匪破湯陰城時逃出，至今十餘載，每一念及，意興㵎然，緬懷故國江山之古蹟，得無恙乎？

原載於暢流雜誌

故鄉年俗

一看到街上店舖中市民擁擠趕辦年貨的鏡頭，我的心情就有些深思的情思，年的消息勾引我無限懷鄉的情緒，談起年，令人就有溫馨的回想，尤其是對一個天涯的遊子，面對著隔海血腥膻遍野的河山，家人生死未卜，値此佳節將屆，怎不令你觸景生情，感慨萬千。劉長卿云：「鄉心新歲切，天畔獨潸然。」正是我今日的寫照了。

年在北方，正是最冷的時候，終歲勤勞的農家，這時秋收冬藏已畢，一家老小，逢此佳節，圍爐取暖，共話家常，就是在外邊經商求學的家人，無論如何亦要在新年前的三二天內，趕回家中團聚，這種天倫的樂趣，決不是舌尖所可道出的。

家鄉的年，是從舊曆十二月二十日以後就忙起的，不論大小戶人家，都在趕購年貨，蒸棗糕，男孩子要鞭炮，女孩子要鮮花，母親在家爲孩子們製新衣，父在籌措新年的費用，就是家中的老佣人，季節一向對他是無反映的，這時亦要把平時不常換洗的衣服，燙洗得一乾二淨，新年好像在他的心中亦會激起些微的漣漪。

說起棗糕來，眞是花樣多端，用麵粉揑成圓圓的底盤，上面做今各種花樣，一層一層的疊上去，紅棗按在適當的地方，尤其是元旦早晨供祭玉皇大帝的那一朵棗糕，更是大得出奇，往往從這朶棗糕的大小，去判斷這人家的窮富，是十拿九準的。除棗糕外，各種熟製的食品，要足足的能夠喫過新正一個月，因爲新正月內，鄉俗家家戶戶是不准大動竈火的。所以這幾天你到各家巡視一番，眞是食積如山，要不是北方天氣寒冷，誰能保證這些食品不腐壞呢？

一到年三十，家家戶戶貼起春聯來，談起寫春聯，村莊內教書先生是最忙的人，鄉村中讀書寫字的人並不多，所以他便成了寫春聯的義務人。春聯的詞句，雖多平俗陳套，但寫景，感時，教善，無所不包。寫景的如「又是一川春水綠，依然十里杏花紅。」，「春水無愁因風皺面，青山不老帶雪白頭。」感時的如「一夜連雙歲，五更分二年。」教善的如「爲善之家常得福，積德之門慶有餘。」平平的文句中，寫出了中國農村的美景，純樸的特色。

除夕的晚上，是家人團聚的好時光，這時年事忙碌已畢，全家大小團聚在一家輩份最高人的房間內，共敘家常，當家的人談論著明年家庭的新計劃，如孩子們的婚姻大事，添屋置產計劃，孩子們關心的卻是老祖母的壓歲錢，通常在這個晚上是整夜不睡覺的，鄉人叫做守歲，但唯一對孩子們的禁律是一切行動要小心，不准打破碗盤一類的餐具，更不准說不吉利的話，直鬧到大家兩眼欲合時，才上床睡覺。

大年初一這一天，鄉人叫作起五更，鄉村中是沒有鐘錶的，聽到雄雞啼唱四遍的時候，一家大小就要起床啦，這時爆竹聲此起彼落，雜著寒村的吠犬，遠處的雞啼，這告訴你又是一個新年的開始。家人都換上新衣服，第一件事情是祭神，說起神，那可多啦？玉皇大帝是一家最高的神靈，此外管生財的有關帝，司伙食的是竈君，保佑豐收的祀神農，維護六畜平安的有牛王馬王，防止邪鬼的有鍾馗，添生貴子的有菩薩，一家全年的幸福，就要靠這多神明來佑護，所以安得不小心祀奉呢？祭神畢，就要喫年飯，這餐飯通常是喫餃子，在餃子中間有個是包了清代的制錢兩枚，家人誰喫到這兩個餃子，就代表他是家中最有福氣的人。用飯後，天才破曉，便開始拜年，先從家中依輩份大小拜起，次及近鄰，再到全村，拜年時不是鞠躬，是要磕頭的，年長者必須在接受拜年時爲孩子準備壓歲錢，胡桃，糖果一類賞賜。

從初二到十五，是拜年的期間，外婆，姑母、朋友、所有的親戚家中，不論距離多遠，都必須親自走一趟，大陸上的交通不方便，沒有公共汽車，大半是騎牲口，這幾天你到路上碰見的，不是回娘家新媳婦，就是到外婆家小孩，眞是紅男綠女，途爲之塞。親朋少的人家，這個期間內在家就只有打牌消遣了。

十六日是燈節，孩子們爭奇鬥勝，紙糊燈籠上用彩色紙剪或各種花鳥虫魚的樣兒，誰家的孩子燈籠花樣最精巧，一定是他家中今年新添了一個巧心眼兒的新媳婦，常惹得圍觀的鄰家老太太贊嘆某位嫂子眞好命，娶了這樣有本事的巧媳婦。

燈節過去，新年結束了，農忙又開始，一家在辛忙中又盼望明年的今天。而今提到年，這一幕一幕的活劇便呈現在我的眼前了，現在生活在都市的我，一切風俗和習慣和從前大有不同，但這鄉村純樸，眞摯，溫馨的年，卻永遠不能磨滅在我的記憶之中，鐵幕深垂，家人四散，但我總有一天要回去的，回去時再好好重溫舊夢吧！

原載於暢流雜誌

晨野

記得是誰說過：「接近自然的人最健康，站在母親旁邊的孩子最幸福。」但我對自然的愛不僅是健康的祈求，而是一種靈魂相契的對語，所以我必須每天早起領略一會兒那晨野的風光。

這是一個高約二三百公尺的小土崗，週圍一帶全是空闊無際的田野，站在這裏可以讓你的眼睛接受晨野的欣喜，如果這欣喜是心底的，晨野眞是一片生機呀！

初站在這兒的時候太陽還未昇起來，但東方已是一片魚肚白色，劃破了覆蓋的彩雲，透出了晨之消息；曉風拂面，心中有說不出舒服的感覺。更可愛的是一望無際的稻田，綠得是那麼新鮮，也許是洒上了雨露之恩吧！我一天三次來欣賞這綠色之田野，但每一次感覺都是早上新鮮些，因爲早上雨露的稻禾顏色是嫩綠，中午日曬的稻禾顏色是油綠，下午落日的稻禾顏色是媚綠；如果說嫩綠給人的印象是欣喜的，油綠給人的印象是壯大的，那麼媚綠給人的印象便是可愛的了。

再遠些，是一條筆直的公路，兩旁整齊的行樹，在晨光中若亭亭玉立的少女，這時行人雖然不多，但偶而有一輛汽車或騎腳踏車穿過其間，是顯得那樣悠閒，那樣富有詩意。

更遠些，聳立的高壓線鐵架，那一種岸然獨立的精神，令人看去就會勾起一種英雄式的遐想。附近的田坡上有一棚絲瓜架，黃花開滿了；一個老農夫在赤臂挽腿的耕田，看去那股賣力的樣子，好像不知道世界上有所謂辛苦的了。足底下的草叢中，有幾朵不知名者的小野花，在晨風中擺動不停，在接受這大自然的欣喜，但如果不是我，誰會去注意宇宙間還有這樣可愛的小生命呢？它似乎知道有人在關注它，在晨風中擺動得更起勁了。

太陽出來了，像投在天邊的一顆炸彈，紅得像血球，四射的金光像炸彈的開花，它一出來便將明暗的界線劃得那樣清楚，晦暗不明的村莊這時已清晰可數了，我可以看見村邊找食的雞鴨，可以看見村邊嬉戲的兒童，可以看見行人匆忙的趕路，晨野眞是一張著色的水彩畫，予人以明快，新鮮的感覺。

每天早晨，一個新的自我在窗內醒來，以充滿喜悅的眼睛和感謝的心情，便來這裏凝望著這個嶄新的世界，我覺得綠樹在向我私語，叢竹在向你招手，我細心的觀察萬物，彷彿都有一個靈魂，和人一樣的有感情，有精神、有微笑、有傾訴，昨日的一切憂慮，煩惱，便都和昨天一齊去了，心靈內像一池靜水，在晨光中可以看到宇宙最初的微笑，聽到曉風的第一個音符，在晨光中，樹木、花朵、青草、都有它們最優美的恣態，我常常為這種美麗的景緻而神馳，驀然間，我覺得宇宙擴大了，我覺得我心靈更慈愛和善了。我更要托晨風代播我心上的意願，願每一個在世間上的人，無論識與不識，都能生活在晨光中，都能領略在晨野中有一顆慈愛的心，有一個快樂的今日，光輝的明日。

原載於海訊日報

讀書樂

「書中自有黃金屋，書中自有顏如玉。」我兒時的讀書興趣就是這兩句古諺在小心靈中萌芽的。

我生長在一個世代書香的家庭裏，父親對子女的教育，永遠守著他的「萬般皆下品，惟有讀書高」的觀念，七歲時把我交與一個命途多蹇的老童生來啓蒙；因爲父親是地方的士紳，老童生爲了買父親的面子，對我加以特別的關照。可是由於他那泥古不化背而不解的教授法，所以我始終把讀書視爲畏途；每當我啼哭著逃避上學的時候，母親總是一面用糖果哄我，一面唸著「書中自有黃金屋，書中自有顏如玉」的詞兒，那時我雖不懂「黃金屋與顏如玉」的含義，想像中可能是比糖果更甜的東西。惟有在這種情形下才能勉強回到學校去。

眞正對讀書的樂趣，是在我初中時代。那時哥哥在外埠一個高等學府求學，寒暑假期中我們共同回家的短暫聚首，哥哥經常帶回許多中外名著新出版的書籍，記得最早引起我讀書興趣是魏子安的花月痕，和一本張恨水的啼笑姻緣。魏書中的「十年一覺揚州夢，贏得青樓薄倖名。」張書中的「戀愛是歡娛的過客，感情是血淚的結晶。」是我閱讀過後銘記在心版上的詞句，把這些詞句掛在口頭上彷彿就是才子佳人的化身和時代的寵兒一樣。間或哥哥亦替我補習英數之類教科書心講解古文觀止，但總沒有我那份自動閱讀小說的樂趣和熱忱，以後簡直成癖了。所以舊小說的上起封神傳，下迄六才子書的各種通俗演義，以及五四以後文壇上的文學作品和外國翻譯過來的名著，我以一股腦兒「手倦拋書午夢長」，「寒夜擁被讀禁書」的精神去從事，現在想起來那種傻勁還有些可笑的份兒。

引起我對文學的愛好，我永遠不能忘記的是我中學時代的幾位國文老師。我很奇怪他們對我的作文好像皆有偏愛似的，除了滿篇的圈點和四六對句批示外，更不時找我到他們的寢室內告訴我一些文學上的常識和介紹些新的文藝書刊。由於這種鼓勵，所以我那時亦立下了作一個文學家的志願，實際說起來，我並不知道文學終點的里程究竟有多麼的遙遠，是坦途，還是坎坷不平的小徑呢？

由於對文學上的一知半解，和虛榮心的作祟，從愛好文藝小說又轉到文藝寫作批評和指導的探討，這些書，能買到的就買，借到的就借，沒有錢時就到附近的書店中打游擊，我常把整個的禮拜日消磨在圖書館或城市中幾大家書店中，所以圖書館的管理員和書店中夥計對我這個常客感到有些驚異。

爲了愛讀書，這裏還有一段有趣的小插曲，記得高中時代，在學校的班級中起了一個小風波。喜歡運動的同學罵我們這些愛讀書的人是「書獃子」。我們不甘示弱亦反唇相譏說他們是「朽木不可雕也。」相識相諷，勢同水火，我記得一時興來，寫過這麼一篇論「書獃子」的文章，刊在學校的壁報上，很奇的以後這個爭論就平息了。其中有趣的幾段是這樣寫的：

「論說起來，什麼是書獃子呢？余謂如果自己不喜歡讀書，見人家讀書用功而妬之曰：『書獃子，』而聰明自居者，是不知讀書之奧耳？吾人固不能否認讀書之人無『書獃子』，但見用功讀書之人則目之爲『書獃子』，是未解『書獃子』之意也，何謂『書獃子？』以余之見解，讀書而不能用書之人稱之曰『書獃子。』苟能用之，融會貫通，則今日之社會，知識之進步，一日千里，雖日盡千卷不爲多，況吾人之知識淺薄若是，而不知發憤讀書，見書而呆若木雞，此眞『書獃子也。』若韓信之將兵，多多益善，又豈可謂韓信是兵獃子乎？科學家之窮年累月，爲宇宙間一至微之事物，竭智盡慮，構思設想，有忘其日常生活而不自知者，吾人又豈可謂其是科學獃子乎？古人云：『士大夫三日不讀書，則言語無味，面目可憎。』孔子聖人也，猶發憤忘食，樂以忘憂，不知老之將至，是皆可謂不讀書者之戒耳？」

朽木者，材之無用者也，然喜歡運動之人，苟其專心致志於運動場中，亦未嘗不可峥嶸頭角於世人之上，爲國家爭光榮，若今之名運動家其例也，其他若音樂，若美術，苟學有所成，皆可有貢獻於社會，又焉得謂之朽木，定要老死於書城中也。人之稟賦不同，各宜就其性所近，攻其一專，只要有成就，就是良材，又何必相輕相嘲耳。

這段以文字解決紛爭的小事情，到今天還覺回味無窮。談起讀書的往事，從幼小的顏如玉，到今天的五十而知天命之年，我把讀書養成生活上最好的消遣，最高的享受。鎮日塵事困擾，不如意事常十之八九，得手書一卷，則百慮盡消。我想世界上如果沒有書，人亦和禽獸麋鹿一般渾渾噩噩，則萬古如長夜的世界，眞是不堪設想，書不分貧賤，智愚賢不肖，只要你心誠求之，它就會潛進你思想的靈府。

書是取之不盡，用之不竭的財富，在你最困難時表現的力量最大，書是夜明珠，照明你思想的每一角隅，書是你精神上的小舟，沿著你生活的港岸，隨時供你搭乘，書是無涯之海，越鑽研越無邊際。

清朝有一大學問家：「讀書三十年，方悟慚愧。」而今我的讀書境界，已由顏如玉進到滿面羞了。

原載於民族晚報

親恩似海

有人說過：「一個人思想最美麗的時候，就是想起了他的母親。」每當慈母的面容在我這遊子的心坎中浮現時，一種失去母愛的帳惘之情，常使我覺得這世界的孤寂、落寞、和一無憑藉。多少年來，有數不清的夜晚，夢中尋覓到與母親團聚的樂趣，雖然醒來後僅存下一些虛無的依戀之情，但只要母親依然健在人間，萬惡的匪徒縱能使親子流散天涯海角，卻永遠不能攫去親子中間血肉相連的天倫之愛。我常常體驗到器這幾年來母親念子情，亦時時祈禱著返回母親膝下的宏願；直到從一個在台多年不見鄉鄰處獲得母親已永辭人世的噩耗，我才知今生只有飲恨的份兒了。

寫母親，先要從我的外祖公寫起，我從未見過面的外祖公，聽母親說是清朝的進士，後來做過一任知縣。母親在那時代雖未讀過什麼學校，但世代書香的家庭卻孕育了她那賢妻良母的典型。她一生好像永遠是為公婆、丈夫、兒女受委屈而活著的。

我有兄弟三人，並無姐妹，這在母親的心中永遠是像缺少什麼東西似的。如果說男孩子給予母親的是生活的依靠，那麼女孩子給予母親的便是生命的慰藉。在鄉村裏有多少母親為籌措女兒的嫁妝而耗去了她們半生的心血，我的母親只有把這份多餘的精力用在對兒媳婦的迎娶上了。

母親本來生我兄弟四人的，但三弟在七歲時就夭折了。我家數代單傳，只到我弟兄人丁才算旺盛起來；所以母親雖然連生我們兄弟四人，但父親母親仍把孩兒們視爲瑰寶。尤其是三弟，乖巧、伶俐、在我們兄弟輩中一向是最討母親喜歡的一位，我想假若他在一兩週歲時就早夭死，也許給母親的傷心程度比較小些；六七歲的孩子了，胖胖壯壯的，能說又會道，小小的年紀就知道順著母親的心眼行事，怎能不令母親傷心欲絕呢？

大嫂是我們縣城中望族的獨生女兒，生下來就是嬌生慣養的。在她娘家時從來就是飯來張口，衣到伸叉賴人伏侍的，大嫂嫁到我們家裏來，亦全是由於中國農村門當戶對的習慣，我們家中倒不是供不起她這種享受，但母親卻不願養成下一代有種富貴人家的惡習。從她進我們家那天起，一切烹飪、女紅、料理家事都必須親自操勞。由於母親溫淑氣質的薰陶，以及愛兒媳若己出的循循善誘，這一切的要求，不但沒有損傷了她婆媳中間的情感，反而把大嫂訓練成一位能代理母親的家庭主婦。最使我難忘記的是棉花收成後的深冬夜晚，婆媳二人對坐紡紗的鏡頭，至今那嗡嗡的紡車聲響，很清晰的縈繞在我的耳畔。

父親是祖父的獨生子，一生事親孝順，我有姑母四人，大姑二姑皆早年喪夫，長年住在我們家中，三姑四姑夫家家境不好，生活費用又多賴我們家中接濟，那時祖父母年紀已老，外面的家事全由父親主持，家中的經濟大權則全操在母親手中，可是母親總是順從父親孝親的美意，不但對長居在我家中的大姑二姑能體諒他們孀居的內心苦痛，就是對三姑四姑家中的金錢接濟，亦從毫無吝色；所以在她們姑嫂之間，我從未聽到有過令祖父母或父親難處的事情。

我們的家是全賴父親一人支撐的，所以可以說是全家的寄望中心。平日有些頭痛腦熱的小毛病，就會驚得全家六神無主；當然最勞累最辛苦的還是母親，我常見她那種晝夜廢寢侍奉丈夫湯藥的操勞，以及隨父親病況轉變的焦慮心情，所以，我每每耽心倒的不是父親的病情而是怕母親會累出大病。

有人說：「一個孩子，如果只做母親高興的事情，而避免做母親流淚的事情，他或她一定有了不起的成就。」我今天常慊然於衷的，就是曾使母親滴過不少的眼淚。母親對兒女的愛，我敢說是毫無偏私的，要有亦只能說是她爲了要平息孩子間爭端而作的一些不得已措施。我悔恨年幼時常不能體諒母親這點用心。往往在她氣憤時對我一句顯失公平的呵責，一些微不足道的玩具食物分配，我常常怒目相向的和母親論斤爭兩，或出言刺激得她傷心流淚，有時爲了這些瑣事，母親不得不煞費苦心的，使我弟兄受委屈的一方得到另外的補償或滿足，到今天想起來，這是多麼不可原諒的過失和錯誤啊！

民國卅七年，赤流淹沒了我的故鄉。祖父母因年老未曾逃出而在魔掌下慘遭惡運，其餘家人則因逃命而落難異鄉，這時家中的生活，就全靠一些帶出的私蓄和省垣親友的接濟維持。父親雖有意使我弟兄暫時輟學維持家庭的生計，母親卻堅持緊縮家庭的開支繼續我弟兄的學業。我們雖在學校內維持了與別的同學一樣的體面，卻忘記了母親在家中那種忍痛飲泣的艱苦熬煎。直到省垣開封陷匪的末日全家沒有能力再南下遠逃時，母親並未爲留在異地一家日後生活的打算，還眼淚沱沱的把可供維持家人日後生活的一些飾物，全部交與我這個遠奔他方的逆子。

多少年來，多少個午夜，我不敢想像我別後家人生活的苦況，我不能忘記我那仁慈偉大的母親，我想只要有一天能把我這個完整的身軀重投母親的懷抱，那一定會在母親的面容上綻放出世界上最美麗的笑容。但現在一切成空，啊！母親；我的心現在已飛過海峽緊吻著掩埋妳的那坏黃土，我的雙手也已緊緊擁抱著妳那墓上生長的蔓荊叢草！

原載於民族晚報

拳式夫妻

接到受訓的命令將一切公務交待好之後，還有兩天空閒時間——週末及禮拜日無法敖過，適得小同學逢生的同意明日到正新家裏去玩。我們三人是高中時的同學，來台後又一齊考取了×校，正新是在去年剛結婚的，婚後我倆一直還沒有拜訪過他的新居，這決定可實現了平時的諾言。

用過早餐後就到逢生那裏，他已準備好在等我，二人步向公路車站途中順便買了一個大西瓜，作為新婚小夫妻的家庭禮物。禮拜天車廂內乘客是非常擁擠的，我倆被擠得轉不過身來，大西瓜被旅客擠得滾在車掌小姐金蓮上，壓得她痛了在罵「考伯」，我倆只裝得沒聽見，幸好到終點它還未粉身碎骨吧。

下車後根據明信片指示路線按圖索驥，正新老遠在向我倆打招呼。

他的新居是一所小院落內的二間平房，室內佈置得很雅潔，正面的方桌上陳放著收音機及新婚照片，乳白色的天花板，配著淡綠色油漆牆壁，點綴在牆壁上的是幾幀風景和明星的彩色照片，淺藍色的衣櫥和綠紗窗外透進了淡淡的陽光，這斗室內顯出了新婚小家庭內溫馨與和諧。

洗過臉後我們靠在沙發上品茗和抽煙，正新告訴我們今天的計劃。曼弟（正新夫人名字）剛到電台上値班，所以到十一點她才能回來，上午我們喫家鄉飯就要大家動手包餃子，這安排對老同學說起來可謂賓至如歸了。

休息了一刻鐘後我們就動員準備工作，我對做飯是門外漢，只能打雜跑龍套，逢生亦不見得怎樣熟練，正新婚後二月似乎變成了廚中的老手。剛十一點鐘，曼弟回來了，正新除爲我倆作禮貌上介紹外並抱怨她回來的太遲，她略致歉意很快的就參加了包餃子工作。

她人很美，談吐風趣，不愧爲廣播世家（姊妹三人皆在電台工作），他爲我倆介紹了很多的廣播常識，如什麼叫全揷，什麼叫半揷，新聞如何播講，廣告怎樣報告，更風趣的是他們夫妻倆不時的展開舌戰，如辯論廣播節目愛好，餃子個兒的大小和式樣，誰要是理屈時就希望得到我們二位客人的同情與支援，這中間雖使我倆有些左右爲難，但覺得很輕鬆，所以這餐飯一直用到下午一時。

飯後曼弟帶著打趣口吻指著桌上碗筷對正新說：「我太疲倦了，還是你來處理善後吧！」

「不行，今天輪到妳，爲什麼又賴皮。」

「正新，我想出一個好法子，可以省去我倆天天爲洗碗拌嘴，請你買一隻大水缸，裝滿清水，以後誰喫完飯丟在裏面，誰喫飯時，誰取出來，誰亦不用和誰洗碗，你看好不好呢？」

曼弟得意的說著。

「買水魟可公，但條件是妳今天先洗碗。」

「我才不上你的當，還是用老法子解決吧，猜拳！」曼弟擺出猜拳架子。

「猜就猜，難道我怕妳。」

小夫妻於是開始了一幕有趣滑劇，結果輸了的是正新。

下午我們同正新一同到台南看了一場電影，搭了最後一班公路車返回左營，在路上不斷回憶這愉快的家庭假日，値得稱道的是這一對拳式小夫妻的民主作風。

原載於海訊日報

機上半小時

乘飛機生我生平的第二次，第一次應該回溯到民國三十六年的事。那時我在河南安陽高中求學，地點是袁世凱隱居時的別墅，這裏距城不遠，是個理想的讀書所在。記得是在那年的暮春，共軍劉伯誠部將安陽城團團的包圍，約莫有三個月的光景，城內一切交通和消息對外中斷，城中的老百姓全靠政府空投的食物來維持生活，城外的學生大部份因爲家庭供給中斷，被分配在城中的商家寄養，並協助守軍擔任調查戶口的工作。所幸的是校長在圍城前在開封公幹，經他與省教育廳多方交涉，才用飛機接運出圍城中受困的一萬以上中學生。這在歷史上說起來恐怕是空前的，因爲在三十八年整個大陸撤守時，許多高等學府都沒有這份幸運，我就是這幸運中的一個。

那時我年紀尚小，對坐飛機的印象很模糊，只記得未坐前聽人家種種的傳說，心情很緊張，飛機起飛和降落時感到異常的難過。因爲機起落時的一升一降，升時如入五里霧中，不知天有多高，降時如墜無底深淵，不知地有多深；在飛行中更不敢隨便站起來去瀏覽窗外的風光，只模模糊糊記得人家說過黃河了，站起來望了一下，所以黃河像絲帶的影子至今還留鄉我的腦海中，其他便一無所獲了。

這次因受訓歸來順便到台中訪友的機會，碰巧他們服務的單位是空軍，所以又享受了乘飛機的優待。八日下午三時，有班機飛往屏東，因爲乘客增多，增爲三架，我被分配在C119空中車箱，承辦人員與我的友人很要好，上機前告訴我不少常識。他說C119飛行時聲響很大，坐位儘量靠前爲最好，通過檢查站到達機上時，已有一半座位客滿，我選擇了靠機艙右首窗下的位置。座位用軟帶結成，很舒適，可靠，可仰，兩旁置有束帶，是起飛時固定自己身體用的，詢問友軍乘客，他很詳細的爲我介紹用法，機上服務的同志於起飛前送上了嘔吐袋，我不敢說確有把握不吐，只有領情了一份，但見左右乘客多係婦女和小孩，他們神態悠然，我又覺得自己的一切緊張和顧慮是多餘了。

乘客坐定後，機門關上了，飛機的怒吼聲眞是震耳欲聾，許多乘客都用雙手關閉上自己的耳朵，小孩子的面色如一張白紙，飛機已在跑道上滑行了，不時發出可怕的音爆聲，這時我心情緊張，用束帶將自己束好，準備升空，但一切是這樣的平穩，我以為飛機還未離陸，乘客告訴我已升空航行了。這時我才覺得一個以過去的老經驗去衡量進步的事實，有時常會落伍的。

飛機的吼聲漸小了，比火車還平穩，機中的乘客都在悠閒的談論著。我放大了膽子，鬆了束帶，這一次我再也不願放過空眺的機會，我一轉身，就可看到窗外的一切。一眼望去，片片的白雲都在我的足下，雲層不厚，一片片隨著天風在空中繚繞，輕若炊煙，大地上的村莊若一盤棋，每一個村莊從空中望下來像棋盤上的子，距離得是那麼近，如果說山岳是土饅頭，河川若銀蛇，湖泊便是大的眼睛了。道路形成了羊腸，阡陌變成了絲線，稻田像一張綠色的絨毯，樹木像一叢青色的蓬帳，睜著眼睛搜尋行人，行人沒有螞蟻大，汽車如蠕動的蝸牛。再向上看，晴日當空，蒼穹益遠，左右看，霧雲裊裊，羽化登仙，古詩云：「我欲乘風歸去，又恐高處不勝寒」，正是今日的情景了。

飛機像一隻穿雲的鷹鳥，雲濃處，四顧茫茫，不辨東西，雲疏處，麗日當空，一片畫圖。我想假若此時我有雙翅膀，一定衝出窗口，到空中自由的翱翔一番，這該是如何的快樂呀？望倦時，我靜坐閉目養神，興來時，我盡情瀏覽，半個鐘頭的時間太短了，島國的土地太小了，到何時重回大陸，讓我在廣大祖國上空，去盡情的享受一次空中飛行的樂趣呢！

原載於新聞報

三奶奶

三奶奶不是我的親生祖母，對我卻若孫兒般的撫愛；三奶奶不是白髮疏落的婆婆，而是年僅四十餘歲的孀婦。她的丈夫是祖父遠房的兄弟，她是論輩份才贏得這老氣的稱呼的。

她高高的身材，鵝蛋形的面龐，較人特出的地方是臉上的顴骨凸出，這一點被人背地私議著註定了她守寡的命相，漆黑的頭髮在後面挽個元寶髻兒，粗布的衫褲經常漫洗得平整無摺，講話口直心快，做事手勤足到，人的印象永遠是乾淨俐落。

三奶奶的善行是聞名鄉里的，她有一個樂於助人的好心腸，不管是左鄰右舍的婆媳失和，夫妻鱉扭，三奶奶有她的一股耐心份兒，總要設法勸到雙方言歸於好爲止，所以她是最受鄉里間歡迎的人物。

遠房的三爺去世很早，留下了一份不算薄的田產。惟一遺憾的是三奶奶與三爺婚後僅生一女，女兒在老一代的觀念中是永遠不能承繼宗祧與財產的。但在傳統門風名節的束縛下，三奶奶這一生註定只有斷後了。

蓮枝姑姑是三奶奶的獨生女，若不是她塡充了她母親後半生的空虛心靈，眞不知道三奶奶如何度過她悽寂的孀居歲月呢。在這漫長的不幸日子裏，她們母女的相依爲命，亦就顯得格外可愛了。

談到管家理財的本事，三奶奶是一個精細能幹的的主婦，她可指揮佃農的四季種植收穫，又可將本求利的放貸營利。缺憾的是她不曾受過教育，提筆桿記帳的事兒，只有依靠爸爸這個遠房姪兒代理。

爸爸在族人間有著相當的信用，左鄰右舍的日常糾紛，爸的一句話就發生排解作用，三奶奶把經濟上往來的事情交給爸爸，與其說是威信方面的信賴，還不如說是瞭解爸爸是有名的直心腸兒。

每隔幾天結賬的日子，我弟兄就護隨著爸成了三奶奶家中的常客。她爲了酬謝爸爸的辛勞，親烹各種可口的飯食，像什麼薄如棉紙的蔥單餅兒，順口流油的羊肉餃兒，如今事隔雲煙，但那份往日的口福今日在心底仍引起癢癢的回憶。

母親因爲操勞家事，有時難得分心照顧我們弟兄，三奶奶無形中成了我們弟兄的義務褓姆，同時因爲她一生沒有兒子的渴望心靈，對我弟兄簡直有像孫兒般的撫愛。不論飲食起居，疾痛病患，寒熱風雨，我弟兄從小就是屎一把尿一泡撫養大起來的。我曾記得她陪伴我們度過多少晨夕，她爲我們講過多少民間傳說，帶我們看過多少村會神戲，替我們買過多少玩具糖果。永遠不能忘記的還是她每年除夕那一份特厚的壓歲錢，常是我們弟兄幾個月前就期望的事兒。

鄉間是非常迷信的，病痛喫中藥是已是非常開明的了，大半的家庭是靠女巫男覡來驅邪的。父親是讀過書的人，對這套迷信常持著反對的態度，所以每當我弟兄患病時，三奶奶和母親是祕密的背著父親召來女巫替我弟兄求治，她那種虔誠跪拜的求神禱告，今日想起來雖覺得有些愚蠢可笑，但卻不能不爲她的愛心所感動。

給我印像最深的還該說是蓮枝姑姑的儀容，她清秀、明麗，出落得俊俏而光豔照人，她的美麗是聞名附近村莊的。因爲她是三奶奶的獨生女兒，誰都知道若討得蓮枝姑姑做媳婦的，便是人財兩得的寵兒，當然最關心這件事情的還是三奶奶，她爲了給一生含在口中的女兒選擇佳婿，亦是煞費苦心的，從對方的人口，家世，生辰八字，妯娌多寡，都是嚴格考慮的條件。

三奶奶後半生的心血完全用在籌措蓮枝姑姑的嫁妝上面。這件事說起來亦頗令人驚異的。像什麼大八件、中八件，小八件，穿戴的從頭到腳，生活上的用品從餐具到痰盂，眞是應有盡有，羨煞多少村人，但最後這個幸運的門婿還是母親撮合成功的。

蓮枝姑姑的丈夫是我家二姑的弟弟，亦是本地的一大望族，由於二姑和母親的全力撮合，加上三奶奶對母親的信賴，這門親事就水到渠成了，蓮枝姑姑過門後不久，三奶奶的財富已暗暗的向她女婿的手中流去，從此她已死心塌地的將自己的後半生託交給這半子的女婿。

更常使三奶奶開心的事，是她的兩個活潑聰明的外甥，爲了吉利而命名爲喜生、貴生，這一對娃子由於先天父母珠聯璧合的美滿姻緣，加上後天的三奶奶嬌生慣養，生長得是那麼討人喜，這是三奶奶的臉上，亦綻放出多少年來難得見到的笑容。

但命之神從未放過不幸的她，三奶奶一生最傷心的事情，就是蓮枝姑姑的去世，我想，死如果可以代替的話，三奶奶寧願以她代替自己的女兒的。蓮枝姑姑是患重感冒去世的，三奶奶爲此請遍了地方的名醫，亦不知燒去了多少金箔紙馬，求拜過多少菩薩神廟，但卻永遠不能從命運之神的手中挽回自己的愛女。

蓮枝姑姑的死給三奶奶的打擊太大了，她此後能補回的只有從兩位外甥身上搜尋些她愛女的影子。我曾目睹三奶奶失去愛女後的心靈上的創痛，如果上帝是仁慈的話，她一定會覺得死比活更快樂些。

三十四年家鄉陷匪後，我全家跑到縣城裏去躲避，從此就沒有再看到三奶奶了，只聽後來逃到縣城的鄉人說，三奶奶以善霸的罪名而慘遭槍殺。但這一位充滿不幸命運的三奶奶，她在我幼小心靈中所種下的愛苗，卻隨著時間的流逝而茁長了起來。

原載於《民族晚報》

給聲聞的信

聲聞弟，今在金華耶，自南京別弟，倉促成行，不辭之咎，罪應歸兄，弟何必於尺函之中，責己過刻，而待兄甚寬也，分袂後，乘車西下，歷四晝夜，沿途雖風霜露冷，舌敝唇焦，而楓紅黃草，波色山光，卻頗饒江南景色也，噫！此乃流離代價，倘非烽火驅使，碌碌如兄，好夢不曾到此，知心如弟，諒有同感，抵江西樟樹後，吾校於該鎮西八里許，村名槎溪者，覓得一王氏祠堂，暫作栖止，生活情形，尚稱告慰，請兄遙釋廑念，勿使拙兄之形，常擾擾於左右也。

兄賦性愚拙，志大才疏，而性情窄狹，鮮能容事，以致好友不合，親故見離，知心如弟，而今對兄竟處於可信可疑之間，此誠不能不令兄仰天長嘆，而自呼孤單也。兄常言「友者，友其心也，二心非一；求合甚難，一人之心，前後思想，猶得其盾，況非一心，而欲求間合如一，難矣哉。」

弟復言，兄對弟有厭棄之意，現之於言語動作之間，此誠兄之不釋處，兄之對人，無論多好交情，不願於言語動作之間，表現得團親火熱，而一以冷淡處之，此在兄初衷，原以知交不拘形骸，而弟之多心，反疑兄有彼此，落拓如君，聞兄言當能冰釋也，弟之疑兄處，以弟料之，當不在南京、徐州種下此等因果，憶暑在鄭期間，兄欲赴汴一試，應無證件一節，進退維谷，後弟復言，汝已有證件，致兄面有難色，怏怏而去，後赴汴期間，亦未寄宿貴校，叨擾於弟，或弟之疑兄，即在此乎，誠如是，則兄可明言，兄之怪弟者，以弟既有證件，何不早言，呑呑吐吐，作甚故態，況兄從安與弟結識後，兄患痔病深重，蒙弟多方援助，始得苟全，以私情論之，此兄當如何感恩圖報，而兄並未一言介於此者，亦以弟能諒我也，若弟不能豁宏其度，處處認為助兄則喜，不助兄則我不悅，則弟之視兄，只一丐者年。兄請與弟決，亦不願受弟此等眼光，青愛於吾之不屑也，倘蒙鑒原，與兄作一道義之交，凡事盡其在我，不能則雖朋友不避其嫌，庶可矣，言無倫次，知我罪我，當非兄之所計也。

本校前途悲觀之甚，老教員一個未來，上課無期，畢業在即，前途何着，明年出路，定一多半是個大兵，請弟為兄抹一把眼淚，兄生疥，癢不停爬，精神苦惱異常，書不宣意。

願意刊發刊詞

或者亦就是它愿意刊出的原因吧，不然它怎會起個愿意的名兒——又不然它不愿意是不會刊出的——本來就是一群野慣了孩子，平常就不愿意受人的管束，何況這烽火的大流，將他們又湧到江南來，脫去了故鄉的依戀，父母的嚴訓，更不忌諱的是有著功課的皮鞭，這一連串的好時光，除了每天須征服二次大米飯外，他們只有到郊外計畫一個去聊的玩藝兒，來發洩這一群浪小子的幽鬱，來寄託這一群浪小子的精神，來寫照這一群浪小子的心靈，因爲這一連串的閒時光逼得他們實在要死，不能不由胸中發出愿意的呼聲。

愿意刊的名字是由大家愿意而定下，但它的內容卻還不是這樣的單調，至少還多少有些伸延性，現在我把它簡單的介紹出來。

(1)時間愿意，並不一定某時而刊出。

(2)內容愿意，並不一定包括某種形式的作品。

(3)篇幅原意，並不一定每期刊幾張。

(4)仝人愿意，仝人皆不愿意時就停刊。

(5)讀者愿意，本刊決不刊載惡意攻擊和低劣謾罵的文字，而引起一方的不滿。

上述五項，是本刊成立之大綱，尚望我同仁共信共行，貫徹始終。

末了我再說，愿意刊雖是一群極游離的分子組織而成，但這群游離的分子間，卻有極大的空間，來接受讀者的批評，使這群游離分子，得著適當的收集法，而起了親和力，使這幼小的嫩芽，茁得更壯些，來酬謝這勤勞修剪的園丁們。

給聲聞的又信

聲聞弟：

我猜不透你用這兩字的原因，所以亦就將錯就錯的用上了，請你下次來信告我說這名兒是不是還有其他的含義？我的去信逢上除夕你才看到，但你的覆信卻又逢上十六夜的晚上我才收到，這種富有詩意的暗合，正象徵了咱二人的交情，或者亦是老天爺的作美，愿「天下有情人皆成眷屬」吧！這我只限咱二人不能將一個變作異性。

弟之重感情，我是知道的，上次兄為了用文言文，所以作出一副道學先生的面孔，與弟冠冕堂皇的談起人生哲學，誰知道這副面孔只可在別人的眼皮上混過，至於弟面前是不可的，你採取了攻心的行動，用一套白話文說得無微不入，將兄的一副八陣圖打得個落花流水，露出了兄的原形，我又不得不用故舊的言詞來回答你，我知道古典文章是不足滿弟之慾望的，因為咱二人的交情……。

你說你的學識不好，不要在我面前，你有多大學識，我是不敢承認的，就兄還不是同你一樣的空空，不過我認爲咱二人的胃口尙合，其他就不管了，朋友是沒條件的，從我的對你長篇通信中，你可看出兄對你的愛慕，我對任何人沒有向與你這樣的寫過信。

「一丐」兩字和「蒙」字一字，弟牢抓不放，兄非常感到困窘，當時用牠的時候爲了是痛洩一口氣，誰知道牠不合文法，遭弟駁回，那我只有自羞的收回成命，惟弟看怎樣改一改好了。

弟對時局感到嚴重，兄亦感到嚴重，而只覺應付無法，所以只有「漠然視之」任牠變牠娘的，反正有這個人總要一天一天的活下去，回家一節，兄至死不敢想，弟之進退，可由弟自主，各人有各人環境，不過我勸你堅持到底。

國傑快畢業了，兄有心與他們去一信，但不知道通訊處，因爲鴻道來信說，他們問我哩，人家不忘自己，自己亦只好不忘人家，請你將他們通訊處告我。

做一個文學家的三大要素

一個分子式是由兩個以上的原素組成，一個文學家的原素固然亦很多，但其主要的卻不外三種，「煙」、「酒」、「女人」，若以化學反應式表示之，則有：

煙＋酒＋女人→文學家　結構式：煙——女人——酒

這個簡單的分子式，卻是頗具科學意味的，現在我把各元素之性能及其化學反應的經過，介紹出來。

*1.*煙——固體，棒狀，長三寸許，由紙及菸葉合成，種數繁多，品質優劣不一，有臭味，可促進文學家之想像力，借著其發出的盤旋煙裊中，發洩文學家心中的鬱氣，原子價為一。

*2.*酒——液體，淺藍色，可溶於水，由米及麵二者蒸發而成，種數甚多，味少甘而辣，其主要功用在促進文學家之浪漫性，使一個文學家變得更坦白些，氣豪些，常飯醉後，而產生好的文學，原子價為一。

*3.*女人——固體，人狀，高四五尺不等，由細胞組而成人體，味酸，其主要功用為促進文學家之纏綿性，寄託文學家之精神，原子價為二。

*4.*化學反應之經過——上述各種元素，都具極大之親和力，由煙燃燒後，加酒，酒爛後，與女人密切聯合，成吻式，發出來一個十足的文學家。

末了，我再說，一個文學家如缺少以上三種元素之一，那至少要減少你文章的生命，但是，我要聲明的，就是文學家的道學大先生們除外。

樂園刊發刊詞

樂園刊是由閒話而演成正面的事實，提起來亦叫人可笑，這火種可說是完全由毛三哥一人引的「般較」下山了，借笛笛。」這一連串的北方土調子，很會引起一般同學笑得前仰後合，尤其是他的左鄰右家，與他同寢在一塊的八、九位同學，被他薰陶得個個是一口土調子，滿面厚皮子，只要他的口一開，下面就七長八短的和起來，流浪無聊的歲月中，他們的感情因此更調和，他們彼此的認識因此更清楚，他們只有快樂，他們忘掉了家鄉、愛人，忘掉了喫飯沒菜的苦處，忘掉了潮溼地上的不可安寢，只要天一黑，帷幕搭起來，他們就在裏面作出人所不能作出的事情，將一塊小地方的空氣，弄得更快樂亦沒有，這簡直是樂園了，樂園的名字便因此而產生。

他們既有了以上的因素，他們又不愿這因素和這快樂立刻幻滅，便由硬漢子忠顯提出來要辦壁報，這原因是因爲本校壁報最近太多的原因，而引起了他的好奇心，甘愿嚐一嚐這苦頭，來用這組織刻下他們彼此深刻的印象，來記載他們的樂趣，但他們所考慮到的卻是寫作能力不夠及人員不足應付的問題，不過你一句，我一句，聊天式而不負責任的辦壁報語，竟逼得這刊物非流產不可，好像人家既知道咱肚子大了，既乾脆的讓他生下來亦好，至於它自身的缺陷及惹人見笑的地方，還請讀者原諒他媬姆的條件不夠。

贈別赤紅的一個小序

赤紅勉強我寫個小序在他的紀念冊上，我只說這是他犯了文人們的無聊俗氣，像我同赤紅，要說是什麼文人那是不敢當的，不過一般文學家的壞脾氣，卻被他和我染上一、二，這一二分的壞習性，在我倆的寥寥交誼中，起了個莫大的親和力，我的一切被人認爲不經的動作，赤紅他偏採取，赤紅一切被人認爲不好的行爲，卻又被我賞識，它在默默中成長了我二人的交情，雖說是壞脾氣，卻是好介紹物。

赤紅對文藝的興趣，是個重天才，輕功夫，愛穠艷，忽現實，耽風流，略義法，一個十足的浪漫文人，這些對他有益處亦有壞處，益處是他發展了文藝的天才，壞處是他未能重視文學與人生的眞正關係，因爲文學並不只是供人欣賞，而是促人有更美滿的人生。赤紅的做人，我卻很隔膜，因爲相處的期間尙短，我亦不敢妄充知音的批評，或無謂的稱贊他幾句，不過以我文學的宗教觀去判斷他，爽落，坦白，是他應該有的。

中州的文壇早已沉寂得不被人注意，從前對中州文藝有光榮供獻的歷史人物，算被我們這一代兒女羞辱盡，赤紅，你如果有嶄新中州文藝的話，請你注意我們這一般文藝同志之攜手，共同向光明之路邁進。

我對赤紅的片面觀察，十之八九不大靠助，我相信諸位對赤紅一定有更好的贈語，胡亂的言語或有人要笑我是不會做或不適做序言的人，不過我有我的見解，其實那些道學先生的以文會友，或以友會文，如切如瑳，如琢如磨的老套子，我又何嘗看得慣，這箇別的小序，將烙下一個深痕，遺留與赤紅亦算達到紀念的意義了。

紀念冊小序

這本小册子是集多少的心思而成的，不敢說它是寶貴的，因爲我個人並不多寶貴，縱就有好的贈言和題辭，恐怕只是一種受我連累著的羞辱而已。但話又說回來了，自己亦不要太裝腔，自然是肯與你題辭的，交情雖談不上深厚，但三年的相處和認識，至微亦各有個默認的情感在滋長著，這情感無論是好或壞，總算是眞情的流露，所以諸君陪同我的羞辱，很寶貴的不棄我的要求，而給我以個性的鍼貶，名言的共勉，豐富的摯情，都是諸君的義務，而我應當永久寶貴的一些別時痕跡。

提起三年的高中階段，正象徵著我個人的今生學運並不大佳，小學未上，初中未滿一年半不成熟教育的我，得躍進高中的大門，恐怕亦是天厚我，自進入這河南較著聲色的安高後，我曾希望要好好的幹三年，可是天老爺偏又妒成人之美，內戰的烽火，終於將我滾在流亡的道路上，由安陽袁它，到密縣天仙廟，經鄭縣小李庄，終江西省槎溪村，三年的短促歲月，完全消耗在痛苦慘離的長征上。學業呢？依舊空空，腦筋呢？越發麻木，刺激，唉！刺激，流離，唉！流離，這結果都是你們的恩惠

而今正又値畢業在即，公費飯碗攤牌的當兒，時局演進歧路徬徨的急旋中，我個人今後的一切，連我個人亦不能決定，我只恨我生的時代不好，我只愧我的學無成就，茫茫宇宙，

何是吾歸，但悲哀是無盡的，我還得痛定思痛的奮鬥下去，牢記著惟有奮鬥才是成功的道路，解決問題的祕法，不要忘了自己的責任，尚未達成萬分之一。

這些不相干的話拉雜在這裡似乎是多餘，但我相信它以後將成爲無聊的伴友，回憶的對象，藉此想想諸位，勉勵勉勵自己，亦是不無小益的。

蕪園集小序

蕪園內長的並不都是荒草，而是些雜七亂八的農作物，說不定有芝蔴，亦說不定有高粱，甚至還有蕎麥等等的東西，蕪園主人所以要這樣的稱它做蕪園，實在並不是因爲它的荒草蔓延，而是因爲它的糟七亂八，蕪園的主人何以這樣的一塌糊塗，實在是因爲他所耕的園地太小，而日常所需之生活雜糧又多，想喫麵粉，又想喫小米，同時還需要綠豆黃豆調調口味，在這種相需而不相容的情形下，只有將它這一方小園地，撒下各樣的種子，讓它自由的生長，自由的孕育，雖然是蕪雜不齊的東西，卻是深耕易耨的收穫，怎值得它不向這小園地發出形喜的微笑呢？

自放下筆桿，拿起鎗桿，在我的學術探討史上，可算是由文藝的樂園，步入沙漠的荒野，生不出理想中的花，摘不到理想中的果，雖然在這浩渺瀚海之內，孤獨旅行的我，並不因此而減少我對學術探討的絕望，我抱定決心，在這荒漠內開闢樂土，培植碩果，蕪園便是這樣由我孤心若詣而待闢的樂土。

蕪園內種些什麼東西呢？綜括有二方面，第一，在我個人的創作方面，包括些因遂感而寫出的文章，小詩，日記我久已間斷，是因爲生活的枯寂，實在亦寫不出些什麼東西，所以亦就沒勇氣再繼續下去，但有時我生命上的特別刺激，我仍舊不妨以日記的方式，生動的記述出來，留下我生命上的創痛，至於呆板式的喫飯報導，我認爲是大可不必的。

第二，在收集別人的方面，我不便指出範圍，是文藝，還是政治，或者是軍事常識，或者是自然科學，因爲這範圍包不了我收集的對象，我收集的對象是宇宙間可發生現象的萬花筒。

蕪園是我待闢的樂土，至於它的收穫如何，是不能歸罪別人，那全看我這園丁的辛勤和勞力而定。

談青年如何處逆境

世間最完美的人便是那些在生命的逆流中含笑以應的強者，一個人能在一切顯得不利無望的逆境中，不氣餒，不頹喪，必能操勝利的左券。許多青年人往往不能達到他能發所及的成功目標，因爲他們在事業途程中甘爲逆境的俘虜。

人們必然地不喜歡那些憂鬱，陰沉的人，正如我們不樂於欣賞那些於我們不調和感覺的圖畫一樣。因此一個青年人在社會上首先應祛除這些氣質，做一個樂觀奮鬥而樂於助人的人，才能贏得別人的喜悅。要多用自己的理智，不可把全盤的生命計劃，訴諸情感的用事。相反的，不管你的週遭的環境和事情如何的不順利，你應該有足夠的勇氣去擊破環境的桎梏，從不幸的深淵中力謀自拔。你當時時存著無盡的希望，拋卻黑暗，面對光明。

偉人在逆境中成功的例證

人生在世，不可能不遇逆境，但是，人人都可以學習對付它的方法。最不可救藥的便是那些一遇橫逆和痛苦的經歷時，便完全放下了勇氣，拋棄了樂觀和自信這些有力的武器，而讓頹喪、杞憂、懷疑、恐懼、失望等占領了自己的精而領域，致使前功盡棄，一敗塗地。這裡舉出兩個中外偉人可作你們的例證。

㈠國父的革命精神——國父說：「吾心信其可行，雖移山倒海之難，終有成功之日。」他一生從事革命，赤手空拳，歷盡艱險，曾經歷過十次失敗，遭清政府兩次通緝。（一在乙未廣州起義失敗後，一在癸丑討袁失敗後。）先後蒙難兩次（第一次倫敦蒙難，第二次廣東艦中）。其在國內不能立足，而在國外亦曾被驅出境五次（先後在日本被驅二次；安南暹羅，南洋群島各一次。）可見其當時困難的情形，然其經能百折不撓，以其大無畏精神，而開創了其千古未有之偉業。

㈡居禮夫人刻苦向學，居禮夫人一生坎坷，十一歲的時候，慘遭喪母之痛。因此，從小就得對付自己所處的新環境。二十四歲的時候，她赴巴黎研究科學，在巴黎她租了一間頂樓，房中沒有燈，沒有水，只得利用從一個小窗子中透過的燈光，那時候她一天的開銷，連膳宿、用電、穿著、書籍等總數不過三毛錢，這是她父親僅能負擔的一筆費用。生活在這種困難的環境中，她知道了對付貧窮的方法。二十七歲的時候，她遇到了居禮，翌年便結爲夫婦，婚後的生活很爲美滿。有一天，她對居禮說：「我們二人缺一不可，倘我們二人中不幸有一人先死，那麼，大家都死，能嗎？」一九〇六年的一個晚上，居禮先生不幸被馬車撞死，那時她是三十九歲，結婚未還滿十一週年。於是她立刻學習怎樣對付傷夫之痛。而在以後二十八年喪偶期中，她以專心研究的精神，完成了其偉大科學上的成就。

由以上例證，我們知道悲哀和煩惱是屬於弱者的事，一個樂觀和意志堅強的人便不如此，他們常在困難環境中，保持希望和信心，勇敢的承擔一切的命運，並且進而向命運挑戰。才能有其超凡不同的成就。

學習幾種在逆境中的修養

一個人成功的因素是什麼？我們將來會不會成功？這不是算命占筮所能解決的問題，但是下面幾種在逆境中深刻體驗，卻能幫助我們度過人生中的險毒遭遇。

㈠勿向命運低頭——有一個醫生向一個病人說：「你最多還可以活一年。」當病人聽到這句話，好像是一個判決了的囚犯。但是這個病人卻心裡盤算，我在這個世界上的日子衹有三百六十五天了，我應該使用這寶貴的光陰——盡量做些有益人類的事情，我決不能夠在那裡焦慮地等待死神的降臨。於是他自動去找一些艱苦的工作來做，不獨用手用腦，還要運用他的靈魂。慢慢地，從工作中他恢復了信心，他得把握住了生命的眞義。所以他離開那天醫生判斷他生命的最後期限，已經是過了兩年了，他仍是好好地活著，並且精神奕奕。他深深的相信，假如當時他接受了醫生的判斷，向命運低頭，安心的等候死亡，他一定逃不出死亡的大限。

㈡善奏生命之曲——有一個偉人曾說過：「我什麼都沒有，除了困苦之外。」一個快活的人，就能盡量利用他自己所有的。他不會將時光浪費在怨恨和詛咒之中。他將利用現有的，創造他的新前途。我們常聽到朋友說：「他命運不濟，祖先沒有遺產，自己的環境不如人。太太經常多病，上星期天小孩子死了。」如果你經常這樣想，那你已經走到了危險的邊緣。提琴名手吉勒姆，在一次演奏會中，一弦忽告折斷。他卻並不像常人謝罪告退，仍利用其餘的完整三弦，改一曲調而完成了演奏。我們整個人生的態度，何獨不然，即使一弦損折，仍可利用其餘三弦。完滿奏完生命之曲。

㈢切莫自尋煩惱——大部份的人所以處於不幸的境地，艱難與困厄固然是原因之一，但是對於眞正的幸福卻一無所知，每天的行爲又不是爲幸福而舖路，更是不可否認的事實。在違背幸福的途上求幸福，自然是緣木求魚了。凡事必須高瞻遠矚的，才能獲得幸福。自尋煩惱與自暴自棄的生活，無異是自掘墳墓。人類必須抑制自己任性的行爲，邁向幸福的坦途。祇是空思妄想，不能使你幸福，必須腳踏實地，培養德性，擇善固執，造次必於是。顚沛必於是，這種高瞻遠矚睿智，才是幸福的泉源。

㈣尋求深遠的慰藉——人必須承擔自己的命運，在承擔之中，創造是唯一的途徑。羅素說：「忍受苦難最好的方法，就是尋求深遠的慰藉。」而深遠慰藉，常存在於創造之中。所以凡在文學、藝術，或者科學上求創造者，必不屈服於生活的苦難。音樂家韓德爾一生憂患，但苦難的境遇不曾阻礙他貢獻世人最偉大樂章。他承擔了自己的命運，亦超越了自己的命運，而成就超凡入聖的藝術。要知道過去的不幸是上帝已寫成的歷史，未來的不幸還有改變的機會。只要自己心中有永遠企求崇高、純潔、完美的境界，德性便日漸浮現。而邁向不朽的非凡成就。

㈤培養廣泛的興趣——人生未必是一條坦途，不過憑興趣和熱忱卻能在荊棘叢中開闢出一條光明的坦途，興趣愈廣泛的人，生活的適應愈佳。廣泛的興趣可以滋潤人生，充實生活，例如愛好體育的人必有強健的體魄和明朗的個性。酷好讀書者必有豐富的知識。興趣使人發現人生的價值，有了興趣的熱忱，其表現於人生的態度是積極的。到了這個境地，人生不再躊躇不前，一切新生活由此展開。但興趣以熱忱爲後盾，如能根深蒂固，否則祇是曇花一現而已。興趣不是爲了躲避人生煩惱，它應當是人類生命中火炬。人的興趣愈廣，人生的價值愈高，幸福的泉源就更深了。

㈥努力於環境的轉變——當你面臨逆境時，你應當努力從事於新環境的轉變。以改換你精神態度和生活的方法，總不要使你的不幸和痛苦來侵蝕了你的心靈。想那些使你最愉快最自傲的事，抱著最寬厚的心去對待別人，傾吐那些最和靄最風趣的話，以最大的努力，輻射出快樂、歡悅、這樣，久而久之，你對發覺精神的偉大力量。使你遠離痛苦，而快樂的陽光，將照徹你的全部生命。不要讓那些不愉快的聯想侵入你的心田，造成你快樂的蔽障。

在西方有一著名時報曾調查過一個偉人需要，它的結論是寥寥的數語：「在偉人的生命裡，需要狂暴而危險的遭遇，更需要貧乏的經濟力量，飢寒交迫的早年生活，長年黑暗歲月的煎熬，經常不斷環境困擾，以及頗爲懷疑的成功希望，如一旦成功，偉人尚需要他（她）應得的光榮和讚賞。」

原載於中興評論

談如何與人和諧相處

一個人在漫長的人生旅途上，成功抑是失敗，這亦與你的個性有莫大的關係。如果你發現很難和人相處，時常爲環境所窘，或不易和別人打成一片。共享團體生活樂趣的時候，你就應當反省了。人是合群的，不能脫離社會關係而獨立，因而人與人的接觸，無法避免。儘管二十世紀時代的科學文明，日新月異，物質建設，一日千里，可是人類必須依賴互相合作，而且人與人之間，必須建立友好情誼，才能守望相扶，患難與共。幾年前美國卡耐基學術研究會曾舉行多次考察，發現了一項重要的事實那就是：「即使是最具專門性的工程事業，他們成功的因素，只有百分之十五，是由於他們的專門學識，百分之八十五，是由於他們待人的技術，統御的能力，和自己的品德，由此可知成功之道，繫於良好的人緣與人和諧相處是如何的重要了。所以當你發現與別人格格不入時，你應當首先把你個性上的特徵分析一下，再配合別人對你的反應，來做一次徹底的檢討，在修身的方面下一番功夫，以下是一張良好品格的標準，可以做為你的座右銘。

一、了解與隔膜

人與人相處，可貴的是了解，可怕的是隔膜，隔膜令人互不信任，令人互相敵視。它發展的極致，便可造成人間的許多悲劇。任何人想要了解他人，首先要消除彼此間的隔膜。當你對人坦誠相見時，他人必能了解你。而你亦就易於了解他人了。不過人與人在某些事上，在一段時間中是不相互了解的，你的心開了。他的心卻牢牢的關著，這時你更當盡量的了解他，使他的心門開放，須知人的心不能永遠關閉，那將令人窒息。而世人亦沒有一件事情是隔膜是永遠的，只要大家都有坦誠的心。

我們亦嘗聽人說：「我了解你，但你不了解我。」這話只有一半是對的。你眞的能了解他人，你一定能使自己爲他人所了解。因爲能了解人的人，他的心是開的。凡事坦誠相見，怎能不爲他人所了解呢？當然，有時你不能或不願被人了解，那只是證明你的內心實有牆壁的存在，透露不出你內心的光輝。我們想要了解人，應當先了解自己，因爲你只能根據自己去了解他人。我國人最講究恕道。亦就是這番意思。鄭板橋說：「以人爲可愛，而我亦可愛矣，以人爲可惡，而我亦可惡矣。」如果你眞的了解他人，必能在他人中看見自己的影子。眞正坦誠的心意，流入他人的胸懷，亦好像水的瀉地，是無孔不入的。沒有人能永久關閉他自己的心，永遠不透露自己的心光，所以人與人之間是應當可以了解的，隔膜亦須有，但任何膈膜皆可爲坦誠的心意所擊破。你只要能打開一個人心靈的窗戶，你就可以看出他內在的蘊蓄。所難的是有些人內的心不免有黑暗之處，但祇要你自己有偉大的「心光」照耀，彼此的了解是可能的。

二、笑與人生的重要

皮卻爾說：「不會發笑的臉，有如從不開花的蓓蕾。使支持它的莖亦無生氣。」相反的一個奮發有爲的人，一定是個生氣蓬勃笑口常開而爲大衆所喜歡的人。英國名作家亨利維爾狄光，一生坎坷，備嚐艱辛，他的境況雖苦，卻始終帶著笑臉，從來不曾有過愁眉苦態，凡是與他見過面的人，沒有不喜歡他態度的和善。尤其是孩子們一二天見不到他，即會成群結隊的站在他的門口，佇望著他的出來。

笑聲是悶熱天氣中的一陣清風，一個家庭如果沒有笑聲，那是不堪設想的。靜悄悄的像一座冷廟，長在這種陰陰氣氛中的人，決不會有甚麼生氣可言。安和歡樂的家庭那就不同了，從早到晚笑聲洋溢，彌滿著一團和氣，偶然間即有夫婦的失和，兄弟姐妹的衝突，大家破口一笑，乖戾頓化爲祥和。

社會中人與人間情感的聯繫，亦往靠著笑做媒介，當兩個不相識的人見面時，只要一個微笑，表示著「我歡迎你！」「我很高興你！」彼此的情感即會如陰陽電的接觸，發生了交流，本來不相識的人，會因此一笑而成了莫逆之交。所以笑是造物者賦予人類恩物，如果人類沒有笑神經，那這個世界便死去了一半。所以笑是人類不甘寂寞的象徵，是人類合群的一個要素。

一個感到人生乏味的人，即會有情緒上的苦悶和煩惱，神經因之過度緊張，易患上神經衰弱的毛病，醫治這種心疾的特效藥，只有歡笑。一切荊棘前途的感覺都在笑時丟入九霄雲外，所以笑是一種最美麗的裝飾，它代表著一個人的和善和快樂，它好比萬綠叢中一朵薔薇，使人覺得美感和愉快。

三、寬厚與獎助別人

西哲有句名言說：「假使他應受讚揚，最好現在向他表示，如果寫在他的墓碑上，他就無法看到。」所以一個人能多給予別人讚揚，就增加了自己獲得友情的機會。古今偉人成功的祕訣，都有相同之點，就是寬厚待人，當別人犯了錯誤時，你能寬厚的寬宥他，等到自己出了毛病，別人亦會以恕道施之於你，何況對已經做錯了的，過度責備於人，於事並無補益，徒然顯示自己的涵養不深，使人懷恨不消。能寬厚待人，四週必然充滿祥和愉快的氣氛。假使你對人刻薄無情，必定會遭致殘忍冷酷的遭遇。我們要怎樣寬恕別人呢？孔子說：「躬自厚，而薄責於人，則遠怨矣。」曾國藩云：「常以恕字自惕，常留餘地處人，則荊棘少矣。」我們要以責人之心責己則寡過，要以恕己之心恕人則全交。責人之過不可太嚴，要恐其難受，教人之善不可太高，要令其可從。寧讓人，勿使人讓我，寧容人，勿使人容我，所以最愛嘲罵人的人，往往是最受嘲罵的人，今天笑我的人，明天自有人笑他。助人是人人應有的美德，我們衹要有助人的能力和助人的機會，就應助人，切不可斤斤自私，我們能助人或救人，自己的良心上必感到很大的安慰。得著很大的快樂。所以救人和助人不必希望人有甚麼報酬，即在自己良心上獲得的快樂，已是有了代價。所以教我如何安慰人，不必教我怎樣得安慰，教我如何諒解人，不必教我怎樣得諒解，教我怎樣愛人，不必教我怎樣得愛，這樣就接近寬厚與獎助別人做人的道理了。

四、心平氣和之道

世界上眞正能知足常樂，處世融洽的人實不多得。你亦須會常常這樣反問：「爲甚麼我不能心平氣和、有一片寧靜的心境了」其實這一件可以做到的事。要知道心理上的安寧，並非來自天生無憂無慮的人，亦更非物質享受的齊全。凡人皆有煩惱，正如人之睡眠一般的尋常。金錢並不能解決這種煩惱。我們常見百萬富翁，內心可能是異常的不快樂，所以聲名、榮譽、和權位，均不能帶給我們心神的寧靜。

心平氣和的境界，是由於內心的安寧和滿足，而產生一種快樂的狀態。既不常發責別人，亦不憂慮或懷恨別人，則就可以守本分，對己對人皆能怡然自得。啓發這種境界，必先從你自身著手，你之心境，所以造成今日的不平和，不寧靜，非由於他人而是由於你自己，你要設法糾正你過去令你情感走入歧途的癥結。

試以煩惱爲例，令你煩惱的對象究竟是甚麼，是你的工作，是你的同事，是別人做了對你不起的事情，或者是別人欺辱了你，你如能眞正仔細的分析，亦很少能找得出使你得不到解脫的理由，許多煩惱都是無名的自擾。你認清了這一點，便會將它們由大化小，由有化無，捨棄與你無關的事，最後你會得到眞正的自由與平安。

尤其是自己的工作，不要好高騖遠，只要先盡本分，按步就班的去做就可。一個好勝心過份的人，就像一匹無羈之馬。可以使你墮傷。要瞭解自己的能力，究有多少，這種自我的誠意，將帶你進入一種新天地。對人對事，均要取虔誠的態度，遇到生命坎坷無法奮鬥之際，則設法隨遇而安，不要去怨天尤人，如果你能做到這樣，你不但會發覺你自己在進步，便是你週圍的人亦跟著你在後進呢。

朋友、你如果做到以上四點，處處學習，時時檢討，不用很久的功夫，你一定能得到很好的人緣，而且獲得了成功的基石，當我把手指頭伸出輕蔑別人時，要小心亦有指頭正指向我們呢？

原載於中興評論

百詞新詮

(一)愛——原子能。

(二)恨——原子彈。

(三)死——睡的兄弟。

(四)吻——啓開情愛的鎖匙。

(五)戀愛——一個睜著眼睛又闔上的人。
(六)失戀——一個闔著眼睛又睜開的人。
(七)愛情——友情與獸性的聯盟。
(八)訂婚——是把兩個人的未來，打在一個死結上。
(十)結婚——除去愛，別的理由再充分，亦是不可的。
(十一)男人——意志上是強者，生活上是比小孩子還笨拙的人。
(十二)嫵媚——女人的力量。
(十三)力量——男人的嫵媚。
(十四)幸福——愛而被愛。
(十五)痛苦——偷愛著一個人，而不敢讓人知道。
(十六)負擔——被人愛著。
(十七)良心——自己的法官。
(十八)家庭——深爲本能控制的社會集團。
(十九)父母——你對她他一無顧忌的人。
(廿)遺憾——愛與慾不能合而爲一。
(廿一)遲到——女人維護自尊的方法。
(廿二)悲劇——有過分的慾望，無法滿足的下場。
(廿三)殘酷——去聯想一個美人會做壞事。

(廿四)人生——騙得你最眞實的一句謊話。

(廿五)虛生——不能得到愛你的人寬恕。

(廿六)命運——無法被人了解的遭遇。

(廿七)悽慘——好心人的同情，陰謀者勝利。

(廿八)苦惱——羨與妒的緊鄰。

(廿九)慾望——數字上的三除十。

(卅)衰老——不能維持平靜自足的人。

(卅一)富翁——天然失去被人同情資格的人。

(卅二)禮貌——上等人和俗人的一道界線。

(卅三)金錢——最好的奴僕最凶的主人。

(卅四)貞操——只能用一次的火柴。

(卅五)難事——失戀丈夫的妻子，偏見孩子的後母。

(卅六)魔鬼——躲在十字架背後的人。

(卅七)頑固——學不到新的，忘不了舊的。

(卅八)工作——有益衛生的營養。

(卅九)閒暇——精神上屋前的空地。

(卌)忙碌——精神上屋後的高樓。

(卌一)權力——最寂寞的東西。

(四二)御座——一塊緞子蒙著的木頭。
(四三)曲線——政治上最短的距離。
(四四)思想——心與物的接觸。
(四五)感情——心與心的接觸。
(四六)信仰——有希望的野心。
(四七)眞理——殺不死的東西。
(四八)文明——一個民族應付環境的總成績。
(四九)文化——是文明所形成一民族生活方式。
(五十)戰爭——時代的錯誤病。
(五一)宗教——和種痘有同等價值的事。
(五二)出家——想忘記煩惱的人。
(五三)諺語——國民心目中的法律和經典。
(五四)自由——牢獄中的產品。
(五五)健康——病人最佳的戀人。
(五六)夢想——比現實更難受的事。
(五七)完人——只有死人才有資格。
(五八)處罰——教育的炸藥。
(五九)學問——理性的思考。

(六一)商場——只有往來，沒有朋友的地方。
(六二)佳作——死人比活人更活的作品。
(六三)立志——目無古人。
(六四)無量——目無今人。
(六五)杯子——心跳進碳土的產物。
(六六)陌生——有了感情再決裂。
(六七)名流——帶起黑眼鏡避人耳目的人。
(六八)文雅——閉嘴打呵欠的人。
(六九)賭博——以有易無的方法。
(七十)咳嗽——事急矣的信號。
(七一)丈夫——一個過了一整天回家吃飯，而不能再多等五分鐘的人。
(七二)主管——一個決斷迅速，叫別人實行的人。
(七三)藝術——一個善妒的太太，非專心伺侯，不能得到她的歡心。
(七四)內在美——老處女的口頭語。
(七五)音樂會——欣賞美人的場合。
(七六)主謀者——利害最關切的人。
(七七)癡迷者——理智不管事的人。
(七八)鄉間人——自己安排生活的人。

(七九)城市人——被生活安排自己的人。
(八十)可憐者——心碎之人。
(八一)快樂者——能明白笑的理由之人。
(八二)發脾氣——糊塗時候的錯誤。
(八三)外交家——一個婚後應付妻子的人。
(八四)消暑劑——蟬聲與蛙鳴。
(八五)單身漢——情場中的幸運兒。
(八六)恩愛夫妻——常常覺得躲在屋子裏比外面有趣的人。
(八七)舊式婚姻——可能是婆婆的好媳婦，不一定是丈夫的好妻子。
(八八)調和主義——沒有是非的懶蟲。
(八九)太空時代——預言沒有成新聞之前就變成了歷史。
(九十)冷血動物——熱帶地方產物。
(九一)危險人物——見面鞠躬到地的人。
(九二)講條件者——遇事沒有肯定答覆的人。
(九三)全盤皆輸——有事業而無愛情的人。
(九四)強詞奪理——比罵人更壞的事情。
(九五)危險之地——死人最多的床。
(九六)一無憑藉——失去母愛的人。

(六八)都市男人——一個直著眼睛看女人的人。

(六九)共產世界——把地獄翻在上面的社會。

原載於海訊報

讓便是福

一爭兩醜，一讓兩有。

——母親的話

記得小時候，經常爲了微不足道的事，和哥哥爭得不可開交，甚至拳足相加，最後他和我皆落得鼻青眼腫，兩敗俱傷。母親每次看到這種狼狽的情形，總是一句話責備我們說：「一爭兩醜，一讓兩有。如果你們有一方能吃一點虧的話，怎會有現在的情形呢？」當時我心中還埋怨母親不肯主持公道，那裏會體驗到這兩句話的眞正受用。

民國四十六年，我在一個機關服務時，科內一位高階的同事外調受訓，科長因爲信任我的辦事能力，便指定我代理其業務。半載後，那位同事外調出缺，以常理應由我占缺晉升，但科長爲了鼓勵另一位資久而工作情緒低落的同事，將此缺由他遞補，業務仍希我能兼辦。當時我氣憤塡胸，就想在工作上大鬧其情緒，科內的其他同事亦替我大抱不平。後來自己一轉念想起母親的話頭，一時心境泰然，而工作如故。科長終為我這種忍讓的情操覺得過意不去，遂在很短的期間內又設法讓我調整了高缺。

事後，我想如果自己不忍一時之氣，在同事方面可能失去了一個朋友，上司亦可能留下個很壞的印象，最後終必一無所獲。多少年來，這句話成了我平息氣憤的靈丹，確實得到了不少的受用。

原載於中央日報

由看電視想起

在工業發達的社會，電視成了家庭的寵物，它不僅提供消息的傳遞，休閒時的娛樂，亦擔負了教育的功能。古人說：「秀才不出門，能知天下事。」當然指讀書而言。以今日來說，電視的影響，較書報更爲迅捷，更能吸引人。因爲它能隨收隨播，以畫面表現人事物，而且兼具聲光色之美。

在諸多的電視節目中，自己接觸連續劇的機會較少，因爲不能每天收視，偶而同家人一齊欣賞，常覺有頭無尾，或有尾無頭，所以興趣缺乏，提不起意願。然而國內三家電視臺晚上的黃金時段，大都以連續劇出奇鬥勝，爭取觀衆。不是武俠功夫，殺得天昏地黑，怪招百出；就是愛情奇緣，舊遇重逢，纏綿難分難解。最近更集中在幾個禍國的女人身上，像剛演過的武則天、慈禧外傳，又有兩家電視臺分別推出提貴妃以別苗頭。這些名女人，她們的傳奇故事，當然都有其號召力，但是站在教育的意義上，其負面與正面留給觀衆的是什麼？尤其是慈禧的故事，炒冷飯多少年了，現在家庭中的兒童，都會喊「小李子，喳」，並學其跪拜之狀，中國歷史上人物的形象，恐怕沒有人比「老佛爺」與「小李子」在兒童心目中印象之深的，豈不令人浩嘆。

原載於《台灣日報》

（作者爲政治作戰學校中文系教授、系主任）

這那像人間世界！

——本報「故鄉劫觀後感」徵文之十

槎枒的老樹，靜靜的原野，潺潺的溪流，片子一開頭就把你帶到故鄉的回憶裏。緊接著的，是一幕一幕血腥故事展現在你的眼前。一輛老爺式的卡車上，乘坐著幾個惡形惡狀匪幹嘴臉的「下放」幹部。這幅一向被詩人歌誦的農村安靜畫圖，就在他們的魔掌下完全翻轉過來。

青伊鎮上，斷垣殘壁的進士宅第，鶉衣百結的樸實鄉民，一夕數驚的匪幹叩門聲響，聞鑼色變的鬥爭大會，慘不忍睹的老年幸福院，嗷嗷待哺的兒童托養所，你看了，情不自禁的會喊出：「這那像人間的世界！這那像人間的世界。」

就連那個喫共產黨奶水長大的趙非常，在嚴格黨的教育下而仍未滅絕人性的他，目睹這一切連串經他親手導演的慘局後，竟亦像洩了氣的皮球吐出這些話：「近來一切都覺得不對勁，心裏悶得很，好像非下場大雨淋個痛快不可的。」眞是的，生活在共產黨醜惡的世界裏，誰都不是有這樣的感覺呢？人爲了有目的才活著，到一個人不知道爲什麼活著時，難怪他一刀兩斷的交出那張要命的「黨」證來。

這部片子，主題好，對話好，畫面逼眞，角色恰當，個個演員都是從內向外發揮的。

原載於青年日報

大兵博士田鳳台校友

羅有桂

人生是一個不斷地奮鬥過程，每個人不願做庸俗的奴隸，他的一生就要不斷地奮鬥著，這種奮鬥的生涯，往往是痛苦的。

我的朋友，我的妻子，我把累累的創傷帶給你，因爲每一個創傷都表示，我更前進一步。這是羅曼羅蘭向世人傾吐的心聲。我們翻閱中外古今的名人錄，就可發現他們共同的特點，都是從艱難困苦的奮鬥中，種下成功的種籽。像淡江文理學院夜間部，有不少同學可說是羅曼羅蘭的化身，正因爲這樣，他們的奮鬥是有價值的，他們的生命也充滿著光輝！例如田鳳台校友，就是這樣的典型人物。

痛恨共黨　投筆從戎

籍隸河南省湯陰縣的田鳳台校友，是河南省立安陽高中的高材生，本來過著安定的生活，不料共黨叛亂，大陸變色，共軍到處擄京姦淫，清算鬥爭，無所不用其極，使人民痛苦不堪！這對一個有熱血有志節的青年而言，自然是無法忍受的。於是田鳳台就毅然投入國軍第八十軍三四〇師，充任上等兵，拿著槍與共匪作生死存死的鬥爭。由於整個局勢的轉變，他就在三十八年隨軍轉戰來台。因爲他不斷進修，乃於四十年考取政工幹校（即今之政治作戰學校）第一期，經過兩年的專業訓練，於四十二年畢業分發部隊工作。這一政治工作，使他奉獻了十六年的青春歲月，歷任幹事、連、營輔導長、及組訓官等募僚職務，由於其工作熱忱，負責盡職，深獲各級長官之佳評，並蒙選派留美儲訓班受訓，成績優異，而奉調至海軍總部服務。他在工作之餘，仍然努力自修，勤學不倦，乃於五十六年考取淡江文理學院夜間部英國語文系就讀。

主修英文，先讀中文

田校友在本院攻讀期間，除了對英語有良好的造詣外，對中文也極爲嚮往，他很熱愛中國文化，他認爲中國文化有無限的寶藏，急待吾人去開採，但必須有深入的了解，及具有開採的方法與技能，才能做發揚推廣的工作，可是那時尚無「輔系」制度，主修英文系的他，除了讀完全部英語系的課程外，並利用時間選修中文系的主要課程，例如中國文學史、聲韻學、詩選、詞選等課程達三十六學分之多。正因爲他如此專心向學，努力不懈，才奠定他考取研究所及今後爲學之良好基礎。他雖然選讀許多系外課，但絲毫也未影響他的成績，相反地他曾數度名列全班第一名，獲得全部學分的獎學金，眞是「一分耕耘，一分收穫」呢。

默默苦讀，考取政大

一個人的成功，是與他的努力成正比的，這在田鳳台校友的身上，得到了最明確的答案。田校友於六十年畢業於本院夜間部英語系，接著就去投考研究所，可惜差一點未獲錄取，但他並未因名落孫山而失望灰心，相反的，他更加努力鞭策自己，一方面檢討失敗的原因，作爲改進之參考；另一方面他就更加用功，默默地苦讀，皇天不負苦心人，經過一年的勤學苦讀，終於在六十一年以優異的成績，考取了國立政治大學中國文學研究所，得以進一步地研究深造，他以「王充思想」之研究論文，於六十四年榮獲文學碩士。但是，他並不以此爲滿足，一股強烈的求知慾，拉著他更上一層樓，於是年，又以優異的成績，考取政治大學中國文學研究所博士班攻讀。

博士論文，呂氏春秋

在研究所除了修習必要的學分外，最重要是論文寫作，有許多研究生，全部學分都修完了，而且分數也很高，但因論文未完成，或完成而成績欠佳者，往往都得不到碩士或博士學位的。所以研究生論文的好壞，是決定其能否獲得學位的主要因素。田校友的博士論文題目是：「呂氏春秋研究」。由高明、胡自逢二位教授指導。由於他搜集資料甚為豐富，寫作方法新穎，態度嚴整而客觀，結構緊密，內容充實，尤其對呂氏春秋思想析論，至為詳盡，全書約四十萬言，是一部極有份量而極具價值的巨作。因此，在六十八年十二月十四日，假教育部舉行口試時，獲得考試委員會的全票通過，而取得國家文學博士學位。同時諸考試委員並一致讚譽田校友之博士論文，行文之美妙，體系之完備，為歷年博士論文中之最佳傑作。這次主持考試的委員計有：毛子水、高明、林尹、王靜芝、華仲麐、李鍌、何祐森等七位知名教授。

華僑太太，美滿家庭

今年四十九歲的田鳳台校友，家住台北市木柵區，即將遷至北投區，因為他現在為政治作戰學校所禮聘，在該校文史系擔任副教授，所以他搬到北投住對他的工作較為方便。田博士的夫人——張秀蘭小姐，是越南的歸國華僑，現育有二女一男，生活幸福美滿。田夫人秀外慧中，賢淑大方，相夫教子，備歷艱辛，尤其是田博士在攻讀期間，得力其夫人之協助者極大，他之所以能順利完成博士學位，亦可說要歸功於其夫人——張秀蘭女士之協助。有人說：丈夫事業的成敗，太太實居其半之責，這話確有十分道理。

願以所學，報效國家

田博士的文學素養極佳，這自然是由於他平日喜歡讀書、閱報、和寫作的結果。他過去的作品，散見各報章雜誌，如民族晚報、新聞報等均可常見。近年來他專心從事學術性論文寫作，發表於東方雜誌、及中華文化復興月刊等刊物，都是極具學術價值的文章。田博士不但精通中文，而且對英文也有很高的造詣，他將本著中英文既有根基，作更深入的研究，並以比較分析的方法，創造現代的新文學，以光大中華文化。他說，他一定要把他所學的，來服務社會，以期報效師長與國家對他栽培之恩！田博士由艱苦奮鬥中，所獲得的光榮成就，是值得吾人敬佩的！但願本院同學能師法田校友勤學苦讀的精神，使淡江人能有更多的博士出現，在國內外的工作園地中播種耕耘，也使更多人能分享他們芬芳的果實，及光榮的成就！

原載於淡江週刊

旅遊紀勝

是集所憾，余曾回大陸探親二週，及大陸第一次旅遊暨歐遊旅次，皆未作記，錄大部爲民八十八年後旅次日記。

關子嶺一日遊

關子嶺對住在南部的朋友是不會陌生的——但我卻沒有去過。這次住在嘉義，再亦不願放棄這個機會。搭了第一班的公共汽車出發，時間只有七點鐘，早晨的太陽放出了金黃色的光彩，四週的田野是一望無際的綠海，公車奔馳在道旁的行樹中，微風的輕拂和那不疾不徐的車速，眞是顯得那麼樣的富有詩意，令人飄飄欲仙。從前在台北中山北路看到那種車水馬龍的偬忙情形，我常覺得整日坐汽車趕生活的人，神經一定會爆炸。但今日我的心情卻是兩樣的，因爲路上來回的車子少，不擔心超車和讓車的危險；過站時，上下的人亦不多，亦沒有鯊丁魚的威脅；窗外又是一片無窮的自然美景，邱陵、溪川、村落、雞犬、叢竹、行樹、高高的煙囪，一路上眞是接應不暇呢！車過仙草埔後，開始了爬山的道路，山路灣曲蜿蜒，外臨深澗，駕駛手如一個舞獅的能手，車子變成了一尾活的金魚，搖頭擺尾的爬山而行，有時有些驚險的鏡頭，我在車中看的是提心吊膽，但事實上一點事情亦沒有，這就叫藝高人膽大了。

八時正，到達目的地，詢問當地的人遊山的路線及名勝大概後，就開始登山了。本來這裡有專為遊人準備的遊覽車，我覺得遊山玩水就當有遊山玩水的心情，遊山玩水最好是安步當車，慢慢的去欣賞你要注意的那一草一木，一蟲一鳥，如果坐汽車一陣風的開到那個名勝地點，是多麼索然乏味的事情。山路是兵工開闢的，並不十分難走，揀拾了一根道旁遺棄的樹枝作為拄杖，道的左旁高山上有數處澗水傾瀉而下，右下面的一條山溪，水流聲嘩嘩作響，溪旁有十數個婦女和小孩，赤足挽衣，臨流洗浣，笑語聲和水聲相映和。再前行數十步，就到了好漢坡，坡下有黃朝琴題的石碑，坡高約三百階，以石頭砌成，登坡時兩腿酸痛的利害，三次才登至坡頂，好漢坡的意思恐怕就是指登臨之困難而言的。坡上有國民學校及孔子廟各一，孔子廟小得很，僅供奉一牌位而已。

再前行，經一村不知其名，過村後道旁山巒疊起，漫山盡生翠竹，竹葉大已半枯，遠望去是一片黃綠之海，近視修竹千竿，疏密有緻，風來時萬頭攢動，若含笑迎客的樣子。如果說枯山給人的印像是淒涼的，叢山給人的印像是欣喜，那麼竹山給人的印像便是秀麗的了。雜以伐竹錚錚，鳥鳴啫啫，人行其中，眞有一種說不出的幽情，我覺得只有到那人跡罕至的地方，才可聽得出自然的聲音來。

一小時後，到了水火同源的聖地，這地方太奇怪了，前有小池一方，後為岩石，池水與靈火同從拳頭大的岩石小口中噴出，火熱熊熊經年不息，將附近的山石燒成了炭灰一般，池水的臨火處亦沸騰不已。人常說：「水火不容。」如今水火可以同源，豈不是一件大的怪事嗎？旁邊有茶亭及攝影部，爭拉遊人的生意，坐亭中啜冷飲一杯，此亭憑高而建，俯視萬頃田疇，仰聽山濤松風，收音機中又播出鬧人的西洋音樂，這種情調眞是中西合璧，雅俗共賞的味道。

再前行，至碧雲寺，寺有聯曰：「碧裡觀空寺，拱西天懸皓月；雲中聽世音，朝南海接慈航」，寺與一般的廟宇相同，無特殊可記的地方，寺中的主持堅邀我洗面用茶，茶味平平，面水則清涼異常，沁人心脾，好像剛從山泉中汲出的一般。小憩後，前行經枕頭山，到了天車的奇景，山高約千尺，斜距下面的村莊約六七里之遙，中間架以高聳的鐵架多處，鐵架上的兩旁置有滑輪，兩條粗長的鐵繩由山頂經鐵架形成了兩條軌道，鐵皮製成的箱車在兩條鐵繩上滑上滑下，高懸天空，隆隆作響，將山頂上的石頭運至山下村莊作燒石灰之用，我記得在電影中看過兩個男人在半空天車中爭美打鬥的鏡頭，一個搖搖欲墜的樣子，令人看得怵目驚心，這時這個鏡頭又活現在我的腦海中了。

十一時，環山路至大仙寺，寺大而宏，乾隆時所建，門聯曰：「大振三通暮鼓；驚動靈山方外客；仙敲一響晨鐘；喚醒苦海夢中人。」有給人當頭棒喝的意思，寺院三重，層階遞高，後面正殿中奉有釋迦佛像，金身高丈餘，爲在台少見者，台灣的廟宇多奉媽祖仙公，並且都是廟宇高大，神像微小；寺中並藏有大藏經多部，僧尼甚夥，開飯時擊鐘而聚，約十餘桌，亦是一件盛事。

十二時，抵仙草埔，達原公路車而返，車中人多而擠，將我的座位讓給一個抱小孩的婦女，站立車中，歸心匆匆，亦無心再去充分的領略車外的風光了。

原載於暢流雜誌

遊芝山公園

北市久居，公閒常乏去處。附近的名勝，像陽明山、碧潭、指南宮、烏來、圓通寺等地，皆曾先後遊賞。人總是愛新奇的，上述幾處名勝，若「偷得浮生半日閒。」未嘗不可舊地重臨，擇一僻靜的地方，讓自己的腦子澄清下來，沉思數時。如以尋幽探勝的眼光來看，一地可以重遊的，當擅林壑優美的勝景，山窮水盡別有洞天的奇跡；否則一覽無遺，除非是抱著看熱鬧的心理，就不會有此雅興了，記得某雜誌載士林鎮的附近某山的勝跡，說在士林鎮下車十五分鐘後就可到達，因交通既便，正好亦苦無去處，雖然該勝跡的名稱一時無從記起，但還是興緻匆匆的踏上征途。

由圓山搭十號公路汽車，五分鐘後即抵士林鎮，下車後環顧該鎮四週，雖遠山在望，但以目距測之，皆非十五分鐘就可到達的。欲詢之該地的鎮民，又記不起勝跡的名稱，只知該篇文章中詳述該地有臺灣義胞抗日成仁的遺跡。找一老者問之，以臺語欠通，搖首無所知。又問數幼年的學童，亦以非居士林鎮為辭，至此我非常後悔我這個遊客的懞懂，但這種好奇嗜遊的精神，在個人的遊記史上，到可書上一筆。想起古人的「乘興而來，興盡而返。」不正是我今日的寫照嗎？

折轉至公車站，是二十九路公車經東吳大學至外雙溪。忽然想起陳故副總統逝世後，為了選擇安葬的地點，報載說這位偉人生前頗欣賞外雙溪的勝景，到此地一遊，就不虛此行了。

乘公路出士林鎮迤邐前行，車窗外畦田綠野，村落棋佈，簇簇叢竹，悠悠行人，好一幅農野的畫圖。人如果在城市住久了，不到郊野與大自然一親，那一點人類心底的靈性，恐將折磨殆盡。至終點下車問一行途中的戰友，告訴我所欲遊的地方乃士林鎮的芝山公園。從此折返徒步十五分鐘就可到達。我想今日此遊！往返跋涉，數次轉詢，而今才找到了目的地，旅遊之難，固如斯乎。

循公路折返，徒步而行，是日浮雲蔽日，輕風拂面，少許芝山巖即迎目在望。該地凸出平原之中，高可數百尺，爲一坵形的高地。其上則綠樹蓊鬱蒼茂，亭閣隱現於林隙的中間。夾道則巖石壁立，合抱的榕樹，主根置巖石之上，鬚根蔓繞巨石，植於泥土之中，如不細視，幾疑樹從石上生起。石階高數百尺，歷數登其上，共一百五十階。我爲什麼有此雅興呢？回想起人言一舉子應試的故事：「該主考官不考應試舉子的課目，而問他應試殿堂門臺的層階，應試者不能答，遂落第。」故事隱喩勸人當多留意身邊的小事物，我想此一故事亦頗有道理存在，一個人如果能經常站住靜靜的觀察留意你身邊的瑣事，直到你眞正看到爲止，你便會見到人們所不能見到的奇跡。歌德說過：「對世界的一切感到驚奇，是人所能達到的最高境界，這種力量可使你趨向謙和、快樂的境界。」

山頂的正中央有忠烈祠，匾額係故黨國元老于右任所題，祠旁豎石碑一方，詳記日人圖滅我文化而設之日語傳習所，因遭當時義胞所毀，遂引起日人的憤恨，致有無辜的紳民遭屠殺的慘劇。名山勝跡，固有助於怡性暢情；而名山義跡，更能供後人的憑弔，引發思古的幽情。

環巖四週下視，石崖聳立，絕壁如懸。蔥籠的林樹，自巖縫中挺生出來，枝幹高可與巖齊。攀枝登其上，人若懸空中，可惜自己無電影鏡頭中泰山人猿的絕技，否則到可一顯身手。倚幹遠眺，遠山峰起隆伏，拱迎若笑；下視方田形狀，秧苗行植；市區則孤煙沖霄，繚繞晴空。憑此長嘯，盡吐胸中塊壘；側耳細聽，隱聞林間禽鳴。旁有巨石橫臥，題曰：「大石象。」數兒童遊戲其上，請其指出石象之頭，身，足，尾，歷歷如數家珍，而其一片天機童眞之情，恍如松下童子的答問。

再前行，有殿宇曰惠濟宮，門聯書云：「芝巖風清聊縱酒，山房日暖好翻經。」落墨頗不俗套。殿中不知供何神像，以神龕之聯語度之，有「興唐扶宋」之詞，判爲五代時人。殿宇院落二重，後殿中供菩薩神像，金裝玉琢，大小數十尊，參差排列於砌成狀若假山之巖石上，別生奇緻。殿前蒔花數盆，或含苞，或艷放，寂寂山寺，沉沉院宇，頓興「空翠林陰靜，禪房花木深」的詩句。撩人有出塵的思念。正殿兩旁的廂房內，有農戶居其中，此時家中壯者大概皆外出耕田，惟有一老婦坐院中躺椅中打盹。其室中正堂的神桌上，供有陳故副總統的遺像，飾於一鏡框之中，想此必亦感其三七五減租的遺澤。我想此一偉人雖逝，但其遺澤卻永存於民見，可見官吏之有德澤於民者，固不必斤斤計較於人民生前的歌誦。

獨坐殿宇內憩息良久，默唸「細數落花應坐久，緩尋芳草得歸遲」的詩句。一縷金色的陽光，斜穿殿櫺而入，仰視忽覺落日西沉，知告歸去，尋原路搭公車而返，半日的偷閒，尋一個好的去處，如同找到了一個好的朋友。

原載於中興評論

洹上村

「樓小能容膝，簷高老樹齊；開軒平北斗，反覺太行低。」（袁隱居洹上村所題詩。）

洹上村者，世凱退隱時之別墅也。其地在豫省安陽縣（舊彰德府）之北一里許。地頗清幽，前臨洹水，右抱太行，風景絕佳，不啻世外桃源。後爲河南省立安陽高中之校址。抗戰前，因學校得地理建築之利，慕名而來教學者頗不乏人，故教員多一時俊傑，於是人材輩出，名遂凌河南省各中等學校之上。余於勝利後首屆考入該校，居墅中約一年，因經日人兵燹之餘，建築已多毀壞，但殘存規模，猶可想見當時之繁麗景象。

該墅築平原之間，四望開闊，氣象萬千，前有洹水環繞，右望太行崢嶸，洹址廣約頃餘，周圍係磚石砌成之圍牆，高約二丈餘，大門係拱形，上若城樓，題「洹上村」三字。墅內分二部，東爲花園亭榭，西爲第宅廣廈，進門係大理石屛風，晶光素淡，清雅宜人。宅分三第，每第三重，共九宅，傳云袁之九位姨太各占其一。每宅院落皆呈方形，正房五楹，左右廂房三楹，陪房亦五楹，各宅第間走廊相通，曲折迴環，令人迷轉失途，院落爲天井式，中低週高，天井四角各植梧桐一株，中爲花圃，植海棠花。明月之夕，月光溶溶，三五好友，乘涼其中，但覺花香寂寂，院落沉沉，梧葉秋風，共話舊事，想見當年袁某深宮藏嬌，寒衣燈窗，雨滴梧桐，聲聲幽咽，不禁深宮之怨；點滴淒清，難慰相思之苦；古今帝王，縱一人之嗜慾，葬無數之青春，其實袁乃中國歷史上帝王最後一人，當亦無能例外也。室內上爲粉白之天花板，窗大而敞，窗櫺皆以木雕成梅花形，日麗風和，陽光穿櫺而入，滿室生春，讀書其中，恍疑天上人間，室後建築多所，不甚規則，傳云係袁府內佣人之居也。

由宅東行，路皆碎石鋪成，多砌花鳥蟲魚之形不一，道旁遍植榆槐，枝幹聳雲，春夏之交，槐香處處，榆錢紛飄，曲折轉迴，方達園亭，園中林木成蔭，奇花遍植，雖蕪荒之中，殘枝猶吐奇蕊，北建一榭，若樓若閣，傳乃袁賞景賦宴吟樂之所。園中鑿湖，將洹水引入，盪舟其間，自滌塵慮，湖旁垂柳依依。假山重重，小橋通幽，亭閣棋佈，頹廢倒塌之中，猶可覓岩石上之斑斑字跡，信題湖山風月，每值期月考試，同學多遯跡花叢湖山之間，埋首用功，笑語聲與朗誦聲相映和。

宅外係袁墳，廣約數十畝，松柏行植，樹蔭森森，啾啾鳴鳥，行其間若不勝陰森之感，墓道廣丈餘，用白石鋪成，道路有翁仲、石馬等像，墓高二丈餘，廣約四五丈，蔓草叢生，風動淒厲作響，令人有人世滄桑之感。想當年迷夢袁某，終不能免失敗下場，而今黃土一杯，當時名韁利鎖，究爲什麼？何如多立功業，令人常懷千秋也。或云：「袁恐死後人發其塚，故入葬之日，數地並舉，使人不能揣測何地爲眞。」又云：「袁生前最愛此地，故築墅居此，此眞塚也。」更可見一自私之人，不獨生前畏人，死後猶畏人於地也。

另傳袁隱居洹上時，風和日暄，袁偕其從兄世廉，弟世傳，扶杖河干，小步蹲躅，披簑垂綸，儼然隱士，然垂釣輒無所獲，恨甚，有鄉民某欲取悅於袁，請曰：「吾爲宮保敺之。」

其實彼購巨鱗數尾，置竹簍中，預置上流，值袁垂綸時，鄉民泅於水底，取魚置諸鈎上，袁見綸動，知魚吞餌，急曳之，果得巨鱗。大喜，再鈎，又如前，袁重賞之。如是日以爲常，所費不貲，有告之者，謂鄉民作僞，袁嘆曰：「彼以此媚我，我豈不知，但彼之用意，不過欲得我酬耳，我如願而賞之，亦報其勞也。若曰作僞，請問天下事安有所謂眞者，又豈止釣魚一端，鄉民一人哉。」其狡猾如此。

原載於《新聞報》

環島四日遊

今年春節，在妻兒的慫恿下，作了一次環島四日遊。平日我非不好遊歷，每誦古人篇章，描天下山水勝景，述世間珍物奇觀，加以今日科學進步，影視發達，宇宙之大可以於一室內臥而盡收目前，焉能觀而不蠢蠢欲動，有一遊親歷之感呢？但我常思，出門旅遊，第一要心無俗物牽掛，方能得暢遊之樂趣。第二要有好的旅伴，方不致寂寞乏味。然由於平素以工作關係，家庭緣故，兒女幼小，在學層次不一，雖是短暫的寒暑假，或在補習、或要升學，有時自己有課、有時妻子上班，總是難湊在一起，所以去年休假一年，亦老老實實呆在家中度過。

本年元月十二日，晨閱聯合報，見晨風旅行社所舉辦之春節旅遊團。雖然今年春節，我的假期只有兩週，由於長女書華，去年剛升入大學，次女及幼子，一在高二，一在初二，距升學尚有一歲之餘，心情上有舒展之空間，但在此之前，次女藝華已報名參加了救國團花東自行車長征之旅，五口之家，仍難一起行動，左右思維，住在台灣，已四十年餘，除隨校赴韓日作短暫兩週之訪問，與居住地北部幾處名勝曾親遊外，像台灣著名之日月潭、阿里山、溪頭、中橫公路、墾丁公園等，亦是耳聞其名而未曾到過。若再捨此機會，亦有空居寶島此生之感。

晨風旅行社所辦的春節寶島之遊，國內部分，雖有十項之多，但是與家人商量，選來選去，很難有一對全島名勝作重點之旅。想到阿里山，就必須放棄日月潭。想到墾丁，就必須放棄溪頭，總是顧中遺南、顧東遺西，亦須這是旅行社的生意經。然在一個無車階級，春節假期旅遊食宿的難安排下，最後選擇了旅行社所舉辦的四天三夜環島四日遊。

二月五日（農曆正月初二），五時半即起床，與妻整頓行囊，由於昨日大致準備就緒，盥洗後即搭計程車至城中分局集合。次女藝華因救國團行程在二月七日，暫留家中看守，託鄰居照料門戶，天空落著絲絲細雨，心中暗自禱告，希望天公作美，成全家人旅遊心願。六時半至集合地點，找旅行社人員接洽後，分配至第十二車次四五兩排座位，七時整，人員到齊後，遊覽車準時從台北開出。

遊覽車沿北部濱海公路前進，妻女與我，對公路風光並不陌生，然久居城市，忙於公務，從車窗外透進之新涼空氣，頗有舒暢之感。只有幼子正華，望著車窗外之碧波萬頃，浪濤激岸，顯出驚喜之情。約一小時餘，至鼻頭角，按旅程在此作小憩，讓旅客下車方便。鼻頭角地屬北縣瑞芳鎮，乃濱海之小漁村，與富貴角、三貂角合稱台灣北部三角，由於海風及浪濤侵蝕，海岸多奇岩怪石，爲顧慮遊客安全，圍以欄杆，與妻兒在欄邊合影後，即匆匆上車。

九時餘，晨霧漸散，天空有微晴跡象，心中爲之開朗不少。旅行出遊，最怕的是雨天，一身衣衫盡濕，遊興就減去一半。且近日寒流不斷，出門時即囑妻兒務帶禦寒衣物，若途中感冒，寒熱交作，無法隨團前行，更有進退維谷之感。九時四十五分，至北關，地屬宜蘭頭城鎮，曾是北海岸線上一座關卡，左臨太平洋，右爲高山，設有亭台和石階，供遊客觀海和聽濤，故美其名曰「北關聽濤」，然景色與鼻頭角無殊，雖是停賞遊覽之一景，但旅客下車僅作應景之流覽，那有時間去靜坐聽濤聲之幽咽呢！

車行漸漸進入蘭陽平原，視野逐次開闊。蘭陽平原，是台灣三大平原之一。台灣面積狹小，東部又屬山地，大陸失守後，麕集至今有二千餘萬人口，雖靠發展工業賺取外匯，繁榮經濟，然台灣食米，除供本島食用外，尚可外銷，不能說不是賴平原所賜。宜蘭農產之金棗蜜餞，製成各種罐裝食品，行銷世界各地。故工業之發展，尤須農業之資源。車窗外村落散佈，屋舍櫛比，果林蕉葉，好一片田野風光。

十一時餘，至蘇澳港，乃旅程中午餐之地。旅客下車後，紛紛至商店購買宜蘭名產甜果食品，價格雖不見便宜，然遊客心情，至此而不購些當地產品，便有空虛此行之感，故一窩蜂搶購。由此可見台灣人民生活富足，錢袋飽滿所致。因爲時程限制，導遊催促，遊客始依戀不捨至餐廳，十人一桌，食多魚及海產，餐畢即登車，至蘇澳港之風光，則無暇多遊。

離開蘇澳港，進入蘇花公路。蘇花公路，民國四十六年八七水災曾經過，因由左營到台北參加高考，適逢八七水災，西部縱貫線交通中斷，乃改由蘇花公路南返。記得當時路況並不甚好，時逾三十餘年，現在之路面不但較平穩，且可雙線通車。較之當日過隧道，對面有車，要等候才可通過，節省時辰不少。然該公路曲折迂迴，盤旋於萬嶺叢中，路右高山聳峙，路左崖高千丈，濱臨汪洋，從車窗中望出，山路錦蛇一線，車行若游龍環繞，常令人毛骨悚然，膽顫心驚。更念開路之艱辛，司機駕技之熟巧。一小時餘，至一休息站，忘其名，循例下車休息。導遊發旅客一折價券，約當一百元，可至該休息站店中購買苦茶油，原價六百元，持此券者僅五百元，店中陳設用該油所調之麵食，供遊客品嚐，味苦澀，故購者不多。

再前行，至橫貫公路入口處，有大牌樓一座，橫額楷體大書東西橫貫公路字樣。據旅客言，中橫公路最美之風光，即由此至天祥一段。台灣之山脈，丘嶺居多，此段山脈，多岩石構成。迂迴前行，但見山岩聳峙，峰峰相連，有若影視中所見桂林山景之妙。然該日正逢春節假期，遊客衆多，曲折之山徑，途爲之塞，蜿蜒數里，前進不得。導遊令旅客下車，參觀山岩上點點洞口，據云係燕子所居，而谷下一岩石，狀若印第安人之頭像。旅客因前行不得，要下車觀賞。後導遊探路歸來報告，塞車狀況難見改善，若不趁早折回，恐將夜困此間，乃徵得旅客同意，調車回轉，經長春祠時，令遊客下車憑弔，以補償未到天祥之憾，旅客以時辰傯促，前往者不多，僅一對年輕夫婦，以跑步方式到長春祠一瞥，歸來則氣喘吁吁，觀者大笑。

七時餘，至花蓮近郊，參觀富里工廠大理石產品，走馬觀花，八時抵花蓮市區，在財神飯店用餐畢，順便到王母娘娘廟一遊，夜宿居成飯店，兒女提議夜訪花蓮市區，但以長途跋涉，身心疲頓，且導遊告知，明日行程由花蓮至墾丁，約四百里，須五時半起床，六時出發，遂作罷。是夜妻兒以易地而未得安眠。

二月六日，晨餐後即由花蓮出發，沿花東濱海公路南行，但見晨光熹微，海風拂處，碧粼漾波，汪洋無際，令人心曠怡悅，途經南和寺，傍山而築，山上遠望有大佛像，雖曾下車小憩，但無時登臨觀覽。遊覽車蜿蜒而行，花蓮至台東一段，公路濱海闢建，多係丘嶺地帶，無良田茂林之美，僅能遙視車窗外海天一色之風光，然非晴朗天氣，海上煙霧迷茫，風帆漁舟，若隱若現。途經石梯坪，據云係清光緒年間統領吳光亮開路時所發現。濱海岸處，海中露出岩石若石梯狀，綿延數公里，故名石梯坪，乃濱海公路勝景之一。再前行至三仙台，位成功港不遠之海濱上，聳立三座礁石，傳說乃呂洞賓、何仙姑、李鐵拐所留之仙跡，曾下車前往探視，據云昔日需潮退時方可登臨，近日由於開發觀光，已築有拱橋，供遊客前往，余僅至橋端攝影留念，以三座礁石，展望在目，至前並無勝景可賞，何必多此一舉。然由此古蹟神話，令人聯想台灣與大陸之交往，當早在唐以前，據辭書中載李鐵拐何時人無可考，而呂洞賓、何仙姑皆唐時人，屬道教，今日台灣有其遺跡，雖然神話不可盡信，但民間之傳說，其來源有自，並非全係捕風捉影無稽之言也。車行過長虹橋，是我國第一座拱式之單孔橋，花蓮秀姑巒溪泛舟以此爲終點，時見水鳥棲沙州上，以行程緊迫，導遊僅告知橋名而過。

再前行，至八仙洞，屬台東長濱鄉，爲海蝕之岩洞，據云有十四處之多。洞在山岩上，呈疊疊狀，有竹木架之木梯可供攀登，洞愈高愈小，下面之仙女洞、潮音洞、乾元洞、火雷洞已開發，洞中供有神像，香火鼎盛，余僅攀至第四洞時，看錶知規定休息時辰已至，遂無奈折返。

按旅程表所載，花東行程之名勝，可供遊覽者至八仙洞而止。車子慢慢轉入南迴公路。南迴公路之開發，因係丘嶺地帶，無崖石堅壁，當無中橫之艱辛，然丘嶺層障，車行其中，蜿蜒盤旋，忽而升至嶺巔，忽而轉下谷底。是日遊客衆多，常遇塞車。由於夜色漸暝，嶺中寂靜，悄無人聲，在孤寂之曠野中，但見路上長蛇車燈，綿延數里，形成少見風光。遊客因長途跋涉，終日長坐車中，股骨酸痛難耐，起而站立車中，少減皮肉之苦，晚八時宿墾歌丁賓館，是日疲憊至極，終得酣睡入夢。

二月七日，八時用餐後即至墾丁公園參觀。公園是一森林遊樂區，園內林木森蔽，循石道前行，沿途小販，多售果罐食品及貝殼飾物。至茄冬巨木，約數圍，根呈虬形盤狀，突出地面。本想與妻女樹下留照，但遊客衆多，爭獵鏡頭，等待費時，遂前行，有勝景曰名筍寶穴，循石階而下，穴深約二丈餘，有鐘乳滴疊之積岩，粗可拱抱，若石筍狀，因而得名。復前行，至仙洞，入口較廣，愈進愈狹，遊客之肥胖者，須側身而過，由仙洞復至觀海樓，樓高六七層，登其頂可窺墾丁公園全景。下樓後，按入口處所給之園內勝景介紹表，知尚有銀龍洞、雨傘亭、垂榕谷，迷谷林，一線天、第一峽、棲猿崖未遊，但團隊旅遊，遲至受怨，匆匆出園，至登車地點會合，雖未逾時，然終因同車旅客一對夫婦，園內迷途，導遊徧尋不見，將時辰延誤約五十分鐘。

由於時辰之耽誤，至下站社頂公園參觀時，由導遊作前導引路。社頂公園面積廣大，但開發不多，僅平曠草野，原林茂木，平舖石路，是大團體野營最佳場所。出園後至鵝鑾鼻燈塔，遊客至此者，心中之安慰，自身已到了台灣之最南端，午餐在鵝鑾鼻餐館中用過。

是日下午，至佳樂水，位於恆春半島東海岸，濱臨太平洋，遊覽車進入後，因遊客衆多，車輛不能前行，須步行里許，始可至遊樂區，至則見海風起處，浪花四濺，奇岩怪石，佈滿濱岸，其風光與野柳相仿。岸上攤販，多售烤鳥食品。電視上常談之保護野生物之話題，今日目睹見之，晚宿高雄國統飯店。

二月八日，晨七時半用餐後，即驅車向澄清湖出發，澄清湖是三十年前駐防左營時舊遊之地。心中印象甚佳。覺得台灣名勝，可值一遊的，惟此地可以當之。因爲湖面廣闊，湖旁丘陵起伏，林木茂美，可供遊人尋幽探勝，得山水相映之妙。而今又經過三十年之建設，當更令人有刮目之感。車抵後隨遊客下車，順序參觀水族館，穿越湖中新建之欄橋，並在湖旁供遊人休憩之座椅上，與妻合攝一影，歸來洗出後狀極自然，余平生攝影，面貌常甚嚴肅，鮮露笑容，此時大概臨湖觀波，心曠神始所致，然時間短促，順導遊走馬觀花，余想若能假一日之遊，細心品賞，想今日之澄清湖，或更有勝景可覽。

澄清湖出來後，驅車前往佛光山，是本次遊程中之最後一站，抵達後，約十時許，導遊告知旅客十二時整在門口集合。佛光山是二年前隨學校訪問中正預校時來過。今年正值春假來遊，全山張燈結彩，掛滿山寺，而且人潮洶湧，熱鬧非凡，寺中山道拓寬了許多，幾乎不識山寺原來面目，諸般陳設，裝置得金壁輝煌，令人目不暇給。想此山之開設，星雲法師功不可沒。在台灣之僧尼，男有星雲，女有證嚴，二人皆以微卑之僧尼，爲佛教在台灣創造出舉世聞名之事績，可見事在人爲，有耕耘即有收穫。後隨人潮至大雄寶殿，與去歲來時不同，當係移建，無暇詳問，殿後舉辦敦煌古物展覽，幼子興趣甚高，但入口門票售價每人二百元，雖稍嫌昂貴，但遠道來訪，過門不入，何必計此微價而添妻兒之憾，遂購票入內。展覽除敦煌佛畫外，並有出土之古代生活器物陳烈，如農耕、軍戰、星象、衣、食、住、行等，有僧尼在旁解說，上了一堂之寶貴歷史課程。出來後又到文物陳列館，館中多係佛像及佛教法物，幼子最感興趣者是「舍利子」，供奉在一佛龕內，罩以玻璃，室內燈光微暗，僧尼指佛龕中微暗處發光者乃是，幼子趨前端視，驚呼不已，其母注視許久，不得端倪，幼子戲之曰，道行太差了，惹得在旁僧尼爲之莞爾。出來後本想再至淨土窟參觀，但時辰已至，遂匆匆下山集合。

午餐在寺旁餐館用過，餐中有萬巒豬腳一菜，妻食之可口，囑至櫃台選購二斤帶歸，遂登車北返。從下午一時至佛光山出發，適逢星期六，春節最後假期，高速公路途爲之塞，整整坐了十二小時，至夜一時半始返家中，高速公路變成了低速公路，旅遊之苦樂，只有個中人能品味之也。

是篇遊記，乃歸來後就記憶所及爲之也，雪泥鴻爪，時久易忘，故筆而述之，惟四日三夜之所見，除走馬觀花之賞景外，爰誌所得如后：

第一：國內長途旅遊，若非路途熟悉，有親友安排食宿作嚮導，仍以參加旅行團爲便。既可節省時間，又可掌握重點，免去食宿安排之苦，然其缺點，則是團體行動，意願受到限制。

第二：沿途遊覽，觀本省之建築，無論城市鄉村，缺少規劃，不但形式雜亂，而且違建情形嚴重，台灣土地面積有限，若能作計畫之規劃，不但景觀改貌，並可剩出不少土地可資利用。

第三：台灣東部，有廣大之丘嶺地帶，尚未開發，而西部人口之密度，已高居世界第三，政府近來開放對外移民，然移民異國，非無階級可以如願，如何誘導人民向東部發展，既可繁榮經濟，又可減輕西部人口之壓力，使東西部得到平衡發展，李總統在去年環島旅遊後，發出不要遺忘東部之呼籲，當爲有見之感。

第四：台灣交通，已面臨有車行不得之苦，政府雖大力開闢多元之交通路線，然交通路線之開發，費時費財，若追不上車輛之成長，今日台灣，無論城市鄉村，滿街滿巷，盡是車輛長龍之擺設，而且車種雜亂，人民守法程度觀念低落，若不作有計劃開路及車輛管制雙管齊下之治本，恐再開十條高速公路，到公路築城時，仍有塞車之苦也。

旅韓、日半月記

古人說：「讀萬卷書，不如行萬里路。」從此次韓、日之旅中得到體會。復興崗本年教授考察團，余得忝側行列，赴韓、日兩週，所謂忙中偷閒，自有雅緻。同行者有團長李華煦教授、金主任哲夫、袁主任士枚、袁主任紹儒、王克儉教授、夏定之教授、林以強教官。初次出門，遠赴異國，有如大姑娘上花轎，眞是驚喜各半。

坐飛機的滋味

十月十五日晨，搭校車至中正機場，行李經海關檢驗後，即至候機室，韓航於中午十二時十分起飛，展開為期兩週的韓、日之旅。未出門之前，同行等就為旅行社代辦的國泰班機改為韓航大為不滿，有旅行經驗的人，口碑大致是華航設備好，服務週到，而票價較高。韓航設備差，過去又發生些事故，雖票價稍廉，但在心裏上總有些受委屈的感受。平心而論，座位確實有些擁擠，前後距離太近，有壓迫之感。我來台後坐飛機並非首次，但頭一次只是來台北看同學，因為他在空軍服務，回高雄時搭其單位便機到屏東，曾撰「機上半小時」一文，發表於南部新聞報之副刊上，時在民國五十年十月七日。光陰駒隙，一幌就是二十餘年，所以這次是來台後坐客機的第一次，究竟各航空公司班機設備與服務如何？對我來說是無從比較的。

是日，天氣清朗，飛機起飛後甚平穩，遺憾的是我們同行八人，皆被安置在機身中間位置。只能由小窗口望到一些天際飄浮的白雲，偶而看到一些丘陵和田間的綠樹，便一無所獲。想起高中國文課本所選的董作賓先生「飛渡太平洋」一文，將在飛機上看到窗外的一切，描寫得出神入化，變幻萬千，眞覺有虛此行了。惟一欣慰的，與在民國三十六年，我在河南省安陽讀高中，匪軍將城團團圍住，守城的是四十軍李振清將軍，與匪激戰數月而城不能下，然城中糧食殆盡，有公私立中學以上學生萬餘名，陷於絕境，卒賴政府大力協助，將所有學生空運至河南新鄉。此為在大陸陷匪前空前未有之盛事。因為此後北平傅作義變節，所有在北平的大學不知道有多少學生當無法統計，不要說是學生，就是有名學人，都因一票難求而身陷大陸，想起來我亦是幸運者。那是我生平第一次坐飛機，記得飛機起飛時不但震耳欲聾，而且一上一下，上升時膽戰心驚，抽氣不得；下降時又如無底深淵，莫測高深。直至飛機平飛時，才驚魂甫定，鬆了一口氣。而今科學進步，飛機之起飛降落，不但毫無知覺，比起台北公共汽車還要平穩。

下午三時半飛機在韓金浦機場降落，大使館派副武官宋汝璟在機場接待，一切得順利通關。出機場後與旅行社導遊王可俊會面，他亦是去年接待本校訪問團之導遊，是山東華僑，人老實可靠，晚被引至一家華僑餐館用餐，食人參雞麵，雞小而嫩，味道鮮美。七時半至漢城滿年水（MAMMQTH）旅館休息。

緊湊訪韓行程

本團此次的韓日之行，其主要的任務，是在讓我們這些整日整年與粉筆爲伍、講桌爲伴的老師，出去見識見識，一方面借他山之石，可以攻錯；剩餘的時間，流覽些山水勝地，一舒疲憊的身心。所以按節目表的預定，到韓國官方拜會的單位，有我駐韓大使館、政訓局。參觀的學校，軍事學校，有精戰學校，陸軍官校。一般大學，有漢城大學、梨花女子大學。但經與韓方交涉安排的結果，陸軍官校與漢城大學因韓方有某些特種任務而作罷。另外安排了參觀韓國推行新貌運動的中央本部（新貌運動有如我國抗戰時的新生活運動），並拜會負責推行此項運動全敬煥先生，剩餘的時間，則以參觀民俗村、景福宮，並南下慶州作一日之遊。

薛大使印象記

十六日晨，在旅館用早餐畢，八時半即驅車赴大使館，九時正，由宋副武官引見訪會薛大使，大使雖逾從心之年，而精神矍鑠，健談如常。與平時在電視中看到聽到的並無異致。但總是聞名不如見面，能與在玷壇上折衝樽俎者宿閒話家常，不失爲人生快事。大使談話條理清晰，談起中韓關係時，如數家珍，頭頭是道。他分析的主旨，大意是說：中韓關係一向良好堅固，近年來雖然有些不愉快事件，但我們不能完全以自己的立場去看中韓關係，一個國家有其自己的處境，而每個國家的外交政策，莫不以其國家利益爲先決條件。韓國現在國境特殊，與有台灣海峽的中華民國不能相比，韓國的漢城，距離北韓的敵人只有數十公里，一夕之間就可山河變色，大戰的慘酷，就可令數年經營下繁榮景象，毀之於一旦。所以韓國今日外交政策的重點，第一是拉緊美國，此點不用多說；第二是日本，日本是高度工業發達國家，與韓又是緊鄰，在韓國經濟發展上有不可輕視的力量；第三是蘇俄與中共，因爲這兩個對象，對北韓有其重要的影響力量。韓國想維持暫時安定的局面，所以不能不向他們示好。至於我們國人所經常談的道義，在外交的大原則上雖然不可失去，但有時在外交上亦常會被某些現實利益而沖淡。大使更幽默的說：「中韓關係雖然現在尚有些問題待雙方共同努力，但事在人爲，有些對我們不利的因素，有時反倒可變成有利之條件，像北韓，最近倒亦幫了我們不少忙，因爲每次韓方向中共示好時，就引起北韓的忿怒，所以我說我們政府應該頒給金日成一個獎章。當然這只是說笑話而已。至於在經濟上，中韓兩國同爲亞洲新興之國家，經濟上是競爭的對手，但我們亦在苦心孤詣，想找出一些對兩國同時有益進口之商品，作爲加強經濟上之關係。」大使當時興緻正濃，談話滔滔不絕，要不是宋副武官的在旁提醒，十時到政訓局拜會時辰已到，這時大使才打住話頭，說聲對不起，與我們合影留念而告別大使館。

政訓局的午宴

離開大使館，十二時二十分到政訓局，拜會局長鍾植少將。首先聽取簡報，韓國的政訓局，與我國的總政治作戰部相似，朴局長擔任過韓國政府的軍事發言人，曾接待過孫天勤與吳榮根等義士，午間設宴招待，擔任翻譯工作的是曾在政治作戰學校研究所畢業的李英吉同學，席間並遇到我曾指導其論文的金永培同學，他現在亦在政訓局工作，所以氣氛親切融洽，而朴局長人豪邁不拘，談吐幽默風趣，餐雖採自助方式，而菜餚豐盛、花樣繁多，頻頻領導客人加菜添餐，據其云：「這是他第一次到這個豪華餐館用餐，爲的是特別招待中華民國之友人。」其殷情之意，令人感動，飯後本來還有一道人蔘茶，但據餐館人員云：前煮需時一刻鐘，以下午行程安排已定，被迫臨時取消，賓主盡歡至一時餘，並贈送介紹韓國進步之書冊及錄影帶作爲紀念。

韓國的民俗村

下午同行等參觀民俗村，車程約四十分鐘。民俗村在漢城的郊外，至時先在門外攝影留念，然後進村參觀。村內建築，一部份代表韓民間昔日之生活，屋以茅草建成，房中陳設，如木床、土坑、草薦等物，院中陳設農民日常生活用具，如犁、鋤、磨等物；一部份代表貴族之府第，官方之衙門，多採中國古代建築方式，爲四合院，以磚瓦築成，另外有民間市場，雜陳各種日用品，手工藝商店，販賣當地特產，亦有專館陳設古代文物。是村佔地頗廣，曲徑迴廊，垂柳長楊，引人入勝，並有廣場表演民間遊藝活動，以時間無多，走馬觀花，無時間一一欣賞。同行等在遊覽之時，順便在村中之商店，購置代表韓文物之紀念品，以便歸來贈去送至親或友好，晚六時半回旅館休息，大使館宋副武官代表大使送韓特產之水梨供同行等品嚐。

訪問精戰學校

十七日，即按預定行程，參觀精戰學校，拜會校長安喆浩少將。宋副武官亦隨行作爲引見，宋武官年青英俊，空軍飛行出身，任期已將屆滿，將於下月返國，九時至精戰學校，由安將軍親自接待，將軍親切嚴肅，有威儀，數月前曾至政戰學校訪問，談話中對本校曹中將之熱誠招待，猶念念不忘。晤談約半小時，因將軍有事外出，即由其研究部主任作引導，聽取簡報及參觀其教學設施，該校成立時間尚短，僅有類似本校高級、中級及基礎班之短期班次，調訓部隊軍官，此外亦有類似我國軍中每年舉辦之三民主義講習，調訓高級將領，每年僅作一兩週之講習。另有海外人員訓練班，訓練海外工作人員，軍宗軍官訓練班，若美國軍中之牧師，蓋韓國軍中宗教信仰不同，午間參加其學生會餐，由校長安將軍外歸親自主持，餐畢並贈校徽作爲紀念。

梨花女大之行

午後一時告別精戰學校，順道參觀梨花女子大學，中途經華僑中學，因無事前之安排，又適值其放假期間，僅由宋武官交涉其門房，至其校園下車，步行巡禮一週而已。二時至梨花女子大學，由文學院長接待，聽取口頭簡介後，即帶領參觀其博物館、美術館、圖書館。該校已有一百餘年之歷史，學生約兩萬餘，爲遠東區最大女子大學，校舍傍山建築，櫛比鱗次，依山勢而高低不同。校園中花木扶疏，景色宜人，學生散佈在叢樹綠蔭之下，漫山遍野，衣衫五彩繽紛，嬉笑聲與朗誦聲相間，眞如一幅天然畫圖。最後帶至放影室，觀錄影片介紹其建校經過及學校設施，並贈翌年之日曆一册留念，册中不少攝影傑作，同行皆異常珍惜。

宏偉的景福宮

韓國的景福宮，據導遊說是李朝的遺建，占地頗廣，宮內雕棟畫宇，山節藻梲，皆採中國古代宮殿建築形式。名塔勝地，有園林之美。宮中遊人甚衆，同行等亟於獵取影頭，對殿名亦無暇詳記。美術系主任金哲夫君，見景技癢，每獵取一影頭，必選擇角度方向，藝術家之眼光，取材自然不同。殿旁有韓國之博物館，層台高建，聳立其上，因天色已晚，館已關閉，未能入其中一覽，頗以爲憾。當日之行程，至此告一段落。同行等至門口會合時，採導遊之建議，願者晚至華克山莊觀節目表演。票價二十元美金。由其電話代爲訂購，八人中同意者有六人，蓋去過者已無興緻，或與友人約定會面，各任其好，皆大歡喜，晚食韓國火鍋。

演出神乎其技

用晚餐畢，同行等遂分道揚鑣，王君帶余等到華克山莊，華克山莊係韓國之觀光飯店，專門招待外賓之場所。余等至時，王君已在門口等待，遂引入場。節目七時開始，前半段係韓國之民藝舞蹈與歌唱，與電視上所見者無異，後半段係外籍藝人表演，場面佈置偉大，除歌舞外，最値得記述者，係一美籍藝人，當場表演取台下觀衆之奶罩、眼鏡、內衣，令人嘆爲觀止。或言其預伏者，遂令觀衆任意上台，當場取下，余目親見，不得不信服。所謂「戲法人人會變，各有巧妙不同也。」九時出場後，導遊復告余等，旁有賭場，可入一玩，但須購門票，徵余等之意，同行等皆搖首，無敢嚐試者，遂驅車回旅館休息。

參觀新貌運動

十月十八日晨，宋副武官汝景的一早就至旅館，帶余等訪問韓國推行新貌之中央本部。並拜會主持該項運動之全敬煥先生，先生係韓國現任總統之胞弟，不久前亦曾至本校研究所，畢業的金基洞同學，復在文化大學取得博士學位，現任該部祕書，甚得全先生之倚重，故頗有親切之感。適有非洲友人同時來訪，由金同學介紹後一同至簡報室觀賞錄影帶。韓國之新貌運動，與先總統 蔣公在抗戰時推行之新生活運動，有異曲同工之妙，組織龐大，將全國之公私機構，如工廠、機關、學校，無不納入，而且全民動員。舉辦之活動，類似本國之青年團。蓋韓國正走向新興之述，此一機構之帶動，功不可沒。觀賞完畢後，由全先生出面親自接待，先生溫文儒雅，和靄可親。晤談約二十分鐘，由金同學翻譯，臨行時贈水晶鎮紙一方，上刻有新貌運動之徽號，並合影留念。余歸來後，始發覺此鎮紙之禮品，亦有放大鏡之功用也。

喫蒜頭的苦惱

參觀新貌運動本部後，在韓國官方拜會之行程已畢，餘爲自由活動。本擬到板門店及奧運會場。接受宋武官之建議，以爲到韓旅遊者，不至南韓方古都慶州一行，如入寶山，空手而歸。故是日上午之空餘時間，由導遊帶至漢城之免稅商店，讓同行等購些韓國特產，同行者多選購皮夾克、毛毯之類，購入蔘茶者極少。蓋韓國之毛皮產品，質地優良，價錢便宜本國一倍。余亦未能免俗，購夾克毛毯各一，而購後又爲行囊擔憂，不知超重與否？中午至中國餐館用餐，同行之金君係山東人，嗜喫蒜頭，與侍者因韓語不通，金君係畫家，以圖示之，侍者帶洋蔥片至，同行等皆啞然失笑。後導遊至，始解圍。語言不通之苦，從此類小事中有以見之。

畫圖般的農村

是日午後，搭公車南下慶州，經高速公路，車程約四小時，沿途北段多丘陵地帶，南段則爲平原。車中遙望，鄉村建築，多爲平房，以瓦覆頂，漆以藍紫之色，點綴在叢綠之原野中，美如畫圖，據同事言，係政府之規定，相約成俗，故全國一致。近車程之處，余諦視其建築材料，牆壁雖多爲土建，外飾以白色，不若台灣村建築堅固，而屋頂則能刻意經營，令人耳目有一新之感。韓國此一舉措，在台灣處處講民主社會中恐不易辦到。有足令吾人深醒之處足多。七時半始至慶州，天色昏暗，用餐後即歸旅館休息，蓋長途跋涉，連日拜會，已無心出賞慶州之夜景了。

慶州訪古之遊

十九日晨起床後，同行等皆懷著愉悅之心情，作半日之暢遊。因爲在韓國前數日中，皆有官方拜會，而同行等之愛護國譽、愛護校譽，一言一行，皆不敢稍有逾越，即拜會歸旅館休息時，又商定明日行程議節等，雖亦忙中偷閒，參觀了些名勝，但總是任務未畢，放心不下。而慶州之遊，在韓任務已畢，剩此半日餘閒，得飽覽古都勝地，心情又是一番滋味。

慶州是韓國國家公園，觀光勝地，週圍遍植花木，而屋宇建築，係採宮殿形式，故無層樓高聳之俗態，而有園林清幽之妙緻。巡行其中，身心暢怡，導遊帶余等先至佛國寺，寺地空曠，建築宏偉，入門處有四大天王塑像，高丈餘。自余離開故鄉後，在台灣已度半生，亦遊覽了些名勝，台灣寺廟之特色，多爲廟大神小，如媽祖、觀音之像，頗不相稱，與余在大陸所見寺廟之神像，不能相侔。常聽家鄉父老言，最大之佛像，一個佛像手掌中，可擺四桌麻將，雖然有些誇大，但卻可想像祖國錦鏽河山之勝景。王君爲余在像前攝影留念。歸來沖洗後，天王像一人之面目未攝入鏡頭，頗以爲憾。

佛國寺出來後，又至大苑陵，大苑陵係韓國昔日帝王之墓園，進門後蒼松翠柏，陰森莊嚴，放眼望去，塚墓纍纍，高皆數丈餘，上覆韓國草，因秋時已至，草皆呈黃綠色，令人穿行此間，思此地下古人，不勝今昔滄桑之感。最後至天馬塚，此爲墓園中惟一開放之陵寢，供人參觀。進入墓穴後，牆壁之玻璃室中，陳列國王身前之遺物。穴地置棺之處，棺已不存，僅僅陳列皇冠、玉帶及下身甲鎧，象徵國王昔日葬身之處，出穴後攝影留念。

購寶石與艷遇

慶州地方甚大，據導遊言，要遊畢需時三日，天馬塚出來後，時已近午，以行程之約束，下午必須搭車返回漢城，準備行囊，展開訪日之行程，遂順道至普門民藝廊，購些慶州特產之水晶，一方面不虛此行，一方面爲家人作交待，同行中兩位袁主任與余各購水晶戒指一枚，價百餘美元，但余等皆非寶石鑑定專家，是眞是假，心意到了，又何必斤斤計較呢？

下午一時結束慶州之旅，至公車站搭車返漢城，買票後知二時十分始有車北上，遂至站旁咖啡館休息，每人要人參茶一杯，飲茶中，金君爲二女侍者作速寫像，栩栩逼眞，頗得侍女青睞，特供栗子啖食。辭去時侍者復要求金君合影留念，暇中風趣，逢場作戲，聊忘置身異地，不知金君今日尚思念夢中人否？

最難得之友情

七時半返漢城後，同行等有以在漢城數日，而漢城最繁華之商業區，則未曾一至，有提議前往者，余與王君，因與在韓之同學有約，慶州歸來後，赴日之前，在咖啡館會面，未得同行。八時正，金君與黃君至，情意懇切，堅邀夜遊南山塔。車程約一小時，攀山高登，塔高聳其上，直衝青雲，在韓爲最高之建築。惜夜色已深，未能窺其詳貌，歸途時至麵館食湯麵，同學金黃二君，並贈韓特產絲巾一方，蓋黃同學爲王君在本校研究所親授，金同學之論文，爲余所指導，異國友情，雖身心疲憊，彌覺値得珍惜。

歸來時同行等已皆夜遊歸來，詢其故，以韓國之商店，八時前皆已打烊矣！

啓程赴日之旅

二十日晨，即整行裝赴日，宋副武官又親至機場送行。在機場由導遊辦妥一切出境手續後，即至餐廳用餐，宋副武官並在餐中贈每位團員禮品，蓋其不久歸國，席間與諸團員殷切道別，十時二十分，韓航班機又從漢城起飛，約三小時飛抵東京。

成田機場下機後，因離台時旅行社周小姐所代爲預塡之海關檢查表係舊式，不能通關，皆須換表另塡，稍有耽擱外，因此次係持公務護照，大致尚稱順利。惟行李檢查通關後在俟機室外會合時，獨不見王君克儉，余親見其在相鄰出口處檢查，因何尚未出來。東京導遊陳東隆先生及余等復入海關出口處尋找，見人影空空，因余等係塡表錯誤被留至最後出關之旅客，此時客去人散，而獨不見王君蹤影，同行等皆心焦不已。正焦急時，王君忽至，衆問其故，始知其行李中所帶韓國之栗子出了麻煩，故帶至海關檢查有無菌疫，蓋恐傳染受害。至此余始暗中慶幸，蓋余之手提袋中，亦尚有韓國大使館所贈之水梨三枚，離漢城因未食完，不忍捨去，塞在手提袋中，然在檢查時，那位檢查人員，開視余之手提袋時，以英語問我懂日語否?余以英語答之，即點首放行，至此同行又增長了一種長識，植物果蔬之類，經海關檢查時是會被沒收的！

地下鐵初乘記

同行等齊後，由導遊東隆先生引衆人上車，陳先生係台灣人，崇右企專畢業，到日本已十數年，日語流利，已在日本成家，妻係日籍女子。告訴我等是日成田機場有群衆示威，警戒甚嚴，以政府徵收機場附近之民地，賠償問題，引起民衆之不滿，同行等對日海關人員是日檢查延誤之不滿情緒，或云與示威有關。陳先生口齒伶俐，沿途介紹東京附近風貌，晚安排至新宿用晚餐，新宿是東京之衛星市鎮，據云相當台北之萬華，晚餐在一中國料理館用過，菜純中國式，有紅燒蹄膀、麻婆豆腐、開陽白菜、炒蛋等，同行等大快朶頤。夜遊新宿市，熱鬧異常，人群熙來人往，沿途有小販兜售物品。陳君爲使同行等玩得盡興，特先告辭歸。囑余等如不識旅館歸途，可四人乘一部計程車回旅館，因爲地下鐵雖便宜，然以初至之故，地下鐵出入口複雜，線路繁多，偶一弄錯方向，就有迷途之苦。但留下一張地下鐵地圖以歸。

至午夜十時，本擬坐計程車回旅館，然同行袁主任紹儒，以有地圖可稽，何必多出車資，卒賴其地圖判讀知識，引眾人坐地下鐵回銀座大旅館，次晨向導遊述此行經過，陳君驚異不置，蓋初至日本之旅客，少有人敢嚐試也。

首訪亞東協會

二十一日晨，即準備赴亞東協會，接洽在日訪問行程，九時至，由文化組長楊秋雄接待，楊組長在日服務多年，亦在政治作戰學校受過短期班次訓練，告余等毛代表已回國醫病，而吾等在日之行程表，以某種原因尚未寄到。故必須作臨時之處置與安排。但汝等可先至市區一遊，中午至此用餐，余代為接洽，同行等遂聽其建議，驅車至市區皇宮參觀。

皇宮在東京市區內，占地頗廣，沿途皆可望見，四週環以護城河，車行繞一大圈後，始達門外，但不可進入。據導遊言，皇宮每年僅開放兩次。一為四月二十九日（天皇生日），一為皇后生日。故余等至門口下車，僅能瞻望圍牆內宮殿之外貌，而不得其門而入，帝王門禁之嚴，與今日民主時代總統之居所，自有天壤之別。同行等在通往宮中之拱橋前，合影留念。余並攝得宮前三輪車伕鏡頭一，以今日在台北街頭，已不能見也。中午至亞東協會午餐，席間楊組長甚健談，告以日本種種政情風貌，有值得國人深醒之處甚多，並擬定接洽好訪問之行程表。

東京帝國大學

下午參觀東京帝大，由入試主幹宮川清先生接待，參觀其校區、圖書館，並特別參觀其中文藏書。校區中亦曾碰到中共之留學生，交臂過後導遊默告余等始知，無暇詳視，惟覺其神色鬼祟，面無笑容，衣衫襤褸，此蓋共區內人民一大標幟，至海外猶不能改其本色。可見大陸同胞生活壓力之大，不若自由地區內之人民，個個衣著入時，昂首闊步、談笑自若也！

帝大出來後，以時間尚早，逛銀座區，以余等之旅館所在地也。銀座區在日本相當台北之西門町，商業薈集，高樓聳雲，車水馬龍，極繁華之盛。出色的是百貨公司，貨品應有盡有。同行等至是三越百貨公司，逛遊一番，以開眼界，又至免稅商店，同行等無照像機者選購多台，亦有選隨身聽作爲子女禮物者，余選購隨身聽一，作讀國中長女之禮品，機器人一，贈予讀國小之幼子。以在出國時即有約定，否則歸家時無法交待也。

升國旗的地方

二十二日，亞東協會安排至華僑中學參加其升旗典禮，七時至該校，校長李政義在門口迎接，簡報中以早餐招待。李校長原隨馬樹禮先生工作，後出任校長，述其創校艱辛之經過。在偌大的東京市，今日能每天升中華民國國旗者，只有此中學。學校有學生約三百人，除華僑子弟外，亦有少數來自大陸者。李先生說：這樣亦好，讓他們讀我們國內供應之教材，參加我們升旗典禮，唱中華民國之歌，是最好的教育。

八時正，升旗典禮開始，由校長介紹訪問團員，並請團長李華熙致詞，結束時唱中華民國頌。典禮在掌聲中結束。校長親帶余等參觀其校內設施。校中分小學部、中學部，師資優良，多爲國內去之有博士碩士學位者。東吳大學中國文學研究所畢業之某君（忘其姓名），即在該校任國文教師。校內設施現代化，有語言教室、理化實驗室、電腦教學室、屋頂游泳池。國內中學之設備，恐不能相及。參觀後合影留念，並贈校刊二册。

訪問明治大學

離開華僑中學，至明治大學訪問，大學總長（即校長）島田正郎接待，先生係北京大學畢業。在談話中告余等國內政界多位知名人物，皆係明治出身。頗引以爲榮。並指示接待人員，參觀其法律館、考古博物館。明治建校歷史悠久，以法律聞名於世。館內陳設豐富，如古代之判狀、佈告、刑具，有人從旁解說。如上了一課法學教育。共參觀約二小時。

十一時半，驅車到自民黨黨部拜會。由負責青年文化工作之主任接待，致詞表歡迎之意，談話中特別提到先總統　蔣公戰後對日本之德澤，並設午宴招待。宴採餐盒式，衛生簡約，不若國內杯盤狼籍，浪費奢侈，他山之石，正可攻錯。臨別贈同行等禮筆一套，上有首相之簽名，情意深摯。

歡樂的狄斯奈

二十三日晨起，至旅館四樓用日式早餐，好奇心之驅使也。日式早餐用米飯、鹹菜一碟、魚一片、湯一盅，飲湯日本皆不用湯匙，以手端盅飲之。食者多爲日人，一般外籍旅客，仍多食西餐早點，食畢到狄斯奈樂園，價四千兩百元日幣。約合台幣八百餘元。導遊爲使同行等玩得盡興，約定下午五時始派車來接，中餐由各人在園中自理。

進入園後，以是日非禮拜天，遊人不甚擁擠，園中除遊樂場所外，商店林立，多爲兒童玩樂之具。各遊樂館建築宏偉，精心設計，藝術而多姿，可按圖索驥遊樂，而館名繁多，道路迴環曲折，不可勝記。至今印象尚深者，如加勒比海盜館、叢林巡航館、西部沿海鐵路、頑熊大會串、豪華輪馬克吐溫號、迷惑提基房、幽靈公寓、夢幻樂園、白雪公主和七矮人、大賽車場、太空山、魔幻旅遊、魔毯環遊世界、結交世界、寵物俱樂部等。置身其中，五光十色，有的如入仙境、有的驚心動魄，有森林、原野、高山、湖泊、動物則大象、巨蟒、長蛇、猛虎；飛禽則鸚鵡、飛鷹，雖皆幻設假像，而栩栩如生，令人嘆爲觀止。而同行諸君，雖多年逾知命，而童心未泯，玩得樂不知疲。余與王君爲一組，只有在午餐時，抽出二十分鐘，以日式漢堡果腹。餘時盡用在排隊玩樂之上。直至下午五時，亦不知玩了多少項目，尚有多小項目未遊。但限於集合時間已至，只有興盡而返。據同行言，袁君與林君一組玩得最多，以其按圖索驥、循序前進，餘組則以園內遊館星羅棋布，道路迂迴曲折，只有見館則入，一不小心，就有迷失之苦。更有趣者，爲邀遊太空一節目，李君初不知其驚險，及坐上後，驚惶失措，連手提袋亦丟了，眞有悔不當初之感，但幸好失物終在館內，得以原物歸主，但談及遊時狀況，猶頻頻搖手，恐永無再嚐試第二次之勇氣也！

淺草上野之旅

二十四日，爲離開東京前之自由活動日。一早導遊將餐費折價發與各團員，吾等雖居住在銀座區，但以行程緊湊，只有在日前走馬觀花，逛了一趟，看的不過九牛之一毛，而銀座區範圍廣大，同行等興猶未盡，復自相組合，重遊其地。此次旅途，同行等相約皆不單獨行動，一方面恐言語不通，一方面恐人生地疏，結伴而行，可以彼此照顧，免致迷失脫隊之苦。再者銀座貨色齊全，一家百貨公司，可以購到所需物品，中國人重人情味，出國一趟，歸來見了親友之面，不送點小禮物，總覺過意不去。數日來等同於限於行程之拘束，並未有暇處理這些私事，故遂結伴向銀座出發。

九點至銀座鬧區，各組分頭散去，吾與王君，泛遊其間，雖感其商業繁盛，但與台北之鬧區無大差別，惟百貨公司較大，層樓較高而已。遂選購一些易於攜帶之物，作爲餽贈之禮品，而時不覺近午，遂在一百貨公司大衆餐廳，各選麵食一碗果腹。

下午本擬回旅館休息，然在餐廳進食時，邂逅同桌食麵之吳月香小姐，吳小姐係台中人，台中商專畢業，談話時知吾等係台灣來者，攀敘之下，知其下午有淺草上野之行，而淺草上野，乃東京附近之名勝與商業區，有動物園、博物館、美術館、兒童樂園等。同行等原擬到其地一遊，以無人引路遂作罷，而吳小姐探知余等之意後，樂爲之導，遂改變主意，向淺草上野出發，亦是天意之巧合。

用餐畢，遂乘地下鐵至淺草，淺草是一商業區，店舖門面有如西門町之中華商場，店面雖不大，而門口皆飾以五光十色之紙條，五彩繽紛，迎風招展。行走其中，別是一番風味。信步至淺草寺，善男信女膜拜者甚衆，遂在寺前攝影留念。本想再到淺草公園一趟，以吳小姐亦不熟悉路程，坐計程車恐言語不通，有被敲竹槓之苦，遂接受吳小姐建議，折返上野。下車後，上野公園即在車站旁、動物園、美術館、博物館皆在其中，但至園後，時已午後五時，各館皆已關閉，只好在園中勝處巡一週，並在水池旁觀看變化萬千高射數丈之水柱，因爲時已黃昏，水柱襯以五光十色之霓虹燈，煞是偉觀，可謂不虛此行了。

六時至上野用餐，由我與王君作東，答謝吳小姐引導之勞，餐後返上野市，燈明如晝，行人熙往，眞是繁華景象。與王君各選購長褲一條，計價與台北相若，而質地則勝台北優良。九時半，以吳小姐要趕回其親友處，遂相告別，乘地下鐵回旅館休息。

明治神宮巡禮

二十五日上午，由東京出發前，導遊引余等至明治神宮，作爲最後之巡禮。宮苑佔地甚廣，宮前以碎石子舖道，宮前有千年神木樹立之入口處，木大約數圍，呈丌字型，據導遊言，神木由中國大陸運來，年代甚久遠。以時間無多，只至其大殿參觀。明治係日本著名之天皇，在日本人心目中視爲神人，故稱明治神宮，但個性儉約，宮殿建築並不甚宏偉，至正殿時，尙有類似中國寺廟中僧侶數人，在殿中作法，口中唸唸有詞，民衆至其殿膜拜者亦甚衆，並紛以錢幣投入殿前陳設之木箱中，蓋亦若中國鄉間之善男信女，添香火之資，以祈福佑。殿旁爲御花園，入其中尙須購票，同行等以時間不多、無心遊覽，余至出口處購御苑餅一盒，日幣五百元，歸來時食之亦無異味，蓋亦虛名之累也。

嚮往的富士山

九時半離開明治神宮，驅車向富士山出發。富士山乃日本之標幟，從前只在圖片中看過。車至高速公路後，隨團行動之司機，人以小吳稱之，亦台灣人，住北投石牌區，駕駛技術純熟，時速約百公里，如箭飛駛。然日本高速公路，司機超速時，即有警報聲提醒司機，不受警告次數者可吊銷執照。小吳伴余等數日，爲人隨和可親，團員等深知其人膽大心細，眼明手快，故雖時聞警報之聲，而談笑自若，不多爲意，以車程約需四小時左右，中午遂在沿途所設之公車站用餐。

用餐畢繼續前駛，直至下午二時半，始至山腳下，山海拔約二千九百餘公尺，據導遊言：「登至山頂，步行學要七合目之路程，所謂一合目者，即前人登山時，提煤油燈攀山，一燈油用完之後之行程，稱謂一合目。蓋休息後換燈再進。今日吾等登至五合目處，已可盡覽富士山之全貌。」三時半，至五合目處，同行等下車，抬頭望去，全山在目，山岩呈粉赤色，山頂童山濯濯，無林木之茂。落日餘暉，映射其上，更覺美豔異常，幌如畫圖。蓋此山原係活火山，二百年前，始不再發。以秋時已至，山半腰之下，楓紅草黃、雲海飄浮，涼風吹來，衣髮盡散，眞如置身仙境。吾等今日有幸，碰上天清氣朗，得飽覽名山勝色，若碰上雨季霧天，則一片迷茫，有不識廬山眞面目之憾。同行等爭攝影留念以歸。

難忘的山中湖

下山後，駛向山中湖旅館。六時半始至。山中湖亦是一風景區，在富士山腳旁，湖水澄澈，明亮若鏡，周圍山巒環繞，而富士山極目在望，湖中有遊船可供垂釣、惜非假日，遊客稀少。旅館建築在山坡上，其側別墅林立，屋宇匠心別構，據云皆富者所有，假日休憩之所。此地勝處，則在群山之中，遍植楓樹，雜以蒼松翠柏，從旅館窗中望出，豔紅遍野，綴以叢綠，令人陶醉，是日氣溫僅六度，侍者將旅館中暖氣開啓，否則高處不勝寒也。晚食火鍋。遇台灣中和同鄉，旅館主人之姊也。年已五十餘，在餐館中幫忙工作，知余等係台灣來者，餐間閒話家常，倍至殷切，他鄉邂逅，亦屬有緣。次日早餐，並親煎稀飯，花生米供作早餐，彼云：「其最近一二日內，將返回台灣，與吾等歸期相若也。」俗語云：「親不親，故鄉人。」今日斯悟此語之妙諦，離別時珍重相囑，相約台北見面！

冰穴與白瀧瀑

二十六日，由山中湖出發，目的地是名古屋。沿途名勝，有富士五湖，五湖中以朴湖最大，在日本居首。因行程之關係，未刻下車一一流覽。僅由車中望之，由導遊陳君解說指證而已。一小時後，途經冰穴，下車參觀。陳君告余等，冰穴底寒冷之至，且須匍伏前進，始能鑽入，身體弱者，可不進入。同行等皆好奇，相繼前行，穴內寒氣撲人，陰森異常，時有水珠滴衣上，而穴愈深，前進愈難，而道路滑濕，洞穴低矮，須伏行前進，團長李君有畏色，中途退出，餘則魚貫進入穴底，深約四五丈餘，穴底有電燈照明，見冰塊層積，厚約五六尺高，在台灣之亞熱帶地區，難睹此景象，在穴底盤桓約五六公分鐘，始循路攀援而出。

循冰穴前行約一小時，又至白瀧系瀑布，下車步行約五分鐘，沿山階而下，至澗底，澗底兩山壁立，有瀑布懸流而下，寬約十餘丈，飛瀑懸岩，水花四濺，映日照射，蔚爲奇觀。以澗底清水洗面，頗覺沁人心脾。逗留約二十分鐘，順原道折返，途中小店麕集，兜售紀念品，余購得棒茶一包，類似台灣之綠茶，笑袋一個，以手捺之，袋中發出狂笑之聲，令人驚駭，心想幼子又多了一件禮物。

離開白瀧系瀑布後，中午在途中休息站用午餐。直至下午三時半，始達名古屋，以時間尚早，導遊帶至地下商店參觀，名古屋係日本之工業都市，商店街在市區中心，上有地下鐵，下爲商店，若台北之圓環區，四通八達，百貨雜陳，熱鬧異常。但別無特色。同行等以長途跋涉，遊興已倦，遂相約回旅館休息。

京都奈良之遊

二十七日，從名古屋出發，先至京都，京都係日本舊日之帝都，以名寺寶刹聞名於世，據云有七十餘座。而其街市之特色，爲建築維持昔日形式，雖拆而重建者亦不例外，至則先參觀遷都前最後一座帝宮之遺址，宮殿採中國式，紅牆綠瓦，掩映於蒼松翠柏中，甚爲美觀，據云「日本現行之十元銅幣上之圖案，即爲此宮殿之縮影」。

後又至清水寺，此寺之特點，係仿我國唐代建築，全寺殿宇，皆以木材構建，而不用一鐵釘組合。是日適逢禮拜天，學生與遊客甚衆；途中車爲之塞。寺中有清泉池，遊客爭以長瓢取池中水飲之，或亦可醫病之說所引起。

在京都逗留約一小時餘，走馬觀花參觀了兩座寺苑，即向奈良公園出發，至下午一時餘到達，又以遊客擁擠之故，車不能直駛園內，而在日本，駕駛又不能亂停車輛，以導遊陳君經驗豐富，老馬識途，東繞西轉，始覓得一停車場，因家家車滿，無法容納。而一小時之停車費用，竟高達日幣千元之譜，令人爲之咋舌。

余等下車後，步行二十分鐘始至公園內，是園面積甚大，到處可見漫遊園中之馴鹿，灰鴿，因已成習，見人並不驚懼，導遊買票進入後，寺殿建築宏偉，殿內供奉佛像，高約二丈餘，爲余來台所首見，因爲台灣彰化之八卦山，據云有遠東最大之佛像，余未曾遊，無從比較。余購鎖鑰鍊一條，繫以奈良佛像之銅牌，他日把玩，亦就不虛此行了。

奈良遊畢後，此行之參觀已近尾聲，驅車向大阪出發，此時尚未用午餐，飢腸轆轆，而途中餐館，以假日客滿，無法容身，直至二時餘，始覓得一餐館，食饅魚飯。餐後有同行李君發生嘔吐現象，不知何故。晚六時半抵大阪城，因係陳君遊覽公司所在地，刻意安排精緻中式菜餚，以慰是日枵腹之苦。食畢，以大阪之繁華商業市街，即在餐館附近，遂不計長日跋涉之勞，前往一遊，街長約數公里，商業鼎盛，名店林立。同行等沿街直道前遊，順街直道而返，蓋夜色已深，不敢橫遊穿巷，以致迷途也。十時回旅館休息。

大阪最後一瞥

二十八日，同行等以韓日之旅，只剩下上午四小時之光陰，下午就要赴機場，踏上返台航程，而有些同仁，身上換的日幣尚未用罄，又以日本生產之電器，較台灣優良，價格低廉，建議到電器街一逛。導遊帶余等至電器街，街長約里許，皆爲電器製品，余以日幣只剩三千元，選購一台小型掌中收音機，日幣壹仟柒佰伍拾元。剩下之日幣，留作到機場必要時之需。如不用時，再作合宜之措置，亦不失爲萬全之策。遂回旅館準備行囊。

下午二時赴機場，辦妥出境手續後，在機場之免稅商店，將剩餘之日幣，爲次女選購玩具車一台，堅固漂亮，樣式新美。蓋回來時玩具不均，又是一番口舌，至此口袋空空，兩袖清風，只待飛機起飛，打道回府。四時十分韓航客機由大阪起飛，晚七時至中正機場，校內總老師已派車至機場來接，而妻亦帶幼子前來，余告訴幼子已買了他所要的機器人，雀躍若不自勝，幌若一夢韓日的兩週之旅，從韓航在此起飛始，到韓航在此落地止，心中一塊沉重石頭似的重負，完全釋去。阿門！

旅韓日之觀感

此篇旅韓日遊記，歸國處理公務後就記憶所及記之也，雪泥鴻爪，時久易忘，故筆而述之。篇中人名地名，或述某人話語，訛誤之處，或所不免，蓋僅就所聽聞者述之，無暇詳究。因非代表官方之發言，錯誤之處，乃語言之隔閡所致，爰誌所感，供作參考。

㈠旅遊之經驗

第一、初次出國旅遊，如非國情熟悉，語言無礙，或有至親好友作嚮導，仍以隨團旅遊爲上策，既可節省時間，又可掌握重點，免致迷失之苦。雖近年來亦多有受旅行社之騙者，但較之開口問路，語言不通，舉目無親，迷失恐懼，則有安全之感多矣！

第二、天時之助，出國旅遊，有幸與不幸，此次日韓之旅，兩週以來，天氣晴和，只有在名古屋之當晚，微雨助興，並未防阻遊程，否則大雨滂沱，衣衫濕透，或飲食不適，忽染偶恙，不但遊興全無，思鄉情怯，只有關在旅館中的份兒。

第三、導遊之重要，此次韓日之旅，在韓之導遊王可俊先生，人老實可靠，隨團行動，寸步不離，其敬業精神實在可佩。在日之導遊陳東隆先生，機警靈活，善體人意。配合無間，每日飲宿遊程，皆刻意安排，而其日語之流利，對日本風俗人情掌故之熟悉，途中娓娓道來，更減去跋涉之倦意。

第四、時時看好荷包，刻刻檢查護照。本團代表八人，多初次出國，故戒愼警覺，不敢稍有疏忽，相約以看好荷包，檢查護照爲箴言，蓋荷包被竊，雖可得同仁之助力，而遊興必減，而護照遺失，寸步難行，麻煩恐就大了。

㈡韓日之觀感

韓日兩國，皆爲亞洲新興國家，其長處有足吾人效法者頗多：

就市容言，韓日兩國，市容整潔，街道上甚少看到有垃圾之堆積。即居銀座旅館時，余每晨早起至其小巷中巡視，亦未曾發現有煙頭棄置道旁，亦未曾看節有清潔工人在掃除，而整潔如故。或因國民公德心強，無隨地棄置廢物之習慣，而台灣特產之鐵窗，更未一見也。

就交通言，韓國之大衆交通工具，爲民營之公車，而機車自行車，政府雖未禁止民衆乘坐，但少之又少。故秩序井然有致，在韓時余曾問金同學，何以韓民衆不乘機車？其答云：「一以氣候嚴寒，冬時乘坐不便，一以韓民衆視乘機車爲畏途。其個人在談戀愛時，本擬買一部機車兜風，岳家即以此要脅要告吹婚事。」聞之啞然失笑。而日本之大衆交通工具，爲地下鐵，站口沿街皆可搭乘，而班次繁多，無等車之苦。想一想台灣之交通，若無幾百萬輛之機車橫衝直撞，交通秩序，當又一番景象。而到處挖掘馬路之現象，在韓日亦是絕無僅有。

就國民健康而言，余行韓日之市街時，特別留意在學之青年，帶眼鏡者雖非沒有，但較之台灣，則少之又少。日本學生亦非常用功，讀書風氣較台灣有過之而無不及。在地下鐵乘車中，常見學生手不釋卷。此或與氣候設備有關，值得研究注意。

就企圖心言，在韓國參觀時，見一公家機關大廳中，懸掛一精美湖泊圖面，畫面秀麗，詢其故，答云「長白之天池。」蓋韓國以此爲復國之目標。聞此悚然以懼，其中之意，不言可喻，足發吾人之深醒多也。

總之，此次韓、日之旅，對余而言，是上了寶貴之一課，人言：「讀萬卷書，不如行萬里路。」我則曰：「讀萬卷書，亦當行萬里路。」蓋讀萬卷書，是記取前人之經驗，行萬里路，是證之個人體會。二者不可偏廢，相輔亦相成也。

冀魯豫晉四省旅遊日記

原載於暢流雜誌

二〇〇二年民九十一年四月二十二日　星期一　陰晴

晨起閱讀聯合報，廣告欄中見中行旅行社有冀魯豫晉四省旅遊廣告。余於民國八十八年曾隨康寧旅遊團有桂林、西安、北平、南京、揚州、無錫、蘇州、杭州、上海十五日之遊，大江南北走了一趟，但對故鄉開封及洛陽，雖有民國八十一年探親之便，名勝景點並未暢遊，深以爲憾。遂據報載旅行社電話號碼，向其要四省旅遊行程表，得知北平有保定、石家莊，景點有隆興寺、直隸總督府、蘆溝橋。北平市區有圓明園、恭王府、大鐘寺、德勝門。山東有曲阜、孔廟、濟南、泰山、千佛山、趵突泉、大明湖，河南有三門峽、洛陽、白馬寺、龍門石窟、少林寺、鄭州、黃汎區，開封有包公祠、御府街等。山西有雲崗石窟、懸空寺、五台山、太原、關帝廟、晉祠、臨汾、喬家大院、堯廟等，爲一償全覽北方勝景，遂簽約成行。

下午二時由家中出發，由次女藝華送至桃園中正機場，坐國泰班機四時半起飛，六時十分至香港，機上食蔬菜麵包尚稱可口，飲料喝烏龍茶，七時二十分由香港轉港龍班機飛北平，機上用米飯便當，十時二十分抵北平首都機場，由當地地陪王導遊及毛司機接運，車上王導遊報告北平現況，中共為了迎接二〇〇八年奧運，原來北平三環道路，擴充至六環，將郊區之衛星市鎮，皆納入其範圍，事行經過海淀特區，有北京大學及清華大學在焉。晚宿瑞成大飯店。

四月二十三日　星期二　晴

昨日晚是否機上飲茶故，一夜未能酣睡。晨七時半起床鈴，八時用早餐，八時半乘車由瑞成飯店出發，先參觀圓明園，已無昔時勝景，僅留斷垣殘壁，徒增感慨而已。後至大鐘寺，此鐘係明代永樂年鑄造，巨大稱世界第一。上鑄銘文二十三萬餘字，恭整謹嚴，亦藝品也，至其博物館以人民幣五十元購得仿鐘一座，藝品二件。又至德勝門，此門亦係明代所築，係皇上迎其戰勝將軍歸來之地。並有解說員講建門歷史，展示複製貔貅獸，云撫摸其身者可招財進寶。另有大小仿品推銷，惜出價昂貴，問者寥寥。午至便宜坊食烤鴨。午後遊恭王府，係乾隆時和坤宅弟，和坤乃中國歷史上有名貪吏，云其富可敵國，全係收括民財所積，後乾隆死，其子嘉慶抄其宅第，俗云：「和坤例，嘉慶飽。」可見一般。後導遊引至北京名藥房同仁堂參觀，該堂係清皇家醫坊，名聞中外，有主事者為解說該坊歷史，並派名醫為參觀者免費把脈診病，但處方藥費幾近人民幣千餘元之譜，要診者一付藥未必有效，道遠者常來又不可能，故成效不佳。晚至能仁居喫涮羊肉鍋，妻秀蘭今日下午有嘔吐，天氣甚寒；其衣單薄，令余擔心之甚。明日早起又要趕赴太原；長途跋涉，又是一番憂心。

四月二十四日　星期三　晴

六時叫起床，六時半早餐，七時乘車由瑞成飯店出發，作第三天旅遊行程。車行半小手抵古崖居遺址，遺址在北京西北郊外延慶峽谷中，始於何時，無從考證。隨導遊循山徑攀崖而登，但見山崖壁上有穴洞多處，不知如何鑿成，作何用途，洞內漆黑，未敢深入。遂攀荆扶崖而下，路徑狹窄，從高視下，有些顫抖，同遊者多係年長之人，實不宜此。車前行復至雞鳴驛，係元時成吉斯汗西征時設此，民初遭裁撤。然規模龐大，今則僅剩斷垣荒壁，令人想見當時元帝國之盛況，頗有今昔之感。行程中安排之清遠樓，因時間太緊湊，導遊徵得大家同意後刪去。車直達山西雲崗石窟，據導遊張華小姐稱共有五十三窟，現今可供參觀者一至二十窟；餘窟因年久剝落，而五、六窟是精華部份，並不准窟內拍照，佛像最高者十七米有餘，壁上雕石講述佛祖生平故事，亦頗有趣，開窟年代在北魏時期。四時復驅車或恆山懸空寺，至則已下午七時，天色有些昏暗，寺懸山壁上，不知如何起建，據云登臨路徑僅容一人通過，且不可回頭張望，蓋高處危崖，不宜懼高症者攀登。並有詩讚云：「危樓高百尺，舉手摘星辰，不敢高聲語，恐驚天上人。」甚危峻可見一般。遂不復登，僅壁下拍照留念。今日兌換美金一百元，得人民幣八百二十元，晚趕車至五台山上留宿，途中因修路被阻，至晚上一時始達，賴毛司機藝高膽大，黑夜車盤行在崎嶇山道中，坐車人只有將命運交與上帝，但有驚無險，亦幸事也。

四月二十五日 星期四 晴

昨夜宿五台山飯店，九時半出發遊五台山。先至大顯通寺，寺前白塔，由導遊執相機與我及妻合照留念。寺內供文殊菩薩，云其代表智慧。寺院三進，各供佛尊，由基層至最高處佛院，石階尚有數百層，余攀登乏力，幸有小販提供划竿服務，強拉余乘坐，更喊價二十元人民幣即可，余樂其無攀登之苦，遂乘坐而上，但其停腳處。尚有一百八十階方至最高處，而其陡削無比，尚須自己攀登，遂鼓其餘勇，扶攔壁而上，至則余爲同遊者第九名，尚未出十名之外，亦可喜也。這個佛院中有毛澤東遊時別墅，亦中國歷史上封建餘制，大人物在特殊景點皆有居所，供其享樂，誠可憾也。二時半下五台山，購得骨製佛像一，狀歡喜可欣。下山時山路蜿蜒窄狹，由高視下，車在羊腸道路上盤旋而下，昨夜摸黑上山，全無目見，倒也安心，今親睹險境，頗有驚恐之感。晚六時至太原，宿銀龍飯店，晚餐在導遊小姐張華旅行社用餐，爲表地主之誼，令廚師表演山西各種麵食，介紹各種特殊料理作料，得一飽口福，亦快事也。張小姐係太原人，口才便給，才華過人，頗富文學記憶天才，能在旅途中背誦古今名勝聯語，爲遊客助興，曾記得她說，五台山「東台觀日，西台見月，南台賞花，北台賞雪。」與其私談，知係山西大學法語系畢業，現服務導遊業。

四月二十六日 星期五 晴

晨七時用早餐，有酒釀、蛋花、大餅，幾日來飯食，以在太原最可口，或因導遊張小姐之故。七時半至晉祠，係成王封康叔之地，名篇桐葉封弟辨，即記此事也。祠中有聖母殿，供康叔之母，康叔祠在廂房，祠中有三絕，即周柏，三千餘年，已倒臥，但仍有枝葉，此柏看盡人世滄桑，不知作何感想。另有難老泉，水從牆壁中龍頭噴出，經年不斷。另有宋女像，雕工爲祠中藝品。園中有牡丹二株，有紅粉二色，朵大如碗，美艷之甚，邀秀蘭同坐其前攝影一張。祠中建築雕樑畫棟，古木上千餘歲者數株，廊簷曲迴，頗有園林之勝。祠中名人題詞碑碣甚衆，惜無暇細賞，購得祠中題詞一册，索價二十元人民幣。

後驅車至民間大宅喬家大院，張藝謀導演之大紅燈籠高高掛，即選在此宅拍攝。該宅係喬貴發所建，乃白手起家，營商致富，歸建此宅。共六層，二十三院，三百餘房間，室內現藏名貴書畫及磁器甚夥，有犀牛望月、古龍雕屏，不可勝記，據云門口經常備牛三頭，供村民使用，鄉人有急難者，知者給與賑濟，而家規甚嚴，禁納妾，賭博，主僕所居宅第高低不同，一切陳設皆循舊制。有付門聯如次：「行事莫將天理錯，立身宜與古人爭。」李鴻章題大夫第門口聯云：「子孫賢族將大，兄弟睦家之肥。」頗有警世作用，購得喬家大院磁葫蘆一對作紀念。

下午五時至平遙古城，與西安古城同爲城牆保持最完好者，因趕時間至下站臨汾，僅少駐拍攝城門閣樓留念而已。車行五小時至臨汾，已午後六時，幸堯廟古跡尚未封門，商得管理員同意進入參觀，廟內建築宏偉完好，有古井一口，傳係堯帝親鑿，有世界大最擂鼓一架，惜欲拍照時鼓門已封閉，祇得快快而歸。祠後供奉中國所有姓氏牌位，余拈香三枝，親至田氏祖先牌位之前祭奠，以示不忘本之中國美德。晚宿五州飯店，店門口有夜市。上次來觀光，常以夜市距住宿飯店遙遠，晚出人生地不熟，未得親遊引以為憾。今得此機會，以為良機不可失，本欲一償宿願，但據導遊言，此地治安不好，遂作罷，亦命中注定也。

四月二十七日 星期六 晴

早七時半從臨汾出發，約十二時抵解州，復行十餘公里，抵關羽出生地之關帝廟。該廟建築宏偉，占地面積學五千六百坪。分南北兩院，北院為正廟，南院為結義園，正廟主祠供關帝神像，匾額有康熙御題「義炳乾坤」四個大字。廊沿上有象徵腳印一枚，碩大逾常人，云係其足跡。民間傳說，多所附會。南園有劉關張三人結義臘像，供人參拜。午餐復歸運城大飯店用餐，山西之行，至此告一段落。

下午驅車至河南三門峽參觀大壩，山路蜿蜒在黃土高原上，若行車雲端，頗有驚悚之感。大壩工程峻偉，稱三門者，乃人門、神門、鬼門也。此壩之建築，利用其水力發電，以利民生，復可減少水患之苦，試一舉兩得也。壩中有一石矗立，「中流砥柱」之說，云即指此石，因非值黃泛期，未能其見抗波濤之雄勢，亦憾事也。歸途中同遊者一婦女因不堪顛波之苦，從座位上掉落，導致輕微骨折，因此之故，歸途中車速減緩；至夜宿處將其送醫院診治，明日能否隨團旅行，尚在未知之列，出外旅遊，安全及身體健康是第一考量。

四月二十八日 星期日 雨

七時半從三門峽鴻志賓館出發，天氣驟變，霧氣大作，視線模糊，幸司機技術熟練，差堪告慰，至洛陽龍門石窟，大雨不停，此窟亦始建於北魏，至唐時續有鑿鬪，佛像最古者北魏，然唐代雕鑿者甚夥，較北魏佛像已較工緻，然天雨不停，匆匆賞略，而雨中倉促拍照，鏡頭如何，將來洗出至見分曉，中午至洛陽眞不同飯店用洛陽名菜流水席，菜名不可勝記，八大冷盤，十六主菜，名目雖多，可口者甚鮮。

飯後參觀白馬寺，爲中國第一佛寺，民八十一年余返鄉探親，曾隨弟弟侄兒經過一處白馬寺，建築簡陋無比，與今日之白馬寺相較，奚啻天壤，今日始知昔日所訪之白馬寺，或係洛陽附近民衆之小型廟宇，未可知也。大雨少停，按行程排定，下站少林寺，此地乃重遊之所，天雨路滑，步步登高階，步步恐滑倒，隨同遊陪觀而已。復至塔林，乃名僧葬身之所，按修行武功築塔階層，現最高者七層，塔開口者係公葬，閉口者僅一人。話云：「救人一命，勝造七階浮屠。」院內有立雪亭，係達摩祖師誨弟子處，有聯云：「斷臂求法立雪人，禪宗祖師天竺僧。」少林乃中國功夫發源地，俗諺說：「喝喝少林水，不會打拳亦會踢踢腿；喫少林鹽，不會踢腿亦會打打拳。」可見一般，晚在少林寺用素餐。

四月二十九日　星期一　晴

昨日雨，早起見天氣放晴，心中不覺開朗之至。出外旅遊，最怕碰上壞天氣，不但觀景不成，衣服全成落湯雞。眞是夠倒楣的，起床後至演武廳觀武術表演，少林武術大學現頗具規模，據云有萬餘人，當地民衆把孩子送少林學武術，認爲前途較好，亦有不少外國人慕名而來少林學藝者。可見影響之深遠。表演節目，有頭碰鐵板，頭不破鐵板斷裂，槍尖刺喉頭，槍不能入；肚皮吸碗，數人拔之不開，童子功等節目。雖云常見，但亦非凡，語云：「台上一分鐘，台下十年功。」信非虛語。

節目完後至鄭州黃泛區乘汽墊船，船可海陸空三用，平穩可靠，由黃河下游至中游分界處，兩岸古跡在船中依稀可辨，有「楚漢相爭分界線。」桃花塔、大禹像等，與妻秀蘭在黃河中游州地拍攝數張照片留念，亦是此次旅遊中新的嚐試，中午在鄭州用餐，小籠湯包及烤雞腿頗適口。

下午至開封五時十分，參觀包公祠，包公一生，爲官清正，開封府是其衙所，祠中有包公審駙馬陳世美塑像，案前有龍頭、虎頭、狗頭鍘三口，龍頭斬王公國戚，虎頭斬官府大臣，狗頭斬平民百姓，其韻事流傳民間，至今爲人樂道。祠後有公園及包公湖，並順道拜訪御府街，係仿宋汴繁華時之建築，有名妓李師師與皇帝談情處，供後人憑弔，晚宿玉祥大飯店，食包公宴，並逛開封夜市。

四月三十日　星期二　晴

晨七時半從開封出發，下午二時至曲阜，即至飯館用孔府宴，實際上不論在洛陽之流水席，在開封之包公宴，在曲阜之孔府宴，都是旅遊社之宣傳手段而已，用當地菜色特點，加上個美麗名詞，如包公宴有一道菜叫「鐵面無私」，孔府宴中云「膾不正不食。」反正就是這般，心知肚明就好，大致上談起來還算不錯，出外旅遊，每餐有不同口味，當地特色，亦應知足。飯後參觀孔廟之孔府，孔廟有二古柏狀甚奇特，一株樹幹上有伏龍形狀，一株樹頭狀若鳳鳥，二柏相依而長，可謂奇跡。地陪名石偉，介紹孔子生平，有些穿鑿附會，不近史實，衹圖引起遊者興趣而已，院落有數進，各有制度規格軼事趣聞，引遊者一笑。大成殿供孔子像，頗不倫常見之萬世師表，反成帝王神像一尊，頗覺不倫。孔子雖有素王之稱，然仍以萬世師表像令人有可親之儀。大成殿有雍正所書之「生民未有。」乾隆所題之「萬世師表」二匾額。完畢後轉至孔府參觀，係其後代子孫世襲宅第，導遊介紹其家規甚嚴，有些聽來令人發笑，時代不同，亦未可厚非，夜宿泰山腳下飯店。

五月一日　星期三　晴

今日是旅遊中關鍵日，要登泰山，泰山古為五嶽之首，孔子「有登東山而小魯，登泰山而小天下」之嘆，甚峻偉可知。余不知何故，腳浮腫逾平日，今日登泰山要靠腳力，但突遭此變，不知能否完成平日宿願。早乘小汽車至山腳下，一路尚稱平順，復乘纜車至山腰，幸天佑我，腳雖浮腫，但無疼痛之感。攀階而升，扶梯而上，不知歷多少層峰，多少台階，方至極高峰青雲宮。登高而望，四顧茫然。孔子登東山而小魯則可，登泰山而小天下則虛，蓋孔子時交通不發達，望東海即至天邊，實則泰山之高，與今日宇宙之廣，實不成比例，在有紀念處拍影留念。下山後中餐用豆腐宴。

午後參觀岱廟，係古代帝王封禪登泰山必先參拜處，內多奇槐古柏，皆數千年之上，亦奇觀也。二時半驅車直奔濟南，山東以高速公路平坦聞名全國，山東俗諺云：「要想富，就修路，少生孩子多種樹。」因路途平坦，駕駛技術熟練，泰安至濟南約一百八十公里，一小時半即達。到達濟南天色尚早，先參觀趵突泉，此泉號稱天下第一泉，惜該泉現只剩池水，無湧泉之勢，不無可憾之處。又因天色尚早，減輕明日行程，復至大明湖，二地相距甚邇，湖面廣渺，云八十二公頃，在大明湖石碑及鴛鴦亭前與妻合影留念。晚餐餃子宴，平淡無口味，夜宿開元山莊。

五月二日　星期四　晴

晨起微雨，遊千佛山係濟南人登泰山前膜拜處，導遊買門票進入後，商得管理員同意，乘車至大臥佛處，沿途兩旁有佛像多尊，或以此得名，惜無暇詳觀，臥佛身長丈餘，多數遊客在此拍照留念。再沿石階上登，因天雨路滑，行道崎嶇，雖沿途尚有多處景點，須私人再購票才能入內，因天公不作美，遊興頓減，遂半途折返。出山後約車行二小時，至另一景點顏子碑；旅遊廣告中說是顏回，至則方知顏公祠是名書法家顏眞卿；祠內有眞卿及東方朔塑像，並有顏眞卿爲東方朔傳贊親書之碑銘，顏公爲中國四大書法家顏柳歐趙之一，故保存至今。中午至德州食抓雞。

午後至河北省正定縣，參觀隆興寺，隆興寺爲世界名刹之一，建築占地頗廣，步行約一公里，院落七進，係北宋時建築。寺內供手千千手眼觀音，高約二十一米，係銅製，可見鑄造之艱難，購仿製小銅像觀音，人民幣二十元，晚宿石家莊陽光大廈，陪妻秀蘭到石家莊天元超市購物，乘計程車回飯店。

五月三日 星期五 晴

晨七時半從石家莊出發，直抵保定，石家莊至北京之高速公路，眞所謂「周道如砥，其直如矢」來形容。大陸之進步，從公路上最明顯，從前之窮鄉僻壤，現在幾乎都有公路可通，惟一缺憾者，是衛生部門仍有令人掩鼻之譏，車抵保定時，參觀舊直隸總督署，此地原係河北省會，清名臣曾國藩，李鴻章皆在此設衙，署中保留當年遺物，並有國藩親植之藤蘿一株，至今存活，供後人談論之資。因趕下午飛機，在保定亞華飯店用自助餐畢，驅車直達北京首都飛機場，途經蘆溝橋，本爲參觀景點，恐耽誤班機，只有隔途目視，亦憾事也。四時抵達飛機場，導遊辦妥通關手續後，在機場免稅商店購貴州茅台酒一瓶，送親家作爲禮品，飛機五時十分起飛，九時半抵港，十時五十分轉國泰班機飛台，十二時半到達中正機場，出關因深夜手續較簡，見正華兒子開車來接，心中安慰大半。此次旅遊，遍及華北冀魯豫晉四省，行程約三千五百餘公里，登泰山、歷恆嶽、涉少林、跋五台，名都有北京、太原、開封、濟南、泰安、洛陽、鄭州、臨汾、保定等，縱目黃土高原，盪舟黃河中流，極目三門大壩，憑弔圓明園，哀嘆恭王府，今平安歸來，須唸聲阿彌陀佛。

美國紀行 二〇〇二年民國九十一年八月二十九日

八月二十九日 星期四 晴

此次美國之行，乃參加姨妹張秀銀之婚禮。余前有歐洲大陸之行，而美國是現在世界第一強國，無機一登斯土，誠憾事也。余前雖有願美西之遊，惜機緣不佳，終未成行，今得緣美東之遊，亦可喜也。

下午三時由家中出發，藝華女開車送至中正機場，係長榮班機，同行有張秀珍、何聖源，六時五十分登機，約十一小時至西雅圖轉機，登機後外視機空下萬家燈火，實乃一幅美麗圖畫。西雅圖轉機約費二小時，但沒有想像中近時美國反恐運動海關之手續檢查之麻煩，美國時間上十二時抵紐約，內弟張國智開車來接，夜三時抵費城家中，晚宿張國忠處。

八月三十日 星期五 陰

因長途旅行太疲倦，一覺醒來，已是美國時間八點鐘，到秀萍家時，已購買早餐，十一時出發，至一家中國餐館，午餐米粉湯，一大盅即飽，後轉至賭城觀摩，余出資美金二十元購賭幣，妻玩不中，秀珍贏得四百美金，至城外攝影留念，晚在賭城二樓用自助餐，水果尚稱可口。

八月三十一日　星期六　晴

晨五時起床，準備參加加拿大之旅。內弟送至費城中國城轉車至紐約，另換車至加拿大，秀珍以稀粥供余作早餐，盛情可感。沿途車行平穩，美國交通進步，鮮少看見機車穿梭混亂情形。中途參觀玻璃研究中心，得知玻璃製造及用途情形。午餐食牛肉漢堡，晚十時三十分至尼加拉瓜大瀑布，至中餐店，食品尚可口，食畢九時至大瀑布旁觀賞夜景，瀑流雄狀，只見波濤萬馬奔騰，霧氣迷天，岸上高樓櫛比，燈火輝煌，煞稱奇景。暗中拍照，成果如何，實未可知，晚宿飯店四五四號房。

九月一日　晴　星期日

晨六時起床，七時半至尼加拉瓜大瀑布，乘遊艇，每人分得雨衣一件，在大瀑布下奔馳。瀑聲大如雷，水花四濺如暴雨，雙目難開，只有拉緊雨衣躲開，衣衫鞋襪盡濕，遊客喜嚐刺激滋味。然心中之狼狽，有不可言喻。半小時驚濤駭浪，有驚天地泣鬼神之撼。後登岸觀賞尼加拉瓜歷史影片，中有許多前人冒險鏡頭，如走鋼索，人裝木桶中順瀑而下，駕小艇瀑中奔馳，皆存活不死，真所謂天下之大，無奇不有。復至高塔下視瀑布奇景，每人抓機拍影留念。

午餐畢，驅車至加拿大多倫多，美國與加接境，僅一線之隔，驗證通關後，乘船遊港口，港口面積甚廣，船桅林立，沿岸多係綠地公園，遊人倘佯其間，或躺或坐，狀至悠閒，登岸有高塔百餘層，登頂可窺多倫多全貌，然遊客衆多，須排隊候位，余未隨團登臨，後獲得補償金十三美元，亦意外之財。

九月二日　晴　星期一

五時叫起床，不及早餐，由昨晚購買之水果充飢，五時半出發，一路晨光熹微，涼風撲面。據導遊云：「加拿大一年六月下雪，溫度常在零下度數，不過現值農曆初秋，雖尚微寒，尚不襲人。」車行至千島湖，乘船遊湖，湖中據云「島嶼近千，未有確計。然星羅棋布，有如其名。」本欲觀賞湖光美色，攝影留念，惜技術欠佳，膠卷糾結，心情鬱鬱，草草而過。無暇細賞，誠憾事也。中午食自助餐，菜餚花樣繁多，小點心可口，飽食後至加拿大國會大廈，建築宏偉，中間大廈係議事廳，旁兩廳分屬上下議院，採英制，加拿大原是英國殖民地。而總督府離此不遠，僅至其後花園攝影留念。下站參觀聖路瑟教堂，內殿肅穆，乘升降梯至教堂極頂，登高視下，頗有極目之快，復驅車至蒙特婁市府廣場，有攤販及藝人表演，此地屬魁北克州，前欲脫加拿大獨立，七時半抵飯店夜宿。

九月三日　晴　星期二

晨六時半起床，七時半出發，該飯店無早餐，秀珍送水蜜桃食之，驅車至邊境，購加貨品，過此又入美境，余購鑰匙鍊及聖母像各一，剩餘之加幣，繳交妻秀蘭購物，過此加幣不能流通。午餐趕至波斯頓郊外，合購披薩食之，十二時至波斯頓，參觀十八世紀艦艇，經過嚴格檢查，身上任何金屬物品，必須嚴查始能通過。攝影後至哈佛及麻省理工校園參訪，僅在哈佛校園創辦人銅像前拍照，哈佛名揚世界，多少偉人在此修業。哈佛之文法、麻省之理工，皆世界聞名，得履其門牆，亦幸事也，夜宿波市。

九月四日　晴　星期三

七時從波斯頓出發，到貝聿銘建築高廈留念，早餐飲茶，中午食披薩，晚餐回到紐約中國城喫廣東炒麵，今日無旅遊景點，到紐約轉車至費城，岳家派車來接，十時半抵費城岳家。

九月五日　晴　星期四

乘秀娥車赴大商場購物，買太陽眼鏡一。本日早晚食物皆難下咽，買樂透彩二張不中。

九月六日　晴　星期五

早食火腿夾麵包，午食乾飯炒蛋，晚至秀娥家作客，其宅占地甚廣，有綠地乘涼，先生係墨西哥人，英文口語清晰，晚食自助餐。

九月七日　晴　星期六

今日是小妹婚禮佳期，一家甚忙碌。中午九時迎親禮車至，典禮在家中舉行，儀式佈置簡單隆重，介紹男女雙方家人，聘禮八件，回聘亦然，頗有古風，雙方備點心招待親友，晚宴在東皇大酒樓舉行，婚宴有舞會，親友玩得盡興。

九月八日　晴　星期日

早食米台目湯粉，中午張國棟在費城中國城請飲茶，狂超市，晚張秀玲請喫越南餐。

九月八日　晴　星期一

晨食越南渾飩，中午張國忠帶遊費城國家公園，係南北戰爭遺址，拍攝照片多張，晚至張秀娥家野餐，在歡樂中度過。

九月十日　星期二

晨起，爲回家作準備，驅車訪張秀銀、張秀玲、張國智家，中午張國棟帶來大批食品，下午女眷復至超市購物，晚由張國忠、國智送至鈕澤西機場。

九月十一日　星期三

在機上度過二十餘小時，復至西雅圖轉機，幸行李由美直運台灣，轉機較便，在機上度日如年。

九月十二日　星期四

晨八時二十分飛機降桃園機場，陳文聰婿已有車來接，遊美旅程完美歸來。

金門行

民國九十二年七月二十七日（國曆）。藝華女服務和信治癌中心信息，沙士後國內旅遊廉價招攬顧客，金門三天二夜貳仟玖佰玖拾元，我於民國四十三年八二三砲戰曾調金門戰地服役，但二十天後因整編又調回台灣。妻秀蘭未到過金門，有此機緣，遂決定前往。原期約二十三日，因尹布都颱風，要求改期，午十二時抵松山機場立榮航空公司，順利辦妥登機手續，於一點二十分起飛，機上位置顯得擁擠。然起飛平穩，較至五十年前坐飛機起降時之顛跛狀況，不可同日而語。幸機位臨窗口，得俯瞰機外天空，見機下白雲飄浮，屋宇鱗次櫛比，美如畫圖，時而海宇茫茫，一望無際，船艦點綴其中，星羅棋布。二時十分抵金門，接待陳素瓊小姐在機場迎機。乘車至古寧頭戰史館。館中陳列當年作戰油畫多幅，此一戰役，奠定台灣數十年安定。順道能觀北山古洋樓，砲戰彈痕纍纍，想見當年慘況。至瓊林戰鬥坑道，係爲空防所築，長九百公尺，金門之地下化，非虛言也。車繞環貞節牌坊，摸乳巷，模範街，模範街乃民國十三年所建，今已非昔比，繁華已被取代，有名實難符令人唏噓之嘆。至聖祖貢糖廠，令遊客品嚐各種口味之貢糖，購十包回台灣贈送親友，價玖百捌拾元。

民國九十二年七月二十八日，八時整，從金沙山莊出發，登太武山，山路係勇將劉玉章將軍所築，故名玉章路，山路雖平坦，但奇陡，妻病足，勸其免登，余勉力為之，然汗流浹背，至毋忘在莒景點返回，途中有鄭成功當年奕棋處，僅攝影留念，未少逗留。此次登山，雖勉力為之，已覺年歲不饒人，已非年青輩矣。下山至金門國家公園，參觀經國先生紀念館。旅途中導遊為推銷金門特產，領至一條根藥品廠，因言可防肝病，購者頗衆，高粱酒廠，醋廠，金合利刀廠，因在台灣容易購得，購者寥寥，至陶瓷廠，其中對對壺頗精緻，但價格昂貴，非一般顧客可支付，余僅購金門保護神風獅爺留念，中午在金麒鱗餐廳用餐，下午參觀翟山坑道，此坑道貫通水路，山勢奇險，工程浩大，可見當年鑿洞阿兵哥之辛苦。經文台古塔、古崗樓，僅略作休息，午后至小金門，乘船雖海浪不大，但船行不穩，翻顛搖盪；幸為時數分鐘而已，尚可強忍，乘車環島一週，景與金門不殊，無特資紀念；惟隔海遙望大陸，清晰可辨，返回金門途經莒光樓，乃金門地標，惟現整修內部不開放，僅攝影留念，晚宿浯江大飯店。

民國九十二年七月二十九日，八時整，至餐廳用早餐，尚稱食品豐富可口，用餐後至八二三砲戰紀念館，此館規模較小金門略大，館旁有榕園，有老榕十數株，盤根錯結，蔭可數畝；導遊言此地昔日風水奇佳，在京為官者數十人。俞大維紀念館亦在其旁。館中陳列其生前生活用品，功勳獎章，乃一樸實軍勤家，任國防部長時，對國家作出貢獻。繞至民俗村，為日僑王國珍、王敬祥父子所建，全部房舍均採閩南傳統二進式建築，共有十八棟，依山面海而建，房舍中陳設昔時生活裝飾，可資評覽。終站至馬山觀測所，乃昔日對大陸心戰喊話之地。母校女同學在此立下汗馬功勞，當日共軍投降來歸者，此站發揮了決定性作用。後至上古厝品嚐金門麵線，有多種口味可供一飽所欲。

此次金門之行，最大成就所見，金門五十年前係一荒涼之島，經國軍數十年之經營，已完全綠化、到處綠樹成蔭，野花放香，屋舍樓宇櫛比，儼然都市模樣，由於受砲戰影響，地下化之工程，更見人可勝天之奇蹟；一時抵機場，二點四十分起飛，半小時多之光景，已抵松山機場，藝華女已專車來接矣。

掌故趣談

是集所刊多發表於民國四十九年至五十一年之民族晚報及新聞報

漢高祖與明太祖

漢明二朝，爲中國歷史上盛時，不論在疆域之開拓，文化政治上之成就，皆可前後媲美。奇者，二朝之開國始祖，又皆有其相同之身世，相等之雄材大略。漢高微時爲沛上亭長，乘秦末之亂，提三尺劍而得天下。太祖不得志時，曾爲牧牛童，後入皇覺寺爲僧，乘元末群雄紛蠭起之秋，剷平群雄而得天下。更奇者是二人即位之後，又皆誅戮功臣，漢如韓信等遭殺，明如胡大海等之授首，則又可謂二主有相同之個性，眞可謂不謀而合之千古知音。然漢高之所以爲漢高，明祖之所以爲明主，觀其吐屬詩文，則知二人有異曲同工之妙也。

高祖微時，率工人入咸陽，望秦宮殿巍峨，謂然而嘆曰：「大丈夫固當如是」。如以不平常之眼光視之，則其後來之成就，亦已在昔日之一嘆中含蘊耳。

高祖即位後，當宴群臣之際，歌大風之章曰：「大風起兮雲飛揚，威加海內兮歸故鄉，安得猛士兮守四方……」非雄材大略如高祖者，不會有如是之作，此亦奠定漢之數百年基業之氣數也。

復觀明太祖，其困時爲牧牛童，入晚不得歸，宿郊野一賣燒餅者之爐中，是晚星月交輝，夜色如洗，此一代雄主，觸景生情，百感交集，乃一吐其心中鬱氣，脫口而歌曰：

「天作錦被地作毯，月裏嫦娥伴我眠；
終夜不敢伸腿睡，伸腿踢倒圓江山。」
豈知「圓江山」一詞，（按圓江山係太祖指燒餅爐而發）而竟成後日「元江山」之讖語矣。

又其咏菊詩云：
「百花發時我不發，我一發時都嚇煞，
刀鎗水火皆不近，渾身上下黃金甲。」
其虎虎有生氣，削平群雄，非無因也。

唐宋開國之君

唐宋二朝，在中國歷史上雖常並稱，然其並稱者實文學之成就，非武功上疆域之開拓耳。以文學觀之，唐宋八家之中，唐居其二，宋居其六；唐以詩著，宋則詩詞並盛；唐時佛學輝煌，宋則理學燦爛；故純粹以文學論之，則宋較唐並無遜色，然以武功觀之，則不可同日而語。唐一統而南征北討，宋偏安而岌岌自危，唐有貞觀之治，文臣謀將，極一時之盛；宋雖變法求治，卒敗黨爭。揆其致此之原因，覺二朝之開國君主，正有其相反之身世，相反之個性，故亦有不同之局面耳。

隋末，群雄並起，唐高祖以太原留守，起兵而得天下，得其次子世民之力居多。試觀唐太宗，十八歲起兵，二十四歲統一全國，二十九歲做皇帝。當隋末群雄並起之秋，一夜三見其父，促其起兵，其父不得已，遂曰：「化家爲國，由汝；剿家滅門，任之。」太宗曾有詩曰：「一朝辭此地，四海遂爲家……」若以此二語觀之其成功一統之業，已於早年已以四海爲家也。後南征北討，底定大業，故其天下是打出來的，其性豁達亦宜。

復觀宋太祖，後周世宗時爲殿前都檢點，以勇冠三軍，至恭帝時領歸德軍節度使。會傳言遼漢聯兵至，兵次陳橋，皇袍加身，故其得天下於孤兒寡婦之手，是巧取而非創立，故其性狹。即位之後，恐基業不固，爲去臣下之顧，而有杯酒釋兵權之舉；致重文輕武，終宋之時，積弱不振，而成偏安之局，觀其吐屬，更覺與太宗有若天壤之別，太祖嘗謂人曰：「臥榻之側，豈容他人鼾睡。」是則宋太祖之見，僅及臥榻，而不及門外，又安得有四海之志也。

唐太宗有守有為

曩昔嘗在新生副刊南部版論唐宋開國之君，覺得唐之一統，與宋之偏安，與其開國君主之規模氣度有關。因爲唐太宗的天下，是打出來的，故其個性豁達，氣度雄渾，出語皆以四海爲家，故形成了唐之一統。宋太祖則取天下於孤兒寡婦之手，是巧取，非獨創，故其個性偏狹，氣度淺窄，出語亦不離臥榻之見，故形成偏安之局。近閱貞觀政要一書，覺得唐太宗非獨是創天下的英雄，更是守社稷的明主，並舉其要者明之。

①勇於納諫——貞觀六年，太宗謂侍臣曰：「古人云，危而不持，顚而不扶，則將焉用彼相。君臣之義，得不盡忠匡救乎？朕嘗讀書，見桀殺關龍逄，漢誅鼂錯，未嘗不廢書嘆息！公等但能正詞直諫，裨益政教，終不以犯顏忤旨，妄有誅責……」

②知人善任——大臣如魏徵、王珪，皆爲建成太子舊傅，太宗兄弟相爭之時，曾勸建成早爲之謀以誅太宗，及建成伏誅，太宗召而責之，徵從容對曰：「皇太子若從臣言，必無今日之禍。」太宗爲之歛容。嘗謂徵曰：「卿罪重於中鉤，我任卿逾管仲，近代君臣相得，甯有似我與卿者。」後二人拜諫義大夫之職。

③節用愛民——貞觀四年，詔修洛陽之乾元殿。張元素上書諫曰：「費億萬之功，襲百王之弊，不如煬帝遠矣。」太宗曰：「卿謂我不如煬帝，何如桀紂。」對曰：「若修此殿，同歸於盡，無所分耳。」太宗曰：「衆士之唯唯，不如一士之諤諤。」遂罷此議。又貞觀初，出後宮佳麗三千餘人，以婦人幽閉深宮，情實可愍，且灑掃之餘，何所事事，今出之以遂其性情，並免竭民財。

④居安思危——太宗一日與房玄齡魏徵論草創與守成孰難之問題。玄齡謂：「天地草昧，群雄競起，攻破乃降，戰勝乃尅，故草創爲難。」徵則以「帝王之起，必承衰亂，覆被昏狡，百姓樂推，四海歸命，天授人與，乃不爲難。既得之後，志趣驕逸，百姓欲靜，而徭役不體，百姓凋殘，而侈務不息，國之衰亂，恆由此起，以此而言，守成爲難。」太宗曰：「玄齡從我定天下，故見草創之難，魏徵與我安天下，故見守成之難」

⑤尊重法典——唐例，群臣不得帶劍上殿，長孫無忌犯之，而守者未覺，交法議處，判守者死，而長孫則判徒二年，罰銅二十斤，大理少卿戴冑駁之曰：「守者不覺，與無忌帶刀入內，同爲誤錯，何以一死一生。且無忌尊極，不應有誤。」太宗曰：「法者非一人之法，乃天下之法，何得以無忌國戚，便欲撓法也。」遂免守者之死。

⑥得賢內助——古代后妃，多以色亂國。太宗長孫后有賢德。魏徵諫太宗長樂公主（太宗女）之嫁奩不得逾於長公主（太宗妹）。太宗告后，后嘆曰：「嘗聞陛下敬魏徵，殊未知其故，而今聞諫，乃能以義制人主之情，眞社稷臣也。」后病，太子欲奏太宗以赦天下，求天之佑。后曰「死生有命，非人力可加，若修福可延，則吾非爲惡者；若行善無效，何福可求，赦者，國之大事，不可以吾一婦人而亂天下之法。」

觀上所述，當知貞觀之所以爲貞觀。非無因也。

張獻忠與李闖賊

明末流寇張獻忠李闖賊二人崛起草莽，乘明之衰，烽火千里，廬舍爲墟，殺人數百萬，竄擾半個中國，釀成史上一大浩劫。二賊皆不多諳詩書，然其爲文，亦有不少令人噴飯驚奇之作，其乃盜亦有道者歟！茲錄數則，以饗同好。

獻忠咏雪詩一首爲世所熟知：

「飛飛飛，飛飛飛，好一似十二八千個小鬼揚石灰，咱老子這裏美酒羊羔多滋味，亦不知那沒飯喫沒衣穿的王八羔子怎麼過的。」

獻忠一生不信神，獨崇張飛，以同宗故也。故一入川即大修桓侯廟，以塑桓侯（張飛封號）像不似被戮者匠士多人，獨一匠知其意，塑像與其同得免，廟成，獻忠親爲文祭之：文曰：「龜兒子你姓張，俺老子亦姓張，咱們倆個聯了宗吧，尙饗！」

其中斥部將陳興文曰：「咱老子不叫你打漢中，龜兒子你偏要打漢中，以致損失了許多騾子馬，你個句娘養的，欽哉。」

李闖賊僭號大順後，獻忠猩猩相惜，其勸進表某：「陛下兩條腿，馬趕不前；一部鋼鬚，蛇鑽不入；黃袍加身，仿漢高之祖，金冠及頂，依稀秦始之皇。……」

獻忠殘忍成性，行軍所至，千里飛灰。同時嗜殺成癖，一日不殺人，則寢食難安，然頗講究殺人藝術，如射箭、打賭、挖腸、剖腹等，慘不忍睹，故其生平豪語云：「天生萬物以養人，人無一德以報天，殺，殺，殺，殺，殺，殺，殺」之七殺碑。

闖賊幼不喜讀詩書，然亦有其偶然之天才。一日，師令其屬對，師云：「雨過天晴，頃刻頓分境界。」闖賊答曰：「煙迷谷暗，須與不辯江山。」其屬對之二，更非滿腹經綸者可比，而「煙迷谷暗」之句，殆爲歷史浩劫之先兆耳！

郭子儀以誠感人

郭子儀，爲唐時名將，與宦官魚朝恩同朝，恩曾設計陷害之。一日設宴召汾陽，欲席中謀之，人謂汾陽曰：「不可往。」汾陽曰：「彼無君命，安敢害我，如有君命，何以避爲？」乃單行去見朝恩。恩異之曰：「公何簡行。」汾陽曰：「時人有謠離吾二人之感情者，謂公欲加害於我，吾固知公甚愛我也，故簡行以釋謠耳。」恩聞而愧服。

回紇聞子儀死而入寇，兵勢甚盛，後知受唐降臣僕固懷恩之欺，乃謂唐營曰：「公如果在人世，可使之來會，吾等自退兵耳。」汾陽聞而欲行，諸將止之曰：「回紇異族，不可測。」汾陽曰：「彼之兵力，十倍於我，如戰必難勝，今吾知回紇受人之騙，故可說服，事成則國家之幸，如有不測，吾年已邁，犧牲不足惜耳，吾意已決，諸將不必阻吾之行。」乃單騎入回營，回紇爲之驚服。

汾陽幼子，得唐公主爲妻，因細故爭吵，而搶白其妻曰：「勿恃汝父之勢欺吾，吾父皇帝尚不願做耳。」公主哭訴於代宗，代宗曰：「此不足驚耳，假若其父有做皇帝之意，那能等到今日？」汾陽後縛其子請罪，代宗慰之曰：「不癡不聾，不做家翁，兒女細故，卿勿介懷。」

唐伯虎的詠雪詩

「龍虎榜中名第一，煙花隊裏醉千場。」

唐寅，字伯虎，又字子畏，明孝宗時人。飽學多才，中鄉試第一人，時人呼為唐解元，文聲益著，赴京會試，公卿皆屈尊造訪。典試官程詹事私售試題，恐人議論，欲訪一才名素著者為榜首，以資遮掩，而服人心，聞唐來京，甚喜，面許本屆會元。寅性坦率，發榜前逢人誇曰：「本屆會元非其莫屬。」後程詹事遭彈劾，不許其評閱試卷，唐寅斥革還鄉，從此絕意功名，倘佯乎脂粉山水之間，隱居桃花塢，名其曰桃花庵，每日飲酒賦詩，以觀花葬花為事，常遊青樓之中。後於蘇州閶門外河上，邂逅文華殿大學士華洪山之婢女秋香，臨去秋波，唐為之傾倒，遂鬧出三笑之緣，後唐窮追不捨，不惜化為窮漢，改名康宣，賣身華府為僕，求與秋香多接近之機會，終以才識見稱，華令其於婢女群中選其妻室，唐寅獨點一秋香，才子佳人，遂賦雙宿。其一生放蕩不羈，風流自娛，所著詩文以才華風趣著稱。

某冬，天降大雪，某公慕伯虎之文名，召與共飲，並令賦詩誌盛，伯虎詠曰：「一片兩片三四片，」某公不悅曰：「此平常耳？」伯虎續詠曰：「四片五片六七片；」某公不耐曰：「此任何人皆能者。」伯虎未理之，續曰：「七片八片九十片，」某公搖首曰：「人皆謂汝能詩，以今日觀之，則村夫俚語之徒耳。」伯虎收之曰：「飛入梅花皆不見。」如此一轉，竟成絕構，某公嘆服。

嘉靖二年癸未十二月上浣，伯虎因疾而逝，其絕命詩曰：

「生在陽間有散場，死歸地府亦何妨；
陽間地府俱相似，只當漂流在異鄉。」

陳平與寇準

漢丞相陳平年少有大志，居家宰肉，公平勻稱，奇之者稱此子不常，他日宰天下亦心如是。後果爲漢丞相，有政績。相反後漢陳番年少不務瑣屑，朝夕以天下爲己任自許，其友人入其室，見蕪亂章，評曰：「一室不治，何以天下國家爲。」

宋寇業公爲宋丞相：澶淵之盟，立功宋室，年少時有咏天山詩曰：「只有天在上，更無山與齊，舉頭紅日近，回首白雲低。」

其師覽之，謂其父曰「賢郎怎不作宰相」

由上述二故事觀之，則凡成功之人，第一須立志，若業公紅日白雲之句，已有一人之下萬人之上之概，其作丞相，早蓄有大志也。第二須務實，若登遠者至邇，若登高者必至卑，務大者必於其細，務難者必於其易也，若陳平陳番者，又可爲之戒矣。

蘇東坡與王安石

一日東坡往謁安石，見詩稿僅成二句云：「西園昨夜秋風起，吹落黃花滿地金，」東坡暗思，秋天衹有菊花，而菊花堅韌耐風，安有吹落滿地之理？即提筆續云：「秋花不比春花嫩，說與詩人仔細吟。」後東坡遭謫川邊知府，往辭安石，時安石欲配製藥石，囑東坡歸時帶巫峽中流之水一罈。後東坡至川，見山坡黃花被風吹落，始悟從前見識之淺。逾年，東坡歸，順流下至西陵峽，而忘記安石之託，欲返歸取之，舟子曰：「是乃上流流下之水，何必歸，」東坡遂聽之，水獻安石，煮茶，安石驚曰：「此西陵峽水也」！東坡問其故？安石曰：「上峽水流過急，下峽水勢稍緩，茶均不解，惟中流之水，不偏不激，乃宜此茶。」東坡服而以實告。

又一日東坡往見安石，談及文章事，安石指架上書曰：「請君任擇一冊，君讀上句，我對下句何如？」東坡奇之，抽一冊讀之，安石對答如流，並能解說其故，東坡嘆服焉。

三國開國之君

三國開國君主，各以奸雄、梟雄、英雄稱者，實有其深意，亦配合其各人身之行事，爰舉所見，聊資談助。

奸雄者，奸臣中之英雄也，古之奸臣，若秦檜，若嚴嵩，史謂之奸臣而不謂奸雄者何也？以其劣跡昭彰，不獨當世唾罵，而且遺臭萬年也。若操者，則不然，其雖挾天子以令諸侯，跋扈飛揚，獻帝衣帶之語，操又二逼宮殿，持劍怒目，殺董承，誅伏完，人讀演義至此，鮮不爲獻帝痛哭流涕者也。其一副奸臣面孔，躍然紙上。但其行雖若此，而當時謀士如郭嘉、荀彧等，武臣如許褚、張遼等，濟濟多士，一時豪傑，咸歸其下，感知遇之恩，效生死之軀，萬死而不避者，豈秦嚴輩事敗而衆叛親離者所可比擬乎，然後世人何獨厚愛於劉而薄於曹者，家天下之思想爲之也。曹氏取獻帝之位而代之則謂之篡，劉氏取獻帝之位而代之則謂之繼，其實湯武征伐，何非人臣，唐宋統一，誰曰篡取。至若操者，材有政經之略，武有治軍之術，而文采斐然，卓然成家，此則非備與權之所可及也。至論斷其人者，不獨當世人懷之，後世人亦瑕疵互見，其行若斯，其評若此，謂之奸雄，不亦宜乎。

梟者，原爲鳥類，若貓頭鷹，貌慈心險，冠之劉備，稱曰梟雄。演義中對劉之描寫曰：「備者，涿縣人，性寬和，寡言語，喜怒不形於色，素有大志，喜結天下豪俠。」余謂喜怒不形於色，爲劉之一生寫照。若趙雲長板坡之救阿斗，玄德不惜其子而曰險傷虎將；張飛之失徐州，玄德不愛妻城而愛其弟；白帝託孤之詞，不曰竭心盡力，而曰可輔則輔，不可輔則取而代之。其寬和之情，仁義之心，雖頑石爲之點頭，而其用意之深，則非凡人夫俗子所可知也。先帝死，孫夫人在吳投江而死，人建廟祠之，曰梟姬廟，可見梟雄之名深印當時人心。然備一生行事，究較操之寗使我負天下人，不使天下人負我，合於世道人情，然三國者角智之秋也。無梟心者，可存得據一方乎？

英雄者，軍人之本色也，東吳之業，雖創始於孫堅，守之於孫權，而開拓奠基者，非權乃策耳。堅死之時，江東無尺寸之基，策不惜以玉璽之寶易袁術三千之兵，五百之馬，歸江東而整父業，征劉繇，取吳郡，逐王朗，收劉勳，江東之地，始爲吳有；而賢達歸之者，若張昭，公瑾，太史慈等，而其勇邁絕倫，人以小霸王呼之。策將死，召孫權至榻前，囑曰：「天下方亂，以三江之固，吳越之衆，大有可爲。」又曰：「決事於兩陣之間，與天下爭衡，弟不如我，舉賢任能，使盡其力，以保江東，我不如弟。」又曰「今後外事不決問公瑾，內事不決問張昭。」其料事之神，知人之明，爲權今後守江東之藍本，然天不假年，二十六歲而夭，使人有壯志未酬身先死，長使英雄淚滿襟，若孫策者，可謂英雄也。策死，權雖能守父兄之業，然一生無主動向外之戰爭，若赤壁，若荊州之役，皆被迫而應戰，如策不死，三分之局，定當重劃，終不能鬱鬱於江東也。謂之英雄，不亦宜乎。

諸葛亮是簡報專家

簡報一詞，近行諸社會，無論上級視察，盟友來訪，團體或機關為使訪者先對本單位業務範圍有一概括之瞭解，必先舉行一簡報，此誠不失為便利訪者增進瞭解之舉。故受訪單位，必預先有充分之準備，能於最短之時間內，收最大之效果。考簡報一詞，雖為現行公文中之一名詞，但我國古時最佳之簡報，余則為諸葛之隆中對為最出色。

世傳，諸葛名亮，字孔明，係漢司隸校尉諸葛豐之後，與弟均躬耕於南陽，號臥龍先生，博學多才，負經國濟民之志，居隆中時，嘗以管樂自比，與當時名士博陵崔洲平，穎川石廣元，汝南孟公威等友善，先帝備聞其賢，思聘之為己用，嘗三顧於茅廬之中，後孔明感其誠，出而輔之，建樹甚宏，奠鼎足之勢；終而鞠躬盡瘁，以至於死，以報先帝三顧之恩，史稱三代以下第一完人。三顧之事，深入人心，多為諸葛欲試先帝之誠，余則為諸葛三顧而始會先帝者，實為不舉行沒有準備的簡報也。

考載劉備聞諸葛之賢，初係由司馬德操及徐元直之薦，則諸葛與元直等之友情，決非尋常，且其居隆西，就嘗以管樂自比，故非不欲用世者之心明矣，恨不遇其主耳。此心當為元直平素所深知，備初訪孔明不遇，僅遇其友崔洲平，仰慕之忱，此可能為時間上之巧合。至第二次又不遇，僅見其弟均，玄德問孔明歸期，均曰：「兄昨為崔洲平相約，遊無定處，或倘佯江湖之上，或訪僧山嶺之間，或尋朋友於村落，或樂琴棋於洞房之內；歸無定期，或三五日，或十數日，或三五月不等。」致玄德又悵然歸。余爲此次諸葛之不會先帝，則非巧合，乃熟慮所及，準備未週，匆匆接之，不能服之於先，焉望用之於後，此即所謂第一印像之重要也。

第三次玄德訪孔明乃過新春之初，時間距第二次當有數月，此間孔明熟察當時情勢，分析今後天下大局，準備詳明圖表。否則何以第三次高睡草堂，悠然神得，高唱春睡之詞。一見而有隆中之對，出西川五十四州地圖，致使先帝心悅誠服，故可證此期間實諸葛痛下準備功夫也。

觀諸葛一生，以謹慎名世，世人不察，嘗謂諸葛神機妙算，其天材故非常人所及，但決非如世傳之怪誕，完全從謹愼中行事也。

慈禧太后衣食住行

慈禧太后，清咸豐帝之妃也。其一生性剛毅，自信力強，而理智力更強，能控制自己。雖係女性，喜人男稱，故宮中人稱之曰「老祖宗」，或「老佛爺」，自稱必曰「奴才」，沒有一件事情比你服從她更能使她愉快。故至咸同迄光緒，垂簾聽政，涉曾、左、胡、李、張、袁諸名臣於數朝，亦女中豪傑，雖私德及清室敗於其手，然亦不可掩其才華，近參閱清諸家筆記之記載，得其在宮中之日常生活之梗概如下，述之以饗讀者。

衣：太后衣履裝飾之物，設專監司其事。其朝服爲黃緞袍，繡紅牡丹，珠寶掛滿其是，兩旁各有珠花，左邊一條珠絡，中央爲美玉製成之鳳，繡袍外面爲披肩，成魚網形，由三千五百粒珍珠做成，粒粒如鳥卵大，有光澤，顏色大小均一，邊緣鑲美玉纓絡。太后帶兩付珠鐲，一付玉鐲，和幾隻寶石戒指，左手中指和小指戴三英吋長金護指，右手同指則戴玉護指，鞋上有珠絡，中間鑲各色寶石。珠寶飾物庫藏爲三間，盛滿木架及屋頂，每格置烏木匣，匣外貼黃條，註所置之物，約三千盒。其性喜打扮，平時衣服則一日數變，梳頭令太監爲之，頭髮不得脫落，范者必受笞杖。

食：碗皆黃底，上面用綠色畫成龍，寫壽字。茶杯等物爲美玉製成的茶盤碗蓋等皆金製。遇設宴，食品約一百五十種，（菜名略）稱御膳，宮中禁食牛肉，多爲雞鴨魚羊豬肉海鮮佳品，喜麵食不喜米飯。食品排列成行，一行大碗，一行小碗，一行全碟。宮中平時食飯時，僅太后一人坐食，皇帝皇后以下宮人皆站陪食，係祖宗成法，歷代不變。

住：朝堂約二百呎長，一百零五呎寬，太后登壇上寶座，光緒帝坐在太后左邊一小座位上，大臣隔案奏事。堂後有壇，約長二十呎，寬十八呎，刻雕美欄杆，前有二門，大小僅容一人出入。壇中爲太后座，座後爲精美屏風，寶座兩旁各置精美翏，用孔雀毛製，柄係烏木。壇上物品多刻鳳穿牡丹花，皆烏木，殿內皆絨毯鋪地。寢室則太后起身，太監拿被褥到庭院晾晒，床必淨刷，鋪毯，毯上鋪對黃緞褥，再鋪顏色不同之褥單，繡金龍蓋雲頭，黃色褥單上，疊淡紅、淡藍、淡紫、淡綠等被六條。床頂有雕刻精細之木架，懸雪白繡花帳幔，掛絲袋，盛香料，芬芳滿室，枕頭刺繡甚美，一枕中間置茶葉，云可保護眼睛，另一枕長一二吋，中間有洞，三吋見方，裝乾花，將耳伏洞內，晚則數十武外雖微細聲可聞，以防不測。

行：太后坐轎，皇帝以下皇后、嬪妃、宮眷、太監、宮女以次跪伏道旁。轎由八太監抬行，李蓮英扶左邊，另一二等太監扶右邊，轎前五個五品太監，轎後十二個六品太監，分持太后衣服、鞋、手巾、梳刷、粉盒、各式大小鏡、銀珠筆墨、黃紙、旱煙，最後一人持太后之黃緞坐橙，另老媽二，宮女四。太后行後，皇帝皇后等以次上轎，皇帝轎行太后轎右，皇后行其左，嬪妃宮眷乘轎左右隨行。太后皇帝皇后轎爲黃色，嬪妃暗黃色，宮眷爲紅色。

由上述之素描，則宮庭之生活，太后之面容，不難呈於吾人眼前矣。

光緒的三角戀

清宮怨一劇，是描寫光緒皇帝與珍妃的一段悲戀史。後之觀斯劇者，莫不爲這一對同命鴛鴦灑下多少同情之淚。然造成這悲劇的原因，吾大膽評之曰在西太后一人，不但犧牲了光緒與珍妃，而更値得同情的是隆裕后靜芬。茲據事實及前人所記分析此悲劇的原因。

光緒帝載湉，爲西太后之妹之子。同治夭折，朝議立嗣，本來是輪不到光緒的；但這一喜歡弄權的西太后，爲了把持政權，才選擇了襁褓中的光緒，所以光緒做皇帝是他夢想不到的事情。及其年事漸長，太后爲攏絡其心及監視其將來行爲，乃又一人作主爲他選擇了其兄之女靜芬爲其皇后，希望透過這二種的姻親關係，作其控制光緒皇帝爲其政權的工具。這種完全基於野心式的婚姻，是造成這悲劇的主因。

光緒帝原是個思想前進風度翩翩的美少年，靜芬雖說不上是天香國色，據記載亦是相當美麗的。她很愛光緒皇帝，但光緒帝不是一個完全無獨立意志的人，他始終就反對這種強迫式的婚姻，所以造成靜芬在光緒帝的第一印象中就是眼中釘，把她的一切美好拒絕得一乾二淨。但在其心中雖然亦了解靜芬亦是毫無意志爲自己而犧牲的的少女，但始終不願去委屈一下意志解開這個死結。在這種情形下，又介入了一個與光緒帝打得火熱的珍妃，焉得不迫得靜芬這個少女芳心無托，而走入偏狹、忌妒的道路，與西太后始終站在一邊，爲讒害珍妃而努力呢？錄前人所記以證此說之不謬。

①描寫光緒帝記曰：「他的思想是前進的，識見和能力，足以擔當改革的重擔子，可惜西太后不給他施展的機會。他是一個風度翩翩的美少年，有一雙靈活的大眸子，可是他是一個最不幸的角色，同時又是一個最討人憐惜的人。」

②敘述靜芬與光緒帝曰：「靜芬（即隆裕后的乳名）是很愛光緒的，但光緒卻先有成見不愛她，實在他和她的婚姻二人都是被動的。光緒雖然亦暗中同情靜芬，照理這二顆同情是應該重歸於好的；但爲什麼鬧到冰炭不容，就是他們倆人一樣太固執，誰亦不肯下一個台，遷就一下，以致蹉跎了幾十年，永遠得不到一個諒解的機會。」

③敘述光緒與珍妃曰：「她倆打得像火一樣的熱，天天在那裏追歡取樂，度著比神仙還愉快的生活，笑語聲簡直難得有停止的時候。彼此互戀的程度，等於夏季的寒暑表，祇見增

高，不見降低。但誰知她們歡愉的生活，只給後人留下幾許傷心資料。」

又曰：「在光緒憂心國事的時候，珍妃她又放棄了歡愉的顏色，二人變爲患難夫妻，在禍患的時期裏（指太后不了解光緒發怒時。）她成了唯一可以安慰光緒的人。所以他不但愛她，而且敬重她。但後來二人做的拚命鴛鴦，只是如此殘酷的事實，在滿清的宮史上，珍妃是最不幸的女人。她有很好的才貌與德性，從未犯半些罪惡，卻活生生的犧牲在無理性的壓迫下，爲愛著自己的人而死。」

讀此三段敘述，對此一歷史上的戀愛大悲劇，當更有所知矣。

慈禧論化妝

世之掌談者，多喜記慈禧后之化妝方法，殊不知此一美麗的女后，除化妝有法外，尚有其獨見精見的化妝理論，可見其講美之術亦有所本，非若世之時髦女子，徒知東施效顰。茲錄其化妝論二則，以供參考。

女子飾物的配戴——她說：「翡翠或玉製的飾物，仍然是一種很美麗很漂亮的裝飾品，但它只宜於快樂青春的人，這人更不能缺少動人的笑容來做她的襯託這種飾物，如果一個年事較高或精神頹唐的人穿戴了這種飾物，結果是兩敗俱傷的。」

又論女人之裝飾曰：「普通女子把裝飾看成了供別人欣賞的玩意，所以非逢赴宴、會客，不肯講究，否則頭亦懶梳，臉亦懶洗，這是不知自尊心理，我們在人前要講究，背人更要講，因爲把衣服穿得整齊些，面孔好看些，我們自己內心會有說不出的愉快。」

這種自尊式與調配式的化妝論，可謂一語道破化妝之道了。

慈禧太后的個性

慈禧太后，乃清咸豐帝之妃，爲中國近代史上一最突出的女后。曾垂簾聽政，歷咸豐、同治、光緒三朝，駕馭曾、左、胡、李、袁、張諸名臣。世之論著，多偏重其私生活的刻劃描寫，甚鮮討論其個性者。實則慈禧以女流之身，執日理萬機之政，其成功與失敗自有歷史之定論。但她若沒有獨特的政治個性與才智，恐此政權將不能終日也，近參閱清人之筆記中，關於其個性之記述，綜之曰四點，分述如次。

①弄權的個性：她喜歡弄權，雖然貴爲太后，一切享用，無不遠出別人之上，可是她並不滿足；她覺得如無實際政權在她自己手掌中把握著，所有的榮華、富貴便一齊等於零。因此她不惜冒了絕大的危險。不顧各方的誹謗，拚命緊握著政權。往往見她爲著一件疑難的朝政，以致終日寢食不安，便不禁懷疑，究竟她爲什麼緣故而樂此不疲呢？

頤和園是供給太后年老時頤養的。這園內終年充滿著三種氣象，一是華麗，二是平靜，三是知足、假若她能看破一切，政權還歸光緒，她的生活便有這三種景象？可惜她不能，只能在政務閒暇的日子到園內領略暫時的安靜。

②內心的痛苦——「誠然她的權勢、物質，儘足使她快樂了；但她內心上的苦痛，怎樣補救呢？統計她的一生中，充滿著艱辛和不如意的事情；她妙年的時候，像一朵含苞的鮮花，很妍麗、活潑、而她的一顆心已滿足的傾注在榮祿身上，不料驀地她被選進宮來，做了咸豐的妃子，這夠使她傷心的了！咸豐又是一個粗魯博愛主義者，有幾分姿色的女子，便個個收幸；他給她的安慰是什麼？一個兒子同治，偏又夭折，這些事情，她能樂觀嗎？所以她的腦神經已被失望，愁悶，痛苦，憂鬱包圍著；她生命裏雖然充滿著超人的權力，但快樂的成份是沒有的。」

③變態的心理——：「當她憂鬱的時候，脾氣格外變得壞了，其個性有如夏天的雨季一樣令人難捉摸。她憂鬱的時候有一種不能形容的威嚴，教人見了不免驚出一身冷汗；當時如果外面一切很安靜，沒有足以惱她的行動，那麼她會獨自默默的坐上半天或一天，無論什麼人她都像不曾看見一樣。如有什麼事情惱了她，這便不可開交了，不管怎樣無關緊要的小事情，她都不肯干休，鬧得合宮不安。這樣一來她便把惱她的這個人或這樣東西恨到底，甚至隔了一年二載，她還記得。大概女子的怨毒之心比男子來得堅韌持久些。她的性情如此特別之故，不是可怕的瘋人，實在是一種特別推動力幫助她；用兩個字來解釋，那便是痛苦，這是不了解她眞性情的人不易知道的。」

又說：「她發脾氣的時候，整個宮中便陷入一團灰色的氣氛中。所有的太監、女官、宮女們一擠擔心著，惟恐適逢其會的給她抓去作洩憤的工具。走路墊走起足尖，講話只用耳語，她這時像心中很難過，屢次張嘴，屢次又鯁住，可見她心上是很苦悶的。」

④死不認錯的精神——記曰：「她自己的主張向來是可以不受任何束縛的，沒有一件事情比你服從她能夠使她更愉快；她思維敏捷，口才伶俐，無論什麼事，她一定會有很充份的理由給自己辯護，差不多說好像她老人家一輩子是不會錯的。」

閱上述之記載與描寫，可謂刻劃個性入木三分，弄權和不認錯是政治上人物的特性，內心苦痛促成了她變態的心理亦是當然的。

慈禧太后鳳履

慈禧太后者，善裝飾愛漂亮的女后也。觀其所穿鳳履一項，已覺驚人聽聞，述之以饗讀者。

①鳳履的管理——有兩太監司其事，雖終年不做一事，但他們卻以這差事爲苦，永遠小心翼翼。不敢懈怠的看管著，因爲每雙上都有價值極鉅的寶石，珠玉，翡翠鑲嵌著。保管的屋子爲一大間偏殿，盛木架及屋頂，每一雙鳳履盛一木匣，占一格，外面依次編著號碼，另一本簿上記著每雙號碼，式樣，顏色，花紋，可稱爲科學管理。

②製鞋女工——皆爲女性，係專門訓練之技術人員，有兩老處女負責管理，這兩老處女從年輕就被雇到宮中來，製鳳履已有二十年之經驗。下有八個年輕小姑娘。宮內從前燈光不

足，所以這些小姑娘從事這工作不到二三年都架上了老花眼鏡。這些小姑娘既在這樣的環境中過著超特的生活，她們的思想亦不會因此變得很別緻，她們對生兒育女的事情非常漠視，聽她們的言論，大致對現狀都很滿足，她們把那些一方方的貢緞看做是她們的丈夫，把一段段的絲線看做是她們的子女，她們就這樣愛著她們的伴侶，其他一切雜念全無了。

③鳳履的樣式——鞋面爲貢緞，式樣有幾百種之多，普通的是飛鳳式，和梅花形，鞋跟高約三至五寸，俗稱旗鞋，鑲以顏色之玻璃，陽光照耀，便會生光，鞋底下裹著一層棉布，走路無聲。

④製鳳履的工具——爲繡床，式樣與織布機相似。繡床的主要部份是綳架，架上綳著一方方的貢緞，像大皮鼓面的一樣平緊。宮中有繡床十架。

⑤製鳳履的程序——第一先打樣，用白粉勾出幾隻鞋面的輪廓來，用薄白紙剪出要繡製的花形，用藝術的眼光試放在適當的部位，用白絲釘好。第二、如繡梅花，便採幾朵眞的梅花放在一邊，每繡一針，便回頭一看，以便隨時調換絲線的色彩，務期與眞的梅花相似，半點不得馬虎。花繡好之後，因白紙底樣未能拿出，便凸出來，彷彿眞花一樣，是中國繡貨獨到技巧，一雙鳳履自打樣至完工，至少需一個月以上。

專制女后，自奉之奢，誠非人之所可想像者也。

西太后垂簾的波折

英法聯軍之役，咸豐避難熱河，後殯夭於斯。同治以沖齡踐阼，慈禧野心勃勃，久思握政柄，對於載坦肅順輩之承遺命當大政，殊不甘心。相傳咸豐甫崩，慈禧即和慈安議垂簾聽政事，慈安不允，慈禧因以肅順輩平日抑制宮眷事挑動其情感，堅持惟有同聽政，庶幾可免爲他人魚肉，慈安以此議許先謀之恭親王奕訢，恭王久希用事，遂不惜違反家法及咸豐遺命，欣然同意。當時大學士如周祖培、賈楨等，既知西太后垂簾之決意，囑當時學人李慈銘檢舉歷代太后臨朝史例以備佐證，慈銘隨舉漢之和熹鄧皇后，順烈梁皇后，晉之康獻褚皇后，遼之睿智蕭皇后，宋之章獻劉皇后，宣仁高太后等事跡，略加論次，或頌爲今之任姒，或譽爲女中堯舜，編爲臨朝備考錄一書。御史董元醇遂上疏請太后垂簾，疏曰：

「竊以事貴從權，理宜守經，何謂從權，現值天下多事之秋，皇后陛下以沖齡踐阼，所賴一切政務，皇太后宵旰思慮，斟酌盡事，此誠國家之福也！臣以爲即應明降諭旨，宣示中外，使海內外咸知聖躬雖幼，皇太后暫時權理朝政，左右不能干預，庶人心益知敬畏，而文武工不敢稍肆欺矇之術，俟數年皇上能親裁庶務，再躬理萬機，以天下養，不亦善乎？雖我朝向無太后垂簾之儀，而審時度勢，不得不爲此通權達變之舉，此謂事貴從權也。何謂守經，自古帝王，莫不以親親尊貴爲急務，此千古不易之經也，現時贊襄政務，雖有王大臣軍機大臣，臣以爲當更於親王中簡派一、二人，令其同心輔弼一切事務，俾各盡心籌劃，再求皇太后裁斷施行，庶幾親賢並用，既無專擅之患，亦無偏任之嫌。至朝夕納誨，輔翼聖德，則當於大臣中擇其治理之優者一二人，俾充師傅之任，逐日進講經典，以擴充聖聰，庶於古今治亂舉衰之道，可以詳悉，而聖德日增其高深，此所謂理宜守經也……。」

疏上，顧命大臣載垣等不以爲然，遂飭軍機處擬旨駁之曰：「……我朝聖聖相承，向無太后垂簾聽政之舉，聯初御極，何敢變祖宗舊制等語。」慈禧覽旨不悅，遂召載垣，見面時大起爭論，坦謂奉命贊襄幼王，不能聽命太后，謂太后看旨，乃多餘之事，其他諸人，語多激烈，聲震殿階，太后爲之震怒手顫，幼主更驚怖至於泣啼，遺溺於太后衣。爭二刻許不決，慈安爲之轉圓許明日再論，遂不歡而散，後咸豐梓宮回鑾，載坦，肅順，瑞華輩相繼伏誅，大學士周祖培復上書請太后垂簾，西太區遂頒懿旨曰：「垂簾之舉，本非樂意所爲，惟以事時多艱，該王大臣不能無所稟承，是以姑允所請，以期措施克當，共濟艱難，一俟皇帝典學有成，即行歸政，王大臣仍當屆時具奏悉歸舊制，欽此。」此了垂簾之波折，遂成事實，而種下清朝亡國之根矣！

荒謬「聖」諭

清開國皇帝努爾哈赤崩，四子皇太極繼其即位，曰太宗。稱帝改元，建國號曰清，並娶孝莊文皇后。親王多爾袞，乃太宗之九弟也，貌美英俊，孝莊皇后甚愛之，以其妹妻之。後孝莊皇后與親王有私，親王乃毒殺其妻。太宗崩，世祖順治以沖齡即位，由其叔多爾袞輔之，封攝政王，欲遂其私願，乃唆使禮部尙書錢謙益奏稱：「太后盛年，獨居深宮，必多傷感，攝政王功高位尊，又値斷絃，不如太后下嫁攝政王，既足以解太后之孤寂，又可酬皇叔之大功。當即奏明世祖，由世祖下聖諭曰。」

「朕以沖齡踐祚，定鼎燕京，表正萬方，廓清四海，貌躬涼德，曷克臻斯。幸內稟聖母皇太后訓迪之賢，外仗皇叔攝政王匡扶之力，一心一德，斯能奠此丕基。顧念皇太后自皇考賓天之後，攀龍髯而望帝，未免傷心；和熊膽以教兒，難開笑口；幸以攝政王託股肱之任，寄心腹之司，寵沐慈恩，伏承懿旨。功成逐鹿，抒赤膽以推誠；望重鷹揚，掬丹心而輔翼；金縢靖亂，立姬公負扆之勳；鐵券酬庸，乏邱嫂轑羹之怨；借此歡騰宣室，用紓別鵠之悲；從教喜溢椒宮，免唱離鸞之曲。與使守經執禮，何如通權行變，既全夫婦之倫，並慰長親之念，嗚呼！禮經具在，不廢再醮之文；家法相沿，詎有重婚之律。聖人何妨達節，大孝尤貴順親。朕之苦衷，當爲天下臣民所共諒，其大婚儀典，著禮部核議奏聞，候朕施行，欽此。」

讀此聖諭，不特事奇，而文亦奇也。

太平天國軼聞

天王洪秀全，起義前曾有詩曰：

「近世煙氛大不同，知有天意啓英雄；神洲被陷從南陷，上帝當崇畢竟崇，（洪係天主教徒）。明主敲詩曾咏菊，漢皇置酒尙歌風；古來事業由人做，黑雲收殘一鼇中。」（此句係指廣西當時土匪而言）。

太平天國雖功敗垂成，然不以成敗論英雄，則其新興之初，各種制度之創設，頗具一新國人耳目之現象。如均田、禁畜奴、禁養婢、禁賭博、禁纏足，爲積弊深久之中國，不啻注一強心針也，茲雜記數則有關太平天國軼事如后：

㈠與太平天國同時起義者，尙有天地會，聲勢不若太平軍之盛，天地會主張反清復明，而太平軍主張除清自立。

㈡太平軍之女營制度——金田起義，會衆多家衆來聚，天王乃下令成立女營，曰女館，與男館相別甚嚴，雖夫婦同宿，亦認爲犯姦，治以極刑，而功高如鎭國侯盧賢授，因夫婦同宿，被除爵。男女談話，必相距數武，聲音要洪亮；男人無事，不准進姊妹營。共四十軍，每軍二千五百人，約十萬；後增多至十四萬，取銷此禁，許夫婦團圓，並下指配之令，設媒官專司其事，凡男女年十五以上，皆報名侯支配，其官階高者，得配至十餘人，以次遞減，皆由媒官掣指婚。有老夫得女妻，童子獲鴇母者，皆不許更易，因不願指配而自殺之女子約有九百餘人。惟有一說指配之後，祇須月晦同宿，餘日不得合好。吳家楨曾有詩咏曰：「輪盼今霄逢月建，滿城飛遍野鴛鴦。」女營任務，爲開城、挖溝、刈稻等雜工。

㈢太平天國之文獻，總目共二十九種。南京城陷時，毀焚殆盡，猶幸當時同教異域之人士，爲之摭拾零篇，故英倫敦、法巴黎、德柏林、美華盛頓皆尚有收藏。

福濟招降石達開

「大盜亦有道，詩書所不屑；錢財若糞土，肝膽若鋼鐵。飛馬渡懸崖，挽弓射明月；人頭作酒杯，渴飲敵人血。」（石達開詩）

太平天國崛起清咸同之間，八王之中，而文事而兼武功者，以翼王石達開爲最。達開以命世之材，儒將風雲，叱吒千里，惜共謀者不得其人，而結果諸王自殺殘殺，石氏當時雖苦心週旋，而幾及於禍，可謂不幸之至，以至功敗垂成，遺憾千古。惟其終身能堅持立場，對天王能忠心到底，亦可謂大丈夫也。曩閱太平天國考證一書，中有記載李宗羲代安徽巡撫福濟招降石達開一書，文頗可誦，書中可見敵人對石氏仰慕之情，無怪曾國藩爲之傾倒也。

文曰：「鄙人數年來，屢歷戎行，竊見閣下往來吳楚，轉戰千里，號令嚴肅，步伐整齊，士卒爲之用命，婦孺亦且知名。大丈夫生不得志，縱不能爲一代偉人，斷不可爲千古之罪人，鄙人常設身處地，代閣下熟籌之。自廣西起事以來，於今八載，旌旗所到，不下百數十洲縣，而所據者不過江陵安慶九江而已；三四兩年，北去之師，約近十萬，卒無歸者；武昌漢陽，三次失陷，仍爲我有；南昌省城，屢攻不下；至若安徽之盧洲，江蘇之瓜洲鎮江，雖相持數載，卒未聞踰越鴻溝一步；前事如此，亦安見其戰必勝攻必取乎？去冬江寧釁起，禍起蕭牆，自相殘殺，即在閣下，幾有危於累卵之勢。若輩乳臭未乾，如此兇殘，而閣下猶甘心北面事之，鄙人竊爲不取，故無論終必覆之，就使徼倖一時，割據一方，閣下不過一功狗耳，誠恐鳥盡弓藏，烹醢仍所不免。夫識時務者爲俊傑，在若輩虺蜴成性，獨惜閣下學校中人，讀書明理，而亦執迷若斯也。

且夫難料者數也，易知者理也。我朝聖賢六七作，深仁厚澤，涵濡二百年，今上承嗣大統，憂勤惕勵，治具畢張。雖値多事之秋，田不聞加賦，戶不聞抽丁，以敬天恤民之主，興聲罪致討之師，孰順孰逆，孰曲孰直，不待智者而決矣。在昔唐有范陽之亂，肅宗卒能中興；明有土木之變，英宗終能復辟，天心繫屬，危而復安，從未聞君無失德而能滅之者也。

閣下上觀天時，下揆人事，前證往古，後顧將來，與其蹈安史之覆轍，何若步郭李之後塵，與其任同類之魚肉，何若膺國家之爵賞。如能歸心我朝，倒戈相向，掃蕩長江，立功自贖，雖萬戶侯不難致，張殿臣軍門（降清之廣西大盜）非其明驗歟！昔王彥章有云『人死留名，豹死留皮。』況以下之材，何往不宜，豈反彥章不若耶？

鄙人熱心一片，苦口千言，一則傷小民之荼毒，一則惜大材之誤用，是以披心瀝肝，暢所欲言。如以鄙見爲是，速賜回玉，鄙人願爲據實奏聞，畀以專閫，將見功成名就，垂諸青史，天下後世，皆知有石某其人者。較之徘徊歧路，終死江寧乳臭兒之手，其相去何啻天淵哉。古人云：『差之毫釐，謬之千里。』又云：『失之東隅，收之桑榆。』正此時之謂也。鄙人待人以誠，素無虛言，皇天后土，實鑒我心，愿閣下熟思而審處之，耑此佈達，敬候佳音。諸維霽照，不莊不備。」

上文雖較長，爲使讀者窺全貌，故全錄之，讀之若戰史，若佳文，其吹、捧、頌、威脅利誘，極盡能事，世當傳曾氏討太平軍之檄，惟此書則不常見，故錄之。

石達開出家

「忍令上國衣冠，淪於夷狄；
相率中原豪傑，還我河山。」

太平天國中以武功而兼文事之翼王石達開，爲太平軍將領中之佼佼者。翼王因鑒於東北二王之互相殘殺，知國事之不可爲，乃率其部轉戰入川，欲憑蜀中天府之國，重整旗鼓，恢復漢人河山。同治二年，達開以輕騎渡大渡河，山水暴發，爲土司所詒，遂遭擒滅。惟世人關其生死之說，有以下二種不同之傳聞。

一謂達開被執，到成都對簿時，有司訊其前後對抗官軍甚悉，口若懸河，應答不窮，自稱年四十一，於當時諸將負盛名者皆加貶辭，惟謂曾文正公雖不善戰，而能識拔賢將，規畫精嚴，無間可尋，大帥若此，實所未覯。乙卯，磔於成都市。

一謂達開實未死，兵敗，達開入峨眉爲僧。清浙人李君，游幕蜀中，一日雇舟有所往，有一老者附載其舟，鶴髮童顏，命酒共酌，老者飲甚豪，酒半酣，老者推篷眺望，喟然嘆曰：「風月依然，而江山安在。」叩其姓名，慨然曰：「世外人何必以眞姓名相告，必欲實告，恐駭怪耳。」遂不敢深詰，登岸而沒。遺一傘，重不可移，異之視柄，係堅鐵鑄成，書翼王府三小字。當時死者實非達開，乃其陣中所收養女四姑娘之婿馬生也。

以上二說，姑不考證其孰眞孰僞，惟近閱翼王日記中，則發現其連篇之記載中，於兵敗前早有出家之志，後世之言翼王未死者，恐出此也。

四月一日聞天王誅北王記曰：「頃刻之間，禍福變幻，有如夢境，時局如此，尚可問哉……予此行擬入蜀，苟得如公孫躍馬諸葛臥龍故事，予必擇賢自代，黃冠草履，深入峨嵋，不復與世人爭閒氣也。」

廿六記曰：「予宿西湖之雲棲寺，夜月松風，令人有出塵想，與老僧夜話，頗得禪機，寢甚遲。」

二十八記曰：「又遊西谿，獨宿秋雪廬，夜間萬籟俱寂，此心湛然，即欲棄軍爲僧入川之志未遂，尚不能放下屠刀，予之罪也，引壺自傾，且澆塊壘，頹然入夢，比醒，已紅日滿窗也。」

二十九日記曰：「遊滿覺瓏，木樨盛開，天香馥郁，證以前日禪語，言下覺悟，不自知其惺惺也。」

十二日記曰：「雨，閒行山中，採野果食之，其味甘美，山花爛然，非李非桃，洵仙境也。」

二十一日記曰：「晨起，予連日感念，又因病後休養，忽悟塵埃累人，深耽禪機，乃立志持誦諸經以自懺悔，每日靜坐修持若干時爲常課，俟病少健，即當起程入藏，兵事但付之趙楊二人（二人係石之部屬。）予意惟得衛藏一片土，供予香火，以盡天年，他復何求哉？或言余年未五十，何忽感衰念，抑知不然，予更事早，起兵西粤，轉戰江漢，十餘年戎馬倥偬，閱歷既多，覺悟自漸貫澈，人生夢幻泡影，帝王將相，於我何有，徒造殺孽耳！不如趁此收拾，涵養身心，較自樂矣。」

觀上述記載，覺其文筆灑脫，頗得行文之味，而磊磊不群之風，溢於言表，蓋翼王飽經世故，又遭鉅變，心灰意冷之餘，得不有出塵之思，惟翼王者，實人中之豪傑耳。

太平軍四王詩

太平天國，崛起清咸同之間，掩有清室之半壁河山。惜謀不臧，諸王相殘，遂功敗垂成。然諸王以武功而兼文事者，頗不乏人，其出語之豪邁，寫句之鏘錚，亦斷非胸無城府者可比也。

天王洪秀全落第詩曾云：「龍潛天角恐驚天，暫且偷閒躍在淵；等待風雲齊集會，飛騰六合定乾坤。」

又太平軍得南京後，天王自撰聯語，頗雄渾有奇氣。聯云：

「惟星大德曰生，用夏變夷：待驅歐美非澳四洲，入歸我版圖一乃統；於文止戈爲武，撥亂反正：盡滅藍白紅黃八旗，藉列諸藩服萬斯年。」

翼王石達開，其入蜀詩云：「大盜亦有道，詩書所不屑；錢財若糞土，肝膽似鋼鐵。飛馬渡懸崖，挽弓射明月：人頭作酒杯，渴飲敵人血。」

又自題翼王府聯云：

「翼德威明，鄙阿瞞如小兒，視豫州同骨肉。王陵忠義，棄項羽若敝屣，知劉季是英雄。」

英王陳玉成，爲太平軍之悍將，爲清執不屈，嘗曰：「大丈夫處世，當獨來獨往，俯仰無愧；既未挽回大漢河山，焉肯屈節以事異類。」

忠王李秀成，太平軍之健者，天京被困，西望興嘆，有詩云：「舉觴對客且揮毫，逐鹿中原意自豪；湖上明月清箬笠，帳中雪冷赫連刀。英雄自古披肝膽，志士何曾惜羽毛；我欲乘風歸去也，鄉云橫亙斗牛高。」

「鼙鼓鼕鼕動未休，關心楚尾與吳頭，豈知劍氣升騰後，猶是胡人擾夕秋。萬里江山多築壘，百年身世獨登樓；匹夫自有興亡責，且把功名付水流。」

以上諸聯和詩，皆乃快人快語。

洪楊舊事

天王而下，東王為風，稱聖神風，西王為雨，稱雨師；南王為雲，北王為雷，翼王為電，燕王為霜，豫王為露。

天王稱上帝為天父，耶穌為天兄，其子幼主稱上帝曰天爺，而稱耶穌曰天爹。而其所以不以天伯稱耶穌者，以耶穌無子，乃援世俗之例，以幼主過繼耶穌為嗣，作兼祧兩房之子也。昔之父傳子，家天下，可謂怪誕。

太平天國有十天條，不得違犯。第一天條崇拜皇上帝，第二不好拜邪神，第三不好妄題上帝之名，第四七日禮拜讚皇上帝恩德，第五孝順父母，第六不好殺人害人，第七不好奸淫邪亂，第八不好偷竊劫搶，第九不好講謊話，第十不好起貪心。

黨國元老戴季陶曾論太平天國曰：「五年前余曾得太平天國玉璽朱印一幅細閱數遍，深覺太平天國所以不成功之原因，已於此文中說明罄盡，蓋彼欲接受西方文化而不知其源，欲恢復中華故國而不知其道。而總理則一曰恢復固有導德與知能，再則曰迎頭趕上世界文化，此洪楊之所以不及也。戴氏之言，可謂確論。

洪楊奇女四姑娘

前曾談及翼王石達開出家，但與翼王相終始的，還有一位奇女子，便是其義女四姑娘；其替翼運籌帷幄，而軍書旁午，多出這位紅粉佳人之手，最難得的是她預謀脫翼王之險，而竟以身殉，眞所謂兒女英雄亦千秋也。

四姑娘者，韓性，寶英其名，爲湖南桂陽人。因其生父韓葆忠爲地方之匪徒所殺；太平軍入湘，得翼王收留爲義女。寶英自幼聰慧，文學根基甚好，善吟咏，翼王甚愛之，並代其復父仇，自此遂留翼王帳下，公私文牘，多出其手，因其在家行四，故又名四姑娘。

東王楊秀清爲北王韋昌輝所殺，翼王亦在南京，晚縋城而出，始得免禍。北王遂殺其全家以洩恨。此一代英雄，念內鬨之未已，憂國事之惆悵，時値八月中浣，明月皎洗，刁斗森嚴，獨步帳外，想邂逅大王之初，同負大志，暂作奇男子，故不惜捨富貴之家業，獻身革命。而八年來，人心歸附，已創局面，希指日掃平胡虜，恢復中原；不意功業未成，猜嫌已啓，自己若不急流勇退，早晚必爲之續，故萬念俱灰，仰天嘆曰：「大丈夫當建功立業，何必依附他人；我非弱者，何不自爲之所。」其語未了，林間有綷縩之聲，翼王按劍問何人，見一女子，玄色短衣褲、外罩青呢斗篷，細視之，乃義女四姑娘也。翼王問爲何至此？答曰：「見父王心緒不甯，故至此耳。」問竊聽剛才之言否？答曰：「知之。」翼王盡告之。四姑娘曰：

「依我看來，朝中同室操戈，人才凋落；天王安居南京，不思北伐，何能成事；吾等爲人用已多，現不如東連苗捻，北進江左，以太行爲根據，網羅燕趙豪俠之士，馳騁晉燕之郊，直窺虜廷，曾左等銳意圖南，無力北顧，名正勢順，使虜廷顧此失彼，窺弱攻昧之機，亦千秋之業也。」翼王頷首曰：「我旣爲天國所使，豈甘與苗捻合。不如西取巴蜀，蜀乃天府之國，進戰退守，養精蓄銳，爲十年之生聚，此中國之扶餘，大有可爲也。」遂入川。

翼王帳下有司書名馬琮者，爲人除司書外，一無所長，但貌與翼王絕似，四姑娘見而屬意馬生，白之翼王，翼王笑曰：「吾帳下文臣武將，不乏雄材，女兒何單屬意此人，四姑娘曰：「兒意已堅，別意所在，他日可知也。」翼王遂允四姑娘婚與馬生，及入川，受土司所詒，誤入歧途，被清兵困於大渡河，四姑娘以身殉，或謂馬生感四姑娘之義，脫翼王之險，從此一代英雄生死之謎，遂成千古疑案。設翼王聽四姑娘之言，未來之局，不可逆料，若四姑娘者，亦奇女子也。

太平天國內鬨軼聞

太平軍之失敗，內鬨爲主要原因之一。但內鬨之起因，僉謂起於諸王之爭權；實則除爭權之外，而洪楊交惡，雖爲東王之跋扈，且其交訌的動機，則完全出於女子小人之身。

洪秀全初起時，因財力匱乏，借重於楊，楊乃廣西望族，喜結豪俠之士，與天王結爲兄弟。天王以宗教籠絡人心，稱上帝為天父，謂天父生子五人，長子耶穌，次子天王，三子便是東王，四子為南王馮雲山，五子為北王韋昌輝，一女即是天王妹洪宣嬌。因其崇奉西教，故對婦女名節之事不甚注重。時宣嬌在妙齡，屬意東王，惟東王使君有婦，遂嫁西王蕭朝貴。長沙之役，蕭中砲死，宣嬌與楊舊情再續。洪得楊之助，故自太平軍入湘鄂，席捲武漢，直下長江，勢如破竹。楊居功最多，亦宣嬌暗助之力。故定鼎金陵之初，楊功最大居諸王之上，楊至此富貴已極，故姬妾寵幸，遍列後宮，宣嬌不悅，遂有絕楊之意。後楊復娶金陵女狀元傅善祥擅專寵，自恃功高，向天王乞宣嬌為其按摩調護之任。天王以與東王為宗教兄妹，教規無法拒絕，宣嬌隱忍就之。至東王府見其淫穢不堪，具訴於天王，天王斥責東王，東王藉天父歸身作法，斥宣嬌隱匿之私，使長跪天父之前受杖，天王格於教規，亦只能代為宣嬌求釋，但洪楊間之嫌已啓。東王心腹侯謙方，暱妓紅鸞，私訂嚙血之盟。定都金陵後，欲娶為婦，但已被北王先娶歸，遂恨北王，但力不與敵，遂譖之於東王，盛讚紅鸞之美，東王為其所迷，致意北王，欲一睹為快。北王覆之曰：「東王與吾，易地而設，可否將傅善祥令吾先睹否。」東王恨之。用侯之計，恢復女館，令男女夫婦別居，王侯丞相將軍，不得例外。而東王則兼女館稽查之職，令紅鸞任女館團師，於是東王出入群雄，紅又為其新寵。後宣嬌私放紅鸞逃出南京，紅眷戀故主，又歸北王，北王遂有殺東王之意，訴之天王，天王亦以東王跋扈無常，意動之，後北王屬魯恭敬奉北王命帶兵進京謀東王；適其妾李氏與孌童黃某者私通，為魯歸而遇，欲殺之。黃童奔東王府，將魯回京之密謀盡告，東王搜魯府獲北王謀之密件，未稟天王，遂殺魯，改九千歲而自稱萬歲，置天王於無人之地，故天王遂召北王翼王入京共謀，東王遂死北王之手。北王後益驕，天王又殺之。

論袁世凱

黃遠生，清末進士，民初申報之名記者。于北京出版之少年中國週刊中，對袁世凱有別具風格之論評。

「……大抵袁總統之爲人，並非不可與爲善之人，然自其受政以來，則善日少，而惡日多者，此由其本身之原因者半，由其左右及政黨政客者半，今試更詳言之。袁總統之爲人，意志鎭靜，能御變故，其長一也；經驗豐富，週悉情僞，其長二也；見識宏偉，有容納之量，其長三也；強幹奮發，勤於治事，其長四也；拔擢才能，常有破格之舉，其長五也。有此五長，而爲善者日少，而惡者日多，一由知識不能與新社會相接，二由公心太少，而自扶植勢力之意太多；綜言之，則新知識與道德之不備而已，故不能利用其長於極善之域，而反以濟其惡。既自顧手執政權十餘年，天下之大，變故之繁，無不爲其牢籠而宰御，則益驕視一切，以爲天下事不過如此，於是其手段日以老練，其執行日以勇往，乃至舉國之人物爲其奔走，盡中國之所有，供其政治演劇之材料。某今敢斷言於此，袁總統者，在世界歷史上固不失爲中國怪傑之資格，而在吾民國歷史上，終將爲民國之罪魁。夫以明達宏遠，舉世難得之資，若令其左右盡職而忠規，議院能守法以監督，言論界能秉公勸告，則向能利用潮流以取功名之袁總統，不願逆潮流以取咎戾之袁總統，未必不能進化也……。

黃氏此論，或有意爲袁氏惜者耳。

袁世凱家庭革命

民元之袁世凱，挾權自重，既迫清帝退位，復從民黨手中取得大總統職位，可謂躊躇滿志，乃其野心未死，復作皇帝美夢，當時社會上分擁袁與倒袁二派，擁袁的如籌安會之六君子，倒袁的如蔡鍔唐繼堯之革命，最可笑的是他的家庭之內，子孫妻妾兄弟之間，亦分擁護帝制派與反對帝制派，此老不能齊家，焉可治國，難怪洪憲迷，終成泡影，誠可悲也。

袁有聯宗姪名乃寬者，此人爲袁之籌備登極之總務主任。平時出入袁之內宅，甚得袁及其妻妾之歡心。其生子瑛，別號不同，不滿其族祖之所爲，外則密致電各省，使其反對帝制，內則運動模範軍，促其叛變。其致張作霖之電，爲張原函交袁，事洩，遁天津，並置炸彈數十枚於新華宮，嚇得袁心神不安，後被袁緝歸，得袁之寵妾洪姨者說情不死，其遁時致袁書曰：

「僞皇帝國賊聽者，吾袁氏清白家聲，烏肯與操莽爲伍，況聯宗乎？余所以靦顏族祖汝，蓋挾有絕大之目的來也，其目的爲何，即意將手刃汝，而爲我共和民國，一掃陰霾耳！不圖汝防範謹嚴，余未克如願，因以炸彈餉汝，亦不料所謀未成，殆亦天助惡奴耶？或者汝罪未滿盈，彼蒼持留汝生存於世間，以待多其罪，予以殺戮乎？是未可料，今吾已脫身遠去，自今而後，吾匪不認汝為同宗，即吾父吾亦不甘為其子。汝欲索吾，吾已見機而作，所之地址，迄未有定，吾他日歸來，行見汝懸首都門，吾再與汝為末次之晤面。希汝脫戢野心，取銷帝制，解職待罪，靜候國民之裁決，或者念及前功，從寬以減，汝亦得保全首領，二者惟汝擇之，匆匆留此警告，不盡欲言。」

袁之長子克定，為繼承帝位，乃擁護帝制最力之人，其弟克文則反對之；袁之妻妾，正室于氏不滿袁之稱帝，而寵妾洪周二姨者，則又擁護袁之所為。殆各省紛紛反對，袁不得不下令取銷帝制，其長子克定，上書袁謂不可取銷帝制之理由曰：

「自籌安會發生，以迄於今，已歷七閱月，嘔幾許心血，絞幾許腦力，犧牲許多生命，耗費幾許金錢，千回百折，始達實行帝制之目的。茲以西南數省稱兵，即行取銷帝制，適足以長反對者要挾之心。且陛下不為帝制者，必仍為總統，則今日西南各省，既不慊於陛下為帝，而以獨立要挾取銷帝制者，安知他日若輩不因不慊於父為總統先而又以獨立要挾取銷總統乎？竊恐其得寸進尺，或無已時也。今為陛下計，不如仍積極進行之為愈，且西南各省，雖先後反抗，而北方軍民，則相安無事。陛下苟於此際正位，即使西南革黨興兵北犯，然地隔萬里，曠持日久，未必能直搗幽燕，況軍力之強弱各殊，主客之勞逸迥別，勝敗之結果，尚在不可知之數乎？就令若輩不肯歸化，亦不過長江或黃河南北，為鴻溝耳。則陛下縱不能統一萬方，亦胡不可偏安半壁哉。較今茲自行取銷帝制，孰得孰失，何去何從，願陛下熟思之。」

二書出自一子一孫之手，眞是虐之又謔。綜洪憲八十三日皇帝，消耗國帑六千萬元，計大典籌備處二千萬元，犒賞軍隊一千萬元，津貼請願代表，賄賂各報館各種活動費三千萬元。

袁病死，黃克強輓之云：

「好算得四十餘年天下英雄，徒起野心，假籌安二字美名，一意進行，居然想學袁公路。僅做了八旬三日屋裏皇帝，傷哉短命，援快活一日諺語，兩相比較，畢竟差勝郭彥威。」

袁世凱遺囑

洪憲皇帝袁世凱，其一生行事，完全害於一私字。得總統之職位猶未足，而欲將天下私諸一人，比之於國父之光風霽月，公天下以讓，眞不可同日而語也。最可怪的是此老不獨生前爲私，死後之遺囑，仍不涉一公字，較之國父遺囑，諄諄以國家民族爲慮者，奚啻天壤。袁有妻妾共十六人，子十五人，女十四人，袁彌留之際，恐死後兄弟妻妾間之爭，特召徐東海以託後事，並立遺囑曰：

予初致疾，第耳毒耳，不圖因此此百病叢生，竟爾不起（淋病）。予死後，爾輩當恪守家風，愼勿貽門楣之玷，對於諸母及諸弟昆，無失德者，尤當敬禮而護惜之。須知母雖分嫡庶，要皆爲余之遺愛；弟昆雖非同胞，要皆爲余之血胤，萬勿顯分軒輊也，夫予辛苦半生，積得財產約百數十萬磅，爾曹將來噉飯之地，尙可勿憂竭蹶。果使感情融合，意見不生，共族而居，同室而處，豈不甚善，第患不能符予之期望耳！萬一他日分產，除汝母與汝當然分受優異之份不計外，其餘約分三種：①隨予多年而生有子女者。②隨予多年而無子女者。③事予未久而有所出及無所出者。當酌量以與之，大率以財產百分之十之八之六依次遞減。至若吾女，其出室者，各給以百分之十；未受聘者，各給以百分之三，若夫婢從婢女，謹愿者留之，狡黠者去之，然無論或去或留，悉提百分之一，分別攤派之，亦以待予年之久暫，定酬資之多寡，惟分析時，須以禮貌敦請徐伯父為中證，而分書一節，亦必經徐伯父審定，始可發生效力，如有敢持異議者，非違徐伯父，即違余也，則汝儕大不孝之罪，上通於天矣。今草此遺訓，並使我諸子知之。

上述遺囑，通篇累牘，曾有一語為公乎

王湘綺敲袁世凱

王闓運，字湘綺，湖南人，前清翰林。民初，曾為袁之國史館長，及選為參政。袁欲稱帝，強姦民意，凡政紳商軍各界，無不列表勸進，但耆碩遺老，尚付闕如，袁思及王，意欲借重大名，令其列表勸進，遂密電湖南將軍湯薌銘，囑其與王關說，王索代價洋三十萬元。湯以其索價太奢、不敢作主，遂電袁請示，袁立電湯請如數撥給，湯以數鉅，先交十萬，餘王索債券而去，但湯卻電袁如數給付。後帝制取銷，王恐是款無著，乃遣其日侍代索、夜薦枕之周媽入京，向袁索取。袁不敢得罪老王，囑其付。周面詰之，袁曰：「事已不成，何爭此半數。」周曰：「王老之勸進，不過敦促成功，並非保證，今汝登大寶不成，欲賴半數；如成功，則王豈能要求汝增加乎？況此事出汝授意，豈可失信。」袁語塞，但仍不欲給款，思以威嚇遣其歸。周怒曰：「汝未做皇帝，竟如此殘暴，如做了皇帝，又將如何？你如果有本事殺人，何不殺蔡鍔唐繼堯，今欲威我，豈不是欺軟怕硬，小題大做。」袁無奈，令給數萬遣歸。

十偉人與李鴻章

李鴻章，字漸甫，號少荃，安徽盧州合肥人。生於道光三年，道光二十五年中進士，二十七歲入翰林院。初贊安徽巡撫福濟，後入曾國藩幕，得曾之賞識，佐曾平定太平天國。洪楊既沒，捻匪復起，朝授命曾戡亂，曾以素志既償，持盈保泰，汲汲引退，乃薦李以自代，不一年而捻匪亦平，鴻章之名逐顯于天下。此後興辦洋務，開風氣之先，折衝樽俎，活躍于國際之林。以致民元前四十年之中國，國際上皆知有李鴻章其人而不知有清朝，烏乃滿人壓抑漢人之反報乎？新會梁啓超，對李有極詳盡之論評，惟其將李與歷史上十偉人之比較，頗有風趣獨見，擇其精要述之。

㈠李鴻章與霍光——李無霍之權位，魄力，李乃謹守範圍之人。非能因於時勢，行己所安，故不足語霍光，惟普通學問或稍過之。

㈡李鴻章與諸葛亮——三代而後，以忠臣、儒臣、兵家、政治家、外交家、五長俱兼者，惟李與諸葛亮而已。李所憑藉過於諸葛，而得君不及之；用兵之成就過於諸葛，而治民不如之。諸葛以清廉聞天下，李則以豪富聞天下。

㈢李鴻章與郭子儀——李中興靖亂之功，頗類汾陽，福命亦不相上下；然汾陽除定難外，更無他事。李則兵事生涯爲其一部，故汾陽未必過合肥。

㈣李鴻章與王安石——荆公以新法爲人所詬病，李則以洋務爲世所詬病，二人受士大夫之掣肘相同，惟安石得君專，其新法規模較李爲宏遠。

㈤李鴻章與秦檜——俗儒罵李爲秦檜者，法越中日兩役，此論頗盛，此狂吠而已。

㈥李鴻章與曾國藩——猶管仲之與鮑叔，韓信之與蕭何，有曾而後有李。然曾爲儒者，折衝樽俎之間，曾不如李，然曾能知止知足，急流湧退，李則血氣甚強，大難一身當之，此又其長也。

㈦李鴻章與左宗棠——左李各齊名於時，左以發揚勝，李以忍耐勝，語氣量則左不如李，然左非守舊，李亦非能維新。左早逝，保時俗之名，李晚歿，聚怨謗于一生，則李不如左矣。

㈧李鴻章與李秀成——二李皆近世人豪。秀成忠於本族，鴻章忠於本朝，一封忠王，一講文忠，論才則二李相當，惟一敗一成耳。然秀成不殺趙景賢，禮葬王有玲，鴻章則詒八王而併戮之，較秀成有慚德矣。

㈨李鴻章與張之洞——十年以來，張李齊名，然張何以望李。李實踐人也，張浮華人也。

李任勞任怨，張趨巧取利。鴻章嘗曰：「香濤作官數十年，仍是書生之見。」可謂一語盡之。

㈩李鴻章與袁世凱——承李鴻章之遺產者，袁世凱而已。袁氣魄敢爲，有破格之舉，殆過於李，至其心術，不敢問矣。

梁氏總論李爲「不學無術，不敢破格，是其所短，不避勞苦，不畏謗言，是其所長」。又曰：「李鴻章有才氣而無學術之人也，有閱歷而無血性之人也。」品評人物，如數家珍，而能一語盡之者，豈惟梁氏能之乎。

論李鴻章

李鴻章，字漸甫，號少荃，安徽盧洲合肥人。生道光三年，二十五年中進士，二十七年入翰林院，初贊安徽巡撫濟，後入曾國藩幕，得曾之賞識，佐曾平定太平天國。洪楊既沒，捻匪復起，朝授命曾勘亂，入以素志旣償，持盈保泰，汲汲引退，乃薦李取自代，不一年而捻匪遂平，鴻章之聲名遂顯於天下。此後興辦洋務，開風氣之先，折衝樽俎，活躍於列強之間，以致民元前四十年之中國，國際上皆知有李鴻章其人而不知有清朝，烏乃滿人壓抑漢人之反報乎？雖然鴻章一生，爲功爲過，史無定評，惟新會梁啓超對李有極詳盡之專著，擇其精要述之。

兵家之李鴻章——梁氏意謂：「鴻章之用兵也，謀定後動，料敵如神，在軍中十五年，未嘗有所挫敗，其剿髮也（指洪楊），以區區三城立足之地，僅一歲而蕩平全吳，而不爭下金陵之功。其剿捻也，以十餘年剽悍之勁敵，群帥束手無策者，亦一歲而蕩平之……，吾以爲鴻章之兵事生涯，實與曾國藩相終始。鴻章隨曾軍數年，砥礪道義，練習兵機，其一生立身行事，耐勞任怨，堅忍不拔之精神，與其治軍馭將開誠佈公團結士氣之方略，無不自曾國藩得之……。」

洋務之李鴻章，梁氏曰：「李鴻章所以爲一世俗儒所唾罵者，以洋務，其所爲一世鄙夫所趨重者，亦以洋務，時之所以重李、責李，而爲李惜者亦以洋務。謂李鴻章不知洋務乎？中國洋務人士，吾未見其比，謂李鴻章知洋務乎？何以他國洋務興而中國洋務衰乎？一言以斷之曰：則李鴻章知有洋務，而不知有國務，在李之意，以洋務爲名，僅軍事與商務而已。而洋務之失敗，由於群議掣肘者半，由於鴻章自取者半，由於用人失當者半，由於見識不夠者半，李鴻章知有兵事而不知有民政，知有外交而不知有內政，知有朝廷而不知有國民，日責人昧於大局，而自己不明，故曰其病在不學無術而已。」

外交家之李鴻章——梁氏評曰：「李鴻章負重望於外國也，以外交，負重謗於中國也，亦以外交……，李鴻章之外交手段，專以聯某國制某國，而其所謂聯者，又非平時而結之，不過臨時而嗾之，蓋有一種戰國策之思想，橫於胸中焉。觀其於法越之役，則欲嗾英德以制法，於中日之役，則欲嗾俄英以制日，於膠洲之役，則又欲嗾英法制德，卒之未嘗一收其效，而往往因此之故，所失滋多。膠洲、旅順、大連、威海衛、廣州，九龍之事，不得不謂此政之厲階。夫天下未有徒恃人而可自存者矣，泰西外交家，亦嘗與他國聯盟，然必我有可自立之道，然後可致人而不致於人。若今日之中國，而言聯某國，無論人未必即聯我，即使聯我，亦不啻爲其國之奴隸魚肉而已。」

梁氏此論，已概盡李氏之一生事業，其總論李鴻章曰：「不學無術，不敢破格，是其所短，不避勞苦，不畏謗言，是其所長，」又曰：「李鴻章有才氣而無學術之人也，有閱歷而無血性之人也。」吾人閱此論，覺梁氏不愧爲遠識者矣。

國父革命之困難經過

國父中山先生，一生從事革命，歷盡艱險，世人大多只談其十次失敗，但不知除十次失敗之外，尙有兩緝、兩蒙、五驅、五困也。可見當時革命之困難情形，而國父革命之大無畏精神，更將永垂後世。故國父嘗曰：「吾一生除了讀書外，就是革命。」信不誣也，茲誌之如後：

㈠兩緝——第一次在乙未廣州起義失敗後，第二次在癸丑討袁失敗後。

㈡兩蒙——第一次倫敦蒙難，第二次廣東艦中。

㈢五驅——國父因在國內不能立足，先後在日本被驅二次，安南、暹羅、南洋群島各被驅逐一次。

㈣五困——第一次是在壇香山組織興中會，鼓吹數月，應者寥寥。第二次乙未失敗後，國內保皇人士將其視爲亂臣賊子，不與交遊。第三次同盟會成立，由黃崗至河口等役的先後失敗，同志灰心，皆存觀望。第四次癸丑獨立失敗，袁世凱解散國民黨。第五次是護法之役，先有政學系之搗亂，後有陳炯明之叛變，是爲五困。

㈤十次失敗——第一次乙未廣州之役，第二次庚子惠州之役，第三次潮州黃崗之役，第四次惠州之役，第五次防誠之役，第六次鎭南關之役，第七次欽廉之役，第八次河口之役，第九次庚戌廣州之役，第十次辛亥之役。

革命二字的由來

革命二字，爲近世人之口頭禪。此二字雖源出古易經上之湯武革命，然被革命黨人之普遍採用，則在興中會以後，近閱革命逸史，有如下之記載：

「興中會以前，未用革命二字，黨人沿用『造反』、『起義』、『光復』等詞。興中會在廣州失敗，總理、少白、弼臣三人至香港至日本，舟過神戶，購得日本報紙，內有新聞一則，題曰：『支那革命首領孫逸仙抵日。』總理語少白曰：『革命二字，出於易經湯武革命，乃順天應人，日人稱吾爲革命黨，意義甚佳，吾黨以後稱革命黨可也。』」

又革命黨人避日時，多有日本名字，如國父名中山樵，梁啓超稱吉田晉。

革命趣聯

一九〇八年十月光緒載湉逝世，溥儀以沖齡繼位。是年春、攝政王載灃重用滿宗室良弼等，勵行排漢政策。時中國日報特向讀者徵聯求教，聯首句爲朱執信所擬，應徵者十萬餘，其第一名聯云

「未離乳臭先排漢，將到毛長又剪清。」

又緬甸光華日報徵聯：聯首句爲

「攝政王興，攝政王亡，建虜興亡兩攝政；」

徵得佳對者甚衆，錄其中最可誦者三名：

其㈠「驅胡者豪，驅胡者傑，漢家豪傑再驅胡。」

其㈡「出師表前，出師表後，武侯前後六出師。」

其㈢「兼祧子成，兼祧子敗，清朝成敗兩兼祧。」

國父與虬髯客

幼時讀虬髯客傳，常傾佩其文字灑脫出塵，於短短篇章之中，將幾個人物寫得活生活現，如楊素之昏庸腐化，紅拂之兒女英雄，李靖之將材儒風，太宗之不衫不履，英氣凌人，虬髯客之豪邁灑脫，絕世出塵。每讀此文，常覺腋下生風，非紅拂何以識李靖，無虬髯難以別世民。近讀 國父所序之日本革命志士宮崎寅藏所著之三十三年落花夢一書，文中倍加對宮氏之推許，稱爲當今之虬髯。令人讀之，眞覺英雄際會，雲龍風虎，非偶然也。

文曰：「世傳隋時有東海俠客號虬髯公者，嘗遊中華，遍訪豪傑。遇李靖於靈石，識世民於太原，相與談天下大事，許世民爲天人之資，勸靖助之以贊大業。後世民起義師，除隋亂，果興唐室，稱爲太宗，說者謂初多俠客有以成其志云。宮崎寅藏君者，今之俠客也，識見高遠，抱負不凡。具懷仁慕義之心，發拯危扶傾之志。日憂黃冑陵夷，憫支那削弱。數游漢土，以訪英賢。欲共建不世之奇勳，襄成興亞之大業、聞吾人有再造支那之謀，創興共和之舉，不遠千里，相來訂交。期許甚深，勸勵極摯，方之虬髯，誠有過之。惟愧吾人無太宗之資，乏衛公之略，馳驅數載，一事無成，實多負君之原望也。君今以倦遊歸國，將其所歷，筆之於書，以爲關心亞局興衰籌保黃種者有所所資焉。吾喜其用意之良，爲心之苦，特序此以表揚之。」

此書爲革命同盟會時代之巨著，與風行之革命軍猛回頭二書並美於世，讀此序文覺宮藏君固爲近世之虬髯，而國父則不敢以太宗自當者，自謙之辭也。夫太宗者，誠創天下之英主，而覺非思想界之偉人，若國父者，實二者得兼之也。

論梁啓超

偶閱筆記之中，得一節論梁氏之文，未錄作者姓名，但頗風趣中肯，書之饗讀者參考。

「康有爲爲了太有成見，所以始終不脫保皇黨之範疇；梁啓超以太無成見，故可與舊合，與新合，與任何大潮流亦可以相終始，但任何大勢力之不合乎義者，則將斷然抨擊之，反對之，不遺餘力。如清之未亡也從師：清之既亡也，從友：友之既變也，從弟子，弟子之既不永年也，遂從己之所志而從事於著述。觀也與南海之分離，與宋漁父之合作，與袁世凱之敵化，與蔡松坡之協謀，與孫中山、唐繼堯、章太炎之棄惡言好，蓋其只問事，不問人，問天下國家，不問仇讎。故其云：「今日之我不妨與昨日之我宣戰」其文章酣暢無罣縱橫軼蕩，時維以俚語，韻語，俳比語，外國語法，老輩痛之爲野狐，青年人崇之爲神明。

梁啓超鬧戀愛

梁任公名啓超，字卓如，廣東新會縣人，生於清同治十二年。十八歲時師事南海，於學遂大有所進。後成爲中國近代史上之大學術家，且爲新學之啓蒙人物。戊戌政變失敗後，亡命海外，創辦清議報，指斥清政，慈禧后讀報後而大哭：「認爲梁啓超太糟踏她了。」懸賞十萬金，購康梁之首，可見其文章當時之風行程度。近閱筆記，知其亡命檀島時，有女士何某者，慕梁之名，苦戀不已，惟各種傳記甚鮮記載此事，在任公則有紀事詩二十四首中，對此事似有蛛絲馬跡可尋也，茲錄數首，以饗讀者：

其①人天去住兩無期，啼鴂年芳每自疑；多少壯懷償未了，又添新恨到蛾眉。

其②目如流電口如河，睥睨時流振法螺；不論才華論膽略，鬚眉隊裏已無多。

其③眼中既已無男子，獨有青睞到小生；如此深恩安可負，當筵我幾欲卿卿。

其④後顧茫茫虎穴身，忍將多難累紅裙；君看十萬頭顱價，遍地鉅虆欲噬人。

其⑤含情慷慨謝嬋娟，江上芙蓉各自憐，別有法門彌闕陷，杜陵兄妹亦姻緣。

其⑥華服盈盈報阿兄，相從談道復談兵；樽前恐累風雲氣，更譜軍歌作尾聲。

其⑦鸞飄鳳泊總無依，慚愧西風兩鬢華，萬里海槎一知己，應無遺恨到天涯。

其⑧一夫一妻世界會，我與瀏陽實創之；尊重公權割私愛，須將身後作人師。

後民初，梁為司法總長，何女士便趕至北京，梁於客廳中招待之，而未留其用餐，終以梁已有妻室，且為主張一夫一妻制之人，故怏怏而返，或責梁太薄倖，連一餐飯亦不招待。梁晚年喪妻，何女士復自檀島來，梁以已屬晚年，不願再涉情波，婉謝之。後何女士終以梁守閨不嫁，亦可謂癡情矣。

梁啓超的學規

今日社會上各中等學校，皆以禮義廉恥為校訓，各軍事學校，以親愛精誠為校訓，考此等美風遺傳，由來已久，孔子以四教，文行忠信。或為此風之始也。清末湖南巡撫陳寶箴，盼大規模舉辦新政，欲大會豪傑於湖南，改王先謙的時務學堂為官立，聘梁啓超為總教習，任公親撰時務學堂學約十條，頗可為修身治學之參考，錄之如次。

第一條曰立志：「立志如下種子（朱熹語），須先有知識然後有志（陸象山語），志既定之後，必求學問以敷之。當師孟子，范仲淹，顧亭林。」

第二條曰養心：「孟子一生得力，在不動心，故能成大丈夫，反此即為妾婦之道。曾文正百折不回，故能以大儒定大亂。養心為治事之原，須先破苦樂，次破生死，次破毀譽，始不至心灰意冷。身敗名裂，養心之法，不升靜坐與閱歷，學生無閱歷，不妨縱心虛構一艱苦之閱歷，日日思之，以期訓練成熟。」

第三條曰治身：「當於每日就寢之時，默思一日之言行。失檢者幾何，而自記之。始而覺其少，苦其不自知也，現而覺其多。然不可自欺，又不可自餒，一月以後，自日少矣。」

第四條曰讀書：「非讀萬國之書，則不能讀一國之書。然必須以數年之力，使學者經史大義，悉已通澈，根底既植，然後以其餘日，肄力於西籍。顧載籍浩繁，精要不及什一，又必有上下古今，縱橫中外之學者，始能提要鉤元，苟學識不及，雖三復若無覩，今又分爲經史子西籍四科，日間爲課。凡學者每人設劄記一冊，分專精涉獵二門，每日必就所讀之書，發新義數則。其有疑義，則書而納之待問匭而待條答。」

第五條曰窮理：「今格致之書，略有譯本，功課畢後，由教習出數道問題，使精思以對，然後教習乃將所以然之理示之。」

第六條曰學文：「每日課卷一次，當以詞達爲主，力求條理細備，詞筆說達，不必求工，苟學無心得，而欲以文傳，亦足羞也。」

第七條曰樂群：「每月以數日爲同學講學期，並各出劄記，互相問難。」

第八條曰攝生：「七日來復，中西同俗，起居飲食皆有定時，以上八條，每日功課所當有事。以下二條，學成以後所當有事。」

第九條曰經世：「經世必深通六經周秦諸子爲經，以求治天下之理，必博觀掌故沿革與泰西古史爲緯，以求治天下之法。」

第十條曰傳教：「孔子之教，非徒治一國，乃以治天下。當共天宏願，以傳孔子太平大同之於天下。」

讀以上之學約，爲學之道思過半矣。

康梁不同

以思想界陳涉自命之梁啓超，與其業師雖同爲維新之重要人物，但二人只以救國維新主張相同，而彼此並不盡相知，故戊戌曾合作過一次，然以精神上根本差異，故無法再度爲眞誠之合作，至師生名分，所用以維持其關係者，抑亦末矣。康梁之不同，分析之如后：

㈠出於先天者——任公有民族革命之先天性，故僅以保皇爲招牌：南海則世受清朝恩典，所謂不折不扣之保皇黨，所以民族主義與國家主義，皆爲任公努力之道，而南海獨付闕如。

㈡出於性格者——如以外表言，南海和易易與，而任公則壁立千仞；南海如瀟灑出塵的神仙，任公如龍蛇飛舞的壯士。以內心言，南海爲仁者，故常優柔；任公爲智士，故多果斷。有爲太有成見，啓超太無成見。

㈢基于學術立場者——南海爲教育家，故精華外露，任公爲實行家，故勁氣內歛，有爲好博好異，不惜曲解證據；任公則研學求精，考據最爲擅長。任公只研究現象界，而以常識所及者爲限，南海爲神祕主義，學道而又習佛。

㈣基於做事手法者——南海反對革命，任公贊成革命；南海對現勢力低頭，失去青年信仰；任公有青年死士與之合作，故常反現政權。

由以上之分析，並非抑南海而揚任公，實則二人無論在政治上學術上皆有短長，並無軒輊，南海爲改良主義的開山祖，而任公則爲廣大山門之人，惟任公之愛南海，惟力是視，不以主張不同，與政治上無成就，抹殺南海，此種道義之交，相愛之情，殆非外人所能瞭解。

胡適怕女生

適之先生，爲中國學人，在文學哲學方面皆有其獨到的成就，其經歷之多，閱歷之廣，皆非他人可及，然閱其留學日記中竟有一段似乎滑稽的記載，想不到此一老學人，當年竟羞澀如處子，而受困於女同學也。誌之如后。

民三年六月八日記曰：「吾之去婦人之社會，爲日久矣，吾母爲婦女中之豪傑，二十三歲而寡，爲後母，吾三兄皆長矣。吾母以一人撐拒艱難，其困難非筆墨所能盡者……故吾十三歲出門，乃怯恇如婦人女子，見人輒面紅耳赤，一揖而外，不敢出言，有問則答一二言而已……蓋余甲辰去家，至今甲寅，十年之中，未嘗與賢婦人交際，即在此邦，所識亦多中年以上之婦人，吾但以長者目之耳，於青年女子之社會，乃幾裹足不敢入焉。其結果遂令余成一社會中人，深於世故，思想敏銳，而未嘗不用權術，天眞未全漓，蓋余偏於智識一方面，而於感情一方面，幾全行忘卻，清夜自思，幾成一冷血世故中人，其不爲全用權術之奸雄者幸矣，然而危矣，今懸崖勒馬，猶未爲晚，擬今後當注重吾感情一方面之發達。吾在此邦，處男女共同教育之校，宜利用此時機，與有教育之女子交際，得其陶冶之益，減吾孤冷之性，庶吾未漓之天眞，猶有古井作波之一日，吾自顧但有機警之才，而無溫和之氣，更無論溫柔兒女之情矣，在實大病，不可不藥。吾其求和緩於此邦之青年有教育之女子乎。

吾在此四年，所識大學之女生無算，而終不往訪之，吾四年未嘗入女生寢室訪女友，時以自誇，至今思之，但足自悔耳。今夜始交往一女子，記此以敘所懷，初非以自文飾也。」

讀先生此文，眞覺先生今日回憶前塵，能古井風波也。

胡適與江冬秀

前日歸國之中國學人胡適夫人江冬秀女士，由報紙中圖片看來，頗有中國賢妻良母之福相。難怪這一老學人當年對這位未經戀愛而結合的夫人，文字中流露出拳拳殷勤之意，豈乃天作之合乎？爰錄其所記，使此一印象重新於讀者之前。

民三年六月六日在其留學日記卷四中題室中讀書圖寄冬秀云：「萬里遠行役，軒車屢後期；傳神入圖畫，憑汝寄相思。」

文曰：「冬秀長余數月，與余訂婚九年矣，人事卒卒，軒車之期，終未能踐，冬秀時往來吾家，爲吾母分任家事，吾母倚閭之思，因以少慰，古詩十九首云：『千里遠結婚，悠悠隔山坡，思君令人老，軒車何來遲，傷彼蘭蕙花，含英揚光輝，過時而不采，將隨秋草萎。』

吾每頌此，未嘗不自責也。」

得家中照片記曰：「去年得家中照片，吾母與冬秀皆在焉。有詩云：『……圖左立冬秀，樸素眞吾婦，軒車何來遲，勞君相待久，十載遠行役，遂令此意負，歸來會有期，與君老畦畝，築室楊林橋，背山開戶牖，闢園可十丈，種菜亦種韭，我當授君讀，君爲我具酒，何須趙女瑟，勿用秦人缶。此中有眞意，可以壽吾母。』」

民四年五月十九日第九號家書記曰：「第三號信內所言冬秀之教育各節，乃兒一時感觸而發之言，尤不敢歸咎吾母，兒對於兒之婚事並無一毫怨望之意，蓋兒深知吾母爲兒婚姻大事，實已竭盡心力，爲兒謀美滿之家庭幸福，兒若猶存怨望之心，則眞誠不識時勢，不明人情，不分好歹之妄人矣……今日女子能讀書識字，固是好事，即不能，亦未爲一大缺陷。蓋書中之學問，不過百行之一端，吾見能讀書作文而不能爲賢妻良母者多矣，吾又何敢作責備求全之想乎？伉儷而兼師友，固人生一大幸事，然夫婦之間，眞能學問平等者，即在此邦亦不可多得，況在絕無女子教育之吾國乎，若兒懸知識平等四字以爲求偶之準則，則兒終身鰥居無異矣……以上各節，收母書中有「時勢使然，惟望爾曲諒此中苦心偶耳！」故書近來閱歷所得之言，以釋吾母之疑慮焉。

閱以上各節可見學人美滿良緣至今，愛情老而彌篤，今日機場之纏綿鏡頭，夫婦間風趣對話，實種因于數十年之前。

胡適論婚制

學人胡適，思想新穎，倡導文學革命，提倡白文，為文學界開千古變局，惟對中國舊婚姻制度，言著之中，頗有推崇之意，乃亦別具慧心乎。

民三年一月四日記曰：「忽念吾國女子所處地位，實高於西方女子，吾國顧全女子廉恥各節，不令以婚姻之事自累，皆由父母主之。男子生而為之室，女子生而為之家，女子無須以婚姻之故，自獻其身於社會交際之中，僕僕焉自求其偶，所以重女子之人格也，西方則不然，女子長成即以求偶為事，父母乃令習音樂，嫻舞蹈，然後令出與男子週旋，其能取悅于男子，或乃以術驅男子於其轂中者，乃先得其偶，其木強樸訥，或不甘自辱以媚人者，乃終其身不字為老處女，是故墮女子之人格，驅之使自獻其身以釣取男子之歡心者，西方婚姻之罪也。此論或過激，然自信不為無據，覘國於其精微者，當不斥頑固守舊也。」

民三年一月廿七日記曰：「數日前余演說吾國婚制之得失，余與吾國舊俗辯護，吾國舊婚制，實能尊重女子之人格，女子不必向擇偶市場求炫賣，亦不必求媚人悅人之術，其有天然缺陷不能取悅於人，或不甘媚人者，皆可有相當之配偶，人或疑此種婚姻必無愛情可言，此殊不然，西方婚姻愛情是自造的，中國婚姻愛情是名分所造的，訂婚之後，女子對未婚夫自有特殊之柔情，故偶聞人提及其未婚夫之姓名，伊必面赤害羞，聞人道其行事，伊必傾耳竊聽，聞其有不幸之事，則伊必爲之悲傷，聞其得意，則必之私喜。男子對其未婚妻亦然，及結婚時，夫妻皆相知相愛之義務，故往往能互相體恤，互相體貼，以相求愛，向之基於想像，根于名分者，今爲實際之需要，亦往能長成眞實之愛情。」

觀先生之言，當亦云何耳？

胡適豔詞

已故學人胡適，有豔詞臨江仙一首，於詞首序云：

「詩中綺語，非病也，綺語之病，非褻則露。吾國近世綺語之詩，皆色綺耳，淫詞耳，情乎云哉。今之言詩界革命，矯枉過正，強爲壯語，虛而無當，則妄言而已矣，吾生平未嘗作欺人之壯語，亦未嘗有閒情之賦，今年重事塡詞，偶作綺語，游戲而已，詞中語意無所指，懼他日讀者，妄相猜度也，故序於此。」

詞云：「隔樹溪聲細碎，迎人鳥唱紛華，共穿幽徑趁溪斜，我和君拾甚，君替我簪花；更向水濱同坐，驕陽有樹相遮，語深渾不管昏鴉，此時君與我，更何處容它。」

此詞如淺水低唱，一對戀人情調自出。先生已作古，此詞據自序無所指，惟不知是否故作煙幕耳。

鄒容義貫千秋

「落落何人報大仇，沉沉往事淚長流；

凄涼讀盡支那史，幾個男兒非馬牛？」

上錄之七言絕句，係革命先烈鄒容幼年所寫，氣勢磅礴，義貫千秋。憶革命肇始，民智閉塞，國人對「革命」二字，諱不敢言；至於爲文鼓吹，大聲疾呼之著作，則絕無僅有，有則亦少得可憐。當時如「猛回頭」，「三十三年落花夢」，「革命軍」等小册子爲最烈。而鄒容手著之「革命軍」一書，不啻對當時滿清政府投下一顆原子彈，其震古爍金，光輝萬丈。余慕此書甚久，後於某圖書館得之，一氣讀完。文中想見先烈之大膽豁達，與嫉惡如仇之精神，不愧爲革命先烈之典型。

「革命軍」一書第一章，歷數滿清政府之積弊，文勢汪洋，一瀉千里，其結語云：

「……有舉滿人對待我同胞之問題以難於余者，吾能雜搜博引，細說詳辨，揭其隱衷微義，以著於天下。吾但愿我身化爲恒河沙數，一一身中出一一舌，一一舌中發一一音，以演說賊滿人之驅策我，屠殺我，姦淫我，籠絡我，虐待我之慘狀於同胞前；吾但愿我身化爲無量恒河沙數名優巨伶，以演出賊滿人，驅策我，屠殺我，姦淫我，籠絡我，虐待我之活劇於同胞前……」。

試閉目以思，鄒容當時之英姿若在目前，其恒河沙數之身，其「一一口中一一舌」，其「一一舌中發一音」，眞所謂筆掃千軍，滿清政府之不倒者，當無是理，此亦理直者其氣壯也。

鄒容年幼慕譚嗣同爲人，嗣同於六君子就義時曾曰：「各國變法，無不從流血而戰，中國未聞有因變法而流血者，有之，請自嗣同始。」鄒容先烈慕譚詩云：

「赫赫譚君故，湖湘士氣衰；惟冀後來者，繼起志勿灰。」

又鄒容與章太炎爲妄年交，章被捕入獄，同容知章爲近視，平時食飯，只能喫面前之菜，欲喫二菜，必他人更換。故蘇報案發後，鄒容自首入獄，與章共作楚囚，章贈以詩曰：

「鄒容吾小弟，被髮下瀛洲；快剪刀除辮，乾牛肉作猴，英雄一入獄，天地亦悲秋；臨命須摻手，乾坤兩低頭。」

鄒魯嚇壞希魔

「身在最高峰，洪濤萬壑松；風雲騰足下，四望擴心胸。」（上詩爲登威爾遜天文台之作也。）

鄒魯，字海濱，粵之大浦人也。乙巳入同盟會，隨國父革命，無役不與。嘗說：「革命初起時黨人有三種精神最可佩服。第一是毀家抒難精神，第二是不怕失敗精神，第三是死不肯招精神。」後民元當選衆議院議員，彈劾袁世凱，以敢言聞於世。受國父之命，創辦中山大學，先生苦心經營，對正校風，擇教授、置圖書、實院系、籌鉅款、增校舍，使校風蒸蒸日上，成爲國內有數之學府。其對當時之教育改革，曾有具體計劃與主張，多爲今日吾人所應奉行者。先生對青年曰：『中學生是耕田時代，宜求其廣；大學生是鑿井時代，宜求其深。』」

先生於民二十五年（一九三六年）出席世界大學會議和德國海德堡大學五百五十週年紀念會，至德之日，適逢德法西斯黨徒槍殺猶太籍哲學名教授事。先生目睹此人食人情形，欲謀根本挽救，非從改革教育哲學基礎入手不爲功；乃把原來提案取銷，漏夜草擬新提案，名曰：「改革教育哲學基礎案。」原案大意爲：

「教育今日之失敗，係由於向來教育哲學基礎建築在物競天擇並級鬥爭學說使然，教育家替侵略者製造劊子手。這種教育，只有使人類走上了毀滅之途。現在要改革教育，一定要從教育哲學基礎入手，就是把仁愛互助替代物競天擇，使人人成爲和祥愷悌之人，而非兇殘殺戮者。」

此案提出，遂獲得全大會支持。德國某報予以顯著地位登載之，但當鄒氏離開德國後，希特勒予以該報三日停刊處分。

上述記載，使吾人明瞭侵略成性的帝國主義，莫不以優勝劣敗之鬥爭史觀爲其哲學基礎，其心中最畏懼之敵人，乃是以仁愛互助爲哲學基礎的三民主義。希特勒畏懼鄒氏於前，蘇俄帝國主義今天畏懼我們於後，歷歷不爽，可謂如出一轍，準此則見俄共之崩潰爲必然矣。

楊度輓四名人

民初籌安會六君子之一的楊度，湖南人，留日生，與孫毓筠、胡瑛、李爕和、劉師培、嚴復合稱六君子。爲人有才情，及洪憲事敗，復依張宗昌，終不得，鬻書於滬上，於民國二十一年冬死上海，其輓民初之四大名人聯語，頗可誦，玆錄之。

輓袁項城聯云：

「共和誤中國，中國誤共和；千載而還，再評此獄。
君憲負明公，明公負君憲；九原可作，三復斯言。」

輓梁啓超聯云：

「事業本尋常，成固欣然，敗亦可喜。
文章久零落，人皆欲殺，我獨憐才。」

輓黃興聯云：

「公誼不妨私，平日政見分馳，肝膽至今惟摯友。
一身能敵萬，可惜霸才無命，死生從苦困英雄。」

輓中山先生聯云：

「英雄作事無他，祇堅忍一心，能全世界能全我。

成功自古有幾，正瘡痍滿目，半哭蒼生半哭公。」

上述聯語，不僅屬對工整，而其長尤在能因人因事，將死者生平躍然紙上，非大手筆者不克臻此。惜其才非所用耳。

吳稚老論大同

黨國元老吳稚暉，其學問道德，為世所景。其發為論述，更能上天下地，精闢獨到，其論禮運大同篇云：

「大同篇一百零七字，十三個字是招牌，十四個字是氣度，三十六個字是景象，二十個字是消極景象，二十四個為緊要方法。

其指如次：

招牌——大道之行也，天下為公，是謂大同。

氣度——選賢與能，講信修睦，男有分，女有歸。

積極景象——故人不獨親其親，不獨子其子，使老有所終，壯有所用，幼有所長，鰥寡孤獨廢疾者皆有所養。

消極景象——是故謀閉而不興，盜竊亂賊而不作，故外戶而不閉。

緊要方法——貨惡其棄於地也，不必藏於己，力惡其不出於身也，不必為己。

閱此論述，可謂別出匠心。

稚老一生

吳稚老，江蘇無錫人，稚暉一名之由來，因景仰南北朝大詩人謝玄暉而起。嘗曰：「廿歲前，偶得謝宣城集精本，好其詩極篤，至取稚暉之名。」平生高風亮節，不慕榮利，死葬大洋之中，一塵不染，眞可謂一代完人。統其一生，可以八字描之，即沖淡、淹博、詼諧、生機，述之如次。

①沖淡——他致李石曾書曰：「官是一定不必做的，國事一定不可不問的，不問國事，即是吾民之大劣點，問國事便同做官連起來，又是吾民的大謬點，我們必要倡出一種做官是萬不得已的吃苦才好。」

②淹博——他，藏書二萬册，編目一生治學，精勤到家詳盡，平日一束一片，無不妥爲保存。工書法，精金石，生平印章不下一二百方，寫字不求潤例，與之談者，先生娓娓而道，上下古今，上追三百萬年前人猿，下窮三百萬年後超人。使聽者無倦容。嘗喻人生若戲，第一齣唱的是喫飯戲，唱到了清風明月；第二齣唱的生孩子戲，使出了鬼斧神工；第三齣是招呼朋友戲，熱鬧得覆天載地。

③詼諧——他的文章，風格獨特，是以熱罵代諷刺，以善意代惡意，創造出一種潑辣、

明朗、負責的作風，文章多類何典之開首語：「放屁、放屁、眞正豈有此理。」在他看來，有話便說，有屁便放，什麼格律聲韻，都是多餘的。古文的之乎者也固然一錢不值，白話文的的了嗎呢亦是半斤八兩，做文章的人匠心作意，不如豈有此理放屁的精神言論自由幸福，他以爲廳堂內陳書畫不若陳斧、刨、鑿、鋸，與鴻儒往來不若與販夫走卒往來痛快些。

④生機——有人說：「在吳稚暉的字典中找不到厭世二字」。所以以海闊縱魚躍，天空任鳥飛，喻其氣度，以秋月揚明輝，冬嶺秀古松，喻其節操，以兩儀常在手，萬化不關心，喻其作用，他的言論和思想無不從眞性情中流露出來。

稚老奇譚

黨國元老吳稚暉，其對中國民元後之處境，有極精闢之論。今日覽之，猶令人低徊不已也。

文曰：「中國好像一富厚人家，有良田萬頃，祖宗遺留下來的很多財產，但我們家運不好，剛好父親死了，家裏祇有一個寡母，和很多的孤兒。可是我們家中有許多窮凶惡極的朋友，週圍的環境非常惡劣既有不少的貪官污吏，土豪劣紳；又有許多盜賊撬手，地痞流氓，更有從遠方來的國際土匪，我們這富庶而又是孤兒寡母的家庭，當然不得安甯，於是接二連三的發生事情，我們對於親戚朋友的借貸、強佔、以及貪污土劣們的剝削敲詐，自然只有忍氣吞聲，任其有限度的予取予求，我們祇希望這些孤兒，可以早日長大成人，自己當家理事，不會再受人之欺侮，但是我們對外來強盜和土匪，他們對我們的侵劫搶掠，不僅錢財危險，而且還要受到嚴重的生存之威脅，因爲這樣，故我們一方面要安內，一方面又要攘外，這正說明了中國民元後所處之環境。

從上面簡單談話中，我們想先生說的父親死了——當然是指國父，母親支持家庭，領袖繼承國父遺志，其一生奮鬥，眞比寡母有過之而無不及，那國際土匪呢，當然是指今天的蘇俄而言。所以先生說，但願孩子們早日長大，能當家理事。中國的青年們，中國在苦難中，起來吧！

辜鴻銘論女人

辜鴻銘先生一日看電影，見銀幕上穿清晚禮服赤著背脊的女郎。遂謂人曰：「這女郎上身，小衣之外，不穿大衣，下身大衣之內，不穿小衣。」

又說：「舊式女子纏足的好處，所以她能終日伏處深閨，不受風日的侵蝕，長保容顏的不老。否則像現在的女子，天天去拍網球，不消三十歲，就成老太婆。」

又論在外國女子束腰的風俗說：「束腰，在使腰部凸出，以顯曲線美；不過束腰是礙於腹內五臟，何況女子的腰部是傳種接代的大本營，安得妨礙她的舒適，而纏足則於體健無關，但束腰則不如纏足使臀部自然挺出更美妙。」

辜福建廈門人，通英、法、德、俄等國語言，爲將中國學術向西方輸出第一人，與林琴南、嚴復等齊名當時，不過後二人乃翻譯外國學術於中國者。

曾國藩張之洞黎元洪

曾國藩張之洞二人爲清室名臣，前者助清中興，後者改革時務，對當時之清室皆有莫大之貢獻。黎爲民元後政壇上之風雲人物，近閱清人筆記，對三人皆有獨到之論斷：

湘人王湘綺，個性通脫不羈，塗脂傅粉，涉足花叢，與易實甫一模一樣，當年曾勸曾國藩曰：「你出死力替別人爭天下，何不留以自取。」曾目之以妄，不敢重用。王則視曾爲一沒出息的偉人。

或評張之洞曰：「識時務而不澈底，欲改革而無勇氣。」

黎元洪在當時被稱爲目動口不動，口動心不動的泥菩薩。其自評曰：「沉機默運，智勇深沉，洪不如袁項城；明測事機，襟懷恬曠，洪不如孫中山；堅苦卓絕，一意孤行，洪不如黃善化。」

寥寥數語，亦自有其精到處。

吳佩孚軼聞

開平老同學王兆中來依吳，欲謀一知縣缺。上書吳條陳「自己文武兼資，尤富政治常識，請大帥令河南省長張鳳台以優缺見委，必有莫大貢獻。」吳親批「豫民何辜。」後又上書吳願作混成旅旅長，自稱「願提一旅之衆，討平兩廣，然後解甲歸田，以種樹自娛。」吳又批曰：「先種樹再說。」

郭樑丞，吳入營爲卒時爲營中文案（即文書上士），後以保薦吳入武備學堂之功，成就了吳之一生事業。後吳顯，吳奉侍之若太上皇，言無不從，足見吳之一生甚重情感。後郭欲謀山東省長，吳不惜出力爲之說項，後雖成功，不幸未赴任即死，郭欲顯耀鄉里之志未得逞，吳輓之曰：

「公而無私，國而忘家，棄下老母孤兒，有我負完全責任。

義則爲師，情則爲友，嗣後軍謀邦政，無君誰與共商量。」

胡漢民的名言讜論

胡漢民，字展堂，別號不匱室主，廣東番禺人。清光緒五年生，幼家貧刻苦攻讀，二十三歲，鄉試中舉人。元旦嘗書門聯曰：「文明新世界，獨立大精神。」見者多視爲怪物。光緒三十年，留學日本，入法政大學速成科，遂加入同盟會。民報出版，先生爲編輯，始用漢民之筆名。與君憲派之新民叢報作劇烈筆戰，立論超逸，風靡一世。後隨 國父革命，無役不與。民元總理就職大總統，任先生爲祕書長，後爲廣東都督。討袁護法之役，先生多有力焉。復赴俄及歐美考察。北伐完成，任國民政府政務委員，及立法院院長，十九年，先生廣搜總理遺著，編纂成書，定名總理全集。民二十四年，患右側腦溢血逝世，死時遺囑曾曰：「自維追隨總理從事革命三十年，確信三民主義爲惟一救國主義，而熟察目前情勢，非抗日不能實行民族主義，非澄清吏治，不能實現民權主義，不肅清共黨，不能實現民生主義。……」死時年五十八歲。

先生對當時之俄國及共黨，有極深刻認識，他對俄國的外交政策說：「我們要曉得俄國的外交政策，向來是脫線的，不走正軌的，往往一下子緊張得厲害，一下子又和緩得沒事一樣，我們不必受他這些情形的影響，無論他在外交上變化怎樣，我們看帝國主義和軍閥一例，是有始終一貫的主張，是非予打倒不可的，我們祇循著我們的主張堂堂正正的去做。」先生又指出共黨的四大法寶，第一是利用誇大狂滿足青年的好奇，利用縱慾論滿足青年的色情，利用支配慾滿足青年人的好名，利用占有說滿足青年的好利。共產黨是縱慾生亂，亂人性，亂家庭，亂社會，亂國家，亂世界，在重重疊疊的亂當中，以迅雷不及掩耳的手段奪取政權。

先生處事，一生爲公，未嘗稍涉私字。任總統府祕書長時，未嘗一啓家書，人以爲偶或遺忘耳，撿掛號信以進，先生輒置之曰：「徒亂人意耳。」平時喜著舊衣帽，常說：「穿舊衣服一方面可節約，一方面表示資格老，如果穿新衣服，人家以爲我有了什麼雜念了。」其餘錢惟嗜購書，故箱籠中書籍與日俱增。又討厭人家聘他作學校中的名譽董事，他說：「董者督也，我無時去督，焉用董爲。辦學校是腳踏實地的事情，不可徒務虛名耳。」其一生之名言是「以超人哲學待己，以唯物史觀待人。」

綜先生之言行，覺今日吾人處境，正多中先生的話頭，蘇俄今日在國際上玩弄的一切魔法，我們只有以不變應萬變的外交政策，照著先生的話，堂堂正正的做去，就可打破其一切國際陰謀也。

張勳八罪狀

張勳復辟，段祺瑞在馬場誓師，與副總統馮國璋合電討張，電中歷述張勳八大罪狀。電文如次。

電云：「國運多屯，張勳造逆，國璋祺瑞，先後分別通電，聲罪致討，想塵清聽，逆勳之罪，罄竹難書，服官民國，已歷六載，尋隱構造之邦基，一人肆行破壞，罪一；置清室於危地，致優待條件，中止效力，辜負先朝，罪二；清室太妃師傅，誓死不從，勳脅以威，目無故主，罪三；擁幼沖玩諸股掌，袖發中旨，權逾莽卓，罪四；與同舟堅約，擁護共和，口血未乾，賣友自絕，罪五；揑造大總統及國璋等奏摺，思以強暴污人，以一手掩天下耳目，罪六；辮兵橫行京邑，騷擾閭閻，復廣募胡匪游痞，授以槍械，滿布四門，陷京師於靡爛，罪七；以最強承認之民國，一旦破碎，致友邦忿怒驚疑，群謀干涉，罪八；凡此八罪，最為昭彰，自餘稔惡，擢髮難書，國璋忝膺重寄，國存與存，祺瑞身在林泉，義難袖手。今已整率勁旅，南北策應，肅清畿甸，犂掃賊巢，凡我同袍，諒同義憤，佇盼雲會，迅盪陰霾，國命重光，拜嘉何極！」

或云此電出自梁啓超之手，如眞，則可謂師生筆戰矣。

錢穆論國都

中國國都，代有變易，歷史上四大古都如北京，長安，洛陽，開封，皆爲中原之地，故當時文化中心是在中央。清末海禁大開，國都民初移至南京，故東南沿海形成了中國近日最繁榮之區域。九一八事變，日本人替中國開發了東北，七七抗戰，國都遷至重慶，西南各省遂有顯著之繁榮與進步。三十八年，朱毛傀儡藉俄寇之助，占據中國整個大陸，然漢奸必亡，侵略必敗。中國文化悠久，凡欲侵略中國者，亦莫不遭其失敗之命運，朱毛匪幫與俄寇近日之瘋狂開發中國西北各省資源，以爲其侵略世界基地，然證著歷史，又安知匪寇不徒吾人做墾荒工作乎，思此當遂增吾人收復大陸反共抗俄之信心也，近讀錢穆先生中國歷史精神一書，中有論及中國國都一段文字，與余見頗有相契處，錄之以饗讀者。

錢先生說：「我在對日抗戰期間，主張抗戰勝利後，國都決不再設在南京。江浙沿海，雖是今天經濟文化重要區域，一切人才集中，然而像一樹繁花，已經開發到爛漫極盛之時，快該凋謝了。我們從歷史的教訓上，一個國家內部，斷不能使其內部有兩種情態之對立。民二十六年，我由洛陽而長安，游覽西北，一路看到許多農村社會生活的情況，已覺得中國大亂之將至，因爲西北太荒涼了。正如天空的氣候，一邊太熱，一邊太冷，雙方醞釀，一接觸後，必然會發生大旋風，中國的內地西北和東南沿海，在同一國家之內部，卻存在兩個絕不同的社會，經濟文化太過懸殊，這眞是一大問題。現在一般人只知道向東南沿海跑，而不知去開發西北，要知道我們立國精神，應該走逆勢的，漢唐國都，皆在西北，便是一種由東向西拖的精神，這樣兩邊才可平衡。孫先生說：『我們革命的首都應在武漢，此乃內陸中心，一呼百應，建國的首都應在西安，這是全國中心，將來要做一個亞洲的中國，則應該建都在伊犁。孫先生與章太炎先生的談話。

又說：『我認爲中央政府是一國的頭腦指導中心，頭腦應該擺在冷的地方，要暴露在，要擺在大門口，頭腦所在全國的血液都向那邊輸送，全部神經都在那裏會合，頭腦不能安放在胸腹安逸處。像宋朝建都開封，開封如中國的腹部，頭腦放在腹裏便昏昏然。況且今天敵人是蘇俄，以對外說應當如此，就對內實情說，中國所面對的問題，亦是西北重於東南，內陸重於沿海，我們應該將中國經濟文化來一個大對流，南方人應該盡量向北搬，三十五年後，中國自然有辦法，現在的中國，是血脈不流通，神經不健全，營養和神智，都堆在一個角落裏，臃腫了，偏枯了，要使人材移流，必須中央政府頭腦向前跑，政府更該要接近國內大多數想接近政府而無法接近的民衆，目前是西北太落後了，政府又遠離他們，他們亦沒有力量接近政府，故不是好辦法。如果要說整個中國是一個舞台，那麼中國的現象便是一個舞台坍了半個，而在那半個舞台上酣歌醉舞，眞是怪事。』

讀先生之言，覺反攻時機在望，王師西指之日，收復大陸，毀滅俄寇，中國爲了事實需要，建都伊犁，非爲不可能也。

右老詩血報國

于右任，陝西涇陽縣斗口村人，幼名伯循，從事革命時，改名右任。早喪母，其伯母撫養成人。童年牧羊，險遭狼噬，故又稱牧羊兒。後參加清廷科舉考試，二十五歲中舉人。復求學于上海震旦書院，就學于馬相伯老先生。庚子之役，慈禧避難陝西，謀刺殺之未成，遂遭清廷通緝，得友人之助逃上海，創辦神洲日報、民呼、民吁等報紙，鼓吹革命，對國人影響甚大。先生早年目睹時艱，忿而為詩，題名半哭半笑樓詩草。其詩深痛雄渾，上追劍南，而氣魄過之，茲錄數首以見梗概。

㈠詠慈禧詩曰：「誤國誰哀窈窕身，唐徽禍首豈無因；女權濫用千秋戒，香粉不應再誤人。」

㈡入三原題壁曰：「萬千興會悵登臨，高僧到時一論心；手無闊斧開西北，足駐長途哭古今。」

㈢遭通緝流難時詩曰：「虎口餘生亦自矜，天留鐵漢卜將興；短衣散髮三千里，亡命東南哭孝陵。」

㈣名句如：「無端狂笑無端哭，皆為蒼生不自由。」「山河百戰一枝筆，長打短打俱聞名。」

先生所為詩文，向不留底稿，或請其保留發表者，則曰：「古之名臣，尚知退朝，焚其諫稿，吾獻身革命，為謀名乎。」其人格精神可見一般矣。

戴季陶論暗殺

先烈吳樾有言：「夫排滿之道有二，一曰暗殺，一曰革命，暗殺為因，革命為果，暗殺雖個人而可為，革命非群力不為功，故今日非革命之時代，實暗殺之時代？」惟黨國元老戴季陶在其民廿四年四月廿三日致邵元沖書中，對此論頗不贊同，茲錄其要：以見先生爲人。「文鈔大體讀竟，序文極光明正大，惟選文尙覺有待斟酌，賢於民國先烈著作中，吳樾暗殺時代自序一文，以爲大可不選，總理平生最以暗殺之舉爲非，並言此舉足以敗壞國民之道德，亂社會秩序，而無益人類文明之進化。兩軍相遇，以堂堂之陣，正正之旗，決勝負，革命志士，以大智、大仁、大勇，喚起人群，造成時勢，皆光明正大之言行，始能有益。而暗殺無此用也，暗殺之結果，惟有造亂，造亂非革命也，此偉大革命道德遺教，先生當不能忘之。一書之作，關係極大，中國人心至弱，極易雷同附和，而至盲從，望先生注意之，毋令他日抱甚大之憂心也。」

讀先生之言，其光風霽月之人格，已躍然紙上矣。

唐僧怎樣翻譯佛經

以佛教千里駒著名的唐僧，是中國最傑出的留學生。生於隋文帝開皇十六年，卒於唐高宗麟德元年，享年六十九歲，是河南偃師縣人。姓陳名禕，祖康，爲北齊國子博士，父惠，爲隋之江陵縣令。隋末，天下大亂，民生痛苦，而戰爭之產生，乃由人之貪瞋癡之結果，故決心以佛經智慧灌輸人心。十三歲時，應考爲僧，曾歷國內名刹，窮研經義，當時天竺乃佛之發源聖地，故于貞觀三年起程赴天竺，途上倍經險阻，終達目的，于貞觀十九年返國，歷時十六年，曾遊全印一百三十餘國，帶回之經卷有大乘經二百二十四部，大乘論一百九十二部，上座部經律論一十四部，大衆經律論一十五部，三彌底部經律論一十五部，彌沙塞部經律論二十二部，因明論三十六部，總共六百五十七部。唐太宗于西京築弘福寺，玄奘定居于斯從事翻譯佛經工作，其譯經程序如后。

㈠譯主——爲主譯人，須精通中梵文，並習各種經典，遇有疑義，當能判斷。

㈡證義——是輔助譯主的，將譯好之文字，與梵文互對，遇有錯誤，與譯主研討改正。

㈢證文——譯主宣讀梵文時，將譯好經文，注意傾聽，以發現錯誤。

㈣書字——把梵文字音，寫成中文。

㈤筆受——把梵文字義，個別譯爲中文。

㈥綴文——由於中印文字結構不同，譯時須符合中文法。

㈦參譯——校勘原文是否錯誤，而後再由譯文回證原文，看有無歧異。

㈧刊定——由於中印文章體製相異，每句，每節，每章去蕪存菁，簡明扼要。

㈨潤文、將已評經文，加次潤色，使其優美。

㈩梵唄——經過上述層次，而後再用唸梵音法子，來唱唸一遍，修改音節不和的地方。

當時擔任證義有十二人，綴文九人，刊定一人，梵唄一人，筆受與書字都不計其數，潤色則有于志寧，許敬宗薛元超等。

玄奘譯經，歷時二十年共譯出經卷七十五部一千三百三十五卷，一千三百餘萬言，唐太宗爲之親撰聖教序，由大書法家褚遂良親書，遂成爲今日著名之法帖。閱讀上記，不知此爲中國最古最大規模一次翻譯工作。

僻字與簡鍊

古人爲文，喜用僻字，以表示其學問之高深，致令多數人不解其意，此古文之大病，而不能不以今日白話文交代之。但古文之長處，在言簡意賅，又非白話文所可比擬，舉數例說明古文中僻字與簡潔。

㈠魏武帝與楊修過曹娥碑下，見題「黃絹幼婦，外孫齏臼」八字，武詢修曰：「何意，」修曰：「解，」武帝曰：「卿不可言，待我思之。」行三十里，武帝曰：「得之矣，」令修繹，修曰：「黃絹，色絲也，於字爲絕，幼婦，少女也，於字爲妙。外孫，女子也，於字爲好。齏臼，受辛也，於字爲辭。」故合之當爲「絕妙好辭」四字。」武帝曰，「善。」我才不及卿三十里耳。

㈡宋祁修史，喜以僻字入文，歐陽修乃書「宵寐匪禎，札闥孔庥。」八字於門，祁不解而問其意？修曰：「這是你修史的標準字，」就是「夜夢不祥，書門大吉。」祁愧服。

㈢歐陽修在翰林日，與同院出遊，有奔馬斃於犬道，公謂同遊曰：「試書其事。」同遊書曰：「有犬臥通衢，逸馬蹄而死之。」公曰：「使子修史，雖萬卷未已。」同院問曰：「當何如？」公曰：「逸馬殺犬於道。」即可，同院歎服。

上述一二例之僻，令人幾無從自解，至三例之簡潔，則見古文之妙。

清宮御醫

清宮之御醫，據筆記有極精彩之描述。專制君主，防己之嚴，讀之有令人噴飯之感。朝中設太醫院，主持的爲院使，是一二品的大官。院使之下，設院判和御醫。與太后（慈禧）診病，四御醫行之。太醫跪伏，不得望太后氣色。太后御座兩邊，設御几，置軟墊，御醫行九叩之禮後，太后命女官捲衣袖，兩手置左右兩几，腕上置薄絹，御醫隔絹診脈，不得親太后玉肌，更不敢看舌台，並力避太后視線，似若畏羞。足有四五十分鐘之久，若熟睡太后手臂上，如果要把這跪著評脈四位帶紅頂孔雀毛翎子太醫拍一張照片，眞是有趣極了。

診脈畢，太醫叩頭退出，太后命女官監視其處方。四御醫先討論脈案，四人必須各自盡力讓步，商得病情。然後再由四位個各出各心裁開出藥方，這比擬脈案更鄭重，每個人在沉思著，呻吟若學堂之學生，樣子若學生逢到大考一樣，因爲不得有半些錯誤。清例凡皇后、皇帝、貴妃患病，例由太醫院派四御醫診之，必須負責治癒不可；若不幸而死，重則問斬罪，輕則賜自裁，不管用藥是否合理，故他們不敢輕率從事。

四張藥方處好之後，交李蓮英轉呈太后。太后則召熟習藥物老太監，及司書太監進呈本草綱目之書。但見她忽而皺眉，忽而搖頭，忽而微笑，忽而呻吟，像懷疑藥方的樣子，問什麼她喜歡的藥沒寫上，而她不喜歡的藥又寫上了，並指問不知名的藥性。結果由四張藥方中由她指定之藥名開出了第五張藥方指定女官監視御醫取藥。

御醫取藥必再三端詳，稱量再三，用銀製藥罐負責煎熬。藥必三沸、三冷、三煮，用特製濾器沖出，不得有渣滓，分五杯進呈，四御醫必須跪伏同太后一齊飲之，以防暗中謀殺。

養蠶怪論

中國自黃帝后嫘祖開繅絲之舉，歷代帝后，莫不以養蠶爲親民之倡，清時仍不例外，唯關於養蠶常識，則有如下之怪論和迷信。

①孵蠶——用絲棉或棉花包裹蠶子，如不夠暖和則孵不出來，故使宮女揣著蠶子睡覺，而用其體溫之熱來孵卵的。

②對蠶——宮女飼養蠶時不准對某一條蠶任意批評，說它不好看或好看，因這樣它就會吐不出好絲來。

③蠶女——育蠶之宮女頭上頭髮，用一條很寬的緞帶紮著，一些不得散亂，這是給蠶看樣子的，這樣它吐出的絲來便不會散亂；宮女腰間並拴了一條絲帶，把腰束得很細，亦是給蠶看樣子的，結出的繭來便一樣中間特細，而兩端粗圓；並且要向蠶兒說恭維的話，便可吐

出好絲來。

絲乃我國歷史上出口貨之大宗，數千年來不科學上之改良，致日益沒落，而朝廷之上，反荒誕不經若此，其乃迷信誤中國科學之進步乎？

趣聯雜綴

聯語之學，較詩尤難，不獨講求意境聲韻，而尤重對仗工整。寥寥數字之中，道出個中情愫，非爐火純青者何克臻此。茲撿手頭資料，錄數則以饗讀者。

①鄭板橋六十壽聯云：

「常如作客，何問康甯。但使囊有餘錢，甕有餘釀，釜有餘糧；取數葉賞心舊紙，放浪吟哦，興要闊、皮要頑，五官靈動勝千官，過到六旬猶少。

言欲成仙，空生煩惱。衹令耳無俗聲，眼無俗物，胸無俗事；將幾枝遂意新花，縱橫穿插，睡得遲，起得早，一日清閒似兩日，算來百歲已多。」

②歐陽巽輓妻聯云：

「夫妻緣，前世結成今世了；

兒女債，二人共欠一人完。」

③歐陽巽夫人自輓：

「我別良人去矣，大丈夫何患無妻，願他年重結絲羅，莫向生妻談死婦；
子依嚴父哀哉，小孩兒終當有母，趁此日未離襁褓，好將繼母作親娘。」
④輓烈女聯云：
「同穴未謀夫之面，蓋棺猶是女兒身。」
⑤喬一凡輓吳稚暉聯云：
「鄉老國老，天下大老；
齊人野人，古今完人。」
⑥于右任輓陳布雷聯云：
「文章天下淚，風雨故人心。」
⑦題傀儡戲聯云：
「這幾個死木頭，生如屍，立如齋，縱穿幾件花衣，有何面色；
那一班光棍子，殺無血，剞無肉，雖說一些大話，全靠他人。」
⑧熊卞二姓相嘲聯云：
「能者多勞，跑斷四條狗腿；
下流無恥，露出一點龜頭。」

花木雜談

花木雖爲無情之物，然歸諸文人筆下，亦多趣事妙句，雜錄數則，以饗同好。

㈠蓮花——許彥周詩話云：「世間花卉，無踰蓮花香，蓋諸花皆藁風暖日，獨蓮花得意於水月，其香清涼。」詠蓮名句如「四顧山光接水光，憑欄十里芰荷香；清風名月無人管，幷作南來一味涼。」

㈡杜鵑花——依南越筆記云：「杜鵑花以杜鵑啼時開，故名，據傳杜鵑鳥係一人尋其兄不得，終日泣血，後化爲鳥。詠杜鵑名句如：「叫破三更月，驚回一枕眠；不堪啼血淚，又是落花天。」

㈢菊花——或評菊曰：「松竹梅世稱歲寒三友，然竹有節而嗇花，梅有花而嗇香，菊則兼而有之。而歲寒不凋也。」詠菊名句如：「花開不並百花叢，獨立疏籬趣未窮；甯可枝頭抱香死，何曾吹墜北風中。」

㈣芭蕉——沈亞雪鴻淚史云：「蕉之爲物，晴雨皆宜，晝長入倦，綠上窗紗，遮日招涼，著雨作碎玉聲，清脆娛人。」舊名之由來，依宋陸佃埤雅云：「舊不落葉，一葉舒則一葉蕉，故謂之蕉。」題舊名句：如「是誰多事種芭蕉，早亦瀟瀟。」或續之曰：「是君心緒太無聊，種了芭蕉，又怨芭蕉。」沈亞詠蕉詩曰：「池塘亂草長煙苗，因柳欺侮分外驕；已覺淒涼禁不得，窗前幸未種巴蕉。」

㈤楊柳——楊柳之得名，楊枝硬而楊起，故謂之楊，柳之弱而垂流，故謂之柳，雍陶典陽安，送客至情盡橋，問其故，左右曰，送迎之情止此，故名。雍爲詩曰「從來只有情難盡，何事名爲情盡橋：自此改名爲折柳，任它離恨一條條。」

㈥竹——蘇東坡曰：「甯可食無肉，不可居無竹。」詠竹名句如「月上分清影，風彈不調琴。」

短文佳祭

祭文之中佳而經見者，爲韓愈之祭十二郎文，袁枚之祭妹文，二者皆情文並茂，不可多得，但二文皆長篇，非短構，至短構之佳者，雖不若長篇傾吐所積，但以簡潔之手法出之，聊聊二三十字，道出死者生前，亦祭文之別開生面者也，錄數則如后。

①蘇東坡祭歐陽母文云：「孟軻亞聖，母之教也，夫人有子如軻，雖死何憾，哀哉尙饗。」

②漢傅奕醉臥，知將死，起而爲文自祭曰：「傅奕·青山台雲人也，因醉死，嗚呼哀哉。」

③范文正公於釣台建嚴先生祠堂，爲之誌曰：「雲山蒼蒼，江水泱泱，先生之德，山高

水長。」出示南豐，南豐贊曰：「先生之文，出世必名，惟雲山江水之語，於義甚大，而德字承之，顯不適宜，不如易『德』字爲『風』字，文正傾服。

上文之精簡，可稱絕唱，三例乃一字之師也。

搧扇六別

扇爲驅熱之物，但用者不同，其姿亦別，茲述六種姿態，聊博一笑耳。

①文胸——文人搧扇，動作文雅，少許微風，已足解暑，故多搧胸。

②武肚——武人搧扇，動作迅速，少許微風，不足解暑，故有力而搧肚。

③僧道領——僧道衣服長大，風不得入，故搧扇必拉開領子。

④跟袖——跟班之人，爲主人搧扇，而及己袖。

⑤媒肩——媒婆終日奔走說哈，常立事主背後，故風常搧事主肩頭。

⑥優頭——優人著戲裝，風不得入，故搧頭。

上述之六種姿態，非平日留心觀察入微者不可得之。

野園聯

吳三桂定雲南，其愛妾陳圓圓堅請於三桂，謂欲淨修，牌得自贖前愆，以歸樸眞，三桂以昔日有約在先，不便強留，惟仍不忍其遠去，乃于雲南城中，築野園以供其居留，當時土木之盛，令人民怨聲載道。園既成，三桂以武夫文風，欲徵一佳聯以添其雅，有狂生夏嚴者，爲其題月台一聯云：

「月明故國難回首，台近荒邱易斷魂」

三桂矯頗以此聯自得，後知其諷己，乃殺之。

三教九流

㈠三教——儒，道、釋。

㈡九流——

一、上九流——一流佛祖，二流仙，三流皇帝，四流官，五流斗，六流秤，七流工，八流商，九流莊田。

二、中九流——一流舉子，二流醫，三流風鑑，四流星卜，五流丹青，六流畫，七流僧，八流道，九流琴棋。

三、下九流——一流打狗，二流賣曲，三流修腳，四流剃頭，五流抬食盒，六流裁縫，七流優，八流娼，九流吹手。

海瑞軼事

明海瑞，字汝賢，居粵之海南，世宗嘉靖年代人。為學以剛正為主，天下稱剛峰先生。初舉鄉試入都，即伏闕上書，論平黎策，欲開道置縣，以靖鄉土。萬歷初。張居正當國，憚瑞峭直，中外交薦，卒不召。十二年冬，居正卒，明年，召瑞為南京僉都御史。上書直諫世宗，迷信異教，觸怒，欲殺之，宦官黃錦在側曰：「此人素有癡名，聞上書時市一棺，與妻子訣，家中童僕皆奔散，無有留者。」帝默然，少頃取書讀之再三，為之感動嘆息曰：「此人可方比干，第吾非紂耳。」後卒於官，卒時萬幃敝羸，有寒士所不堪者，喪出江上，小民罷市，白衣冠送者夾岸，酹而哭者，百里不絕，謚忠介。

武后廟聯

洛陽有武后廟，廟中楹聯，胥出名家手筆，尤以某君集唐一聯，最爲貼切。句云：「六宮粉黛無顏色」，「萬國衣冠拜冕旒」。典雅翕麗，罕有其儔。尤妙在身份恰當。

自擬輓登陸演習沈海戰士

人生自古誰無死　演習死　作戰死　為國捐軀無二致

留取丹心照汗青　世上生　史上生　千秋英名皆同欽

詩詞遣懷

徐州思曼人七絕

其一　年來覺卿更可憐　患難相隨苦與甘
雖然減去卿顏色　愛債反從難後添

其二　去年新鄭居月苦　落日窰前共相扶
只爲恩愛無適節　晶品凝懷卻悔初

其三　鄭汴雲時染腥膻　對愛人兒長唏嘆
念余長途可跋涉　十月妊滿卿怎堪

其四　迢迢山水日月寒　避難人兒渡前川
心意半在別戀內　不敢回首望雲天

其五　曉行夕宿四日永　得脫虎口一餘生
流落無依徐市內　愁眉苦臉慰無人

其六　孤客最怕醒更殘　無聊被頭思更添
姣兒此時生得否　汝母而今可還安

其七　念汝投生非昔時　亂離之中怎撫汝
群盜如毛流離道　忍心棄奴任生死

37
12
13

徐次車站感懷

37
12
13

其一
中原鼎沸無寧生　爭車南下圖苟平
多少流離異鄉客　爲爭一位血染輪

其二
慨嘆國危無柱臣　未謀抗敵先求生
致使小醜成大孽　縱橫中原誰與倫

其三
空懷壯志未逢時　一籌能移百萬師
果能令符出帷幄　盡清江北群盜兒

其四
我亦人兮我亦人　處人群兮處人群
凡品難與共權量　卻負凌世一片心

槎溪夜雨思親

37
12
20

其一
夜雨驚客江南夢　一去此遊萬里身
思親欲呼喚不得　愁風淒雨最無情

其二
夜半思親常不眠　滴盡相思意未甘
大亂一別若隔世　能否今生覩慈顏

其三　思親常望江北樹　白雲悠悠恨深深
江南江北連烽火　流離雙親何存身

37
12
21

渡贛江有感

綠波江上萬頃濤　扁舟一葉樂逍遙
極目雲山天邊樹　孟德當年氣果豪

38
1
24

除夕遣懷

其一　客裡容易歲華新　空嘆萍踪浪跡人
他人兒女笑顏色　贏得流客淚兩頻
其二　似水風光逐年流　清夜高歌志未酬
安得拔劍奮袂舞　風雲笑傲凌九州

38
3
4

咏菜花

其一　獨尋阡陌自徬徨　東風吹來菜花香

迎目千里皆金色　春至江南別風光

其二　無事曠野獨對花　閒愁默默向誰發
何因不見採花女　聊慰遊子長憶家

38
3
4

摘野花

其一　野花蕪中色更鮮　淺粉淡白爭香艷
不賴王孫栽培刀　長羈郊野供人玩

其二　愛摘野花非無因　憐它淡泊風格清
新詩吟罷常對語　與君共訴棄野心

除夕又咏

河山變色志士恨　華夏塗炭男兒辱
七尺壯軀歸無用　九泉豪傑笑生者

38
8
15

晚浴海濱

沐浴清流意若癡　嘯風逐浪沒頂時
團若絮綿沫作雪　碎激此身不相疑

39
10
20

觀不動瀑

峰迴路轉景色幽　忽見山澗瀉清流
遠山秋色無人到　瀑聲空說萬古愁

76
9
9

賦詩有感

吟詩先要忘平仄　才覺詩境天地闊
文字原是寫我口　何必平仄平平仄

78
4
6

夜值衛戍

夜值衛戍星光寒　島上犬吠新愁添
海內烽烟何樂土　世外桃源旦夕安
英雄際會風雲日　空負長才行伍間
白髮生出青春去　無顏再羞話當年

39
8
15

中秋思鄉

中秋月明思依然　故園鄉愁較往添
軍營歡娛非心樂　昔日苦難是內甘
靶場失意主上白　動作遲緩兄弟怨
從此一身飄零處　秋風落葉景淒然

夜戍感懷

午夜海邊戍人行　終宵寒濤作怒聲

39
8
15

野風吹動千尺浪　電火燃亮數萬燈
側耳東岸笙管細　臥視西洋敵渡兵
最是遺臣忘國恨　猶把島國作太平

聞覆信有感

無邊波光接水光　落日海濱愛夕陽
上書欲酬平生志　聞覆心悸用世長
雄才豈甘書寫吏　宿謀難邀主上賞
猶恐牛刀割雞用　空惹俗人話短長

39
8
20

夜夢母語

慘怛心情憶家時　倚枕忽聞母共語
道盡別來甘苦事　慰得遊人長相思
好夢由來醒最易　忽憶醒後夢中情
親切莫若告生女　蝴蝶異記留雙頻

39
9
20

報國舒懷

此身蓬轉隨烽火　遍歷神州四海春
河山破碎身飄絮　島國風光惹鄉情
寄戎未酬殺敵志　逢檢愧對庶民心
暫把校場作戰場　誓捐此軀付國恩

40
12
19

與友道別攝形留念

數載甘苦與共身　忽賦征別共傷神
無術使得形骸隨　有技能攝影伴身
男兒壯志各有在　天涯四海若比鄰
他日重會風塵裡　一覩此照意更新

40
12
22

當兵採樵

海外浮生寄採樵　且學野老樂逍遙

41
1
16

穿林攀枒伐枯莖　載滿路旁倚柴覺
心有餘恨流異域　志有未酬感時飄
何日小試此樵斧　只把群寇作樹毛

春節感懷

客久鄉心怕歲殘　異地風光入眼憐
怕惹煩惱惟入夢　易動思緒爆聲喧
鐵幕生命如螻蟻　骨肉存否音茫然
同學爭効兒童輩　笑語聲中賀新年

感時賦懷

志高時蹇奈若何　失意人扁事亦多
半生戎馬無情愛　生本風流命何薄
阻時無心功名淡　淹病何妨著書樂
伏驥豈敢櫪下死　猶待霹靂馳長軻

49
10
26

歲末感時

寶島風光又一春　依然故我嘆此生
鐵蹄遍踏山河碎　肝腸寸斷愛國心
中原未靖慨擊楫　海外浪跡笑浮沉
素志未酬韶光老　一度年華憂一重

82
3
5

舊曆年感懷

歲暮年關曲　孤客心上彈
無成半因病　有羞何日湔
流落四載餘　鄉音一茫然
空嘆無知者　超拔白雲間

39
2
7

感　遇

世亂無恆業　投筆事戎軒

39
3
4

執戈海防夜　淒涼身自寒
月從水上白　孤舟波中看
國仇恨多少　空嘆負少年

39
4
2

雲夜觀海潮

月落鳥雲後　海暗疑即山
潮因風轉急　浪行作蛟看
天涯流亡客　雙親望眼穿
異日無成歸　羞煞壯士顏

41
7
18

參觀海軍太和艦

乘艦壯志長　渡海雄心寬
臨欄一長嘯　氣呑曹阿瞞
山河隔海舊　孤臣淚未乾
直欲長歸去　掃寇靖中原

即景

秧禾霑晨露　微雨放初晴
清風拂田疇　欣欣意向榮
臨野蕩胸積　睹山意自凝
忽思化作稻　沾享自然春

44 8 9

清夜

蛙聲鳴地廣　月色洗天新
孤懷對清夜　更覺自然眞
賞月我無在　對景意不存
晚風掀衣冷　才思孑然身

44 8 9

告別當兵戰士

久住無情意　一別情意多

41 3 9

早知離別好　每日盡離別

登小坪頂

74 9 9

登高望重九　雅集韻事多
開懷君暢笑　頓覺天地闊

關渡大橋晚眺

74 9 9

青山鬱深秀　紅橋映綠波
白鷺點點過　黃昏落日多

東阿縣紀念曹子建

88 7 15

其一

東阿山水秀　子建天下奇
洛神傳千古　甄妃世迷離

其二

七步詩名噪　八斗才氣高
九泉黃土下　十分念季曹

咏金孫

金孫藏玉房　土孫㈠棄道旁

衆頌公主笑　誰慰棄婦傷

附註㈠皇族生子曰金孫，庶民生子姑名子曰土孫，金喻其貴、土卑其賤。

90
4
30

碧潭划船戲水

橋吊高空掛　潭碧水自幽

帆影波心亂　笑語滿山丘

93
6
30

西湖渡假村

梧桐花開季　西湖渡假村

滿院飛絮白　落英沾衣巾

93
7
5

苗栗南庄尋螢

苗栗南庄村　月黑夜尋螢
林深亂飛處　盞盞小明燈

93
7
5

南庄飲小米酒

旅遊到南庄　店家出佳釀
小口試飲啜　芳香沁人腸

步軍人公墓有感

小序

民國三十六年，共軍勢熾，華北盡陷。惟河南省安陽城守軍未下，四十軍李振清將軍，以驍勇善戰著名，當時余在安陽高中就讀，暇時間步城郊，偶至軍人公墓，見守城戰士死亡之衆，心中惻然，有感咏此。

暮獨步荒邱，斜日依墟落，晚風送清寒，心逐杯土惻。序秩若鱗次，縱橫宛成列，朔風吹野草，倒碑與斷碣，塚爲狐狸穴，墓成蛇蟲歇，可憐同營友，縷書亡年月，一木僅二寸，淺淺墓前插。家鄉各自別，年歲盡壯列，昔日去家時，意氣猶自若，今爲他鄉鬼，竟作黃泉客。魂魄冤不散，夜夢雙親側，泣訴陣死苦，驚破母心血，爲去己心疑，反道夢不確。淒淒此心疑，永日成勞結。父念兒征役，母念戎伍勞，妻望夫早歸，子樂父榮高。佳耗同歡喜，噩耗泣終朝。鄉書無人達，春閨常寂寥。雖云一人亡、一家全已死㈠。痛心善戰者，不知亦不覺。內戰無止期，死者何能已。惟有風雨夕，但聞聲淒淒。

註㈠一家全已死，蓋死者皆爲年歲壯列全家經濟命脈之主。

擬自輓詩

39
5
24

小序

民國三十八年七月十九日余隨台安輪來台，服務於八十軍三四零師。曾駐戍高雄旗津海防，當時共軍倡言血洗台灣，余夜值衛戍，念台灣乃波中危舟，朝不慮夕。國難當頭，人命危淺，故咏此。

悠悠大夢史，渺渺五千秋。風雲多變化，滄桑留眼收。嗟我念世紀，世事幻中求，科學競殺戮，生命不自由。二次大戰起，原子競霸謀，血跡尚未乾，俄共略神州。大陸盡淪沈，越緬旦夕憂。韓共掀戰潮，台灣波中舟。壯士報國日，羞愧志未酬。縱負極世謀，位微亦難酬。捨軀爲戰士，疆埸効馳驟，雖云今猶生，來日判死囚。再過幾何日，冥魂天上遊。生死非足惜，負我少年頭，哀哉我心曲，沉沉心底憂。雙親留共區，遺書無人收，重還太平日，益增倚閭愁，骨冷寒洋裡；冤魂逐水流。造物曾云惡，殘余究何咎。祖上無積孽，默默自神佑。坦夷度此關，恍疑隔世否。月暗風濤險，澎湃未曾休。睡眼何敢寐，戍守望敵舟。

觀毛澤東沁園春詞戲作

南朝景色，千里草青，萬里雲高。看大江南北，陣容分曉；秦淮河畔，商女音嫋。江水長帶，黃山奇秀，錦繡河山畫難描。待暇日，伴六朝金粉，沒世風騷，英雄如此多嬌。笑識淺狂仔卑前朝，將漢武唐宗，瑕疵抹消；成吉思汗，輕射大雕，自謂天驕，一代浩劫，誰人不頌由君造。君且住，數風流人物。還看來朝

附毛澤東沁園春詞

北國風光，千里冰封，萬里雪飄。望長城內外，惟餘莽莽；大河上下，頓失滔滔。山舞

銀蛇，原馳蠟象，欲天公試比高。須晴日，看紅裝素裹，分外妖嬈。江山如此多嬌，引無數英雄競折腰。惜秦皇漢武，略輸文采；唐宗宋祖，稍遜風騷。一代天驕，成吉斯汗，只識彎射大雕。俱往矣，數風流人物，還看今朝。

案：戲毛詞成於民國三十八年四月十六日，星期六。當時赤燄日熾，國共大軍、長江對峙、風聲鶴唳、草木皆兵，渡江之勢，如箭在弦。時余隨河南省立安陽高中流亡至江西樟樹鎮槎溪村。世亂時慌，課業無心，而國仇家恨，累積胸臆，一時興起，遂賦此詞以洩胸中塊壘。惟毛詞寫北國風光，余則以南朝景色答之耳。毛詞作於民國二十五年，發表則在民國三十四年八月之新民報，當時引起強烈反映，和其詞較著者有柳亞子、易君左二闋。

九日登高賦詩誌盛

余平日爲詩，不喜拘其平仄，蓋詩之道，至唐律絕而盡，而演變爲詞、曲，近而爲今日之新詩，然今日之新詩，形式散漫，不可成誦，質諸今世之人，能朗朗上口成誦一篇新詩者，蓋鮮矣！此其形式散漫之缺點也。故余平日爲詩，常采舊詩之形式，而去平仄音韻之拘，雖多舊作，常不敢示人。恐人譏其非新非舊也。原夫古人對詩之定義云：「詩者，志之所之也，在心爲志，發言爲詩，情動於衷，而形於言，言之不足，故嗟嘆之，嗟嘆之不足，故詠歌之，詠歌之不足，則不知手之舞之，足之蹈之也。」故詩者，言人之心志也，觸景成情，拈筆爲篇，發己之鬱抑，舒我之情懷，何必多其拘牽，自套枷鎖。如東坡才大，善爲詞，然其詞常是曲子縛不住的。清黃遵憲亦曰：「我手寫我口，古豈能拘牽，即今流俗言，五千年後人，視爲古燦斑。」即此道也。

本月九日，中文系全體老師，於莒光日後作一日遊。先觀不動瀑，再登小坪頂，由忠義廟折轉而歸。是日微雲遮日，輕風徐拂，輕裝便履，步行山道之上，極目四野，山環水抱，良辰假我以煙景，大地惠我以文章。所至之處，或仰或臥，或談或笑，終年之辛勞，至此一洗而盡矣。歸來之後，爰書此以舒所懷耳。並附詩詠如后：

「吟詩先要忘來仄　才覺詩境天地闊
我手原爲寫我口　何必平仄平平仄」

學術論著

劉勰文學思想析究

前　言

此篇為余民國六十四年投考政治大學中國文學研究所博士班之研究計畫，當時口試委員，有方師豪、高師仲華、熊師公哲、王師夢鷗、盧師元駿。方師豪為主任委員，主試研究計畫、高師主試文字學與治學方法、熊師主試中國文化與思想，王師主試文學與批評、盧師主試詞曲。猶憶昔日情景，歷歷在目。方師首就余之研究計畫，贊譽文詞之優美典雅，另就東方之文學觀與西方之聖經文學有何不同，提出詢問，余據題述出己見，方師頷首，笑頷之，認為尚稱洽當。今方師已作古，而余順利通過口試得進入政大中文研究所博士班，就讀期間，後因指導教授問題，此研究計畫遂遭擱置，另以呂氏春秋研究，撰寫博士論文，今畢業已逾五載矣。

余對劉勰文心雕龍一書，讀碩士班時即有偏好，故對其研究資料之蒐集，平時不遺餘力，篇中所列資料，為余當時所有者。自研究計畫遭擱置後，即棄之囊篋，而對其資料之蒐集，並未少懈，遇有有關文心雕龍新作問世，不論成册或單篇論文，必有之而後快，今已十倍逾前矣，然人事栗碌，不克整理，以完成對此計畫寫作成篇，思之悵然。今以助教之催促，謂復興崗週報本期當由本系供稿，因余事前並未明瞭復興崗週報供稿之情形，未能通知系內老師學有專長者撰文以廣其篇幅，故遍尋囊篋，抽出此篇以供急需，亦以供有志投考研究所者撰寫研究計畫參考也。

壹、研究動機與目的

論文專著，始自彥和文心雕龍。彥和之前，桓譚新論，王充論衡，雜論篇章；繼此以降，作者間出。然文或湮闕，有如流別翰林之屬；語成簡括，有如典論文賦之流；其敷陳詳覈，徵引博富，枝葉扶疏，源流粲然者，厥推劉氏文心雕龍一書。此舍人有「各照隅隙，鮮觀衢路」之慨嘆也。

原夫劉氏之作也，傲視千載。清章學誠文史通義曰：「詩品之於論詩，視文心雕龍之於論文，皆專門名家，勒爲成書之初祖也。文心體大而慮周，詩品思深而意遠，蓋文心籠罩群言，而詩品深從六藝淵流別也。論詩論文，而知流別則可以探源經籍，而進窺天地之純，古人之大體矣。此非後世詩話家所能喻也。」章氏之譽，當非虛言，揆厥其由，雖劉氏之才不可盡掩，要亦時代趨勢使然也。

文學之演進，隨時代而日新。先秦兩漢，學文不分；魏晉以來，儒學漸衰；降至南朝，文學學術，分庭抗禮；復以文筆之辨起，聲律之說興，作者漸多，作品日衆，文體增備，技巧翻新，其於評文專著之需求，益見其迫要，此劉氏文心一書所以興也。

自劉氏之書出，得沈約之賞鑒，昭明之愛接，蕭繹之襲用，之推之甄擇，後代作者，或咀其英華，以豐詞采；或取其論文，奉爲圭臬。綜其要歸，大約隋唐以前，徵引襲用居多；元明以後，板本翻刻爲重；有清一代，崇尚樸學，校勘注釋之作多有；民國以還，西學東漸，研理探論爲繁，此文心一書今昔研究之大略也。

余幼喜屬文，於古今詞章之學，多所嗜好；及長，復涉獵近世衡文之作，深感吾國論文專籍，頗爲蕪漠。及接文心之書，固嘆此一藝苑奇葩，爲吾國論文之界，獨放異采也。嗜之既深，研之亦勤，故近歲以來，對有關析論文心篇章專籍，蒐之亦多，對余鑽研文心之志，彌久亦彌堅矣。

嘗觀近人論文心之作也，或綱舉全書，未能深及毛髮；或剖析一論，未能彌綸群言，或研其單篇，祇明一義；或考其身世，疑案未解；而說者紛紜，歧見多有，欲求一振葉尋根，觀瀾索源，銓序各篇，彌綸群言之作，蓋不多見也。

余既賦此志，故不揣愚魯，請以「劉勰文學思想析究」爲題，倘假以數年之力，得畢綜前賢之論，求其折衷；獨獻一己之愚，見其新解。務使此一名山之作，既昭耀於千載之上，復光輝於百代之下，使後之論文者，擇劉氏之長論，避舍人之誤途。蓋古今文理，與世推移，文變既染世情，興廢亦繫時序，未有成而不變者也。

貳、研究方法與步驟

茲篇撰述，謹依余在研究所期間，得蒙良師傳授之治學方法，綜其要點如後：

一、習原文以奠其基礎

鄭燮家書嘗論讀書之要曰：「讀書以過目成誦，最不濟事。眼中了了，心下忽忽，方寸無多，往來應接不暇，如看場中美色，一看即過，與我何與也。千古過目成誦，孰有如孔子者，讀易至韋編三絕，不知繙閱幾千百遍來，微言精義，愈探愈出，愈研愈入，愈往而不知所窮。雖生知安行之聖，不廢困勉下學之功。東坡讀書不用兩遍，然其在翰林，讀阿房宮賦至四鼓，老吏苦之，坡灑然不倦，豈一過即記，遂了其事乎？」文心一書，辭義典奧，隱旨微言，非口誦心維，摘疑辨難，難立研究之基也。

二、按目錄以蒐其資料

目錄之學，學問中第一緊要，必從此問途，方能得門而入。且中國典籍，浩如煙海，讀書欲深涉藩籬，有左右逢源之樂者，非目錄莫辦也。故江藩師鄭堂集云：「目錄者，本以定其書之優劣，開學之先路，使人人知某書當讀，則爲學易而成功速矣。」文心一書，凡經史諸子，悉染其翰墨，所引作者，百有餘家，史志著錄，代有其書，品評論列，世不乏人。故非詳明目錄，類聚群分，則必治絲愈紛矣。

三、明方法以析其論點

治學之途，首重方法，方法欠密，結論難週。故孟子云：「離婁之明，公輸子之巧，不以規矩，不能成方圓；師曠之聰，不以六律，不能正五音。」又云：「聖人既竭目力焉，繼之以規矩準繩，以爲方圓平直，不可勝用也；既竭耳力焉，繼之以六律正五音，不可勝用也。」此論方法之要也。文心評文，方法多端，演繹與歸納並用，歷史與考證相參，比較與判斷同驅，道德與審美合流。設不明其方法，則難得其評文之要矣。

四、研眾說以定其總結

文心一書，歷代品衡，至繁至夥。或通論全書，條其大旨；或溯其文原，以明其統系；或研其文體，以究其類分；或探其文術，以明其意匠；或析其評文，以明其準則。衆說紛紜，各以自樹。襲舊說者人云亦云，標新意者獨排衆解。各是所是，各非所非；致後之研者，莫知所從。故必參綜群說，求其至當，不避同異，惟務折衷。庶使衆論雖繁，必歸一貫；群說雖異，眞理不隱也。

參、研究內與大綱

本論文旨在統合文心全書，集前研之成，定前論之疑，闡其未發，明其新義。條其綱要，約分十章。一章劉勰生平補傳，考其身世，定其成書，述其作者，論其影響。二章四分法之評析，對前人四分文心之書，辨其疑謬，指其正誤。三章文原論析究，在溯其文統，尋其旨歸。四章文體論析究，在明其分類，較其異同。五章創作論析究，在區養與術，解其匠心；六章文評論析究，在論其準則，評其方法。七章文心綜合研究，在探其義例，歸其用語。八章中西評文與文心之比較，在校其短長，論其優劣。九章文心雕龍之評價，在綜論其人其書，陳其得失。十章文心雕龍之影響，在詳其遠條，悉其餘波。首冠以緒論，綜言本論文述作之要，末殿以結語。簡析各之總論，其大綱如後：

題綱 劉勰文學思想析究

緒 論

第一章 劉勰生平補傳

第一節 劉勰之生平

第二節 成書之時期

第三節 述作之宗旨

第四節 佛學之影響

第二章 四分法之詳析

第一節 文原與文流之別

第二節 文體與文類之辨

第三節 文養與文術之分

第四節 文評與史評之異

第三章 文原論之析究

第一節 道心與自然

(六)命意與鎔裁
(七)心感與物色
(八)含蓄與隱秀
第二節 創作方法論
(一)設篇與章句
(二)作法與比興
(三)麗辭與練字
(四)夸飾與事類
(五)唇吻與聲律
(六)檃括與指瑕
(七)彌綸與附會
(八)圓鑒與總術
第六章 文評論之析究
第一節 史法評文之析論
第二節 人物評文之探究
第三節 評文準則之研擬
第四節 文行分合之商榷
第七章 文心雕龍綜合之研究

第一節　文心之義例

第二節　文心之用語

第三節　文心之聲律

第四節　文心之藻辭

第八章　中西論文與文心雕龍之比較

第一節　與西洋比較

㈠文心道統文學與西洋聖經文學

㈡文心廟堂文學與歐陸宮廷文學

㈢文心文變時序說與地域中心說

㈣文心華采藻飾說與文法修辭說

㈤文心評文準則與歐美文學批評

第二節　與中國比較（先於劉論文作者）

㈠文心雕龍與王充論衡

㈡文心雕龍與曹丕典論

㈢文心雕龍與陳思序書

㈣文心雕龍與陸機文賦

㈤文心雕龍與葛洪外篇

㈥文心雕龍與摯虞流別

第九章 文心雕龍之評價
第一節 文心雕龍之總評
㈠評其人者
㈡評其書者
第二節 文心雕龍之分評
㈠文原論之評價
㈡文體論之評價
㈢創作論之評價
㈣文評論之評價
第十章 文心雕龍之影響
第一節 文原論之影響
第二節 文體論之影響
第三節 創作論之影響
第四節 文評論之影響
結論

肆、研究預期成效

劉氏文心一書，評文論文，光耀千載，今世論文之作，尚鮮能出其右。茲編撰述，期有數得：「一曰明其義例，析其涵包，研其用語使文心奧指，得以畢顯，此所期者一也，二曰畢蒐前說，較其異同，辨其誤謬，定其眞是，使今昔爭論，歸於至當，三曰兼采中西，並融鑄合，揚其糟粕，吸其菁華，使評文之書，另啓新途。此所期者三。倘能假以時日，使庶竭駑鈍，令文心之書，大明於今世，舍人之論，推新於百代、則固所望也。

伍、研究期限及論文字數

研究期限　五至六年

研究字數　約五十萬字

陸、主要資料來源

一、有關校勘注釋者——斯類之蒐，在釐定原文正誤，求其確義。文義既正，旨歸可得。其主要者有：

⑴唐寫本文心雕龍殘卷（藏大英博物館東方圖書室）。⑵明弘治本（刻于吳門者，藏故宮博物院）。⑶楊升菴批點梅慶生音註本文心雕龍十卷（藏中央圖書館）。⑷黃叔琳輯注本（故宮博物院）。⑸黃叔琳輯注本附載紀昀評本。⑹四部備要本聚珍仿宋版文心雕龍（中華書局）。⑺新體廣註石印文心雕龍（上海掃葉山房）。⑻楊明照文心雕龍校注（世界書局）。⑼郭晉稀文心雕龍譯註（香港建文書局）。⑽范文瀾文心雕龍注（開明書店）。⑾潘重規唐寫本文心雕龍殘卷合校（新亞研究所）。⑿趙萬里唐寫本文心雕龍殘卷校記（清華學報三卷

一期）。⒀王利器文心雕龍新書（香港龍門書店）。⒁張立齋文心雕龍注訂（正中書局）。⒂杜天縻注本文心雕龍。⒃李景溁文心雕龍新解（翰林出版社）。⒄李曰剛文心雕龍斟釋（師大講義）。⒅周康燮文心雕龍選注（香港龍門書店）。⒆莊適文心雕龍選注。

二、有關史傳攷索者——梁書劉勰本傳。⑴清劉毓松通誼堂集書文心雕龍後。⑵楊明照文心雕龍校注附劉勰傳箋注。⑶梁繩緯劉勰評傳。⑷范文瀾文心雕龍注序志注六。⑸熊師公哲劉勰評傳。⑹王金凌劉勰年譜。⑺饒宗頤劉勰思想與佛教。⑻王更生劉勰年譜稿。

三、有關文論研究者——⑴黃侃文心雕龍札記。⑵劉永濟文心雕龍校釋。⑶楊明照文心雕龍研究。⑷高師仲華中國文學理論研究講義。⑸王師夢鷗劉勰論文之特殊見解。文心雕龍質疑。⑹張嚴文心雕龍通識。⑺華仲麐文心雕龍要義申說。⑻淡江文理學院文心雕龍究論文集。⑼香港大學文心雕龍研究專號。⑽李中成文心雕龍析論。⑾葉長青文心雕龍雜記。⑿陳延傑讀文心雕龍。⒀陳冠一文心雕龍分析之研究。⒁葉霧霓怎樣閱偉大的文心雕龍。⒂李仰南文心雕龍研究。⒃梁容若劉勰與文心雕龍。⒄許可讀文心雕龍筆記。⒅劉綬松文心雕龍初探。⒆李曰剛文心雕龍論文重點。⒇韓耀隆文心雕龍五十篇用韻考。

發表於復興崗週刊

劉勰知音篇之研究

一、知音篇在文心中之地位

過去研究文心雕龍的人，他們對文心五十篇大致的區分是這樣的

㈠文源論——包括原道、徵聖、宗經、正緯、辨騷五篇。

㈡文體論——區分爲三類。

1. 文類——有明詩、樂府、詮賦、頌讚、祝盟、銘箴、誄碑、哀弔八篇。（指有韻者）

2. 筆類——有史傳、諸子、論說、詔策、檄移、封禪、章表、奏啓、議對、書記十篇。」

3. 文筆雜——有雜文、諧隱二篇。（指文筆兼者）（指無韻者）

㈢文術論——有神思、體性、風骨、通變、定勢、情采、鎔裁、聲律、章句、麗辭、比興、夸飾、事類、鍊字、隱秀、指瑕、養氣、附會、物色、總術二十篇。

㈣文評論——有時序、才略、知音、程器四篇。

㈤序言——序志一篇。

以上這些區分，像文源論與文體論之間，文術論與文評論之間，都曾有些瓜葛，有些不

同意見。但大致說來，對文心作這樣分類，似尚爲大家所默認。雖然我們今天研究文心雕龍的人，覺得除了從前這些瓜葛有澄清的必要外，其區分和類名亦不是沒有可商榷的餘地，舉一個很簡單例子來說，像神思一篇，是不是可劃入文術一類，我個人覺得還是值得研究的問題，不過這都是題外之論，我爲什麼把文心內容劃分簡略敘述一下，主要的目的是想指出知音一篇在文心雕龍中占的是一個什麼位置。

從以上敘述中，我們知道知音一篇是屬於文評論，文心雕龍被劃作文評論一共有四篇，如時序篇論各代之文風，才略篇評歷代作家，程器篇談作者素養，只有知音一篇，才是論評文章之準則。而文心雕龍一書，一向被大家稱爲中國文學批評的鉅著。劉勰的評文之語，在五十篇大作之中，可說是俯拾皆是，然其評文能有條貫、立準則，由始篇到終篇，如論文難知之原因，批評者的錯誤，評文的學識與態度，評文的準則，賞文的方法，說得面面俱到的，恐怕只有知音一篇。舍人將此篇列入知音第四十八，僅在其後加入程器四十九一篇。（序志五十是序言故不計）以爲論文之總結。以我個人猜測，舍人論文至知音，已至彌綸群篇，山高峰極，恐思大未該，爲論文者之瑕累，故又加入程器一篇，以符大易之數。今觀其程器中之言曰：

「略觀文士之疵，相如竊妻而受金，揚雄嗜酒而少算，敬通之不循廉隅，杜篤之請求無厭，班固諂竇以作威，馬融黨梁而黷貨，文舉傲誕以速誅，正平狂憨以致戮，仲宣輕脆以躁競，孔璋傯恫以麤疎，丁儀貪婪以乞貸，路粹餔啜而無恥，潘岳詭譎於愍懷，陸機傾仄於賈郭，傅玄剛隘而詈臺，孫楚狠愎而訟府，諸有此類，共文士之瑕累。」

由程器篇中「諸有此類、並文士之瑕疵。」之語推之，當亦非遠。

二、知音篇之內容

由前一段話中，我們知道知音一篇，在文心雕龍中占了很重的位置，那麼它究竟談了些什麼，包括了些什麼內容，爲評文者訂下了些什麼準則，我們應該先將它的內容，用一個簡表圖示於後。

知音篇內容簡析表

1. 論文難知之由：⑴文情難鑒，誰曰易分；⑵知多偏好、人莫圓該

2. 論批評者之病：⑴貴古賤今（如秦皇漢武之例）；⑵崇己抑人（如班固曹植之例）；⑶信僞迷眞（如樓護之例）

3. 論評文素養及準則：⑴學驗——圓照之象、務先博觀；⑵修養——無私於輕重、不偏於憎愛；⑶準則——a位體b置辭c通變d奇正e事義f宮商

4. 論賞文之要：⑴沿波討源、雖幽必顯。⑵識深鑒奧、歡然內懌。⑶心敏目瞭、形分理達。

三、知音篇內容的剖析

從上表我們瞭解了知音篇的大旨，現在讓我們分開來剖析它各條的內涵是什麼，那麼我們先從第一條探討起吧。

㈠論文難知之由

劉勰在本篇開宗明義就說：「知音其難哉，音實難知，知實難逢，逢其知音，千載其一乎。」

由上一段話，我們知道劉勰一開始就發出了慨嘆、他慨嘆的並非音之難知，而實是知之難逢，他所謂的音，就是文章，他所謂的知，就是讀者。因爲文學是一種藝術，必須眞懂文學的人，才能瞭解它，亦才能作出公正的裁判。所謂「文章千古事，得失寸心知。」瞭解一個人的心是多難的事，我們亦常說：「人心之不同，各如其面。」以己心度人心，常有「差之毫釐，謬之千里」的程度。劉永濟在他的文心雕龍校釋知音篇後亦說：

「文學之事，作者之外，有讀者焉。假使作者之性情學術，才能識略，高矣美矣；其辭令華采，已盡工矣。而讀者識鑒之精粗、賞會之深淺、其間差異，有同天壤，此舍人所以悵於知音也。蓋作者往矣，其所述造，猶能綿綿不絕者，實賴有識之士，默契於心，神遇於千古也。」

這一段話，可謂道出舍人心事，千古知者，所見略同，難怪舍人未著筆，先惆悵，其惆悵之出，非無由也。

但是劉勰畢竟是一個重理智的文學批評家，不是一個純任感情的文學作家，他並沒有在慨嘆之後，將天下讀者大罵一場，甚至借他的生花之筆，像司馬遷敘離騷的那樣呼天搶地，在他的知音篇中，卻爲讀者指出文章難知的原因有二：

*1.*劉勰說：「夫麟鳳與麏雉懸絕，珠玉與礫石超殊，白日垂其照，青眸寫其形。然魯臣以麟爲麏，楚人以雉爲鳳，魏氏以夜光爲怪石，宋客以燕礫爲寶珠，形器易徵，謬乃若是，文情難鑒，誰曰易分。」

*2.*又說：「夫篇章雜沓，質文交加，知多偏好，人莫圓該，慷慨者逆聲而擊節，醞藉者見密而高蹈，浮慧者觀綺而躍心，愛奇者聞詭而驚聽，會己則嗟諷，異我則沮棄，各執一隅之解，欲擬萬端之變，所謂東向而望，不見西牆者也。」

我們歸納劉勰的第一段話，他說出文情之難鑒，是由於作品的良莠不齊，魚目混珠的作品，有時被人激賞，而嘔出心血的風雨名山之作，卻因而遭到埋沒。這些例子，中外多有，如杜甫之詩，據說唐人多不選，韓柳文起八代之衰，但他們死後不久，唯美文學又復活，就連英國大戲劇家莎士比亞，他的名劇在當時，據說亦是不被注意的。舍人的文心雕龍，亦是到清修四庫全書，方列入詩文評之首的。這是因爲偉大作家們，他們都是時代先導，走在時代之尖端，其超乎流俗之見，並非當時的一般人所能瞭解。千古才人，遭遇同途，何勝慨嘆，故抱扑子亦曰：

「德行爲有事，優劣易見，文章微妙，其體難識。夫易見者粗也，難識者精也，夫唯粗也，故銓衡有定焉，夫唯精也，故品藻難一焉。」此其一也。

我們再看論文難知的第二個理由，是由於人多偏好，故對同樣的作品，亦可產生不同的評價。若舉例明之，如鍾嶸之詩品，將古直之曹公，列入下品，使後人爲之叫屈；再又把劉楨、潘岳列入上品，曹丕、陶淵明、鮑照列入中品，亦未見其平，連鍾嶸這樣大的批評家都犯了偏好的毛病，其他亦就可想而知，再如子植、子桓，迭用短長，亦遭到俗情抑揚，雷同一響，乃令文帝以位尊減才，思王以勢窘益價的命運。甚至連今天報紙上天天討論的流行歌曲來說，亦是識深者認為不堪入耳，可是有些理髮小姐，賣冰女郎，還不是同陽春白雪的一樣激賞。明瞭這些道理，使我想起西方有一位哲人的話，他說：「天下無客觀之批評，一出己意，便是主觀。」似乎不是沒有道理的。在劉勰之前，抱朴子外篇亦說「五味舛而並甘，衆色乖而皆麗，近人之情，愛同憎異，貴乎合己，賤於殊途，夫文章之體，尤難詳賞，苟以入耳為佳，適心為快，鮮知忘味之九成，雅頌之風流也。」

㈡論批評者之病

劉勰既看出為文難知之由，一是作品，一是讀者，但作品是靜的，是被動的，其好其壞，如果沒有讀者去閱讀它，激賞它，只是作者自己欣賞，那就免去了許多是非，但是作品畢竟不是完全供自己欣賞的，要公諸於世，就有讀者，有讀者就有批評，批評並不見得是件太難的事，王夢鷗老師亦曾說：「有審辨力的人就可以批評。」有了批評，就有是非，有了是非，就有不同意見，有不同意見，就難免有人犯了主觀上的毛病。劉勰指出當時批評者毛病有下列三點：

*1.*貴古賤今——劉勰說：「夫古來知音，多賤同而思古，所謂日前進而不御，遙聞聲而相思也。若儲說始出，子虛初成，秦皇漢武，恨不同時，既同時矣，則韓囚而馬輕，豈不明鑒同時之賤哉。」

這一段話，劉勰爲什麼以秦皇漢武爲例，因爲這些人，居於高位，以愛好文學，尊崇文人，作爲時髦，作爲點綴，我們只看漢書嚴助傳就知道漢武帝怎樣對待那些詞臣的：

「郡舉賢良對策百餘人，武帝善助對，繇是獨擢助爲中大夫，後得朱買臣，吾丘壽王，司馬相如，主父偃，徐樂，嚴安，東方朔，枚皐，膠倉，終軍等，並在左右，相如常稱疾避事，朔皐等不根持論，上頗俳優畜之。」

既然他們以俳優畜詞臣，當然就談不上尊重，所以眞正偉大作家與其同時，如果他去尊崇你，豈不抹煞他皇帝的威風，韓非相如，乃其一例，其實貴古賤今，古今皆然，今天社會上的捧死人打擊活人作風，還不是一樣，只有死了的人，才是完人，你的作品亦偉大了，你的操守清廉被登在報紙上，其實你生前如何的奉公守法，如何嚼菜根頭，沒有一個人替你宣揚。這些情形，早在劉勰之前亦有人講過。我們引在下面以見一般。

王充案書篇亦云：「夫俗好珍古不貴今，謂今之文不如古書，夫古今一也，才有高下，言有是非，不論善惡而徒貴古，是謂古人賢今人也。」

2.崇己抑人——劉勰說：「至於班固傅毅，文在伯仲，而固輕毅云：「下筆不能自休。」及陳思論才，亦深排孔璋，敬禮請潤色，歎以爲美談，季緒好詆訶，方之於田巴，意亦見矣，故魏文稱：「文人相輕，非虛談也。」

所謂文人相輕，亦是於古已然，於今不鮮，用句通俗的話說，就是同行相嫉，如果你的作品眞偉大，比我好，我和你同行的人，如果爲你推波助瀾，豈不使自己相形見絀，相反的如果我有機會，來個落井下石，這樣我便可以稱霸詞壇，唯我獨尊。所以一位作家，都要經過多少輕視、嘲笑、指責、打擊，而這些輕視、嘲笑、指責、打擊，大半是來自同行的文人陣營，舍人之舉，不過千萬中之一例。以劉勰本人來說，他與鍾嶸，同干沈約，然鍾嶸以求譽不遂，巧致譏排。清朝的趙執信，與同期詩人王士禎，釁隙終身，詞壇恩怨，千古如斯，故曹丕亦說：

「夫人善於自見，而文非一體，鮮能備善，是以各以所長，相輕所短，里語曰：『家有敝帚，享之千金。』斯不自見之患也。」

3.信僞迷眞——劉勰說：「至如君卿唇舌，而謬欲論文，乃稱史遷著書，諮東方朔，於是桓譚之徒，相顧嗤笑，彼實博徒，輕言負誚，況乎文士，可妄談哉。」

什麼是信僞迷眞呢？就是批評者未詳視作品，就信口開河，或一知半解，就妄下論斷，而時常蔽於一隅，闇於大理，東向而望，不見西牆，如此批評，如何能有公正之可言，不獨不能使作者心服，更談不到鞭策作者，教育讀者，一本偉大作品，常在未暢行之前，就被這些披著外衣批評家，佛頭着糞，打入冷宮，正是阻礙文學進步一大障礙。這些例子，歷史上的離騷，就遭到這樣的命運，故舍人在辨騷篇說：

「四家舉以方經，而孟堅謂不合傳，褒貶任聲，抑揚過實，可謂鑒而弗精，翫而未覈者也。」

(三)論批評者素養及準則——

有了上述的文章難知之由，再加上批評者三種毛病，可以說文學批評並不見得是一件很容易的事。雖然很難，但並非不可能的事，因爲作者之情志，必以文字爲表達，既形之於翰墨，披之於辭章，批評家就可根據作者白紙寫成黑字的作品，進行合理的批評：下面我們歸納舍人論批評家素養及準則，約三分點，一是批評者學識，二是批評者態度，三是批評的準則，現在讓我們分開來說：

劉勰說：「凡操千曲而後曉聲，觀千劍而後識器，故圓照之象，務先博觀。閱喬岳以形培塿，酌滄波以喻畎澮，無私於輕重，不偏於憎愛，然後能平理若衡，照辭如鏡矣。」這一段話中，劉勰所說的博觀，便是指批評者學識，所說的憎愛輕重，便是指批評者態度。我們先談批評者學識。

*1.*學驗方面——在批評方面，許多作者才華，自非批評家所可企及，但在博學方面，批評家應該高出於作家，至少與作者等齊，才有批評的資格，才知道作品的優劣，取材之當否，修辭的成敗，如果強不知以爲知，就無疑盲人摸象。但僅有博觀之識，如非斲輪老手，其所評論，亦難見中的。我們覺得桓譚新論中的話，就有這樣的意見：

「揚子云工於賦，王君大習兵器，余欲從二子學。子雲曰：『能讀千賦則善賦。』君大曰：『能觀千劍則曉劍。』語曰：『伏習象神，巧者不過習者之門。』

桓譚的話，雖是說創作的事，但用之於評論，當亦不遠。

*2.*態度方面——一個批評家，雖然有了博觀的學識，但如果態度不能公正，昧去藝術上良心，持心既先有城府，出論如何能得平允。甚至徇於情面，偏於憎愛，將合我者雖壞卻捧上三十三天，不合我者雖好打入二十層地獄，我愛者錦上添花，我惡者冰上添霜，這樣的批

評家，正如劉勰說的「會己則嗟諷，異我則沮棄。」這眞正是批評者一件最悲哀的事。如此而評論作品，怎樣可以平理若衡，照辭如鏡呢？

談過了人爲主觀因素對批評者應注意的事後，劉勰又說出了評文客觀的標準。劉勰說：

「是以將閱文情，先標六觀，一觀位體，二觀置辭，三觀通變，四觀奇正，五觀事義，六觀宮商。斯術既形，優劣見矣。」

3. 評文的準則——以上之六觀，是劉勰爲評文者立下客觀準則，我們分條研討如後：

(1)位體——前人對位體的解釋，有些不同，有的認爲劉勰的位體，是指文體言的，有的認爲劉勰位體，是指體性言的。以我個人的意見，我覺得劉勰之位體，實包括了文體與體性二者而言。在觀察一篇作品之前，先要看這篇作品是用什麼文體寫的，是賦體、是樂府、是詩歌、是史傳，然後再看他文章的風格是否能與其配合適當，因爲同是一個主題，卻可用不同的文體表現，然每種文體，又各有其特殊風格。現在我們就看一看古人對文體與風格配合的意見。

(a)曹丕典論論文曰：「夫奏議宜雅，書論宜理，銘誄尙實，詩賦欲麗。」

(b)陸機文賦曰：「詩緣情而綺靡，賦體物而瀏亮，碑披文以相質，誄纏綿而悽愴，銘博約而溫潤，箴頓挫而清壯，頌優游以彬蔚，論精微而朗暢，奏平徹以閑雅，說煒曄而譎誑。」

(c)劉勰定勢篇：「章表奏議，則準的乎典雅，賦頌歌詩，則羽儀乎清麗，符檄書移，則楷式乎明斷，史論序注，則師範於覈要，箴銘碑誄，則體製於宏深，連珠七辭，則從事於巧艷。此循體而成勢，隨變而立功者也。」

以上這些話，很明顯的看出文體與風格配合的重要，如章表奏議，流入清靡，符檄書移，而流入繁縟，那就不倫不類，乃爲文者首戒。

(2)置辭——劉勰的所謂置辭，就是看作者之遣詞造句，修辭的成就如何，用字是否精確，文句位置是否得當，但有一點須要特別聲明的，就是劉勰在浮艷的齊梁之時，駢體盛行，即倡裁抑之論，主張迭用奇偶，駢散有致，可謂獨見。今觀其言曰：

(a)練字篇曰：「是以綴字屬篇，必須練擇，一避詭異，二省聯邊，三權重出，四調單複。」

(b)又曰：「句有可刪，足見其疏，字不得減，乃知其密，善刪者字刪而意留，善敷者意殊而意顯。」

(c)章句篇曰：「夫人之言，因字而生句，積句而成章，積章而成篇，篇之彪炳，章無疵也，章之明靡，句無玷也，句之清英，字不妄也。」

(d)麗辭篇曰：「是以言對爲美，貴在精巧，事對爲先，務在允當……若氣無奇類，文乏異采，碌碌麗詞，則昏睡耳目，必使理圓事密，聯璧其章，迭用奇偶，節以雜佩，乃其貴耳。」

(3)通變——什麼是通變，就是作者作品，能否適合時代潮流需要，要能融古鑄今，不必陳陳相因，事事抄襲，亦不必標新立異，驚世駭俗，非一切舍舊，亦非一切從新，其中有可變者，有不可變者，可變者何，舍人所謂文辭氣力是也，不可變者何，舍人所謂有常之體者也。變其可變者，然後不可變者乃得通焉。

(a)通變篇曰：「夫設文之體有常，變文之數無方，何以明其然也？凡詩賦書記，名理相因，此有常之體也。文辭氣力，通變者久，此無方之數也。名理有常，體必資於故實，通變無方，數必酌於新聲，故能騁無窮之路，飲不竭之源。」

(b)物色篇曰：「古來辭人，異代接武，莫不參伍以相變，因革以爲功。」

(c)指瑕篇云：「近代辭人，率多猜忌，至乃比語求蚩，反音取瑕，雖不屑於古，而有擇於今，又同製他文，理宜刪革，苦掠人美辭，以爲己力，寶玉大弓，終非其有，全寫則揭篋，傍采則探囊，然世遠者太輕，時同者爲尤矣。」

(4)奇正——什麼是奇正呢？余意以爲當係指文章的結構言。因爲一篇文章的寫成，可用正敘、倒敘、側寫、旁擊。以用兵言，正便是以堂堂之陣，實行正面之攻擊，奇便是乘敵人之不備，以偏師取勝。文唯用正，則失之於板，文偏尚奇，則失之於詭。我們讀荀子，便覺得是堂堂之陣，我們讀莊子，便覺得波詭雲譎，但劉勰以爲奇正之用，全在得當，而不致失體成怪也。

(a)定勢篇曰：「然淵乎文者，並總群勢，奇正雖反，必兼解以俱通。」

(b)又曰：「自近代辭人，率好詭巧，原其爲體，訛勢所變，厭黷舊式，故穿鑿以取新，察其訛意，似難而實無他術也。反正而已，故文反正爲乏，辭反正爲奇，效奇之法，必顛倒文句，上字而抑下，中辭而出外，回互不常，則新色耳……然密會者以意新得巧，苟異者以失體成怪也。」

(c)劉永濟文心雕龍校釋定勢篇後亦曰：「齊梁之文，於字句之潤飾務工，音律之諧和務切，遂有顚倒文句以爲新奇者，舍人所訾爲訛勢也。例如江淹別賦，孤臣危涕，孽子墜心，本危心墜涕也。又恨賦意奪神駭，心折骨驚，本骨折心驚也。」

⑸事義——所謂事義，就是看一篇作品之立意是否純正，取事用典是否適當而已。作品在表達作者情志，然作品之優劣，在作者作品內容是否合乎眞善而已。所謂眞善之作品，在劉勰當然是不能離開原道、徵聖、宗經的。然表達至善之道，至聖之言，尤賴取事用典以譬之，取事用典之標準，當求其可信，求其不誤用、不濫用也。

(a)原道篇云：「爰自風姓，暨於孔氏，玄聖創典，聖王述訓，莫不原道心以敷章，研神理而設教。」

(b)徵聖篇云：「若徵聖立言，則文其庶矣。」

(c)宗經篇云：「三極彝訓，其書言經，經也者，恒久之至道，不刊之鴻教也，故象天地，效鬼神，參物序，制人紀，洞性靈之奧區，極文章之骨髓者也。」（附會篇，以事義爲骨髓。）

(d)事類篇云：「事類者，蓋文章之外，據事類義，援古以證今者也。」

(e)又曰：「故事得其要，雖小成績，譬寸轄制輪，尺樞運關也。」

(f)黃侃札記亦曰：「意皆相類，不必語出於我，事苟可信，不必義起於今。」

⑹宮商——所謂宮商者，乃是言文章之聲律也。作品之欣賞，非僅訴之於目，亦且訴之乎耳，一篇聲律鏗鏘之作品，能使讀者擊節稱賞。否則雖美辭縟采，而文氣奄奄欲絕，非則不能縈讀者之耳，亦且暈懨欲睡矣。千古詞人，無論其著爲辭賦，爲樂府，爲詩歌，爲曲調，

爲文章，莫不借助於聲律之調和，而助其文氣，此彥和所以以宮商爲聲氣也。然舍人所謂聲律，非取四聲八病之論，乃重其自然也。

(a)聲律篇云：「故言語者，文章神明，樞機吐納，律呂脣吻而已。」

(b)又曰：「凡聲有飛沉，響有雙疊，雙聲隔字而每舛，疊韻雜句而必睽，沈則響發而斷，飛則聲揚不還，並轆轤交往，逆鱗相比……左礙而尋右，末滯而討前，則聲轉於吻，玲玲如振玉，辭靡於耳，纍纍如貫珠矣。」

(c)又曰：「故外聽之易，絃以手定，內聽之難，心與聲紛，可以數求，難以辭逐。」

(d)劉永濟曰：「舍人內聽之說最精，蓋言爲心聲，言之疾徐高下，一準乎心，文之抑揚頓挫，一依乎情，然而心紛者言失其眞，情浮者文乖其節，其中杼機至微，消息至密，故論者往往歸之於天籟自然。」

(四)論賞文之要。

創作固難，欣賞亦匪易，世有伯樂，然後有千里之馬，有子期之耳，然後才有伯牙之琴，此音實難知，知實難逢，逢其知音，千載其一。然賞文雖難，亦有其樞，音知匪易，亦有其管，得其環中，則輻輳相成。此舍人所以三致意焉。

1. 沿波討源，雖幽必顯——序志篇云：「然有曲意密源，似近而遠，辭所不載者，不可勝數矣。」蓋作者之文，常有奧義，或格於人事，或格時變，或嫌於直陳，或忌於物議，依希其旨，恍惚其文，而讀者不能尋波討源，將無以得其眞矣。若徒觀其辭采，論其陳詞，不

免指鹿爲馬，以白爲赤，則差之毫釐，謬之千里，此賞文者當留意之一也。情采不云乎：「夫情動而言形，理發而文見，蓋沿隱以至顯，因內而符外者也。」知音篇曰：「夫綴文者情動而辭發，觀文者披文以入情，沿波討源，雖幽必顯。」

2.心敏目瞭，形分理達——賞文者除了尋文之奧義外，更要能具慧心慧眼，目之所鑒，心之所賞，要能一目即辨，一觸即悟，不然群馬伏櫪，何以知千里之足，珠礫並陳，何以分貴重輕賤。徵聖篇不云乎：「或簡言以達旨，或博文以該情，或明理以立體，或隱義以藏用。」宗經篇亦曰：「尚書則覽文如詭，而尋理即暢，春秋則觀辭立曉，而訪義方隱。」這些隱義、詭辭，都要賴賞文者之慧眼慧心耳。故劉勰曰：

「故心之照理，譬目之照形，目瞭則形無不分，心敏則理無不達。」

3.識深鑒奧，歡然內懌——此言學識博觀之人，自有卓特之見，其於賞文也，如入作者之心，與之契合，所謂賞文於千載之下，而神交古人於千載之上，總術篇不云乎：「夫不截盤根，無以驗利器，不剖文奧，無以辨通才，才之能通，必資曉術，自非圓鑒區域，大判條例，豈能控引情苑，制勝文苑哉。」賞文者如能識深鑒奧，自可圓鑒區域，大判條例，制勝文苑，其內心之樂，眞如劉勰所云：

「夫惟識深鑒奧，必歡然內懌，譬春臺之熙衆人，樂餌之止過客也。」

四、知音篇餘論

總之文心雕龍一書，爲中國文學批評之鉅著，言其絕後，似涉大膽，謂之空前，當屬不遠，而知音一篇，又集其評文之總匯，其論文難知之由，批評者之病，評文之素養及準則，以及賞文之要，皆有卓見，至今亦有尚不能出其外者，本篇報告，凡所稱引，皆僅攝其體要，若類聚成篇，以見舍人之全者，恐有待於暇日，然則時運交移，質文代變，歌謠文理，與世推移，文心一書，成之於千載之前，今日文變，當有舍人所不及見者，故欲以文心一書，概今日評文之全，亦恐有所不周。以余之見，其論文之難知，只言作品讀者，其實除作品讀者之外，尚有客觀之環境，或世異語變，或方言不同，或經歷荒亂，簡編朽絕，雖逢其知音，恐亦難解。再論批評者之病，只重視個人之相軋，未重視黨同伐異之更烈。至其立評文之準則，亦是只重視到作品本身，未重視客觀之多因。至其評文用語，尤不一致，同一「義」也，或曰懷，或曰思，或曰意，或曰志，或曰旨。同一「體」也，可指文體，可指體性，可指體勢，可旨體式，致後世解者紛雜，此用語之病也。然舍人之文，彪炳千古，舍人條理，體大思精，以千載之下論古人，似未見允，以今世概往世，焉得其平，然吾人志在鑽研，言錯者不爲過，偶一得者亦足參，總之舍人惆悵知音於千載之上，吾輩千載之下，猶聚而共研其文，舍人地下有知，當嘆其道不孤矣。

發表於東方雜誌復刊七卷十二期

元遺山論詩絕句析評

金人元遺山，有論詩絕句三十首，在前此論人論詩的著作中，可謂別開生面。雖然論詩絕句之端，不始自遺山。唐杜甫已有論詩六絕句，爲之先河；及乎南宋，戴石屏亦有相同作品十首。與之玕峙，然能上溯漢魏，下逮唐宋，評詩家之翹楚，綜前人論詩精識，恐遺山之外，尚不多見。茲爲探討其論詩絕句之便，爰將其人其詩作一簡略之紹介。

一、遺山其人與其詩

(一)生平概述

元好問，字裕之，號遺山，太原秀容人。系出拓跋魏，故姓元氏。唐禮部侍郎結之後，生於金章宗明昌元年。父元德明，亦負詩名。好問七歲能詩，太原王湯臣稱爲神童。年十四，以其叔父爲陵川令，得從陵川郝晉卿學，不事舉業，遂得肆意經傳，貫穿百家，六年而業成，下太行，渡大河，爲箕山琴臺詩，趙禮部秉文見之，以爲少陵以來無此作也。以書招之，於是名震京師，目爲元才子。宣宗興定五年，登進士第，不就選，往來箕山潁水間者數年。於是播其才華，發爲文字，家累其什，人嚼其句，洋溢於里巷，吟諷於道塗，巍然坡谷復出也。

曾爲鎭平及內鄉令，哀宗正大中，爲鄧州南陽令，頗著政聲。丁憂終喪，詔爲尚書省都掾，除左司都事，再轉爲中順大夫，行尚書左司員外郎，哀宗天興初，入翰林，知制誥。天興二年，速不臺圍汴日急，好問留圍城中，艱苦備嚐，哀宗棄城出戰，大將崔立叛變，汴京沉淪，翌年，蒙古兵陷蔡州，哀宗自縊，金亡。時好問年四十五，被編管於聊城，旋被釋，遂不復仕以勝國遺老姿態，往來山東之間。後北返太原，號遺山眞隱。元憲宗七年，九月四日，旅卒河北鹿縣，享年六十八歲。其所著文章詩若干卷，杜詩學一卷，東坡詩雅三卷，錦機一卷，詩文自警十卷，編中州集十卷。

從其生平中，吾人知其政治身份屬金朝，籍貫隸太原，又係帶有悲憤之遺民，因其承受之文化之源流，以儒學爲宗，故人稱其「文宗韓歐，詩學杜甫，詞效周邦彥。」而其成就卓越，由是文章獨步，幾三十年。金史藝文傳本傳云：「晚年尤以著作自任……乃構亭於家，著述其上，因名曰野史，凡金源君臣遺言住行，采擴所聞，有所得輒以寸紙細字爲紀錄，至百餘萬言。」故其史學亦有獨造。至其論詩絕句三十首。膾炙衆口，爲詩評另闢天地，以是本傳譽遺山云：「兵後故老皆盡，好問蔚爲一代宗工。」誠非虛語。

㈡詩作管窺

中國詩作，鼎盛於唐，降至後世，不論方法途徑，趨向作風，鮮能另闢蹊徑。元遺山崛起北方，生當金元之際，親見家國殘破，故其胸懷之鬱憤，一洩諸詩。然其能在唐宋諸大家外，另創廉悍沉摯豪放邁往之風格，爲後世興亡感慨一派，開出新意新境，故其詩作，不論古體近體，皆深得高華之緻。綜其全作，約分二期：其一係仕金時期，此期詩文，頗尙風華，不脫才子餘習。然其清新飄逸之處，已與同時詩家不同。其二係金亡之後，此期風格大變，悲壯蒼涼之中，寓之以哀怨往復，令人有亡國之音哀以思之悲憤。前人每謂：「遺山學杜，可亂楮葉。」二人之遭亂相同，蓋時代使然也，茲錄其律絕之作各二首，以見一斑焉。

1.七律二首

橫波亭：「孤亭突兀插飛流，氣壓元龍百尺樓，萬里風濤接瀛海，千年豪傑壯山丘。疎星淡月魚龍夜，老木清霜鴻雁秋，倚劍長歌一杯酒，浮雲西北是神州。」

壬辰即事：「慘淡龍蛇日鬥爭，干戈直欲盡生靈，高原水出山河改，戰地風來草木腥。精衛有冤塡瀚海，包胥無淚哭秦庭，幷州豪傑今誰在，莫擬分軍下井陘。」

2.五律二首

老樹：「老樹高留葉，寒籐細作花，沙平時泊雁，野迥已攢鴉。旅食秋看盡，行吟日又斜，干戈正飄忽，不用苦思家。」

感事：「壯事本無改，老謀何所成，人皆傳已死，吾亦厭餘生。潦倒封侯旨，淹留混俗情，百年堪一笑，辛苦惜虛名。」

3.七絕二首

藍采和像：「長板高歌本不狂，兒曹自爲百錢忙，幾時逢著藍衫客，同向春風舞一場。」

4.五絕二首

自題寫眞：「一派春煙淡不收，漁家已許借扁舟，山林且漫蹉跎去，莫問人間第幾流。」

非松：「地僻境逾靜，林疎秋已分，清溪一片月，修竹四山雲。」

山居：「瘦竹籐斜掛，叢花草亂生，林高風有態，苔滑水無聲。」

前人對遺山之詩，頗多推崇，如曾國藩所選十八家詩鈔，唐宋而下，僅取遺山一人。其云：「遺山以後無大家。」即可見其一斑。郝經亦謂其詩：「規模李杜，凌轢蘇黃。」後人對遺山之詩，亦予以極高之評價。如：

1.金史文藝傳本傳云：「其詩奇崛而絕雕劇，巧縟而謝綺麗，五言高古沉鬱，七言樂府，不用古題，特出新意，歌謠慷慨，挾幽并之氣。」

2.郝經在先生墓誌銘稱其詩云：「氏天才清瞻，邃婉高古，沉鬱太和，力出意外，巧縟而不見斧鑿，新麗而絕去浮靡，造微而神采粲發。雜弄金碧，糅飾丹素，奇芬異秀，洞蕩心魄，看花把酒，歌謠跌宕，挾幽并之氣，高視一世。以五言雅爲正出，奇于長句雜言，至五千五百餘篇。」

3.徐世陵遺山文集序曰：「文宗韓歐，正大明達，而無奇纖晦澀之語。樂府則清新頓挫，柔婉瀏亮，體製最備。又能用俗作雅，變故作新，得前輩不傳之妙，東坡稼軒而下不論也。」

4.杜仁傑遺山詩文集序曰：「今觀遺山文集，又別是一副天生爐韛，比古人轉身處，更覺省力。不使奇字新之又新，不使晦事深之又深，但見其巧，不見其拙，但見其易，不見其難。」

5.清趙翼甌北詩話云：「蘇陸古體詩，行墨間尚多排偶，一則以肆其辨博，一則以侈藻繪，固才人之能事也，遺山則專以單行，絕無偶語，構思窅妙，十步九折，愈折而意愈深，味愈雋，雖蘇陸不及也。七言律詩則更沉摯悲涼，自成聲調，唐以來律詩之可歌可泣者，少陵十數聯外，絕無嗣響，遺山則往往有之。」

6.清四庫簡明目錄云：「好問才雄而學贍，其詩皆興象深邃，風格遒上。古文繩尺嚴密，根柢盤深。金元兩代談藝者，奉爲大宗，名下固無虛士也。」

7.陳石遺在詩話中亦引趙甌北之言曰：「元遺山才不甚大，書卷亦不甚多，較之蘇陸，自有大小之別，然正惟才不大，書亦不多，而專以精思銳筆，清鍊而出，故其廉悍沉摯處，較勝於蘇陸。蓋生長雲朔，其天稟本多豪健英傑之氣，又值金源亡國，以宗社邱墟之感，發爲慷慨悲歌，有不求而自工者。」

8.清沈德潛云：「裕之七言古詩，氣王神行，平蕪一望，常得峰巒高插，濤瀾動地之概，又東坡後一能手也。」

綜上之引，吾人知從遺山生平中，有遺民悲涼之身世，從其作品及後人論評中，吾人知其詩之風格，清贍邃婉，高古沉鬱，風雲悲壯，豪放邁往，尋此線索，吾人探討其論詩絕句之作，則不中亦不遠矣。

二、論詩絕句之探析

遺山論詩絕句三十首，能於上至漢魏，下逮唐宋之世代詩風，翹楚作家，綜前人論詩之精識，以清新之詩語出之論評。據人統計：「其論及詩人，有曹孟德、劉越石、張茂先、陶淵明、阮嗣宗、潘安仁、陸士衡、謝康樂、庾子山、沈雲卿、宋延清、陳伯玉、元微之、李太白、杜子美、李義山、溫飛卿、盧玉川、元次山、孟東野、韓退之、陸魯望、柳子厚、李長吉、沈隱侯、蘇東坡、黃山谷、秦少游、劉夢得、歐陽永叔、王介甫、梅聖俞、陳后山。三十絕句中，僅論人品而非論詩者凡四、論地域詩風者一，泛論詩家通病者三，其餘純爲專論詩家得失優劣。更朝十四，歷時千載。其論詩三十絕句，題目下注明作於丁丑歲，據人考訂，是其二十八歲時作品。前人每謂自杜甫論詩六絕句後，遺山之作，爲最有系統，最有見解之佳作。而其論詩，則主風骨興寄，風雲悲壯之氣，反對雕琢堆砌及兒女柔靡之情，茲摘其自撰之文，以見其論詩旨意之所在：

㈠論詩主張：

1.遺山小亨集序中云：「唐詩所以絕出於三百篇之後者，知本焉爾矣。何謂本，誠是也……故由心而誠，由言而詩也。三者相爲一，情動乎中而形於言，言發乎邇而見乎遠。同聲相應，同氣相求，雖小夫賤婦孤臣孽子之感諷，皆可以厚人倫，美風化，無他道也。故曰：不誠無物，夫惟不誠，故言無所主，心口別爲二物，物我邈其千里，漠然而往，悠然而來，人之聽之，若春風之過焉耳，其欲動天地，感鬼神難矣！其是之謂本。」

2.遺山陶然詩集序云：「詩之極致，可以動天地，感鬼神，故傳之師，本之經，眞積力久而有不能復古者。自『匪我愆期，子無良媒。』『自伯之東，首如飛蓬。』『愛而不見，搔首踟躕。』『既見復關，載笑載言。』之什觀之，皆以小夫賤婦，滿心而發，肆口而成，見取於采詩之官，而聖人刪詩，亦不敢盡廢。後世雖傳之詩，本之經，眞積力久而不能至焉者。」

3.同篇又曰：「故有文字以來，詩爲難；魏晉以來，復古爲難；唐以來，合規矩準繩尤難。夫因事以陳辭，辭不迫切而意獨至，初不爲難，後世以不得不難爲難耳。古律歌行，篇章操引，吟詠謳謠，詞調怨嘆，詩之目旣廣，而詩評、詩品、詩說、詩式、亦不可勝讀，大概以脫棄凡近，澡雪塵翳，驅駕聲勢，破碎陳敵，囚鎖怪異，軒豁幽祕，籠絡古今，移奪造化爲工；鈍滯僻澀，淺露浮躁，狂縱淫靡，詭誕瑣碎陳腐爲病。」

4.遺山答聰上人書又云：「僕自以起蹇鄉下邑，未嘗接先生長者餘論，內省缺然，故痛自鞭策，以攀逸駕，後學時文，五七年之後，頗有所省進。而學古詩，一言半辭，傳在人口，遂以爲專門之業，今四十年矣。見之之多，積之之久，揮毫落筆，自鑄偉詞，以驚動海內，則未有能；至於量體裁，審音節，證眞贋，考古今詩人之變，有戇直而無姑息，雖古人復生，未敢多讓。」

觀上述諸論，則知遺山論詩，舍風骨興寄，風雲悲壯而外，更主言之有物，小夫賤婦，肆口而發，皆是至文。故曰：「情性之外，不知有文字。」至於其以詩要脫棄凡近，澡雪塵翳，驅駕聲勢，破碎陳敵，囚鎖怪異，軒豁幽祕，籠絡古今，極奪造化爲工，鈍滯僻澀，淺露浮躁，狂縱淫靡，詭誕瑣碎陳腐爲病。則又疾詩之末流之弊，此可見遺山評詩之觀點。故其在酒裏五言詩中云：「去日古已遠，百僞無一眞。」故其要量體裁，審音節，有戇直而無姑息，以便不讓古人論詩者專美於前。

(二)詩論析賞

前人論述遺山之論詩絕句者，皆病其分離破碎，不能貫其全作，或單首箋註，以評一家，或數首合論，以見一代；然有意涉晦隱者，則又置而不論，皆不能見其論詩之一貫主張。今余試就其論詩絕句三十首，以其旨歸爲標目，析分類舉，破除人物朝代之界限，以見其論詩絕句之作、有與其詩作風格，論詩之觀點不謀而合者，蓋言爲心聲之意也。爰將其論詩絕句三十首，析分類評如后：

1.論詩絕句之發端

「漢謠魏什久紛紜，正體無人與細論，誰是詩中疏鑿手，暫教涇渭各清渾。」

此遺山論詩絕句之發端，開宗明義之作也。其所謂正體，正如李白所云：「大雅久不作，吾衰竟誰陳，……自從建安來，綺麗不足珍。」杜甫所云：「別裁僞體親風雅，轉益多師是汝師。」蘇東坡所云：「大雅初微缺，流風因暴豪，張爲詞賦客，變作楚臣騷。展轉更崩壞，紛綸閱俊髦，地偏蕃怪產，源失亂狂濤，粉黛迷眞色，魚鰕易豢牢。」蓋詩自三百篇而後，一變而爲騷賦，再變而爲五言，自建安以來，詩作染綺麗之風，魏晉而下，更尚以聲律，而風雅亡矣。故李白云：「梁陳以來，豔藻斯極，沈休文又尚以聲律，將復古道，非我而誰。」又云：「興寄深微，五言不如四言，七言又其靡也。況使束於聲調俳優哉。」（見唐孟棨本事詩）遺山論詩絕句之作，即嘆正體淹沒，以復古爲己任，故查初白在此詩下注曰：「分明自任疏鑿手耳。」

2.論詩主風骨興寄

⑴曹劉坐嘯虎生風，四海無人角兩雄，可惜并州劉越石，不教橫槊建安中。

⑵鄴下風流在晉多，壯懷猶見缺壺歌，風雲若恨張華少，溫李新聲奈爾何。

⑶縱橫詩筆見高情，何物能澆磈磊平，老阮不狂誰會得，出門一笑大江橫。

⑷慷慨歌謠絕不傳，穹廬一曲本天然，中州萬古英雄氣，亦到陰山敕勒川。

⑸沈宋橫馳翰墨場，風流初不廢齊梁，論功若準平吳例，合著黃金鑄子昂。

此五詩，道出遺山論詩，尚壯美，重豪放之旨。郝經祭遺山文贊之曰：「挫萬象於筆端，倒河漢而一傾。」又曰：「其籠罩宇宙之氣，撼搖天地之筆。」皆就遺山詩之風雲悲壯風格而言。從第一詩中，於晉之作家，先許劉琨，據書傳載，劉琨曾爲并荊刺史，與遺山鄉土甚近，劉之詩作，詩品中云：「其源出於王粲，善爲悽戾之詞，自有清拔之氣，琨既體良才，又罹惡運，故善敘喪亂，多感恨之詞。」自傳中亦曰：「自頃輈張，困於逆亂，國破家亡，親友凋殘，塊然獨立，則哀怨兩集，負杖行吟，則百憂俱至。」所以其不論詩作身世，皆與遺山同一氣味，故遺山之許以橫槊賦詩，壓倒老曹。再談張華，詩品謂：「其體浮艷，興託不奇，巧用文字，務爲妍冶，雖名高曩代，而疏亮之士，猶恨其兒女情多，風雲氣少。」張華之詩，如此浮艷，因何歸於風雲悲壯之篇析之。余意遺山此詩，其主旨不在詠張華，在詠晉王敦酒後輒詠魏武樂府歌曰：「老驥伏櫪，志在千里，烈士暮年，壯心不已。」以鐵如意擊壺爲節，壺口盡缺之慨。至於篇中列出張華，不過罵倒後世溫李之輩而已，蓋張華之詩，風雲悲壯之氣已不及建安，但較之溫李惻艷之篇，已勝一籌，張華猶不足道，遑論溫李之徒也。次敘阮籍，遺山不特稱其詩筆縱橫，而尤讚其能澆胸中磈磊，詩品亦謂阮詩云：「言在耳目之內，情寄八荒之表……自致遠大，頗多感慨之詞，厥旨淵放，歸趣難求。」文選李善注亦曰：「其詩雖志在刺譏，而文多隱避，百代之下，難以情測。」劉勰亦謂：「阮旨遙深。」遺山之取阮籍，恐賞其興寄深遠，狂笑以橫大江之豪。敕勒川一詩，特顯出幽并男兒之性格。遺山系本出拓跋魏，故其於此外族胡人之作，「敕勒川，陰山下，天似穹廬，籠蓋四野，天蒼蒼，野茫茫，風吹草低見牛羊。」遺山題中洲集詩後曰：「鄴下曹劉氣儘豪，江東諸謝韻尤高，若從華實評詩品，未便吳儂得錦袍。」正道出其欣賞北方豪放渾樸風格。末論陳子昂，在回忌病多，約句準篇之沈宋盛世，子昂獨撐大纛，以漢魏風骨自任。故其本傳曰：「唐興，文章承徐庾遺風，天下祖尚，子昂始變雅正。」韓愈薦士詩亦云：「國朝盛文章，子昂始高蹈。」遺山欲以黃金鑄子昂。其功必在斯矣。余將此五詩合論，以其所取詩家，其共同之點，皆主風骨興寄，風雲悲壯之慨也。

3. 論詩主清澹雅正

(1) 一語天然萬古新，豪華落盡見眞淳，南窗白日羲皇上，未害淵明是晉人。

(2) 眼處心生句自神，暗中摸索總非眞，畫圖臨出秦川景，親到長安有幾人。

(3) 筆底銀河落九天，何曾憔悴飯山前，世間東抹西塗手，枉著書生待魯連。

(4) 謝客風容映古今，發源誰似柳州深，朱絃一拂遺音在，卻是當年寂寞心。

(5) 百年才覺古風迴，元祐諸人次第來，諱學金陵猶有說，竟將何罪廢歐梅。

第一詩中，遺山推崇淵明，乃在其詩語出天然，豪華落盡。葛立方韻語陽秋曰：「陶淵明、謝朓詩，皆平淡有思緻，非後來詩人怵心劌目者所可為也。……大抵欲造平淡，當從組麗中來，落其紛華，然後可造平淡之境。」楊龜山亦曰：「淵明詩所不可及者，沖淡深粹，出於自然，若曾用力學，然後知淵明，非著力所能成也。」沈德潛曰：「陶詩自然，不可及處在眞與厚。」在煊麗紛華之晉代，淵明詩，若出水之蓮荷，予人清新之感。此遺山所以將淵明突出於晉人之中也。第二詩中，前人多謂譏後人之擬杜者，余意遺山論詩絕句，一詩兩涉多涉者甚衆。吾人析賞，取其主旨所在而已。而此詩若取其擬杜之論，不若取其論詩主張「眼處心生句自神」也。論詩之作，爲詩篇立準則，非僅貶擬杜者不可如斯也。其論詩中佳句之得，全在觸景生情，妙造自然，見得眞切，寫得眞切。杜甫之「秦川對酒平如掌。」亦在把酌浩歌，曠懷遊目之中而出之，非暗中冥想者可得也。而淵明之「採菊東籬下，悠然見南山。」或云若改「見」爲「望」，則詩境大減。可謂深得詠詩三昧。遺山本詩中「眼處心生句自神。」正是全詩之活眼，他皆襯語也。李白之望廬山瀑布詩，與前詩有同一妙景。試問「日照香爐生紫煙，近看瀑布掛前川，飛流直下三千尺，疑是銀河落九天。」此等詩句，決非憔悴飯山前之輩所可道出。又如李之「黃河之水天上來，奔流到海不復回。」又如「孤帆遠影碧空盡，惟見長江天際流。」皆與此同一境界。故銀河落九天之句，全在觸景一悟中出之，其天成自得之況，故全不見塗抹痕跡。清趙翼稱李白之天成自得曰：「詩家好作奇句警語，必千鍾百鍊而後成，如李長吉『石破天驚逗秋雨。』雖險而無意義。衹覺無理取鬧。至少陵之『白摧朽骨龍虎死，黑入太陰雷雲垂』，昌黎之『巨刃磨天揚，乾坤擺礌硠』等句，實是驚心動魄，然全力搏兔之狀。青蓮則不然，其上雲樂云：『撫頂弄盤古，推車轉天輪，女媧戲黃土，摶作愚下人，散在六合間，濛濛散作塵。』又遊山春云：『舉手弄清淺，誤攀織女機。』皆奇警極矣，而以揮灑出之，全不見其錘鍊之跡。此等句皆人百思不到，而入青蓮，一若未經構思者。後人從此處悟入，方可得其眞矣。」斯論爲青蓮此詩最佳注腳。遺山在第四詩中，以唐之柳宗元，接晉世之大謝。查初白在此詩下箋曰：「以柳州接康樂，千古特識。」白石詩話亦云：「屈宋之文風出，韓柳之文雅出。」又漁隱叢話曰：「李杜，詩人繼出，雖有遠韻，而才不逮意，獨柳子厚韋應物發纖穠於簡古，寄至味於淡泊，非餘子之所及也。」又漁隱叢話蔡絛詩評云：「子厚雄深簡淡，迥拔流俗，至味自高，直挹陶謝。」吾人知宗元之田園詩，極類陶詩，其山水詩，頗近大謝。大謝山水詩，筆觸鮮明，讀之如對佳景，有清新撲面之氣。遺山以宗元接之，恐不在大謝之刻劃山水形貌爲佳，而取其怡悅閑澹，撲面清新之風格耳。其最後一詩，論宋代詩人，自元祐以後，競學蘇黃。而宋初歐、梅所倡之古澹雅正風格，反不顯於時。此詩雖論宋代詩風日下，然其崇歐、梅之旨，至爲彰明。西江詩話曰：「宋興楊文公始以文章蒞盟，然至爲詩，專宗義山，以漁獵掇拾爲博，以儷花鬥果爲工，號稱崑體，嫣然華靡，而氣骨不存。嘉祐以來，歐公稱太白爲絕唱，文公推少陵爲高作，而詩格大變，高風所扇，作者間出，斑斑可述矣。元祐間，蘇黃並世，以碩學宏才，鼓行士林，引筆行墨，追古人而與之俱……世之論文者，必主東坡，言詩者，必右山谷，山谷自黔州以後，句法尤高，筆勢放縱，實天下奇作，宋興一人而已。」斯論正說明蘇黃盛行，歐梅廢棄，其實歐梅果有可廢之理乎？苕溪漁隱論歐公作詩曰：「歐公作詩，蓋欲自出胸臆，不肯蹈襲前人。亦其才高，故不見牽強之跡。」又論聖兪詩曰：「聖兪詩工於平淡，自成一家，如東溪詩云：『野鳧眠岸有閒意，老樹著花無醜枝。』山行云：『人家在何處，雲外一聲雞。』春陰云：『鳩鳴桑葉吐，村暗杏花殘。』杜鵑云：『月樹啼方急，山房人未眠。』似此等句，須細味之，方見其意也。」滄浪詩辨云：「國初尚沿襲唐人，梅聖俞學唐人平淡處。」歐公亦稱梅聖愈詩云：「覃思精微，以深遠閒淡爲意。」遺山之崇歐、梅者，或即在意此乎？綜上述五絕論詩，其以清滄雅正、天成自得之取詩家，或較近之。

4.遺山論詩家之病

遺山論詩，雖主風骨興寄，風雲悲壯，清滄雅正，天成自得。然其反雕琢堆砌，反苦吟，反模擬，反晦澀，反繁縟，反聲病，反怪誕，反兒女柔情，茲舉其詩論以證之：

(1)反繁縟——鬭靡誇多費覽觀，陸文猶恨冗於潘，心聲只要心傳了，布穀瀾翻可是難。

遺山此詩，雖論陸潘優劣，然其主旨，似在反詩家繁縟之病。故查初白在此詩下注曰：「爲恃才騁詞者下一針。」至潘陸優劣，劉勰文心雕龍體性篇曰：「安仁輕敏，故鋒發而韻流；士衡矜重，故情繁而詞隱。」世說新語亦曰：「潘文淺而淨，陸文深而蕪。」而潘陸兩家之風格，大致如此，前者清麗，而後者穠艷；潘岳作品，雖辭藻亦麗，而用字造句，尚有清淺之致；陸機則雕琢取巧，雖美非秀。蓋由其排比雕刻，漸失自然渾成之風格。

(2)反晦澀——望帝春心托杜鵑，佳人錦瑟怨華年，詩家總愛西崑好，獨恨無人作鄭箋。

此詩遺山詠商隱，實則在反晦澀。冷齋夜話曰：「詩到義山，謂之文章一厄。以其用事僻澀，時稱西崑體。孫器之評義山曰：「李義山詩如百寶流蘇，千絲鐵網，綺麗瓌妍，要無實用。」李商隱之詩，雖人人愛好，但其用意深曲，取事隱僻，錦瑟無題等作，令後人聚訟紛紜，用典雖爲文章表現手法，但用之太過，使詩意流於晦澀難解，故遺山以無人作箋笞之也。

(3)反怪誕——萬古文章有坦途，縱橫誰玉川盧，眞書不入今人眼，兒輩從教鬼畫符。

遺山論詩，不特反晦澀，亦不贊成怪誕。故其云：「萬古文章有坦途。」查初白注曰：「掃盡鬼怪一派。」唐詩自韓愈以怪誕取勝前人，發展成爲孟郊、賈島之冷僻奇險一派，再變本加厲，便生出盧仝、馬異、劉叉之鬼怪一派，其詩作蹇澀難讀，非文非詩，可謂走火入魔，如劉叉之雪車冰柱詩，盧仝與馬異結交詩、月蝕詩等。劉叉曾云：「酒腸寬似海，詩膽大如天。」即知彼輩詩作風格。韓愈曾嘲之以詩曰：「往年弄筆嘲仝異，怪詞驚衆謗不已，近來自作尋坦途，猶尙虛空跨騄駬。」遺山對此輩之作，故以鬼畫符譬之。

(4)反聲病——切響浮聲發巧深，研摩雖苦果何心，浪翁水樂無宮徵，自是雲山韶濩音。

此遺山反對詩家聲病，非詠次山也。次山特以欸乃曲一詩，中其選耳。詩家聲病，創自沈約。宋書謝靈傳曰：「五色相宜，八音協暢，由乎玄黃律呂，各適物宜，欲使宮羽相變，低昂互節。若前有浮聲，後有切響，一簡之內，音韻盡殊，兩句之中，輕重悉異。妙達此旨，始可言文。」切聲浮響之作品，與次山之欸乃曲自然音節相較，奚啻天壤。欸乃曲云：「千里楓林煙雨深，無朝無暮有猿吟，停橈靜聽曲中意，如是雲山韶濩音。」故鍾嶸詩品亦論聲病曰：「余謂文製本須諷讀，不可蹇礙，但令清濁流通，口吻調利，斯乃足矣。至平上去入，則余病未能，蜂腰鶴膝，閭里已具。」次山以一詩，而選入論詩之作，可謂幸矣。

(5)反苦吟——

東野窮愁死不休，高天厚地一詩囚，江山萬古潮陽筆，合在元龍百尺樓。

池塘春草謝家春，萬古千秋五字新，傳語閉門陳正字，可憐無補費精神。

切切秋蟲萬古情，燈前山鬼淚縱橫，鑑湖春好無人賦，岸夾桃花錦浪生。

此三詩，於此合而論之，蓋遺山反苦吟詩人之作也。前二首其旨易見。孟郊以苦吟名家，其苦吟詩云：「夜學曉未休，苦吟鬼神愁，如何不自閑，心與身爲讎。」又云：「食薺腸亦苦，強歌聲無歡，出門皆有礙，誰謂天地寬。」故東坡夜讀其詩嘲之曰：「夜讀孟郊詩，細字如牛毛，孤芳雜芳穢，苦語餘詩騷，要當鬥僧清，未足當韓豪。」至第二詩中「池塘生春草」之句，乃大謝之作。鮑照謂謝詩「自然可愛」，或指此句。石林詩話曰：「池塘生春草，園林變鳴禽。人多不解此語之工，蓋欲以奇求之耳，此語之工，正在無意中猝然與景相遇，而思苦言艱者往往不悟。」而陳無已則不然，黃山谷詩云：「閉門覓句陳無已，對客揮毫秦少游。」或云：「陳無已，平日出行，覺有詩思，便急歸擁被臥而思之，呻吟如病者，累日而後起。」又石林詩話亦曰：「世言陳無已，每登覽得句，即歸臥一榻，謂之吟榻，家人知之，即貓犬皆逐去，嬰兒稚子，皆抱持鄰家。」故陳之苦吟，遺山以大謝天成佳句之相襯，更覺苦吟無補，徒費精神。末後一詩，「切切秋蟲萬古情，燈前山鬼淚縱橫。」正是苦吟詩人常態。所謂：「纔吟五個字，又白幾莖鬚。」「到曉改詩句，四鄰嫌苦吟。」又云：「吟盡三更未著題，竹風松雨共淒淒。」此苦吟詩人作秋蟲之鳴，其苦至矣。詩後二句，令人費解。今觀歷代詩話曰：「元公在制江七年、因醉題東武亭，其詩曰：『役役行人事，紛紛碎簿書，功夫兩衙盡，留滯七年餘。病痛梅天發，親情海岸疎，因循未歸得，不是戀鱸魚。』

盧侍郎簡永戲之曰：『丞相雖不爲鱸魚，爲愛鑑湖春色耳。』春色者，妓女采春也」。末句乃以李白詩語作結。余意遺山以功夫盡費書術之中，失去大好春光，正同苦吟詩人鑽入牛角，不知外面天地之闊。宋末四靈派詩人，宗賈島、姚合，頗尚苦吟。遺山之反苦吟，或有疾終此輩之行耳。

(6)反模擬——窘步相仍死不前，唱酬無復見前賢，縱橫正有凌雲筆，俯仰隨人亦可憐。

此詩乃譏西崑體酬唱之作，祇求對偶工整，用事精巧，俯仰隨人，毫無新意。故黃山谷云：「隨人作計終後人。」又云：「詩文惟不造空強作，待境而生，便自工耳。」而西崑體之擬玉谿，但學其形貌，而鮮及其神，故有撏撦之譏。清姚鼐古體詩鈔曰：「西崑體之擬玉谿，但學其隸事，殊滯於句下，都成死語。」故遺山之反對模擬，而取庾信之凌雲健筆也。

(7)反俳諧怒罵——曲學虛荒小說欺，俳諧怒罵豈詩宜，今人含笑古人拙，除卻雅言都不知。

此詩乃鍼砭宋代末俗之作，以俚語入詩，以嘻笑怒罵入詩，以經典入詩，以議論入詩，而詩之道不純矣。滄浪詩話曰：「近代詩作，其末流甚者，叫噪怒張，殊乖忠厚，殆以罵詈爲詩，詩至此可謂一厄。」遺山小亨集序云：「初余學詩，以十數條自警云：無怨懟、無謔浪、無驚恨、無崖異，無狡詐，無媕阿，無附會，無籠絡，無衒鬻，無矯飾，無爲堅白辨，無爲賢聖癲，無爲妾婦妬，無爲讐敵謗傷，無爲聾俗鬨傳，無爲鼓師皮相，無爲黥卒醉橫，無爲黠兒白捻，無爲田舍翁木強，爲無法家醜詆，無爲牙郎轉販，無爲市倡恩怨，無爲琵琶狀人魂韵詞，無爲邨夫子兔園冊，無爲算沙僧困義學，無爲稠梗治禁詞，無爲天地一我今古一我，無爲薄惡所移，無爲正人端士所不道。」

⑻反兒女柔情——有情芍藥含春淚，無力薔薇臥曉枝，拈出退之山石句，始知渠是女郎詩。

遺山詩主風雲悲壯，故反兒女柔情，未見其全允也。蓋詩之風格，向有以婉約纏綿見稱者，亦有以豪放邁往見稱者，前者宋之少游，後者宋之蘇軾，未可以優劣論也。少游之妙，全在兒女柔情。故詞林紀事評其詞曰：「子瞻辭勝乎情，耆卿情勝乎辭，辭情相稱者，唯少游一人而已。」馮夢華亦云。「准海詞淡語有味，淺語有緻。」陳無已更謂：「東坡學士小詞似詩，少游詩似小詞。」詞之風格，婉約爲正，少游詩似小詞，難怪有女郎之譽。今遺山以己意非之，正見道不同者不相爲謀。其中州集王中立傳云：「予嘗從先生學，問作詩究竟如何？先生舉秦少游春雨詩句云：『有情芍藥含春淚，無力薔薇臥曉枝。』詩非不工，若以退之山石詩較之，則爲婦人語。破除功夫，何至學婦人。」今觀退之山石詩云：「山石犖确行徑微，黃昏到寺蝙蝠飛，升堂坐堦新雨足，芭蕉葉大梔子肥。」二詩相較，一則氣慨崢嶸，一則兒女柔情，不可同日語也。

⑼反雕琢堆砌——古雅難將子美親，精純全失義山眞，論詩寧下涪翁拜，未作江西社裏人。

此非江西詩派之詩也，江西派之詩，有何可非？此派詩人，琢鍊字句，務去陳言，講究詩法，好奇尙硬。遺山之意，以此輩之詩，古雅難接子美，精純又失義山，全無是處。末流所趨，流弊更甚。要知山谷擬杜，能自出杼機：江西派又擬山谷，徒求其形似。濟南詩話曾非山谷曰：「少陵之詩，典謨也，東坡孟子之流，山谷則楊雄法言而已。」又曰：「古之詩，雖趣尙不同，製作不一，要皆出於自得，辭達理順，皆足名家，何嘗有以句法繩人者，魯直開口講句法，此便是不及古人處。而門徒親黨以衣缽相傳，豈詩之眞理也哉」遺山論詩，尙天成自得，反對雕琢。中州集後云：「北人不拾江西唾，未要曾郎借齒牙。」遺山固薄黃而不肯爲，然在魚與熊掌之中，寧擇山谷，不取其徒黨。

5. 遺山論人品與詩

(1)心畫心聲總失眞，文章寧復見爲人，高情千古閒居賦，寧信安仁拜路塵。
(2)出處殊途聽所安，山林何得賤衣冠，華歆一擲金隨重，大是渠濃被眼謾。
(3)萬古幽人在澗阿，百年孤憤竟如何？無人說與天隨子，春草輸贏較幾多。
(4)亂後元都失故基，看花詩在只堪悲，劉郎亦是人間客，枉向春風怨兔葵。

第一詩論潘岳。晉書列傳二十五云：「潘岳，字安仁，滎陽中牟人也。……岳性輕躁，趨勢利。與石崇爭諂事賈謐，每候其出，與崇望塵而升。謐二十四友，岳爲其首。其母數誚之曰：『爾當知足，而乾沒不已乎？而岳不能改，既仕宦不達，作閑居賦，以見其清高之情。』」若以閒居賦觀之，誰知其要爵覓侯，望風而拜。此評其品不如詩也。

第二詩據清施國祈注：「晉謝萬傳，善屬文，敘漁父，屈原、季玉、賈誼、楚老、龔勝、孫登、嵇康四隱四顯爲八賢。論其旨，以處者爲優，出者爲劣。」而遺山之詩旨，以人品及詩作，不能以山林臺閣論優劣也。宗廷輔亦云：「山林臺閣各是一體。宋季方回撰瀛奎律髓，往往偏重江湖道學，意當時風氣，或有借以自重者，故唱破之。」余意宗言得之。蓋宋理宗朝，國勢阽危，人心惶恐，斯時失意文人，或潦倒末宦，均苦進退失據，於是招朋結友，遊謁江湖，高焉者藉吟詠唱酬，消磨歲月，等而下之，則挾中朝尺書，奔州縣餬口。遺山此作，即譏此輩也。

第三詩，所詠之陸龜蒙，乃唐長州人，字魯望，通六經大義，明春秋，隱居松江甫里，人稱甫里先生，自號天隨子。嗜茶，置茶園於顧渚山下。歲獲之茶，先自品題，性高尚，不交俗流，常泛舟江湖間，號江湖散人。或云：「先生平時以文章自怡，未嘗有點竄塗抹者，紙札相壓，投于箱篋中，歷年不曾淨寫一本。或爲好事取者去，後于他人家見之，亦不復謂己作矣。」冷齋杜工部詩云：「陸龜蒙得杜詩之贍博，軒然自號一家，煊世嚇俗。」其詩云：「無多藥草在南榮，合有新苗次第生，稚子不知名品上，恐隨春草鬥輸贏。」宗廷輔云：「遺山蓋以陸氏，生丁末運，自以未掛朝藉，絕無憂國感憤之辭，故即其所爲詩以諷。」余謂宗氏之說未必。今試觀龜蒙之詩，其別離詩云：「丈夫非無淚，不洒別離間，仗劍對樽酒，恥爲遊子顏。蝮蛇一螫手，壯士疾解腕，所思在功名，離別何足歎。」又其宮人斜云：「草樹愁煙似不春，晚鶯哀怨問行人，須知一種埋香骨，猶勝昭君作虜塵。」若謂龜蒙無憂國感憤之詞，豈可信乎？余意遺山「萬古幽人在澗阿」一詩，或借龜蒙以譬宋之遺民詩人也。蓋宋朝亡國，元人入侵，讀書人嚐到亡國之苦痛，一是賣身求榮，一則分積極與消極兩等。積極者以身殉國，消極者遯跡山林，採取不合作主義，以求其心安。此宋之遺民詩人情形，陸龜蒙在唐，或即後者一流。謂其全無孤憤，可乎？

末一詩論劉禹錫，字夢得。得貞元間擢進士，登弘詞，官監察御史。順宗即位，擢屯田員外郎，判度支鹽鐵案，頗藉勢傷士，憲宗朝，屢升貶，落魄無聊，作竹枝詞問大鈞、謫九年等賦，話多譏忿，後復召入。舊唐書劉禹錫傳曰：「禹錫坐王叔文黨、貶司馬。既貶還，宰相欲任省郎，而禹錫作玄都觀看花戲贈諸君子詩。詩云：『紫陌紅塵拂面來，無人不道看花回，玄都觀裏桃千樹，盡是劉郎去後栽。』因其語涉譏忿，當路不喜，乃出爲播州刺史，後復入爲主官郎中，作再遊玄都觀詩，且言始謫云：『余貞元二十一年爲屯田員外郎時，此觀未有花。是歲出牧連州，尋貶郎州司馬。居十一年，召至京師，人人皆言有道士，手植仙桃，滿觀如紅霞，遂有前篇，以志一時之事，旋又出牧，今十有四年，復爲主官郎中，重遊元都，蕩然無一樹復存，惟見兔癸燕麥動搖於春風耳。因題詩云：「百畝亭中半是笞，桃花淨盡菜花開，種桃道士今何在？前度劉郎今又來。」』遺山此詩，或諷禹錫人品，或興黍離之悲，或兼而論之，似難定論。

6. 遺山推崇之詩家

遺山最推崇之詩人，當爲唐之杜甫，宋之蘇軾、其著作有杜詩學一卷，東坡詩雅三卷，即其明證、故其論詩絕句云：

(1)排比舖張特一途，藩籬如此亦區區，少陵自有連城璧，爭奈微之識碔砆。
(2)金入洪爐不厭頻，精眞那計受纖塵，蘇門果有忠臣在，肯放坡詩百態新。
(3)奇外無奇更出奇，一波纔動萬波隨，只知詩到蘇黃盡，滄海橫流卻是誰。

第一詩，前人每謂乃論李杜優劣者，然則在論李杜優劣中，遺山已有推崇杜甫之意。李杜優劣，前人未定，此詩遺山獨取元微之之論，元微之杜工部墓誌銘曰：「苟以爲能所不能，無可無不可，則詩人以來，未有如子美者。時山東李白亦以奇文取稱，時人謂之李杜，予觀其壯浪縱姿，擺去拘束，撰寫物象，及樂府詩歌，固亦差肩於子美矣。至若鋪陳終始，排比聲律，大或千言，次猶數百，詞氣豪邁而風調清深，屬對律切而脫棄凡近，則李尚不能歷其藩翰，況堂奧乎？」微之之論，已有崇杜之嫌，遺山猶覺不足，更以連城譬杜，以微之識杜之善，特若碔砆之微耳。故遺山在杜詩學引中亦曰：「竊嘗謂子美之妙，釋氏所謂學至於無學者矣。今觀其詩，如元氣淋漓，隨物賦形，如三江五湖，合而爲海，浩浩瀚瀚，無有涯涘。如祥光慶雲，千變萬化，不可名狀，固學者之所動心駭目，及讀之熟，求之深，含咀之久，則九經百氏，古人之菁華所以膏潤其筆端者，猶可彷彿其餘韻也。夫金屑丹砂芝朮參桂，識者例能指名之，至於合而爲劑，其君臣佐使之互用，甘苦酸鹹之相入，有不可復以金屑丹砂芝朮參桂而名之者矣。故謂杜詩無一字無來處可也。前人論子美用事，有著鹽水之喩，固善矣，但未知九方皐相馬，得天機於滅沒存亡之間，物色牝牡，人所共知者爲可略耳。」足見遺山崇杜學杜，故有「可亂楮葉」之譽。

至於論蘇軾兩詩，查初白在前一首下注曰：「蘇門諸君，無一人能繼嫡派者，才有所限，不可強耳。」清高宗選輯唐宋詩醇亦論蘇軾云：「其詩氣豪體大，有非後哲所易學步者。是以元好問『蘇門果有忠臣在，肯放坡詩百態新。』蓋凡用此爲譏議，與見其不可模擬耳。」末一詩後村詩話中明白曰：「元祐以後，詩人迭起，不出蘇黃二家。」遺山嘆滄海橫流無人，正欲自作砥柱耳。遺山詩學，唐宗杜甫，宋效東坡。清翁方綱書遺山集後云：「程學盛南蘇學北。」又齋中與友論詩曰：「蘇學盛於北，景行遺山仰。」讀元遺山詩云：「遺山接眉山，浩平海波翻，效忠蘇門後，此意豈易言。」潘德輿論遺山詩亦云：「評論正體齊梁上，慷慨歌謠字字遒，新態無端學坡谷，未須滄海說横流。」由此可見，遺山確受東坡影響甚大。遺山東坡詩雅自云：「五言以來，六朝之陶謝，唐之陳之昂、韋應物、柳子厚最爲近風雅，自餘多以雜體爲之，詩之亡久矣。雜體愈備，則去風雅愈遠，其理然也。近世子瞻絕愛陶柳二家，極其詩之所至，誠亦陶柳之亞，然評者尚以能似陶柳而不能不爲風俗所移者爲可恨耳。夫詩至於子瞻，而且有不能近古之恨，後人無所望矣。」

三、論詩絕句之評價

遺山繼杜甫詩六絕句之後，能上逮漢魏，下及唐宋，以論詩絕句三十首，論述此期間詩風與詩人，較之其他評人論詩之作，顯然不同，別具風格。因其評人論詩，以詩語出之，不特容易上口，容易記誦，且方式新穎，語尚中肯，故其在詩名之外，別有所獲。後之論遺山者，必及其論詩三十絕句，故人譽其評論詩作，另闢蹊徑。然吾人論事，必先靜心，多方思索，多方分析，勿隨人附和，勿故作異論，同之於異，務求折衷，爰就遺山論詩絕句之作，析論如后：

㈠詩論可否——詩之爲體，以少字言多物，故不重其敘事評物之明白，而重其寫景言情之意境。就實質言，詩乃美之化身，其境抽象，其意難盡解。故唐人之詩，人稱上品，乃在羚羊掛角，無跡可求；宋人之詩，揷入議論，已較遜色。故就形式上言之，詩本身有字數上之限制，平仄之規定，韻腳之拘束。故以詩去論述作品，評論詩家，若用昏鏡鑑物，其模糊可知，故可得其輪廓，難見其眞象。遺山之論詩三十絕句，若謂上乘之作，未便苟同，如云完整詩論、又覺一鱗半爪。故其於作家，祇能選其所中意；其於詩論，亦未見圓通入微。故其於千餘年之詩史中，芸芸衆多之作家內，擇喜論評，故予人新鮮突出之感。若欲以詩盡論史上作家，恐有才難之嘆。故以詩作論，戲爲則可，正論則疏，偶爲則可，常爲則難也。

㈡詩論短長——詩既非議論之利器，故在評論上，其缺失常有，可見其點，不見其面；可見其略，不見其精；可見其偏，不見其全。譬若小巧之照相機，可攝取臺北市街旁之零星精采鏡頭，但若欲窺北市全貌，必賴高空照相技術與機件。遺山論詩絕句，其表現之優劣亦正如斯。雖其道出許多精采中肯之論，但究不能概此時代此詩家之全貌。甚至其論點，因表現不夠明確，常常引起後代歧論，正暴露以詩作論之短。如「蘇門果有忠臣在，肯放坡詩百態新。」後之論者，就有貶蘇褒蘇兩說，莫衷一是。如其論潘陸優劣，只云：「陸文猶恨冗於潘。」其實潘陸之優劣，史上載之甚多，非此一語可盡。陳祚明采菽堂古詩選評潘陸曰：「安仁寫情，士衡不及情；安仁任天眞，士衡準古法，夫詩以道情；天眞旣優，而以古法繩之，曰未盡善可也，蓋古人能用法者，中亦以天眞爲本也。情則不及，而曰吾能用法，無實而襲其形，何益乎？故安仁有詩，而士衡無詩。」他如詩品曰：「陸才如海，潘才如江。」謝混評：「潘詩爛若舒錦，無處不佳，陸文如披沙簡金，往往見寶。」許學夷評：「安仁體製旣亡，氣格亦降，察其才力、實在士衡之下。」文心雕龍評潘陸：「潘文淺而淨，陸文深而蕪。」皆各見優劣，未可一語而定。他如其評秦少游女郎之詩，陳無已閉門無補等，皆非一語可論定此一詩家。此以詩作論之短，其理甚明，不須辭費。

㈢有無創意——評詩論文，最主創意，道前人之未發，言前人之未言。然後方能邁越前人，獨具己見，否則徒襲前人陳意陳言，僅易以詩語出之，俏皮則有餘，創意則不足。遺山論人論詩，皆因前人定評，如評劉琨之清剛之氣，老曹之沈雄俊爽，陶詩之自然風格，阮籍之悲憤情懷，潘岳人不如詩，北歌慷慨本色，陳子昂振衰起靡，以及陸蕪潘淨，盧仝之怪異，孟郊之苦吟，李白之俊逸，杜甫之博大，柳宗元之倣謝，秦少游兒女之情，歐梅之清新古雅，蘇東坡之波濤萬頃。無非拾人唾餘，綜前人精識，前人論之又論，不讀前人之作，僅讀遺山絕句，則徒覺費解；讀過前人之作，再讀遺山詩論，又覺辭費。但其所可取之點，僅在以詩語出之，令人口耳一新。若云創意，吾未敢許之也。

㈣有無系統——世人每謂遺山論詩絕句三十首。爲最有系統最有見解之作。其見解部份、已論述如上。此後或當更爲詳說，追述其論述所本。此節之論，專就遺山論詩，有無系統言之。遺山論詩絕句三十首，雖上逮漢魏，下及唐宋，論朝十有餘，論人三十多，但有無系統，應從二方面言之：以遺山論詩及其對詩之見解上，對詩家取捨上，可能自成其系統。先就詩家取捨上而言，其於魏晉取劉楨、阮籍、劉琨、陶潛。於唐取陳之昂、李白、杜甫、柳宗元。於宋取歐陽修、梅聖俞、蘇東坡等，皆與其詩風格有暗合之處。次就論詩之見解，其反繁縟，反雕琢，反晦澀，反苦吟，反模擬，反兒女柔情，反聲病，又與論詩見解有關，故若以此論，其論詩絕句之作，乃遺山個人論詩自成系統之作，決非對詩史所論作家，有整體系統之作。如係對詩史有系統之論評，則詩之源流正變，詩之派別作家，皆應闡其遞變，擇其翹楚，加以論列。今三十首之作，三曹只論老曹，而不及子桓子建；七子僅列劉楨，而不及王粲；正始詩人，有阮籍而無嵇康；太康詩人，論及張華潘陸，而不及左太沖；永嘉詩人，有淵明、劉琨而不及郭璞。南北朝爲中國文學盛世，除一謝靈運、斛金律外幾不及其他。唐朝雖有陳子昂、杜甫、李白、李商隱等大家，然王、孟、高、岑、白、張、小杜之流，又付闕如；宋代則除歐、梅、蘇、黃數人外，亦鮮論及。至探詩之源流正變，雖有偶及，決非論詩絕句所可勝任，如不詳其說解、徒以系統二字概之，後之不讀遺山作品者，亦將誤遺山以詩歌爲詩作評史，豈不謬哉。

四、論詩絕句之餘

遺山論詩絕句之作，後人雖有倣效之者，若清之王漁洋，有戲仿元遺山論詩絕句三十二首，後之袁枚，有倣元遺山論詩絕句三十八首（袁多論清詩人）。余獨以漁洋山人最解以詩作論三昧，故以「戲」字標題。蓋以詩作論，僅可出之游戲筆墨，決不可爲宏衍巨著。故遺山論詩絕句三十首，以其以詩作論言，只可出之游戲筆墨，難言綱舉目張之論評。以其論評優劣言。略若蜻蜓點水，一觸即過；未能剖肌分理，得其細微；以其有無創意言，則僅綜前人精識，而已見甚鮮；以其有無系統言，僅由一己取捨，並非詩家之公論。但其論詩絕句三十首，亦非全無所獲，其所獲者，端在能以清新詩語、綜前人之精識，論己之所取，諷己之所惡；歌己之所歡，詰己之所怨；能上逮漢魏，下及唐宋，亦非全無識者所可爲。其最大貢獻，能以詩語將前人結論，說得更俏皮些，如人人皆知李商隱之詩晦澀難解，卻無人寫出「人人皆道西崑好，可惜無人作鄭箋。」最後，吾人僅以遺山論詩絕句最後一首作結，詩云：

「撼樹蚍蜉自覺狂，書生技癢愛論量，老來留得詩千首，卻被何人較短長。」

讀遺山此詩，則知遺山論詩絕句三十首，僅是少年書生，技癢愛論量之作，固無心為詩家立春秋之筆也。

發表於中華文化復興月刊十二卷第四期

論文選文體分類

文體之辨，遠在昔代，晉李充翰林論，摯虞文章流別，各有述作，惜其書已佚，難別梗概。至南朝劉勰文心雕龍，昭明太子文選，論文敘筆，囿別區分，可謂詳備。然文體日繁，至明代吳訥文章辨體，徐師曾文體明辨，前者區分文體爲五十九類，後者竟達一百二十七種，剖析毛髮，不厭其細，詳其所類，總括詩文，或因題以立義，或古有而今亡，以之覽古今文體，則有足多助，以之備選篇誦詠，則雜而無當，至清姚曾二氏出，始條其大體，而古文辭類纂，及經史百家雜鈔，殆可謂選文家之範本矣。

今日各大學中文系，皆開設歷代文選課程，或取材昭明，或範規姚曾，或由教師自酌選篇，不一而足。顧昭明之選，僅及梁前，姚曾之選，雖稱完備，然篇目繁多，且時在清代，文體之流變，至今日亦有二氏所不及者矣。本校中國文學系於民國七十二年奉准設系，於文選之教材，幾經斟酌，爲顧及本校宗旨及環境，特選此編，以供講授。

本篇共選最適用之文體十類，每類之前，冠以小序一篇，說明該類文體之流變，文學特色，寫作方法，或應用範疇，以使讀者明此體之梗概，亦有助其諷詠欣賞習作之餘意也。

壹 辭賦類

一、意義與淵源

詩有六義，其二曰賦。朱熹詩集傳云：「賦者，敷陳其事而直言之者也。」故賦之在詩，乃作詩之法，非文體之辨明耳。及風雅既亡，有楚狂鳳兮之歌，孺子滄浪之詠，發乎情，止乎禮義，與詩之六義，不甚相遠，但其稍變詩之本體，以「兮」字爲讀，遂爲楚聲之萌蘖。故班固兩都賦云：「賦者，古詩之流也。」

及靈均唱騷，本詩義而作，以楚聲楚言，號曰楚辭。厥後宋玉繼作，風賦高唐，以賦名篇。趙人荀況，禮、智、雲、蠶之篇，皆冠賦名。班固云：「大儒孫卿楚臣屈原，離讒憂國，皆作賦以諷，咸有惻隱古詩之義。」後人宗之，以爲辭賦之祖，如至方不能過矩，至圓不能過規。故劉勰文心雕龍詮賦篇云：「賦也者，受命於詩人，拓宇於楚辭，於是荀況禮智，宋玉風釣，爰錫名號，與詩畫境，六義附庸，蔚成大國。」此稱名之所由始也。

二、賦之流變

兩漢以來，作者蠭出，鋪采麗文，沉思翰藻，言內容則宮殿遊獵，詠物答問，雖宏偉體製，不失諷諫，古今言賦，兩漢爲宗，蓋去其淫而取其所以爲則，庶不失古賦之本。揚子雲不云乎：「詩人之賦麗以則，詞人之賦麗以淫。」即此義也。魏晉六朝，賦體漸變，道家玄談，日益囂塵，四聲八病，競爲時尚，言內容則遊仙哲理，抒寫情志；論文字則抽黃對白，回聲揣病，詩賦合流，號曰俳賦。孫述友賦篇云：「左陸以下，漸趨整鍊，齊梁而下，益事妍華，古賦一變而爲駢賦。江鮑步於前，金聲玉潤；徐庾鴻騫於後，繡錯綺交；固非古音之洋洋，亦非如律體之靡靡。」隋唐之賦，受沈約四聲八病之拘束，與徐庾駢四儷六之影響，遂專以諧平仄，精對偶爲工，而情感與氣韻不論，當時所謂「上官體」，四傑沈宋之流，均不脫六朝之流風餘韻，采麗競繁，興寄都絕。科場用以取士，通儒畀以俳優，號曰律賦。孫述友述賦篇云：「自唐迄宋，以賦造士，創爲律賦，用便程式，新巧以制題，險難以立韻。課以四聲之切，幅以八韻之風……然後銖量寸度，與帖括同科。」自晚唐杜牧阿房宮賦出，古今燴炙，以有韻散文之體行之，宋人或沿其體，斯也律賦拘束之反動，古文運動之影響。如歐陽秋聲賦，蘇軾赤壁賦，所謂文賦是也。夫俳賦文賦雜以制藝文句法，其體彌衰，號曰股賦，亦聊備賦之一體，此賦流變之大經也。

三、賦之作法

文心雕龍詮賦篇云：「賦者，鋪也，鋪采麗文，體物寫志也。」鍾嶸詩品總論亦云：「直書其事，寓言寫物，賦也。」故賦之初興，寓言寫物爲本。然屈平多才，遭讒去國，憂愁憂思，以作離騷，故善寫香草以配忠貞，惡禽臭物以比讒佞，靈修美人以媲於君，宓妃佚女以譬賢臣，鸞鳳以託君子，飄風雲霓以爲小人，故其敘情怨，則鬱抑而易感；述離居，則愴快而難懷；論山水，則循聲而得貌，言節侯，則披文而見時；漢代詞人，視爲典則，雖有仁義節儉之語，不外干祿圖利之謀，而賦之本義失矣。文心雕龍詮賦篇不云乎：「原夫登高之旨，蓋覩物興情，情以物興，故義必明雅；物以情觀，故詞必巧麗，麗詞雅義，符采相勝，如組織之品朱紫，畫繪之著玄黃，文雖新而有質，色雖揉而有本，此立賦之大體也。然逐末之儔，蔑棄其本，雖讀千賦，愈惑體要，遂使繁華損枝，膏腴害骨，無貴風軌，莫益勸戒，此揚子所以追悔於雕蟲，貽誚於霧縠者也。」故作賦之要，以騷爲本，漢賦雖盛，難以爲法，然則學古者奈何？徐師曾文體明辨云：「發乎情，止乎禮義，其賦古也，則於古有懷；其賦今也，則於今有感；其賦事也，則於事有觸；其賦物也，則於物有況；以樂而賦，則讀者躍然而喜；以怨而賦，則讀者愀然以吁；以怒而賦，則令人按劍而起；以哀而賦，則令人掩袂而泣；動盪乎天機，感發乎人心，而兼出於六義，然後得賦之正體，合賦之本義。苟爲不然，則雖能脫乎俳律，而不知其又入於文矣。」此論賦法古今之大要也。

四、賦之作家

文心雕龍詮賦篇云：「觀夫荀結隱語，事數自環；宋發巧談，實始淫麗；枚乘兔園，舉要以會新；相如上林，繁類以成艷；賈誼鵩鳥，致辨於情理；子淵洞簫，窮變於聲貌；孟堅兩都，明絢以雅贍；張衡二京，迅發以宏富；子雲甘泉，構深瑋之風；延壽靈光，含飛動之勢；凡此十家，並辭賦之英傑也。及仲宣靡密，發端必遒；偉長博通，時逢壯采；太沖安仁，策勳於鴻規；士衡子安，底績於流制；景純綺巧，縟理有餘；彥伯梗概，情韻不匱；亦魏晉之賦首也。」魏晉而下，賦體益衰，若選而讀之，則王勃之滕王閣序，雖不以賦名篇，猶存斯義。餘如杜牧阿房，歐陽秋聲，蘇軾赤壁，亦文賦之傑出者也。

貳　論說類

一、意義與淵源

劉勰文心雕龍論說篇云：「論也者，彌倫群言，而精研一理者也。」又云：「說者，悅也，兌爲口舌，故言咨悅懌。」故論之爲體，以說理是尙；說之爲體，以巧辭是崇。雖取名不同，要皆以研理辨說，取信於人爲宗也。

昔仲尼微言，門人追記，仰其經目，稱爲論語。群論立名，蓋肇於茲。而說之名，起自易之說卦，厥後漢許愼說文，或亦祖述其名。而昭明文選，不著說體，獨陸機文賦云：「說，煒燁而譎狂。」蓋前此以說題篇者鮮也。至昌黎韓愈，有師說一篇，世儒效之，凡即事即理而爲之辨，即以說題篇，與論並行，蔚成風氣。故論說之體，在昔雖各以名篇，而研其實義，則旨歸一途。故選文之家，總爲一類，斯蓋命名之大經也。

二、論說之流變

文心雕龍論說篇云：「詳觀論體，條流多品，陳政則與議說合契，釋經則與傳注參體，辨史則與贊評齊行，敘文則與敘引共紀。」原夫舍人之說，在昔文體類分不精，猶可備爲一說，於今觀之，則抵觸多有。論體與議說合契，事理自暢，若傳注、贊評、敘引，皆旨議有歸，文體有殊，統謂論體，則天下之文，凡表達情意者，無不可以論體屬之矣。今觀論說體之流變，與後世之原、議、辨、說、解、釋，則有異名同曲之工焉。茲據徐師曾文體明辨之說，參以己意，略述之如后。

㈠原：按字書云：「原者，本也。謂推論其本原也。」自唐韓愈作五原，而後人因之，雖非古體，然其溯原於本始，致用於當今，則誠有不可少者。至其曲折抑揚，亦與論說相表裏，無甚異也。

㈡議：按劉勰云：「議者，宜也。周爰諮謀，以審事宜也。」周書云：「議事以制，政乃不迷。」古者國有大事，必集群臣而廷議之，交口往復，務盡其情，若罷鹽鐵，擊匈奴之類是也。厥後下公卿議，乃始撰詞書簡牘以進，而學士偶有所見，又復私議於衆，或商今，或訂古，然其大要，在於據經析理，文以辨潔爲能，事以明覈爲美。

㈢辨：按字書云：「辨，判別也。」蓋執其言而以大義斷之，本乎至當不易之理，而以反復曲折之詞發之。其題曰辨，隨作者命之，實非有他義也。

㈣解：按字書云：「解者，釋也。因人有疑而解釋之也。」其文以辨釋疑惑，解剖紛難爲主，與論說蓋相通焉，如楊雄解嘲，韓愈進學解。

㈤釋：按字書云：「釋，解也。」文既有解，又復有釋，一義二名，別無異議。如蔡邕釋誨，皇甫談釋勸。

據上所引，故曾國藩云：「論著類，著作之無韻者，經如洪範、大學、中庸、孟子皆是。諸子曰篇、曰辨、曰議、曰解、曰原皆是。」

三、論說作法

論說之爲體，蓋著述之利器，而學術之干城也。其用有二：一以立我宗義，一以破彼異說。破而能立，然後敵黜而我尊，邪摧而正顯。是故此體之興廢，常與學術相始終。文心雕龍論說篇云：「原夫論之爲體，所以辨正然否，窮于有數，追于無形。迹堅求通，鉤深取極，乃百慮之筌蹄，萬事之權衡也。故其義貴圓通，辭忌枝碎，必使心與理合，彌縫莫見其隙，辭共心密，敵人不知所乘，斯其要也。是以論如析薪，貴能破理，斤利者越理而橫斷，辭辯者反義而求通，覽文雖巧，而檢跡如妄，唯君子能通天下之志，安可以曲論哉。」又云：「夫說貴撫會，弛張相隨，不專緩頰，亦在刀筆。」又云：「凡說之要，必使時利而義貞，進有契於成務，退無阻於榮身，自非譎敵，則惟忠與信。披肝膽以獻主，飛文敏以濟辭，此說之本也。而陸氏直稱說煒燁以譎狂，何哉？」是故論說之道，文理必面面俱到，使人無能乘瑕蹈隙；文辭必合乎邏輯，予人不能挑剔疵漏，至其方法，則不外演繹歸納與類推並用，章法則引論、本論與結論序行，惟有作者心領神會，運用之妙，存乎一心。

四、論說之作家

原夫論之爲體，雖肇至論語，而宏衍成篇，則始至戰國。戰國之世，百家爭鳴，諸子之作，文辨縱橫，莊周齊物，碱砭名家；荀卿禮樂，抵巇墨學；不群春秋，六論昭引；韓非顯學，兩非儒墨；至於稷下清風，辯士雲踊；一人之辯，重於九鼎之寶；三寸之舌，強於百萬之師。沿及漢朝，朝廷則有石渠講藝，白虎通論。私士著作，如賈誼新書，桓寬鹽鐵，王充論衡，王符潛夫，應劭風俗，仲長昌言等，論說古今，指陳時政，皆論說之尤者也。魏晉之際，世極亂雜，俗好臧否，人競寸舌，論者之風，鬱然興起，覈其大較，不出兩宗，一則據名刑以爲骨幹，一則託老莊以爲營魄。傅嘏、王粲校練於名理；何晏、王弼務盛於玄談。唐宋而下，觀夫諸家集中，論說之作，不勝枚舉，全在讀者擇其所嗜，取其精髓而已。

參　記敘類

一、淵源與流變

徐師曾文體明辨記敘類序云：「金石例云：記者，記事之文也。禹貢顧命，乃記之祖，而記之名，則昉於戴記學記諸篇。厥後揚雄作蜀記，而文選不著其體，劉勰不列其類。則知魏漢以前，作者尙少，其盛自唐始也。其文以敘事爲主，後人不知其體，顧以議論雜之，故陳師道云：「韓退之作記，記其事耳，今記乃論也。蓋亦有感於此也。然燕亭記已涉議論，而歐蘇以下，議論寖多，則議體之變，豈一朝一夕之故哉。」

觀徐氏之言，知記敘之體，雖源出甚早，而茲體大盛，則在唐後。蓋爲文之道，其體別雖萬殊，若總歸之，則不外記言記事。漢書藝文志云：「古之王者，君舉必書，所以愼言行，昭法式也。左史記言，右史記事，事爲春秋，言爲尙書。」其所記雖不同，而總歸史傳。漢書藝文志又云：「論語者，孔子應弟子時人及弟子相與言，而接聞於夫子之語也。當時弟子各有所記，夫子既卒，門人相與輯而論纂，故謂之論語。」以言屬懿訓，而總歸子類。故文選不著其體，劉勰不列其類。後代文體區別漸精，唐宋而後，凡記人記事記物之作，而其言出閒情之筆，而事不關朝章國典者，總名之曰記敘體。故姚鼐姬傳，曾氏國藩，皆有敘記雜記之分。敘記類則列左傳尚書，雜記之類，則唐宋以後也。而其夾雜議論，蓋觸物生情，不能無感，藉題發揮，其來有自，非無因也。曾國藩經史百家雜鈔敘記類云：

「敘記者，所以記事者。經如武成、金滕、顧命、左傳紀戰事，紀會盟及全編，皆記事之書。通鑑法左傳，亦紀事之書也。後世古文，如平准西碑，然不多見。」

雜記類又云：「雜記類，所以記雜事，如禮記投壺、深衣、內則、少儀、周禮之考工記皆是。後世古文家，修造宮室有記，遊覽山水有記，以及記器物，記瑣事皆是。」

二、類別及作品

記敘之文，條流二品，若大別之，仍不外記人、記事、記物、記遊而已。

㈠記人——記人之文，實始記列傳，有專記一人者，如史記呂不韋列傳，伍子胥列傳。有平記多人者，如史記管晏列傳，屈原賈誼列傳。亦有以某人爲主體，餘則附屬陪襯而已。如史記孟荀列傳，則孟荀爲主體，淳于髡、愼到、騶奭、墨子皆其附者也。後世記人之篇仿此。

㈡記事——記事之文，敘事之原委也。將一事發生之原因、經過、結果，原原本本，詳細道出，如左傳秦晉殽之戰，通鑑肥水之戰，記戰事之文也。左傳申之會，平丘之盟，記會盟也。後世記事之文仿此。

㈢記物——記物之文，領域至廣，上至天體星象，下至漁介草木，亭台樓閣，珍玩奇物，無不可記。如歐陽修醉翁亭記，蘇軾超然台記，記亭台也。記廟祠者，楊衡之洛陽伽藍記，范仲淹先生祠堂記。記奇物者，如韓愈畫記，魏學洢核舟記，後世記物之文仿此。

㈣記遊——古人云：「良辰假我以美景，大塊假我以文章。」古今文人，嗜遊成性，山水遊記之作，故亦特多。如柳宗元永州八記，王安石褒禪山遊記皆是。

三、記敘文作法

劉勰文心雕龍物色篇云：「春秋代序，陰陽慘舒，物色之動，心亦搖焉。」故宇宙萬象，林林總總，日月疊璧，以垂麗天之象，山川煥綺，以舖地理之形，龍鳳以藻繪呈瑞，虎豹以炳蔚凝姿，雲霞有畫工之妙，草木若錦匠之奇，人處其間，感物寫意，乃自然也。故寫人物，則以寫氣圖貌，呼之欲出，記事情，則以原委分明，條理清晰；記器物，則以擬狀畢肖，如呈目前。記遊樂，則以意興悠閒，行雲流水。然記敘之文，雖旨在記敘，若無眞性情出其間，亦難動人也。

肆　奏疏類

一、意義與流變

文心雕龍奏啓篇云：「昔唐虞之臣，敷奏以言，秦漢之輔，上書稱奏。陳政事，獻典儀，上急變，劾愆謬，總謂之奏。奏者，進也。言敷於下，情進於上也。」疏者，將事分條而陳之也。漢書賈誼傳：「臣竊維時事，可爲痛哭者一，可爲流涕者二，可爲長太息者六，若其它背理而傷道者，難遍以疏舉。」注云：「言不可盡條記也。故自漢以來，奏事亦稱上疏。故奏疏之文，其名不一，群臣論諫，總曰奏疏也。」

考奏疏之變，七國以前，皆稱上書。秦初定制，改書曰奏。漢定禮儀，則有四品：一曰章，二曰奏，三曰表，四曰議。又漢置八儀，更有封事。是漢之制，亦有出四品之外者也。魏晉以下，啓獨盛行。唐用表狀，亦稱書疏，宋人則沿前制而損益之，故有箚子、有狀、有書、有表，而箚子之用居多，蓋本唐人牓子，錄子之制更其名，乃一代之新式也。明清時又有稱「題」、稱「本」、稱「奏摺」。總之，奏疏之類，其名至繁，約而舉之，一曰章，以謝恩，二曰奏，以按劾，三曰表，以陳情，四曰議，以執異，五曰疏，以條舉，六曰對，以答問，七曰啓，以開塞，八曰狀，以陳事。九曰箚子，以刺事，十曰封事，以愼密。至於疏、對、啓、狀、箚、五者，又皆以「奏」字冠之，以別於臣下私相對答往來之稱也。

姚鼐古文辭類纂序云：「奏議類者，蓋唐虞三代聖賢、陳說其君之辭也，尙書具之矣。周衰，列國臣子爲國謀者，誼忠而辭美，皆本謨誥之遺意，學者多誦之……漢以來有表，奏、疏、議、上書、封事之異名，其實一類。惟對策，雖亦臣下告君之辭，而其體少別。」

經史百家雜鈔序云：「奏議，下告上者。經如臯陶謨、無逸、召誥，及左傳季文子，魏絳等諫君之辭皆是。後世曰疏、曰議、曰奏、曰表、曰箚子、曰封事、曰彈章、曰牋、曰對策皆是。」

二、奏疏之作法

劉勰文心雕龍，章表之外，又有奏啓，議對之篇，實則三者，皆今之上行公文也。關於其作法，劉氏論之頗詳，今摘其要：

章表篇云：「原夫章表之爲用也，所以對揚王庭，昭明心曲，既其身文，且亦國華也。章以造闕，風矩應明；表以致禁，骨采宜耀；循名課實，以章爲本者也。是以章式炳賁，志在典謨，使要而不略，明而不淺。表體多包，情僞屢遷，必雅義以扇其風，清文以馳其麗，然懇惻者辭爲心使，浮侈者情爲文使，繁約得正，華實相勝，脣吻不滯，則中律矣。」

奏啓篇云：「夫奏之爲筆，固以明允篤誠爲本，辨析疏通爲首。強志足以成務，博見足以成理，酌古御今，治繁總要，此其體也。」又云：「若乃按劾之奏，所以明憲清國，必使筆端振風，簡上凝霜，是以立範運衡，宜明體要，必使理有典刑，辭有風軌，總法家之式，秉儒家之文，不畏彊禦，氣流墨中，無縱詭隨，聲動簡外，乃稱絕席之雄，直方之舉耳。」又云：「孝景諱啓，故兩漢無稱。至魏國箋記，始云啓聞。奏事之末，或云謹啓。自晉來盛啓，用兼表奏，陳政言事，既奏之異條；讓爵封恩，亦表之別幹；必斂飭入規，促其音節，辨要輕清，文而不侈，亦啓之大略也。」

議對篇云：「故其大體所資，必樞紐經典，採故實於前代，觀通變於當今，理不謬搖其枝，字不妄舒其藻，郊祀必洞於禮，戎事必練於兵，田穀必曉於農，斷事必精於律。然後標以顯義，約以正辭，文以辨深爲能，不以繁縟爲巧；事以明覈爲美，不以深險爲奇，此綱領之大要也。」

觀劉氏之論，知奏疏之文，體非一類，作非一法，其言雖中肯，然時移世變，奏疏之文，今日無有，要而言之，實今日之呈文是也。故其寫作要領，以文字言，則須簡練明確，以達意爲宗。以態度言，則須不卑不亢，不失身分。以用詞言，則須雅正謹嚴，忌模稜兩可，斯爲得體也。

三、名篇與作家

奏疏之文，其名篇多有。上書如李斯諫逐客書，鄒陽獄中上梁王書。疏如漢賈誼陳政事疏，匡衡上政事言得失疏。奏如趙充國屯田奏，對如東方朔化民有道對，宋玉對楚王問。封事如劉向極諫外家封事，胡銓上宋高宗封事。表如李密陳情表，諸葛亮出師表。狀如陸贄論兩河及淮西利害狀。箚子如王安石本朝百年無事箚子，啓如任彥昇奉答七夕詩啓，上蕭太傅固辭奪禮啓等。

伍 書贈類

一、淵源與流變

書牘起源，始自文字。按字書云：「書者，舒也，舒布其言而陳之簡牘也。」昔臣僚敷奏，朋舊之往復，皆稱曰書。近世臣僚上言，名爲表奏，惟朋舊之間往復，則曰書而已。今所見最早之書牘，經如尙書之君奭，左傳鄭子家、叔向、呂相之辭皆是。下逮戰國，有樂毅報燕惠王書，魯仲連遺燕將書，秦時有李斯諫逐客書，漢初有司馬遷遷報任少卿書。李陵答蘇武書，楊惲報孫會宗書。東漢以後，作者益衆，佳構紛陳，屈指難數。而其爲名，曰見紛繁，有簡、牘、帖、箋、牋、札、函、信諸稱。

二、書信之應用

書信之用途至廣，書以代言，言以達意，良朋遠隔，積想爲勞，一日不見，常有三秋之隔；三年相違，東山猶歎其遠。苟非書札往還，將何以互通情愫，故寸箋舒情，尺函致候，使受書者讀之，有傾吐之趣，晤言之妙，人生之樂，曷逾於此。漢末應瑒阮瑀，號稱書記翩翩，晉初稽康山濤，箋書文采風流。曾國藩以書生總群師，與諸將通書，多自握管能上下輯睦，協和有成。卓然號一代中興名臣。論者謂曾氏蓋世之武功，有辭翰之勳績焉。書信之用，由此可知。

三、書信之作法

故善爲書札者，立意尙簡明，措辭貴得體，格式宜合時，人事紛紜，寸陰尺璧，若義雜詞蕪，則觀者生厭；旨明言暢，則讀者忘疲；此立意尙簡明也。行輩有尊卑，交誼有深淺，至親無文，語宜質樸；長幼有序，言戒輕佻，或有所諮商，則宜委婉陳說；或有所申辯，則宜虛謙剖分；此措辭貴得體也。稱謂不訛，行款無誤，封緘有法，紙墨相宜，此格式宜合時也。凡此種種，宜加諳練，至於性情溢於紙上，談笑生於毫端，開函如見其人，雖誦如聞其語，自非廣涉名篇，勤加習練，神明於規矩中者，不能至也。

四、贈序類釋義

姚姬傳古文辭類纂序云：「贈序類者，老子曰：君子贈人以言，顏淵子路之相遠則以言相贈處，梁王觴諸侯于范台，魯君擇言而進，所以致敬愛，陳忠告之誼也。唐初始以序名，作者亦衆。至於昌黎，乃得古人之意，其文冠絕前後作者。蘇明允之考名序，故蘇氏諱「序」或曰「引」，或曰「說」，今悉依其體，編之於此。

朱逷先中國文學史總論糾姚云：「姚氏特立贈序一類，謂贈人以言始於老子，擇言而進，則有魯君，不知當日贈言，非贈以文，即曰爲文，與書說甚近，與序跋則甚遠也。」又云：「唐初贈人，本用詩歌，乃爲詩歌作序耳。張說之餞韋侍郎，孫逖之送紀參軍。宋之問之送裴司法，劉太眞之送蕭穎士，或以詩賦，因而作序，非無端摛辭也。至於退之亦尚知此意，故其送殷員外序，則云相屬爲詩，以道其行，送石處士序，則云各爲詩歌六韻，愈爲之序。送溫處士序，則云留守相公爲四韻詩歌其事，愈因推其意而序之。送韓侍御序，則云聞其歸皆相勉爲詩以推許之，而囑余爲序。送李正家序，則云重李生之還者皆爲詩，愈最故，故爲序。送鄭校理序，則云各爲詩五韻，且囑愈爲序，送浮屠令縱西遊序，則云賦詩道行。送李愿歸盤谷序，則云與酒爲歌，此皆序爲詩歌而發，文體實與序跋同類。其贈序之無詩歌者，但以敘道離意，此爲變體。本不當名爲序，循名責實，當歸之書說類可耳。」

徐師曾文體明辨序說云：「東萊曰：凡序文籍，當序作者之意，如贈送詩集等作，又當隨筆以序其實也。」以上諸論，知贈序之體，導源古人贈言之義，後時贈詩餞別，則冠以序以明之，遂與序跋相混，後更遺詩專以贈序道別，此近世應用，贈序爲盛之由也。姚永樸曰：「明時壽序盛行，其弊或入於諂諛。有道君子，多恥爲之，方望溪及曾氏咸有斯論，而兩家集中終不能免，然則擇人而作，且所稱無溢於實，庶乎可也。」故贈序之作，以言得其體，而無枉己徇人之失爲尙也。

陸　傳記類

一、淵源與流變

章學誠文史通義傳記篇云：「傳記之書，其流已久，蓋與六藝先後雜出。古人文無定體，經史亦無分科，春秋三家之傳，各記所聞，依經爲義，雖爲之記可也。經禮二戴之記，各傳其說，附經而行，雖爲之傳可也。其後支分派別，至於近代，始以錄人物者謂之傳，敘事蹟者，區爲之記，蓋亦以集部繁興，人自生其分別，不知其然而然，遂若天經地義之不可移易，此類甚多。學者生於後世，苟無傷于義理，從衆可也。」

考先生之言，非無故而發。蓋自嘉靖而後，論文者各分門戶，其有好爲高論者，輒言傳乃史職，身非史官，豈可爲人作傳，此蓋以史公創列傳，後代史書，多祖述之，明顧炎武日知錄即云：

「列傳之名，始於太史公，蓋史體也。不當作史之職，無有爲人作傳者。」姚氏古文辭類纂序亦云：「傳狀類者，雖原於史氏，而義不同。」劉先生大櫆云：『古之達官名人傳者，史官職之，文人作傳，凡爲圬者種樹之流而已，其人既稍顯，即不當爲之傳，爲之行狀，上史氏而已。』余謂先生之言是也。雖然古之國史立傳，不甚拘品位，所記事猶詳，又實錄人臣卒，必撮敘其生平賢名，今實錄不記臣下之事，史官凡仕非賜諡及死事者，不得爲傳，乾隆四十年，定一品官乃賜諡，然則史之傳者，亦無幾矣。今錄古傳狀之文，並紀茲義，吏後之文士得擇之。」然章學誠則辨之云：

「然傳則本非史家所獨創，馬班以前，早有其文，孟子答苑囿湯武之事，皆曰於傳有之。彼時並未有紀傳之文，豈有史官之文乎？今必以爲不居史職，不宜爲傳，試問傳記，有何分別，不爲經師，又豈更爲記耶？記無所嫌，而傳爲厲禁，則是重史而輕經也。……故辨職之言？尤爲不明事理。如通行傳記，盡人可爲，自無論經師與史官矣。必拘拘於正史列傳，而始可爲傳，則雖身居史職，苟非專撰一史，又豈可別自爲傳耶？若但爲應人之請，便與撰傳，無異於世人所傳，惟他人不居是官，例不得爲，已居其官，即可爲之，一似官府文書之須印信者然，是將以史官爲胥吏，爲倚官府而舞文之具也，說尤不通矣。」

章氏之辨，可謂得體。史官雖居史職，然史記乃私人著作，不辨自明。按字書云：傳（平聲也）。記載事跡，以傳於後世也。」自漢司馬遷作史記，以紀一人之始終，而後世率莫能易，嗣是山林里巷，或有隱德弗彰，或有細人而可法，則皆爲之作傳以傳其事，寓其意，而馳騁文墨者，則以滑稽之術雜焉，然皆傳體也。

二、傳記之類別

曾氏經史百家雜鈔傳誌類云：「傳誌類者，所以記人者也。經如堯典、舜典，史則本紀、世家、列傳，皆記載之公者也。後世記人之私者，曰墓表、曰墓誌銘、曰行狀、曰家傳、曰神道碑、曰事略、曰年譜皆是。」

徐師曾文體明辨云：「今辨而別之，其品有四：一曰史傳，（有正變二體）。二曰家傳，三曰託傳，四曰假傳。」

按傳記之體，本以紀人，故擴而大之，則凡紀人之碑誌，行狀等，皆可列入傳體。故姚氏辭類纂，傳狀與碑誌分列，曾氏百家雜鈔，則合傳狀碑誌為傳誌類，然碑誌既可別立一體，今所論者，仍依徐氏所分：

㈠史傳——史書所列之傳，重在褒貶，有正變二體：

1. 正傳——專記一人者，如史記呂不韋列傳，荆軻列傳。

2. 變體——兼紀他人者。吳訥文章辨體云：「西山云：史記作孟荀傳，不正言二子，而旁及諸子，此體之變，可以為法。」

㈡家傳——家傳多出於子孫之請求，類皆有褒無貶。亦有稱小傳者，如李商隱李賀小傳。亦有稱別傳者，如近人吳虞李卓吾別傳。

㈢託傳——如韓愈王承福傳，柳宗元梓人傳，旨者託圬者梓人，以抒自己見解。

㈣假傳——如陶潛五柳先生傳，東方朔非有先生傳，韓愈毛穎傳，皆假託虛設，以寓其意。

除徐氏所論外，更有外傳，則所錄多遺聞軼事，如飛燕外傳，太眞外傳等是。

三、傳記之作法

傳記之文，旨在明人述事，以昭鑑戒，故文以凝重謹嚴爲主，敘事以簡明樸實是尚。古人以史才、史學、史識、史德評良史，傳體爲史書之骨幹，則於此四者，尤不可不愼。蓋非史才無以善其文，非史學無以練其事，非史識無以斷其義，非史德無以平其準。四者之中，尤其史德爲重。史德者，著述之心術也。夫穢史所以自穢，謗書所以自謗，素行爲人所羞，言辭何足輕重。魏收之矯誣，沈約之險惡，讀其書者，先不信其人，又何書之足觀乎？故追遠述聞，有疑則闕；紀近言時，不雜世情；萬不可吹霜煦露，寒霜筆端，勳榮之家，雖庸夫而盡飾；迍頓之士，雖令德而常嗤；析理居正，惟心術乎？

柒 序跋類

一、意義與淵源

爾雅云：「序，緒也。」陸德明經典釋文云：「序，次也。又與敘通，敘亦次也，蓋次作者之旨而道之也。」王應麟辨學指南云：「序者，序典籍之所以作。」東萊云：「凡序文籍，當序作者之意。」諸家之說，皆以序者，序作者典籍之意。以明其著述之旨歸也。然古人之序，多綴於書末，太史公自序，漢書敘傳皆是，今則綴於書前耳。

詳書序之源始，吳訥文章辨體云：「序之體，始於詩之大序，首言六義，次言風雅之變，又次言二南王化之自，其言次第有序，故謂之序也。」吳氏論序之始，蓋因誤詩序爲孔子子夏之作。吳氏之前，唐陸德明經典釋文引沈重之說：以爲大序孔子作，小序子夏毛公合作。宋程頤說大序是孔子所作，小序是當時史官所作，故人多信之。其實，詩序之作者，乃東漢衛宏。范曄後漢書儒林傳云：「謝曼卿善毛詩，乃爲其訓，衛宏從曼卿受學，因作毛詩序，善得風雅之旨，於今傳於世。」故詩序非孔子作明矣。漢書藝文志六藝略云：「故書之所起遠矣，至孔子纂焉，上斷於周，下迄於秦，凡百篇，而爲之序，言其作意。」似乎書序百篇，確是孔子所作。然史記孔子世家云：「序書傳，上紀唐虞之際，下至秦繆，論次其事。」其所謂序書傳，當僅編次之意，故書序百篇，今文家已疑其僞，康有爲新學僞經考中有書序辨僞，言之甚詳，故亦不能爲序之起源。姚氏古文辭類纂序跋類云：

「序跋類者，昔前聖作易，孔子作繫辭，說卦、文言、序卦、雜卦之傳，以推論本原，廣大其義。」是姚氏又以繫辭諸篇爲序跋之起源。然宋之歐陽修易童子問，雖疑繫辭諸篇非孔子之作，但即出孔子弟子之手，當亦仍在衛宏之前，序卦序六十四卦之次，故有序稱，序之名或始於此。莊子天下篇，有序旨而無其名，故諸子以序名篇者，實以呂氏春秋「序意」篇爲最早。

二、序之類別

文心雕龍論說篇云：「詳觀論體，條流多品，陳政則與議說合契，釋經則與傳注參體，辨史則與贊評齊行，詮文則與序引共紀。」劉氏將議說、傳注、贊、序引總歸入論說類中，故其書中不列序跋、傳注二類，按傳注當爲注疏類，贊評敘史評人，當爲史評類，序引次文，當爲序跋類，不應總歸之論說類。曾氏經史百家雜鈔序跋類云：

「序跋者，他人之著作，序述其意者，經如易之繫辭，禮之冠義，昏義皆是。後世曰序、曰跋、曰引、曰題、曰讀、曰傳、曰注、曰箋、曰疏、曰說、曰解皆是。」

曾氏以序跋爲序他人之著作，畢著其意，其界義錯誤，因自序本多，禮之冠義、昏義、闡明士冠禮，士昏禮之義，或可謂之序跋之文。引，據姚氏古文辭類纂贈序類曰：「蘇洵之考名序，故蘇氏諱序曰引。題，「題」字从「頁」「是」聲，頁，本意指額，所以寫在卷端曰題。如趙歧孟子題辭。讀，讀者，讀舉此文，記其感想，考據或批評，如韓愈有讀儀禮，讀墨子，亦有稱書後者，如王安石書李文公集後。其稱後序者，則與跋同。如韓愈張中丞傳後序。至於傳、注、箋、疏等，則與序跋不同，前者是隨文釋義，後者是總括全書。今總劉、曾二家之說，將其類別析之如后：

序——分自序他序，大序與小序。古人自序多著於書後，今則著於書前。大序總論全書，小序僅及一篇。

跋——說文云：「跋，跋也。从足，友聲。」爾雅釋言：「跋，蓋本從足義，引申之，凡處後皆曰跋。」與後序書後諸說同義。

題辭——多寫於卷端。

引——猶今之導言，緒論之類。

三、序跋之作法

序跋之文，仍以述作者典籍之意爲正體，其文簡約明暢，條理謹秩爲主。能於一篇之中，述明全書之要旨，作者之深意是尚，褒不於過譽，貶不於過毀，能深得溫婉風雅之旨。至於跋，書後之作，或僅抒一感，或僅評一事，皆序之變體，可補序之不足也。

捌 哀銘類

一、哀祭類

(一)意義與淵源

徐師曾文體明辨哀辭序云：「按哀辭者，哀死之文也。夫哀之爲言依也，悲依於於心，故曰哀。以辭遣哀，故謂之哀辭也。昔班固初作梁氏哀辭，後人因之，代有撰者，或以有才而傷其不用，或以有德而痛其不壽。幼未成德，則譽止於察惠（慧），弱不勝務，則悼加乎膚色。此哀辭之大略也。」原夫哀之爲體，始僅用於短折，姚氏古文辭類纂，曾氏經史百家雜鈔，分有哀祭類：

姚氏云：「哀祭類者，詩有頌，風有黃鳥，二子乘舟，皆其原也，楚人之辭至工，後世惟退之，介甫而已。」

曾氏云：「哀祭類，人告於鬼神者也，經如詩之黃鳥，二子乘舟，書之武成金縢祝辭皆是。後世曰祭文，曰弔文、曰哀辭、曰誄、曰祝文、曰願文、曰招魂皆是。」

故哀祭之類，其源用不一，實合哀誄告祭於一類。黃鳥二子乘舟，僅用於哀思，武成、金縢祝辭，則用於告祭。誄者，累其功德，用以定諡，以旌不朽。弔者，至也，原意神至，後用於賓之慰主喪。故哀祭之類，或用於祈福而禱於神，或因喪葬而祭親舊，大抵禱神以悔過遷善爲主，祭故舊以道情達意是尚。

㈡類別及作品

1. 哀辭——用於哀幼死者。

2. 誄——累其德行而稱之。古者，賤不誄貴，幼不誄長，天子崩則稱天誄之，卿大夫則君誄之。如魯哀公子誄孔子。私誄如柳下惠之妻以誄其父。

3. 弔——弔死之辭也。古者弔生曰唁，弔死曰弔。劉勰文心雕龍哀弔篇云：「或驕貴而殞身（胡亥），或狷忿以乖道（屈原），或有志而無時（張衡），或美才而兼累（魏武），追而慰之，並名曰弔。」

4. 祭——祭文者，祭奠親友之辭也。古之祭祀，止於告饗而已。中世以還，兼讚言行，以寓哀傷之意，蓋祝文之變也。

祭文之作品，以東漢杜篤之祭延鐘文，傳世最早。此後代有名篇，追祭先賢者，如顏延之祭屈原文，韓愈祭田橫文。祭師友者，如李翱祭吏部韓侍郎文，歐陽修祭石曼卿文。祭親屬者，如劉令嫺祭夫徐敬業文，韓愈祭十二郎文，袁枚祭妹文。祭袍澤者，如唐太宗之祭征遼戰亡將士文。代機關團體公祭者，如蘇轍之代三省祭司馬丞相文。至於陶潛之自祭文，僅屬遊戲筆墨，以自申其鬱勃感憤之情耳。

㈢祭文之作法

祭文之體裁，有散文、韻語之分。韻語又有四言、六言。駢儷之不同。散文之外，通用者四言、六言。駢儷用者較少。蓋祭文所以寓哀傷，用駢體則易趨於藻麗，辭華而實靡，情鬱而不宣。皆非斯體之所適。故劉勰文心雕龍哀弔篇云：「情主於痛傷，而辭窮乎愛惜，隱心而結文則事愜，觀文而屬心則體奢。」皆至道也。

二、銘箴類

㈠銘文

姚氏古文辭類纂序云：「箴銘類者，三代以來，有其體矣。聖賢所以自警戒之義，其辭尤質，而意尤深。」劉勰文心雕龍銘箴篇敘銘之起源，曾引帝軒輿凡之銘（見皇王大紀），大禹筍簴之銘（見鬻子），成湯盤銘（見大學），武王戶席銘（見大戴禮），周公金人銘（見孔子家語），孔子觀欹器之歎（見荀子），爲古代聖賢鑒戒之辭。並云：「銘者名也，觀器必也正名，審用貴乎盛德。」又引臧武仲云：「夫銘，天子令德，諸侯言時計功，大夫稱伐。」而以夏禹九鼎，武王名肅愼氏楛矢（見國語），爲天子令德之事。太公呂尚銘功於昆吾之鼎（見蔡邕銘論），仲山甫銘鼎（見後漢書竇憲傳），爲諸侯計功之義。魏顆退秦師於輔氏，銘勳景鐘（見國語），衛孔悝有鼎銘爲大夫稱伐之類，並銘之變體。秦始皇立石泰山頌功德，班固燕然山銘。墓誌銘則埋石於壙中，以誌死者，當入碑誌類。

㈡箴文

文心雕龍銘箴篇云：「箴者，所以攻疾防患，喻鍼石也。斯文之興，盛於三代。夏商二箴，餘句頗存，及周之辛甲百官箴一篇，其來久矣。迄春秋戰國，魏絳有諷君之箴，楚莊有訓民之箴，漢時揚雄之範虞箴，崔駰、胡廣補之，稱百官箴。潘勗有符節箴，晉溫嶠有傅臣箴。王濟國子箴，潘尼有乘輿箴，三國王朗雜箴，皆其類也。嚴其區分，其品有二，一曰官箴，二曰私箴。

㈢箴銘作法

文心雕龍銘箴篇云：「夫箴誦於官，銘題於器，名目雖異，而警戒實同。箴全禦過，故文資确切；銘兼褒讚，故體貴弘潤。其取事也，必覈以辯；其摛文也，必簡而深，此其大略也。」

玖 小品類

一、意義與淵源

世說新語云：「殷中軍讀小品，下二百籤，皆是精微，世之幽滯，嘗欲與支道林辨之，竟不得，今小品猶存。」劉孝標注云：「釋氏辨空經，有詳者焉，有略者焉，詳者爲大品，略者爲小品。」故知小品一詞，源自佛典之詳者爲大品，如鳩摩羅什摩訶般若波羅密經，然在文學方面，魏晉六朝，已有簡短雋永之文章出現，與動輒萬言堆砌之漢人辭賦迥殊，而與晚明之小品相類，然不稱小品，而稱之曰小文。如：

曹植與楊德祖書云：「昔丁敬禮嘗作小文，使僕潤飾之，僕自以才不過人，辭不爲也。」

南史梁宗室傳敘西昌侯藻云：「性謙退，善屬文，尤好古體，自非公宴，未嘗妄有所爲，縱有小文，成輒棄本。」

斯時小文與小品，二者涇渭分明，未相通假。後佛經傳入，小品一詞，漸由佛經之專稱，而演爲表示形式短小而意味清雋之文學作品。唐宋作家，雖有類似小品之文章，然不以小品稱之。至明末葉，始漸盛行，如陳繼儒有晚香小品，朱國楨有湧幢小品，華淑有閒情小品皆是。

朱劍心論小品文之源流云：「這種作品，即在先秦諸子中，如莊列寓言，已頗有小品風味。魏晉六朝，駢儷盛行，而在駢儷之中，即有著很好的小品，世俗通行的六朝文絜，就是一部小品的結集。而劉宋臨川王劉義慶所撰的一部世說新語，尤其是小品的極致。唐宋以下，蘇黃最擅此體，此後便要數到晚明了。」（略論掌故與小品）

朱氏將小品文之淵流，推至先秦，而錢穆先生在中國文學中之散文小品一文中，更將論語、禮記、戰國策等書，以爲皆有小品文之片段，其取材之廣，與晚明之小品文，無論意趣風神，仍有距離。蓋諸子之文，以論說爲主，縱橫激辨之詞，究與注重描寫自然景像及個人生活情趣者有別。近人周作人在其近代散文抄序中，以爲在晉文中方能看出小品文之色彩，似乎比較客觀。蓋晉時崇尚文學，遊仙山水之作，盛於一時，其與晚明之小品，極有關連。明世宗嘉靖間，初有王愼中、唐順之偶學歐曾平易之文，以矯摹擬秦漢之弊，和之者有茅坤，歸有光等人，已濫觴公安派性靈之說，前後七子繼起，同聲相應，力倡擬古，詡言「文必秦漢，詩必盛唐。」風靡一時。然擬古之作，桎梏作者之才情，徒襲古人之形貌，空洞無實，爲士子所詬病。神宗萬曆間，袁氏兄弟，主張「抒寫性靈，不拘格套。」而公安文體，優者清俊可喜，劣者則輕率浮淺，破壞律度，而竟陵鍾、譚二子，復救其失，以險怪輕淺，變爲幽深孤峭，此晚明小品盛行之大概也。

二、類別與作品

晚明小品分類，至爲不一，略舉如后：

㈠衛泳冰雪携——分序、記、賦、引、題詞、跋語、書啓、傳、記、文、辯、說、雜著等。

㈡陳繼儒晚香堂小品——分詩、詩餘、書序、類序、集序、時文序、賀序、壽序、傳、記、祭文、疏、題跋、書、志林等。

㈢王思任文飯小品——分尺牘、啓、表、判、募疏、贊、銘、引、題詞、跋、紀事、說、騷、賦、詩、樂府、風雅什、詩餘、記、傳、序、行狀、墓誌銘、祭文等。

㈣沈啓无冰雪小品——以作者爲綱，所選之作品，僅序跋、遊記二類。

㈤施蟄存明二十家小品——所選之作品，與沈類似，僅多書牘而已。

故明人小品，其分類不一，近人所選，亦有選錄日記隨筆者。近人朱劍心晚明小品選註敘言中云其選錄標準則曰：

「本書限於小品，凡館閣廟堂之文，若詔令，章奏，碑碣一律不選。又本書以散文爲主，凡駢儷有韻之文，若頌贊、箴銘、辭賦，亦隻字不登，故僅別爲論說、序跋、記傳、書簡、日記五類。」

陳少棠晚明小品論析一書，則分七類，即遊記、尺牘、日記、雜記、傳記、論說，其分法與朱氏相同，惟將朱氏之記傳，析之爲雜記、傳記、論說三類而已。

故小品之作，遠則溯至六朝，近則源至公安之體，作品繁多，略舉其可名者。如王羲之蘭亭集序，紀觴詠之幽情。陶淵明桃花源記，寫世外之樂趣。鮑照登大雷岸與妹書，繪廬山之景色。吳均與宋元思書，道富陽之旅程。其餘如劉義慶之世說新語，酈道元之水經注，或凝練，或清麗，各有體貌。唐宋作家，小品之篇，多有佳構。如韓愈之畫記，柳宗元永州八記，王維山水與裴迪秀才書，歐陽修養魚記，蘇舜欽滄浪亭記，皆稱上選。明代作家，則多不可勝數矣。

二、小品文特色

小品之文，大別於高冊典章，多屬矢口放心，恣意縱情之作，或寫山水景物，或述燕宴閒居，或言地方掌故，或談琴棋書畫，或論禪道玄理，或評古今人物，載戲謔逸聞。內容廣泛，題目不拘，上至宇宙天文，下至地理禽植，信筆所之，不拘格套，大抵以情、趣、韻爲尚也。

拾　文學評論

一、淵源與流變

文學評論，即人對文學之鑒賞，人生而有情感，有情感即有愛憎，對事物如此，對文學亦然，故自有文學，即有鑒賞，有鑒賞即有評論。然在中國，文學評論，在劉勰之前，多係散論之立說，缺少綱舉目張，尋根覓葉系統之作品。如尚書虞書中論詩云：「詩言志，歌永言，聲依詠，律和聲，八音克諧，無相奪倫，神人以和。」周禮春官分詩之品類云：「太師教六詩，曰風、曰賦、曰比、曰興、曰雅、曰頌。」論語孔子論詩之主旨曰：「詩三百，一言以蔽之，曰思無邪。」又論詩之功用曰：「詩可以興，可以觀，可以群，可以怨，邇之事父，遠之事君，多識於鳥獸草木之名。」又曰：「誦詩三百，授之以政不達，使於四方，不能專對，雖多亦奚以爲。」東漢王充論衡，魏文典論論文，晉陸機文賦，或論作家，或評內容，代有述作。及劉勰文心雕龍與鍾嶸詩品出，一以體大思精，分文原、文體、創作、評論以見體系，一以骨、采、情、體論詩人等第。文學評論之作，可謂窮源溯流。然後世論著，莫或能繼。唐韓愈論文以載道，見於散篇，司空圖論詩，凡二十四品，惟宋嚴羽滄浪詩話，分詩辨、詩體、詩法、詩評、詩證五門，以禪喻詩，注重妙悟，稍具規模。明王世貞論文，重視才思格調，袁中郎論文，重視性靈，清代評詩，有神韻、肌理之說，桐城論文，有神、理、氣、味、聲、律、格、調之談。金聖嘆評水滸、西廂，有才子之名，王國維人間詞話，有境界之妙。大都拈一以論，非有系統之作也。

二、評論之準則

劉勰文心雕龍中，屬於文評者，共有四篇，如時序篇論文風與時代之關係，才略篇品評歷代作家，程器篇論作者與品德之關係，惟知音一篇，論評文之準則，雖時歷千載，不能盡賅，然大體言之，可參者實多，簡表於此，以供參酌。

知音篇內容簡析表

知音篇

1. 論文輩知之由：㈠文情難鑒，誰曰易分；㈡知多偏好，人莫圓該

2. 論批評者之病：㈠貴古賤今（如秦皇漢武之例）；㈡崇己抑人（如班固曹植之例）；㈢信僞迷眞（如樓護之例）

3. 論評文素養及準則：⑴學驗——圓照之象、務先博觀；⑵修養——無私於輕重、不偏於憎愛；⑶準則——a位體b置辭c通變d奇正e事義f宮商

4. 論賞文之要：⑴沿波討源、雖幽必顯。⑵識深鑒奧、歡然內懌。⑶心敏目瞭、形分理達。

三、評論之功用

文學評論，雖多屬論者主觀之見解，至難圓該。蓋天下無客觀之評論，一出己意，就屬主觀。然作品必須公諸於世，公諸於世，必有讀者，有讀者即有論評，有論評即有是非，然論評者之是非，倘能獲得大多數人之共鳴者，或即所謂客觀矣。故文學評論之功用，不僅可以指導作者，亦可以領導讀者，端正社會文風，提高作品素質，其功用可謂深矣。

本文作者：本校中文系教授兼主任

發表于復興崗學報第三十六期

韓朋賦跋

朝朋賦一首，戴敦煌變文上冊第二編中（世界書局）。故事哀艷感人，劇情曲折動聽。誠說唱文學之最佳題材。蓋詞人演義，第一託諸史實或民間傳說，使聽者不疑其烏有；第二藻繪劇情，描形描聲，使聽者聞之而動容。至其是否符諸史實，或悖乎常理，則非說詞者之所多忌也。故研之者，不可信其必有，引史證經，求其言而有徵，致鑽牛角之譏；亦不可謂其全無，掉以輕心，以其言非經傳，致忽芻蕘可採。班固漢志云：「孔子曰：雖小道必有可觀者焉。」亦閭里小知之不忽也。本篇研討，即本此義，凡故事中人物地名，於史實可稽者，錄之備考，其乖諸史實，言而無徵者，姑置聽之，所謂姑妄言之，姑妄信之，乃小說之道也。

茲將敦煌變文中韓朋賦大意簡摘於后：

「昔有賢士韓朋，意欲遠仕，慮母獨居，故娶妻貞夫，貞夫美而賢，入門之後，夫妻情如魚水，誓不相負。其後韓朋遠仕宋國，六年不歸，貞夫寄書與之，朋懷書不謹，遺失殿前，爲宋王所得。王羨其文美，意欲奪之，令臣梁伯以詐術迎歸，拜爲皇后。貞夫入宮，思念其夫，憔悴不樂。王爲斬其思夫之情，又用梁伯之計，擊落朋齒，毀其容色，使著敝衣，往築清陵臺。貞夫聞悉，痛切肝腸，乞往探之。朋羞見其妻，取草遮面，責妻去賤就貴。貞夫聞悉，裂帛掉齒，以爲血書與朋，朋得書即自死。貞夫請王葬之以禮，及期，貞夫至墓所，繞墓悲啼，謂百官曰：『蓋聞一馬不被二鞍，一女不事二夫。』言畢至室，苦酒浸衣、衣脆如葱，即投墓穴，左右攬之，衣不中手而沒。宋王聞訊大怒，遣人掘墓，唯得兩石，一青一白，王令將青石埋於道西，無幾，道東生桂樹，道西生梧桐，枝枝相當，葉葉相籠，根下相連，絕道不通，王又遣人誅伐之，三日三夜，血流汪汪，二札（疑枝）落水，化爲鴛鴦，舉翅高翔，空中落一毛羽，宋王得之，以之磨拂項上，其頭即落　未及三年宋國滅亡。」

案此故事最早見於晉干寶搜神記卷十一，其後唐劉恂嶺表錄異卷中，唐釋道世法苑珠林卷三十六，宋李昉太平御覽卷五五九中皆輾轉引用之，惟字句少有不同，故事人物情節亦有更動，然大致皆本搜神記，茲分研之如后：

一、韓朋賦之時代

韓朋賦之故事，見於搜神記中記載如下：

「宋康王舍人韓憑，娶妻何氏美，康王奪之，憑怨，王囚之，論爲城旦（城旦秦前刑名）妻密遺憑書，繆其辭曰：『其雨淫淫，河大水深，日出當心。』既而王得其書，以示左右，左右莫解其意，臣蘇賀對曰：『其雨淫淫，言愁且思也；河大水深，不得往來也；日出當心，心有死志也。』俄而憑乃自殺，其妻乃腐其衣，王與之登臺，妻遂自投臺，左右攬之，衣不中手而死。遺書於帶曰：『王利其生，妾利其死，願以屍骨，賜憑合葬。』王怒，弗聽，使里人埋之，冢相望也。王曰：『爾夫婦相愛不已，若能使冢相合，則吾弗阻也。』宿昔之間，便有大梓木，生於二冢之端，旬日而大盈抱，屈體相就，根交於下，枝錯於上，又有鴛鴦，雌雄各一，恆棲樹上，晨夕不去，交頸悲鳴，音聲感人，宋人哀之，遂號其木曰相思樹。相思之名，起於此也。南人謂：此禽即韓憑夫婦之精魂。今睢陽有韓憑城，其歌謠至今猶存。」

由上所錄，則今變文集中之韓朋故事，似淵源於搜神記，但容肇祖韓朋賦考一文，以其用韻觀之，有如下之結論：（見中研院歷史語言所慶祝蔡元培先生六十五歲誕辰論文下集）

「總之，從韓朋賦的內容去考證，可定爲不是因搜神記的記載而產生，從音韻去考證，可定爲初唐以前，或爲晉至蕭梁間的作品？」

容氏推定，當時論文集編者曾在其文下附著意見，認爲其以音韻考定之推測，有值得商榷之處，但吾人以爲，韓朋故事之人物，如確有其事，則其流傳民間必定甚早，其故事之宋康王，據考定係戰國末期之人物（容氏考定在紀元前二八六至三一八年間）。干寶，係晉元帝時人，搜神記一書，是否確出其手，猶待商定。但僅以其記載之故事與今變文集中韓朋賦比較言之，則覺搜神記乃筆記小說之模型，而變文集中之韓朋賦，已具唐傳奇小說之範本，案中國小說發展史觀之，其歷程爲筆記、傳奇、平話、章回，則搜神記之時代，當在變文集韓朋賦之前，故變文集韓朋賦之寫作時代，吾人推定，疑在唐傳奇小說盛行之時。

二、韓朋賦之演變

韓朋賦之故事演變，與筆記小說中比較觀之，有明顯以下不同之點：

㈠人物不同

1. 主角名字——故事主角，搜神記作韓憑，法苑珠林及太平御覽俱作韓馮，嶺表錄異及

敦煌變文中皆作韓朋，據容氏考定，朋憑二字疑古音近，憑馮二字則古通用，故以余之推斷，最早可能作韓憑，但憑馮二字通用，故又簡記作馮，又此故事，口頭輾轉傳說，聽者一不留意，以馮誤朋，亦係可能之事。

2.官職不同——韓朋之官職，搜神記作舍人，法苑珠林及太平御覽、嶺表錄異中俱作大夫。變文集中只有從使者梁伯口中云：「朋爲公曹，我爲主簿。」知其官職爲公曹。據容氏考定曰：

「今本搜神記說韓朋爲宋康王舍人，法苑珠林、太平御覽引作『大夫』，唐劉恂嶺表錄異亦引作『大夫』。疑原本作『大夫』，後人據元人誠齋雜記作『舍人』的。或者在後來傳說上是舍人，書本上是說大夫的，更自然的使他們大膽的改易了，究竟戰國末的官制，有沒有『舍人』呢？那是普通傳說上顧慮不及的，至韓朋賦裏說：『朋爲公曹，我爲主簿』，用的到是漢以後至晉代通行的官名，這樣故事裏混雜入時代的色彩更濃了。」

參酌容氏考定，以余之研判，覺此官職演變，應原作「舍人」，但舍人一職，後世一般人不盡通用與瞭解、因韓憑故事，發生在戰國時期，而「大夫」一職，乃戰國時臣下之極通稱官職。故各本之記載，皆改舍人作大夫，與時代更切合，至舍人一職，戰國末年是否已有，則顯見容氏之疏考，因爲容氏既認定「公曹」「主簿」爲漢以後至晉代通行之官名，則舍人一職，容氏稍翻工具之書，亦就不會發出以上之疑問？今據中華書局辭海一書舍人條下注曰：「舍人，官名，本宮內人之意，周禮地官之屬有舍人。注：『舍，宮也。主平宮中用穀者也。』後世以爲親近左右之官，秦置太子舍人，魏晉以來有中書舍人，唐置起居舍人、通事舍人、宋置閤門宣贊舍人、元有直省舍人，寺儀舍人，明有帶刀散騎舍人，皆爲近侍之職，至清始廢。戰國及漢初，王公貴官皆有舍人，猶門客之類，如藺相如爲趙宦者令繆賢舍人，李斯爲呂不韋舍人是。」故搜神記用舍人，亦並無不當，其後改作大夫，乃舍人一職，不若大夫通行易悉之故，至變文集中又稱「公曹」，則是講唱變文之人，取其更接近當時朝代之官職，使聽者易懂，故不顧時代之是否悖謬，又將大夫改爲公曹也。

3.韓朋之妻——搜神記載韓憑妻爲何氏，法苑珠林、嶺表錄異及太平御覽皆不記其姓氏。敦煌變文集中只記其妻名貞夫。而未言姓氏，關於此點，容氏則曰：

「疑唐宋以前，本無何氏之說，後人慣要問婦人爲某氏，或者於搜神記上，有旁註『何氏』以誌疑的，宋以後，由此本通行，韓朋妻便永錫以何氏的佳姓了。」

由容氏之考定，則韓朋妻何氏之說，原由旁註誌疑而誤傳，此說頗爲可信，敦煌變文集中如根據唐以前之搜神記，則當然無何氏之記載，然名其妻爲貞夫者，大概講唱或作故事之人，以韓朋妻之所爲，跡近烈女一流，就文義命名，亦情理之可能。至後來清李嵩陽封邱縣志中又將韓馮妻改稱息氏，封邱縣志云：

「韓馮妻息氏墓，在縣東北二十五里青陵社，韓馮妻息氏見執于康王，不從，投臺下死，韓馮亦自殺，同葬此地。」

此種說法之由來，則又當追溯及劉向列女傳息君夫人之典故。

列女傳卷四息君夫人下云：「夫人者，息君之夫人也。楚伐息，破之，虜其君，使守門，將妻其夫人而納之於宮，楚王出遊，夫人遂出見止君謂之曰：『人生要一死而已，何至自苦，妾無須臾而忘君也，不以身更貳醮，生離於地上，豈如死歸於地下哉？』乃作詩曰：『穀則異室，死則同穴，謂子不言，有何面目作人。』息君止之，夫人不聽，遂自殺，息君亦自殺，同日俱死。楚王賢其夫守節有義，乃以諸侯之禮合而葬之。」

案息夫人，春秋息侯之夫人也，姓嬀，亦稱息嬀。楚文王滅息，以息嬀歸，生堵敖及成王。不言，王問之？對曰：「吾一婦人，而事二夫，縱弗能死，其又奚言。」此見左傳莊十四年載記，又與劉向異也，故息君夫本姓嬀，以其爲息君之夫人，故稱息夫人，後人遂以息爲其姓。可見一故事之多經年所，輾轉流傳與記載、演變成甚多之不同，正史中猶不免，況能求之於稗官野史與講唱之詞人乎！

4.使臣不同——搜神記、法苑珠林、太平御覽康王之臣作蘇賀，嶺表錄異中則未載，變文集中則作梁伯，此點未關緊要，想只是說故事之人信口改之耳。

㈡情節不同

敦煌變文對於韓朋故事寫記首尾較詳，而搜神記、法苑珠林、嶺表錄異、太平御覽則只記韓朋妻被奪至死之事也，茲比較如后：

1.變文集中言韓朋早歲喪父，意欲遠仕，慮母獨居，故取妻貞夫，夫妻和好，誓終身相守。而搜獨居，故取妻貞夫，夫妻和好，誓終身相守。而搜、法、嶺、太集中未載。（搜代表搜神記、法、代表法苑珠林、嶺代表嶺表錄異，太代表太平御覽。此後同，不悉記。）

2.韓朋仕於宋國，期去三年，六秋不歸，故妻寄書與之。而搜、法、嶺、太諸集中未載。

3.朋得妻書，無因回去，書遺殿前，爲宋王拾得。而搜、法、嶺、太諸集中未載。

4.宋王得書，讚其文美，故召群臣，言能取得韓朋妻者，賜金千斤，封邑萬戶；其臣梁伯願往。搜、法、嶺、太諸集中未載。

5.梁伯至朋家，詐言朋之同僚，託其寄書，貞夫初不欲見，後梁伯以謠脅之，遂出見，被劫而歸。搜、法、嶺、太、諸集中未載。

6.貞夫入宮，宋王驚爲天人，拜爲皇后，貞夫不樂，宋王問之，貞夫對宋王之詞，演變成爲後來聞名之烏鵲歌。搜、法、嶺、太諸集中未載。

7.宋王用梁伯之言，稱朋姿容窈窕，黑髮素絲，非害朋身，不能斷其情意，宋王遂斷朋齒，並使爲囚工築清陵臺，搜神記，法、太、諸中集中僅記憑怨，王囚之，淪爲城旦。嶺表錄異則僅記朋怨，王囚之。皆未言築清陵臺之事。

8.清陵臺築訖，貞夫語王往觀，朋以草遮面，羞見貞夫，並責其去賤就貴，貞夫聞語，裂帛掉齒，取血作書，射與韓朋，朋即自殺。搜、法、太諸集中皆言貞夫密遺憑書之事，嶺表錄異未載。

9.朋死，宋王得貞夫遺書，召梁伯解書中之意。搜、法、太諸集中有記，嶺表錄異未載。

10.貞夫勸宋王以禮葬憑，王許，及期，貞夫往觀，遂苦酒浸衣，自投墓穴死。而搜、法、嶺、太諸集中皆無貞夫勸王以禮葬之之事，惟言貞夫與王登臺，遂陰腐其衣，自投臺下而死，且遺書於帶，願與憑合葬。

11.宋王遣人掘墓，不見貞夫，惟見二石，一青一白，遂令將青石埋於道東，白石埋於道西、道東生桂樹，道西生梧桐，枝枝相當，葉葉相籠，根下相連，絕道不通。而搜、法、嶺、太皆言王怒貞夫遺書，以其相愛不已，使里人埋之異處，而二塚相望，但宿昔之間，有大梓木生於兩塚之端，屈體相就，根交於下，枝錯於上。

12.宋王使人伐樹，但三日三夜，血流汪汪，二札落水，變爲鴛鴦，空中落一毛羽，爲宋王所獲。而搜、法、嶺、太諸集言又有鴛鴦，雌雄各一，恆棲樹上，晨夕不去，交頸悲鳴，音聲感人。但未言宋王伐樹及二札落水變鴛鴦之事。

13.變文又言宋王以鴛鴦之毛羽，磨拂其項，其頭即落。搜、嶺、太諸集中皆言此禽韓馮夫婦之精魂，法苑珠林未載，而諸集中皆未言宋王以毛羽磨落其頭之事。

由以上之比較，則知變文中諸多情節，爲各筆記小說中所未有，而詞人之添枝生節，並隱寓言善惡得報之意，固講書人之能事也。

三、韓朋賦中之人物

韓朋賦中之韓朋，正史中未見，惟韓馮則見於史記卷四十六田敬仲完世家中，所處之時代與故事相合，姑且錄之如下：

「十九年，宣王卒，子湣王地立，王元年，秦使張儀與諸侯執政會于齧桑，三年，封田嬰於薛，四年迎婦于秦，七年與宋攻魏，敗之於觀澤。十二年（容氏考齊湣三十二年，即周赧王三年，宋王偃稱王後七年，紀元前三一二年）楚圍雍氏（屬韓）。秦敗屈丐（楚將）。蘇代謂田軫曰：臣願有謁於公，其爲事甚完，使楚利公成爲福，不成亦爲福。今者臣立於門，客有言曰：魏王謂韓馮張儀曰：煮棗將拔，齊兵又進，子救寡人則可矣，不救寡人，寡人弗能拔。此特轉辭也。秦漢之兵毋東旬餘，則魏氏轉韓從秦，秦逐張儀交臂而事齊楚，此公之事成也。田軫曰：奈何使無東，對曰：韓馮之救魏之辭，必不謂韓王曰：馮以為魏，必曰：馮將秦韓之兵東卻齊宋，馮因摶三國之兵，乘屈丐之弊，南割于楚，故地必盡得之矣。張儀救魏之辭，必不謂秦王曰：儀以為魏，必曰：儀且以秦韓之兵東距齊宋，儀將摶三國之兵，乘屈丐之弊，南割于楚，名存亡國，實伐三川而歸，此王業也。公令楚與韓氏地，使秦制和，謂秦王曰：請與韓地，而王以施三川，韓氏之兵不用而得地於楚，韓馮之東兵之辭且謂秦何？曰：秦兵不用而得三川，伐楚韓以窘魏，魏氏不敢東，是孤齊也。張儀之東兵之辭且謂何？曰：秦韓欲地，而兵有案，聲威發於魏。魏氏之欲不失齊楚者有資矣。魏氏轉秦韓，爭事齊楚，楚王欲而無與地，公令秦韓之兵不用而得地，有一大德也。秦韓之兵劫於韓馮、張儀，而東兵以徇魏，公常執左券以責於秦韓，此其善于公而惡張，子多資矣。」

此篇所記韓馮，雖與韓朋賦之時代相當，而韓憑乃張儀一流人物，以遊說為事。仕韓而使魏，且未言仕宋之事，而戰國策士一流之人物，大多輕信義、重功利。朝秦暮楚，騰說以取富貴，與韓朋賦中之韓朋以纏綿多情而身殉情死，迥然不相侔也。

再言韓朋賦中之宋康王，據史記卷三十八宋微子世家，則宋國衹有王偃一代稱王。而司馬貞史記索隱云：「戰國策呂氏春秋皆以偃諡康王。」而荀子王霸篇以宋獻與齊湣對舉，楊倞注云：「宋獻，宋君偃也，為齊湣王所滅。呂氏春秋亦云：『宋康王。』此云獻，國滅之後，其臣子各私為諡，故與此不同」。史記卷三十八宋微子世家云：

「辟公三年卒，子剔成立。剔成四十一年，剔成弟偃攻襲剔成，剔成敗犇齊，偃自立為宋君，君偃十一年自立爲王，東敗齊，取五城，南敗楚，取地三百里，西敗魏軍，乃與齊魏爲敵國。盛血以韋囊，懸而射之，命曰射天，淫於酒婦人，群臣諫者輒射之，於是諸侯皆曰桀宋，宋其復爲紂所爲，不可不誅，告齊伐宋，宋王偃立四十七年，齊湣王與魏楚伐宋，殺王偃，遂滅宋而三分其地。」

故由史記之記載，知宋君偃確自立爲王，死後亦有謚康王之事，與韓朋賦中到可相合，且從史記中我們得知宋王爲人，剛愎自用，桀驁慢天，而淫於酒及婦人，故有桀宋之稱，故在當時亦可能係一聞名之暴君，其奪臣下之妻，非無可能之事，且他書中亦有其無道之記載，且在史記之前者如：

戰國策卷三十二云：「宋康王之時，有雀棲於城之陬，使史占之曰，小而生后，必霸天下。康王大喜。於是滅滕伐薛，取淮北之地。乃愈自信，欲霸之亟成，故射天笞地，斬社稷而焚滅之。曰：威服天下鬼神，罵國老諫曰：爲無顏之冠以示勇，剖傴之背，鍥朝涉之脛，而國人大駭，齊聞而伐之，民散城不守，王乃逃倪侯之館，遂得而死，見祥而爲不祥，反爲禍。」

墨子所染篇云：「宋康王染於唐鞅，佃不禮，此六君者所染不當，故國家殘亡，身爲刑戮，絕無後類，君臣離散，民人流亡，舉天下之貪暴苛擾者，必稱此六君也。」

呂氏春秋淫辭篇云：「宋王謂其相唐鞅曰：寡人之所殺戮者衆矣，而群臣愈不畏，其故何也？唐鞅對曰：王之所罪，盡不善者也。罪不善，善者故爲不畏，王欲群臣之畏也，不若無辨其善與不善而時罪之，若此，則群臣畏矣。」

又過理篇云：「宋王築蘗臺，鴟夷血，高懸之，射著甲胄從下，血墜流地，左右皆賀曰：王之賢勝湯武矣，湯武勝人，今王勝天，賢不可以加矣。宋王大悅，飲酒室中，有呼萬歲者，堂上盡應，堂下盡應，門外中庭聞之，莫敢不應，不適也。」

又壅塞篇云：「齊攻宋，宋王使人候齊寇之所至，使者還曰：齊寇近矣，國人恐矣，左右皆謂宋王曰：此所謂肉自生蟲者也。以宋之強，齊兵之弱，惡能如此。宋王因怒而詘殺之。又使人往視齊寇，使者報如前。宋王又怒，詘殺之。如是者三，其後又使人往視齊寇，近矣，國人恐矣，使者還遇其兄曰：國危甚矣，若將安適？其弟曰：爲王視齊寇，不意其近而國人恐如此也，今又私患鄉之先視齊寇者，皆以寇之近也報而死，今也報其情死，不報其情又恐死，將若何？其兄曰：如報其情，有且先夫死者死，先夫亡者亡，於是報於王曰：殊不知齊寇之所在，國人甚安，王大喜，左右皆曰：鄉之死者宜矣，王多賜之金，寇至，王自投車上馳而走，此人得富於他國。」

又在呂氏春秋順說篇，淮南道應訓皆有同樣記載：

「惠盎見宋康王，康王蹀足謦欬疾言曰：寡人之所悅者勇有力也，不悅爲仁義者也。客將何以教寡人，惠盎對曰：臣有道於此，使人雖勇，刺之不入，雖有力，擊之弗中，大王獨無意邪？宋王曰：善。此寡人之所欲聞也。惠盎曰：夫刺之不入，擊之不中，此猶辱也，臣有道於此，使人雖有勇弗敢刺，雖有力弗敢擊，夫弗敢，非無其志也，臣有道於此，使人本無其志也，夫無其志也，未有愛利之心也。臣有道於此，使天下丈夫女子，莫不驩然，皆欲愛利之，此其賢於勇有力也。四累之上也，大王獨無意邪？宋王曰，此寡人所欲得也，惠盎曰：此墨亦已，孔丘墨翟，無地而爲君，無官而爲長，天下丈夫女子，莫不延頸舉踵而願安利之，今大王萬乘之主也，誠有其志，則四境之內，皆得利矣，其賢於孔墨也，宋王無以應，惠盎趨而出，宋王謂左右曰：辯矣，客之以說服寡人也。」

綜上諸書之記載，則宋王好諛惡直，任性罔殺，且有桀宋之稱，司馬遷復稱其淫於酒及婦人，當亦非空穴來風，若謂韓朋賦中之宋王，即此宋王，雖不無可能，但亦不能言無張冠李戴之可能，詞人之說本，固不可斤斤以史家眼光證之也。

四、韓朋賦中之地理

韓朋賦中之宋國，未言其地理位置，但搜神記中卻云：「今睢陽有韓憑城，其歌謠至今猶存。」故知韓憑之故事，在宋亡後（宋亡在紀元前二八六年）至東晉明帝初（紀元後三二三年）約六百餘年，其故事流行於睢陽一帶。今按漢書地理志下云：「周封微子於宋，今之睢陽是也。」

又後魏酈道元水經注云：「睢水又東逕睢陽縣故城南，周成王封微子啓于宋，以嗣殷後，爲宋都也。」

又考辭海睢陽下注云：「睢陽，地名，春秋宋地，秦置睢陽縣，唐於縣置睢陽郡，而改縣曰宋城，故城在今河南商丘縣南。」

故知韓朋故事之發生地點，確在河南睢陽縣城，睢陽在晉爲豫州梁國屬，晉書地理志云：「永嘉之亂，豫州淪沒石氏。干寶之時代，在東晉元帝明帝之間，當時由豫州遷入南方之人當然不少，韓朋之故事，當然由此流入南方，故搜神記末又云：「又有鴛鴦，雌雄各一，恆棲樹上，晨夕不去，交頸悲鳴，音聲感人……南人謂此禽即韓憑夫婦之精魂。」實爲明證。

又韓朋賦中之清陵臺，今考得其地有不同之記載：酈道元水經注中睢水條下未載韓憑城，僅說曲池東有一臺，世謂之清泠臺。清泠臺是否即清陵臺，不可得考。宋太平御覽卷一七八引郡國志云：

「鄆州須昌縣有犀丘城、青陵臺，宋王令韓憑築者。」案唐書藝文志有郡國志十卷，不著撰人，宋史藝文志有曹大宗郡國志二卷，置在徐諧方輿記之前，疑亦唐末五代間人，御覽所引，不知出自何種郡國志也。又案其所謂之須昌縣、即今山東東臨　道平縣西北十五里。又宋樂史太平寰宇記卷十四濟州鄆城縣下云：「有青陵臺」。引郡國志云：「宋王納韓憑之妻，使憑運土築青陵臺，至今臺跡依然。」案鄆城縣在唐雖屬鄆州，但與須昌不同，即今山東鄆城縣。

又明李賢等所修之大明一統志卷二十六河南開封府下已載青陵臺。下注云：「在封邱縣界。」

又河南封邱縣志卷二又云：「韓憑妻息氏墓，在縣東北二十五里青陵社。」

綜此所考，則知青陵臺所在之地不一。此種原因，以余之推斷，當由韓憑故事流行之廣，而各地之附庸風雅之士，築臺念之，久而成爲古蹟，故其地有不同也。

五、韓朋賦之體製

韓朋賦爲有說無唱之變文，其通篇大多以四言及六言文句組成，雖非全篇押韻，然甚近於賦之形式。據容肇祖考索，以爲與宋玉神女賦、高唐賦、及登徒子好色賦等故事賦類似。但其惟一不同之點，是變文中韓朋賦跡近語體，故容氏又云：

「韓朋賦等一些作品，是用白話作成的韻文賦，這種體裁，在唐代以前，卻不易見，然而不能說是古代沒有的，漢宣帝時，王褒的僮約，便是類似這種體裁。是否宣帝時民間已有這種敘說故事的體裁爲王褒所採用，或者那時民間用口講述故事，而帶有韻語以使人動聽及易記，有如王褒的僮約，現在都沒可考。或者在漢魏間，貴族盛行以賦作爲文學的玩意兒時，民間卻自有說故事的白話賦。韓朋賦便是這類賦體僅留的型式。」

程毅中在其關於變文的幾點探索亦云：「變文這種文學形式，主要是由漢語特點所規定的四六文和七言詩所構成的。變文作爲一種說唱文學，遠可從古代的賦找到來源，荀子的賦包括有成相篇和賦篇，近代的研究者認爲『成相』就是當時的曲藝形式，我認爲荀子的成相篇就是成相雜辭的一個標本，漢代除了歌功頌德的大賦和抒情寫景的小賦之外，還有一種敘事代言的俗賦，如韓朋賦、燕子賦等，它在演述故事上和變文是相同的，只是在形式上還保存著雜賦的格局、變文和這種雜賦是有密切關係的。」（見謝海平講史性變文研究中引）

以上二種意見，歸納言之，皆敘事賦與變文賦有其重要關係，固甚有見，但如果將韓朋賦與燕子賦一類作品，其時代早推至漢代，還是值得商榷之問題。

六、韓朋賦之影響

韓朋賦故事發生時代約在戰國末年，流傳久遠，在漢末長詩孔雀東南飛中，有些記載和韓朋賦中即有相襲之處。孔雀東南飛末段云：

「兩家求合葬，合葬華山傍；東西植松柏，左右種梧桐，枝枝相覆蓋，葉葉相交通；中有雙飛鳥，自名爲鴛鴦，仰頭相向鳴，夜夜達五更。」

搜神記末段云

「宿昔之間，便有大梓木生於二塚之端，屈體相就，根交於下，枝錯於上，又有鴛鴦雌雄各一，恆棲樹上，晨夕不去。交頸悲鳴，音聲感人。」

韓朋賦末段云：

「宋王即遣人掘之，不見貞夫，唯得兩石，一青一白，宋王觀之，青石埋於道東，白石埋於道西，道東生桂樹，道西生梧桐，枝枝相當，葉葉相籠，根下相連，下有流泉，絕道不通……宋王即遣人誅伐之，三日三夜，血流汪汪，二札落水，變成雙鴛鴦，舉翅高飛，還我本鄉。」

由上之記載，其中間有無相襲之處，不敢斷定，但中國民間故事，死變鴛鴦，生爲連理，已成爲愛情故事之模型，由於韓朋賦故事哀艷感人，其中最膾炙人口之鳥鵲歌二首其一曰：「南山有鳥，北山張羅，鳥自高飛，羅當奈何。」又云「鳥鵲雙飛，不樂鳳凰，妾自庶人，不樂宋王。」又爲衆人所樂吟，故歷代文人詞客，詠者頗不乏人，茲摘錄數首，以見一般：

唐李白白頭吟末句云：「故來得意不相負、祇今惟見青陵臺。」

唐李德裕鴛鴦篇云：「君不見昔時同心人，化作鴛鴦鳥，和鳴一夕不暫離，交頸千年尙爲少。」（古今事文類聚後引）

唐李商隱青陵臺絕句云：「青陵臺畔日光斜，萬古貞魂倚暮霞，莫訝韓憑爲蛺蝶，等閒飛上別枝花。」

唐溫庭筠會昌丙豐歲歌中有句云：「新姑車右及門柱，粉項韓憑雙扇中。」

宋王安石蝶詩云：「翅輕於粉薄於繒，長被花牽不自勝，若信莊周尚非我，豈能投死爲韓憑。」

明高信開封志青陵臺詩云：「戰國韓憑有令名，至今夫婦死如生，但知結髮恩情重，不願康王富貴榮。連理樹生旌節義，雙飛蝶羽表貞誠，吁嗟息氏空歸楚，不及青陵土一坑。」

清納蘭性德飲水詩集中有感一首云：「帳中人去影澄澄，重對年時芳苡鐙，惆悵月斜香騎散，人問何處覓韓憑。」

又其詞中減字木蘭花云：「花叢冷眼，自惜尋春來較晚，知道今生，知道今生那見卿，天然絕代，不信相思渾不解，若解相思，定與韓憑共一枝。」

清張貴勝遣愁集卷四論及韓憑夫婦，以謂：「在天爲比翼鳥，在地爲連理枝，在花爲並蒂蓮，在水爲比目魚。」

清劉福廣列女傳敘韓憑夫婦故事末頌曰：「投臺拒桀，千載流芳，神生連理，義感鴛鴦。」

綜上之引，知韓朋賦故事，爲千古騷人所樂道，但在李商隱、王安石、明高信之詩中，又有韓憑夫婦死化爲蝴蝶之說，此大概民間傳說之訛，不論鴛鴦或蝴蝶，皆代表情人之鳥蟲，但宋樂史太平寰宇記卷十四濟州鄆城韓憑塚下卻眞記云：

「搜神記：宋大夫韓憑娶妻美，宋康王奪之，憑怨王，自殺。妻陰腐其衣，與王登臺，自投臺下，左右攬之，著手化爲蝶。」

結 語

講史性之變文，原係民俗文學，以正統之眼光視之，原爲無足多觀，但其影響之深遠、常有非聖賢之道所可及，其原因正如班固漢志所云：

「小說家者流，蓋出於稗官，街談巷語，道聽塗說者之所造也。孔子曰：雖小道必有可觀者焉，致遠恐泥，是以君子弗爲也。然亦弗滅也，閭里小智者之所及，亦使綴而不忘，如或一言可采，此亦芻蕘狂夫之議也。」

班固之言，誠見小道之不可忽也，蓋往古採風考俗，責在稗官言，貢於廟前，罕譬而喩，載之經史，未嘗偏廢，彼聖賢之言，經史之旨，固深微入杳冥，廣博無涯涘，然以感化中人以下之身心，則格格不入，此誠民俗文學今日有一枝獨秀之勢也。

本篇發表於中華文化月刊十一卷九期

唐人傳奇小說研究——張佐

一、原文

開元中，前進士張佐，常為叔父言：少年兩次鄠杜，郊行見有老父乘青驢，四足白，腰背鹿革囊。彥甚悅懌，旨趣非凡，始自斜逕合路，佐甚異之。試問所從來，叟但笑而不答。至再三，叟忽怒叱曰：「年少子，乃敢相逼，吾豈盜賊椎埋者耶？何必知從來。」佐遜謝曰：「嚮慕先生高躅，願從事左右耳，何賜深責。」叟曰：「吾無術教子，但壽永者，子當嗤吾潦倒耳。」遂復乘，促走。佐亦撲馬趁之，俱至逆旅。叟枕鹿革囊，寢未熟。佐乃疲，貰白酒將飲，試就請曰：「單瓢期先生共之。」叟跳起曰：「此正吾之所好，何子解吾意耶？」飲訖。佐見翁色悅，徐請曰：「小生寡味，願先生賜言以廣聞見，他非敢望也。」叟曰：「吾之所見，梁隋陳唐耳，賢愚治亂，國史已具，然請以身所異者語子。吾宇文周時，居岐，扶風人也。姓申名宗，慕齊神武，因改宗為觀，十八，從燕公子謹證梁元帝於荊州。州陷，大軍將旋，夢青衣二人謂余曰：『呂走天年，人向主，壽不千』。吾乃詣占夢者於江陵市。占夢者謂余曰：『呂走，迴字也。人向主，往字也。豈子住乃壽耶。』時留兵屯江陵，吾遂陳情於校尉拓跋烈，許之。因卻詣占夢者曰：「住即可矣，壽有術乎？」占著曰：「汝前生梓潼薛君冑也，好服朮藥散，多尋異書，日誦黃老一百紙，徙居鶴鳴山下，草堂三間，戶外駢植花竹，泉石縈遶。八月十五日長嘯獨飲，因酣暢大言曰：「薛君冑疏瀹若此，豈無異人降旨。」忽覺兩耳中，有車馬聲，因頽然思寢。頭纔至席，遂有小車朱輪青蓋，駕赤犢出耳中，各高二三寸，亦不覺出耳之難。車有二童，綠幘青帔，亦長二三寸，憑軾呼御者踏輪扶下。而謂君冑曰：吾自兜玄國來，向聞長嘯月下，韻甚清激，私心奉慕，願接清論。」君冑大駭曰：「君適出君耳，何謂兜玄國來？」二童子曰：「兜玄國在吾耳中，君耳安能處我？」君冑曰：「君長二三寸，豈復耳有國土，儻若有之，國人當盡焦螟耳！」二童曰：「胡爲其然？吾國與汝國無異，不信，盍從吾從，或能使留，則君離生死苦矣。」一童傾耳示君冑，君冑覘之，乃別有天地，花卉繁茂，甍棟連接，清泉縈遶，巖岫杳冥。因捫耳投之，已至一都會，城池樓堞，窮極壯麗。君冑徬徨，未知所之。顧見向之二童，已在其側。謂君冑曰：「此國大小於君國？既至此，蓋從吾謁蒙玄眞伯居大殿，牆垣階陛，盡飾以金碧，垂翠簾帷帳，中間獨坐眞伯，身衣雲霞日月之衣，冠通天冠，垂旒皆與身等。玉童四人，立侍左右，一執白拂，一執犀如意。二人既入，拱手不敢仰視，有高冠長裙綠衣人，宣青紙制曰：「肇分太素，國既有德，爾淪下士，賤卑萬品，聿臻於如此，由冥合。況爾清乃躬誠，叶於眞宰，大官厚爵，俾宜享元，可爲主籙大夫。」君冑拜舞出門，即有黃陂三四人，引至一曹署，其中文簿，多所不識，每月亦無請受，但意有所念，左右必先知，當便供給。因暇登樓遠望，忽有歸思，賦詩曰：「風軟日景煦，異香馥林塘，登高一長望，信美非吾鄉。」因以詩示二童子，童子怒曰：「吾以君質性沖寂，引至吾國，鄙俗餘態，果乃未去，鄉有何憶耶？」遂疾逐君冑如陷落地，仰視乃自童子耳中落，已在舊去處。隨視童子，亦不復見。因問諸鄰人，云：「失君胄已七八年矣。」君胄在彼如數月。未幾，而君胄卒，生於君家，即今身也。」占者又云：「吾前生乃出耳中童子，以汝前生好道，以得到兜玄國。然俗態未盡，不可長生，然汝自此壽千年矣。吾授汝符即歸。」因吐朱絹尺餘，令吞之，占者遂復童子形而滅。自是不復有疾，周行天下名山，迨茲二百餘歲。然吾所見異事甚多，並記在鹿革中，因啓囊出二軸書甚大，字頗細，佐不能讀，請叟自宣，略述十餘事，其半昭然可記。其夕，佐將略寢，及覺，已失叟。後數日，有人於灰谷湫見之。叟曰：「爲我致意於張君。」遽尋之，已復不見。

二、本篇作者及玄怪錄

本篇故事作者，題名頗爲不一。據太平廣記八十三引此文，注出玄怪錄。而玄怪錄爲唐牛僧孺撰。則此篇似應出僧孺之手。而類說中未查出此篇。但據龍威祕書中選有幽怪錄多篇，題唐牛僧孺撰，其中有此篇，而篇名曰耳中天地，記云：

「薛君忽見二青衣駕赤犢出，耳中乃別有天地，花木繁茂，示兜玄國。」

其所記薛君與本篇同，耳中之國，亦名兜玄國，但文字簡略若是，不知是否刪削，或僧孺原記若此也。

又查唐人說薈及唐代叢書小說中，皆有此篇，而篇名題爲申宗傳，作者爲唐孫頠。不知其據何出。今將此二作者簡史略述如下：

㈠牛僧孺——（新舊唐書皆有傳。）字思黯。隴西狄道人，隋僕射奇章公宏之裔，生於唐代宗大曆十四年，卒於宣宗大中元年，年六十九。幼孤，工屬文，第進士，元和初，以賢良方正對策，與李宗閔、皇甫湜俱題第一，條指失政，鯁訐不避宰相，以方正敢言進用。至考官楊於陵、韋貫之、李益等坐考非其宜，皆調去，僧孺調伊闕尉，改河南，遷監察御史，累遷考功員外郎，集賢殿直學士。穆宗即位，漸至御史中丞。後以戶部侍郎同中書門下平章事。文宗時，與李宗閔相結，權傾天下，甚爲李德裕黨所仇視，造成所謂牛李黨爭，交爭不已。武宗時，累貶循州長史，宣宗立，乃召還。爲太子少師，贈太尉，諡文簡，僧孺著有玄怪錄十卷，今僅存輯本一卷，又有周秦行紀，係李德裕門客韋瓘所作，以陷僧孺者，今本仍題僧孺作。

㈡孫頠——新舊唐書中皆無此人，全唐詩中亦未見其作品，惟在全唐文卷四百五十七有春儺賦一篇，在題目之下，注孫頠肅宗時人。龍威祕書中有其神女傳，幻異志。

㈢玄怪錄——玄怪錄此書，歷朝題名不一。新唐書藝文志作十卷，稱元怪錄、宋志同（或孫避諱而改。）清四庫提要示有幽怪錄一卷（卷一百四十四）據云係避康熙帝玄曄諱也。皆題牛僧孺撰：

四庫提要云：「幽怪錄，唐牛僧孺撰。事蹟具新唐書本傳。唐書藝文志作元怪錄，朱國楨湧幢小品曰：「牛僧孺撰元怪錄，楊用修改爲幽怪錄，因世廟時重元字，用修不敢不避，其實一書，非刻之誤也。然宋史藝文志載李德裕幽怪錄十四卷，則此名爲複矣。唐志作十卷，今止一卷，殆鈔合而成。非其舊本，晁公武讀書志云：「僧孺爲宰相，有聞於世，而著此等書，周秦行紀之謗，蓋有以致之也。末附李復言續錄一卷，考唐志及館閣書目皆作五卷，通考則作十卷，云分仙術，感應二門，今僅殘篇數頁，並不成卷矣。然誌怪之書，無關風教，其完否不必深考也。

今查龍威祕書中有幽怪錄，一題唐王惲撰，一題唐牛僧孺撰。書名雖同，故事不一。唐人說薈中及唐代叢書中之幽怪錄，亦皆題唐王惲撰，雖內容不同，然不外鬼怪神異，此實與唐代文風有關。

1.李德裕周秦行紀論亦云：「稱僧孺好奇怪其身，險易其行，及著玄怪錄，多造隱語，人不可解，其或能曉一二者，必附會焉。」本書元無有篇後亦注曰：「牛相嗜奇，一至於此，惟唐人小說，類此尚多，假筆墨以寄才思，流風所播，極於明清。」

2.宋趙彥衛雲麓漫鈔云：「唐世舉人，先籍當世顯人，以姓名達諸主司，然後投獻所，踰數日又投，謂之溫卷，如幽怪錄傳奇等是。蓋此等文備衆體，可見史才，詩筆，議論。」
故風會既開，作者彌衆，才傑之士，各拾所聞，蒐奇則極於山經十洲，語怪則逾於齊語列異，於是道籙三清之境，佛氏輪迴之思，罔不經緯文心，奔赴靈囿，斯亦極稗海之極觀也。」

3.胡應麟曰：「變異之談，盛於六朝，然多是傳錄舛訛，未必盡設幻語，至唐人乃作意好奇，假小說以寄筆端，如毛潁南柯之類尚可，若東陽夜怪錄稱或自虛，玄怪錄元無有，皆但可付之一笑。」

觀上所論，則幽怪錄之篇名多有，作者不一，蓋凡誌異之書，作者喜以幽怪錄名篇，亦無足怪。惟本篇如眞出孫頠之手，則據全唐文其時代猶在僧孺之前，究竟如何錯亂作者姓名，容待考證也。

三、本篇主旨探索：

本篇既爲神怪誌異之事，如必指其主旨何在，似涉臆度，然篇中所記時代、史實、人物、史書有據者，站在文學欣賞研究立場，又不可謂其毫無所託，蓋古今小說，附會史實，而舍沙射影，亦不鮮見，茲就筆者探索，本篇小說可從下列二方面言之。

㈠就其所述事實觀之——本篇所託稱之兜玄國，出自烏有，事涉荒誕，此種記載，中外多有，外國著作中之烏托邦，有以類之。中國古代載籍中，若晉人陶淵明之桃花源記，寫避秦亂之世外仙境，其中屋舍良田，儼然人世，而黃髮垂髫，怡然自得之境，此蓋世亂至極，人思逃避現實之理想國也。枕中記之盧生，夢中所歷之國，曾謂「士生之世，不能建樹功名，出將入相，列鼎而食，選聲而聽，使族益昌而家益肥。」故託諸夢境，此困於富貴爵祿者所慕之理想國也。南柯太守傳中之淳于棼，夢中所歷之槐安國，得駙馬之榮，且賜食邑，食爵位，居台輔。此無非困於姻貴者所託之理想國也。本篇中之薛君，所歷之兜玄國，富貴爵祿，何異塵世，故各人所歷雖不同，所嚮者非一，然困於誠寰，託諸夢境，又何異焉，蓋唐時佛道思想，遍播士流，文學亦受其感化，此類篇什甚多，而此種作品，於短夢之中，忽歷一生其間榮悴悲歡，剎那而盡，轉念塵世實境，與此等類齊觀，出世之想，不覺自生。故此種作品主旨，或可謂受佛道思想之影響，而寓逃世之想也。

㈡就本篇所稱史實言之——本篇所引人物史實，並非全屬子虛。而且具載史書，循此線索，而玩味其文章，又係非全無所指，據筆者研討，則覺本篇是頗富民族意識一篇作品，逆舉下列數點證之。

本篇主角申宗自云：「吾宇文周時，居岐，扶風人也。姓申名宗，慕齊神武，改宗爲觀，十八，從燕公于謹征梁元帝於荆洲，洲陷。」此段史實，戴諸北周書燕公于謹傳：

「于謹，字思敬，河南洛陽人，仕宇文周，以功進位柱國大將軍，初梁元帝平侯景之亂後，於江陵（湖北）嗣位，密與齊氏通使。將謀侵軼，其兄子岳陽王督時爲雍州刺史，以梁元帝殺兄營，遂結仇隙，據襄陽來附，仍請王師，乃令謹率衆出討，太祖餞於青泥谷，長孫儉問謹曰：爲蕭繹之計，將欲如何？謹曰：耀兵漢沔，席捲渡江，直據丹陽，是其上策，移郭內居民，退保子城，峻其陴堞，以待援至，是其中策，若難於移動，據守羅郭，羅其下策。儉曰：揣繹定出何策？對曰：蕭氏保據江南，綿歷數紀，屬中原多故，未遑外略，又以我有齊氏之患，必謂力不能分，且繹懦而無謀，多疑少斷，愚民難與慮始，皆戀邑定，既惡遷移，當保羅郭，所以用下策也，謹乃令中山公護及大將軍楊忠等精騎先據江津，斷其走路，梁人豎木柵於外城，廣輪六十里，尋而謹至，悉衆圍之，梁主屢遣兵於城南出戰，輒爲謹所破，旬有六日，外城遂陷，梁主保子城，翌日，率其太子以下面縛出降，尋殺之，虜其男女十餘萬人以歸，謹以功封燕國公。」此征梁元帝事也。

又考南北朝時，北方之魏及周，皆鮮卑族人建國。唯北齊主爲鮮卑族同化之漢人，本篇主角，自稱姓申名宗，慕齊神武，改宗爲觀，玩索文意，令人尋味，今又查北齊書齊神武傳云：

「齊神武帝，姓高名歡，字賀六渾，渤海脩人，其祖始徙懷朔，神武既異世北邊，故習其俗，遂同鮮卑，少時有澄清天下之志，初仕後魏，累封平陽郡公，鎮朔方，爾朱兆弒孝莊帝，歡起兵滅之，擁立孝武帝，自爲丞相，專權用事，勢傾其主，帝不堪其逼，西走依宇文泰，歡別立孝靜帝，自此魏分東西，及其子高洋簒位，追尊神武帝。」

又云：「神武自向山東，養士繕甲，禁侵掠，百姓歸心，乃詐爲書，言爾朱兆將以六鎮人配契胡爲部曲，衆皆愁怨，又爲并州符，徵兵討步落，稽發萬人，將遣之，孫騰魏景爲請留五日，如此者再，神武親送之郊，雪涕執別。人皆號慟，哭聲動地，非武乃喻之曰：與爾俱失鄉客，義同一家，不意在上，乃爾徵召，直向西已當死，後軍期又當死，配國人又當死，奈何？衆曰：唯有反耳：神武曰：反是急計，須推一人爲主，衆願奉神武，曰：爾鄉里難制，不見葛榮之，雖百萬衆，無刑法終自灰滅，今以吾爲主，當與前異，不得欺漢兒，不得犯軍令，生死任吾則可，不爾不能爲取笑天下，衆皆頓顙，死生唯命，若不得已，明日椎牛饗士，喻以討爾朱之意。封隆之進曰：「千載一時，普天幸甚。」神武曰：「討賊大順也，拯時大業也，吾雖不武，以死繼之，何敢讓焉。」

考北朝既爲鮮卑族之天下，異族人統治中國，其對漢民族之輕視蹂躪，勢在必然，元朝蒙古人亦曾分漢民族之等級，更具見證，故當時漢人之思匡復者，當不乏人，而齊神武爲漢人，其討異族爾朱氏，曾謂部衆曰：「與爾俱失鄉客，義同一家。」又曰：「不得欺漢兒。」又曰：「討賊大順也，拯時大業也。」可見其濃厚之民族思想。而本篇主角亦自稱姓申名宗，慕齊神武，改宗爲觀。余意以爲，若此篇小說另有寓意，則申宗之名，亦大可玩索。假若以申爲伸，以宗寓族，則申宗者，伸宗族之大義於天下也，慕齊神武者，神武漢人也，拯時之英雄也，改宗爲觀者，齊神宗名歡，觀歡字形相近也，如曰改宗爲歡，其意自爲以漢族取代鮮卑人之統治，則天下之人爲歡也。今不明言而曰觀者，或係筆誤，或不敢明言也。又查小說之人名，常有寓意。如牛僧孺所撰之幽怪錄中，有元無有此人，東陽夜怪錄中有成自虛此人，皆以事非眞實，故命名曰元無有，成自虛。此同人或同時代之作品例證。後世之作品中，如紅樓夢中之甄士隱、賈寶玉、賈府，後人考證，亦以曹雪芹將眞事隱去，故命名曰甄士隱，賈寶玉、賈府者，亦非眞也。

又考本篇申宗前生，占者曰：「汝前生梓潼薛君冑也。好服朮蘂散，多尋異書。日誦黃老一百紙。」據史載，南北朝時，佛道二教大盛，而且君主貴族多崇尙之。故服食鍊丹之事，所在多有。據史書當時宗教概況：

道教——「北魏寇謙之隱居嵩山，自言太上老君命其繼張道陵爲天師，作圖籙眞經，太武帝起天師道場，親授圖籙，道教大盛。」

佛教——「西僧鳩摩羅什、菩提達摩等來中國，翻譯經典，且梁武帝曾三次捨身同泰寺，故金陵一帶有四百八十寺，北魏有三萬寺。」

今證之本篇主角前生與其命名，亦非無因，考梁元帝亡國，于謹曾虜其男女十餘萬人以歸，又云帝率其太子以下面縛出降。則此十餘萬人中，自不乏皇族世冑，文臣學士，其著者如流落北方之文學家王褒，即在此役，庾信爲使，亦不得返。今本篇主角自稱其前生爲薛君冑，君冑者，君之世裔也，如吾人自稱爲炎黃世冑，如以薛音同削，降而爲奴，安得不削卑其世冑也。此以人名推玩而證之一也。

再以事實證之，以本篇之言，「君冑在兜玄國，得拜主籙大夫，即有黃帔三四人，引至一曹署，其中文薄，多所不識，每月亦無請受，但意有所念，左右必先知，當便供給。」余意此段文字，正是亡國君臣寫照，試以君冑所治官署言之，文薄多所不識者，異國文字也。每月無所請受者，形同傀儡也，意有所念，左右必先知，監視之嚴也，當便供給者，豐其服，廣其居，而不令治事者，使其樂不思蜀也。此非亡國君臣之寫照乎。此以事實證之二也。

若再以文意玩之，吾人如此種生活，果然泯滅人思鄉之情否，人居異國，雖位至通顯，而失去自由，落葉歸根之情，思鄉戀戀之念，皆不難油然而生。茲引王褒庾信之事與文以證之。

北周書王褒傳：「王褒，字子淵，琅邪臨沂人……城陷，褒從元帝入子城，猶欲固守，俄而元帝出降，褒遂與衆俱出見柱國于謹，謹甚禮之，褒曾作燕歌行、妙盡關塞之苦，元帝及諸文士並和之，而競為淒切之詞，褒遂與王克、宗懍、殷不害等數人，俱至長安，太祖喜曰：「昔平吳之利二陸而已，今定楚之功，群賢畢集，可謂過之矣。」

又曰：「初褒與梁處士周弘讓相善，及弘讓兄弘正自陳來聘，高祖許褒等通親知音問，褒致弘讓書曰：

「嗣宗窮途，楊朱歧路，征蓬長逝，流水不歸，舒慘殊方，炎涼異節……弟昔因多疾，亟覽九仙之方，晚涉世途，當懷五嶽之舉，同夫關令，物色異人，譬彼客卿，服膺高士，上經說道，屢聽玄牝之談，中藥養神，每稟丹沙之說。晚年遒盡，容髮衰謝，芸其黃矣，零落無時，還念生涯，繁憂傯集，視陰褐日，猶趙孟之徂年，負杖行吟，同劉琨之積慘，河陽北臨，空思鞏縣，霸陵南望，還見長安，所冀書生之魂，來依舊壤，射聲之鬼，無恨他鄉，白雲在天，長離別矣，會見之期，邈無日矣，援筆攬紙，龍鍾橫集……」

北周書庾信傳亦云：「陳氏與朝廷通好，南北流寓之士，各許還其舊國。陳氏乃請王褒及信等十數人，高祖唯放王克、殷不害等。信及褒留而不遣，信雖位望通顯，常有鄉關之思，乃作哀江南賦以致其意云：

「信年始二毛，即逢喪亂，至于暮齒，燕歌遠別，悲不自勝，楚老相逢，泣將何及，畏南山之雨，忽踐秦庭，讓東海之濱，遂飧周粟，下亭漂泊，皐橋寺旅，楚歌非取樂之方，魯酒無忘憂之用，追此爲賦，聊以記言，不無危苦之辭，唯以悲哀爲主，日暮途窮，人間何世，將軍一去，大樹飄零，壯士不還，寒風蕭颯。」

又重別周尚書詩曰：「陽關萬里道，不見一人歸，惟有河邊雁，秋來向南飛。」

此種作品，在王褒及庾信晚年作品中，不勝枚舉，吾人讀之，其流落異鄉之悲，眷念鄉關之情，油然紙上。再證本篇中薛君胄所賦之詩：「風軟景和煦，異香馥林塘，登高一長望，信美非吾鄉。」正是若合符節，故此篇主旨，證之其時代背景，篇中人物，玩索其文意，若爲有指之作，則正寫流落異族之漢民族人士，抒其心中悲痛之情，當亦非無據然誌怪之書，小說之談，原爲街談巷議，無中生有，不可信其有，亦不能信其必無，且本篇乃託自途中所聞，其道聽塗說之旨已見。吾人鑽研，亦原供欣賞之助，其中揣測之處，亦難盡是，所謂姑妄信之，姑妄聽之，小說之道，其在斯乎！

四、誌怪小說對後世的影響

中國小說，起自神話與傳說，神話多記神仙之事，傳說則以古英雄爲主，前者出於想像，後者根據史實，故由神話而傳說，乃爲小說發展之必然途徑，誌怪之書，魏晉已有，列異博物，山海搜神，已肇其端，及唐玄怪錄出，因受唐時文風，及佛道思想影響，故當時作者頗不乏人，如薛漁思之河東記，張讀宜室志，李復言續玄怪錄，皆其著者，宋代以後，作者甚衆，不煩枚舉。今引四庫提要子部小說類序云：「道其流別，凡有三派，其一敘述雜事，其一記錄異聞，其一綴輯瑣語。唐宋而後，作者彌繁，其中誣謾失眞，妖妄熒聽者，固爲不少，然寓勸戒，廣見聞資考證者，亦錯出其中。」即可知之矣。

發表於復興崗新聞尖兵

墨子概述

綱要：

一、墨子的身世
二、墨子的行事
三、墨子的著作
四、墨子的學說
五、墨子的徒衆

一、墨子的身世

墨子在先秦諸子中雖號稱顯學，當時大都孔墨並稱，韓非子顯學篇曰：

「世之顯學儒墨也，儒之所至，孔丘也；墨之所至，墨翟也。」

但亦有人說：「墨子名頭如此之大，還是給孟子所駡成功的。」而很可惜的是史記中有孔子世家，孟荀列傳，而墨子則僅在孟荀列傳之末，附記了幾句話：

「蓋墨翟，宋之大夫，善守禦，爲節用，或曰並孔子時，或曰在其後。」

這寥寥的二十四字，前用「蓋」字，後用「或曰」，可見在司馬遷時，墨子的身世已經是很模糊的。現在讓我們先談一談他的身世。

㈠姓名——墨子的姓名，頗多異說，自南齊孔稚圭北移文中稱墨子爲「翟子」以來，元伊世珍瑯環記以墨子姓翟名烏，清周亮工因樹屋書影以墨非姓，「謂以墨爲姓，是老子當姓老耶？」近人江瑔讀子巵言以墨名，翟或爲姓，而別字爲子墨。胡懷琛墨子學辨言墨固非姓，翟亦非姓，翟更非名，以翟爲狄，以墨爲「貊」爲「蠻」，於是墨子便成爲蠻貊之人。以上這些異說，均經方授楚之墨學源流，及蔣伯潛諸子通考所駁斥，我們限於時間，故不在這裡詳說。

但孫詒讓墨子傳略：「以墨子名翟，姓墨氏，」他的根據是㈠漢書藝文志「墨子七十一篇。班固自注名翟。呂氏春秋當染、愼大篇及淮南子脩務篇訓高誘注：「墨子名翟。」㈡廣韻二十五德「墨子姓墨。」通志氏族略引元和姓纂：「墨氏，孤竹君之後，本墨台氏，後改爲墨氏，戰國時宋人墨翟著書號墨子。」可惜他除了墨子以外，提不出墨子以外姓墨的人。文獻上有墨子姓名可資考證的，大概只有這些。

雖然近人錢穆說墨爲刑徒，（見先秦諸子繫年。）馮友蘭中國哲學史中亦以墨子以自苦爲極，僕僕風塵，班固答賓戲云：「孔席不暖，墨突不黔。」故以墨爲氏。但施之勉在大陸雜誌六卷四期中駁錢曰：「以爲墨子姓墨，見於孟子滕文公下：

『楊朱墨翟之言盈天下，天下之言，不歸楊，則歸墨，楊氏爲我，是無君也，墨氏兼愛，是無父也』。

自戰國以下之人，以氏爲姓，據孟子所云，楊朱姓楊，墨翟姓墨，斷可識矣，古者庶人無姓，氏之所由興，在於卿大夫。（日知錄。）墨翟姓墨，寧得謂其犯墨刑耶？且墨子宗法夏禹，以自苦爲極，度身而衣，量暖而食，手足胼胝，而目黧黑，不能如此，非禹之道，故墨子決非刑徒，如爲刑徒，安能奔走諸侯之間，大量招收弟子，故其以墨爲氏，或與其自苦有關。」

至於墨子名翟，我們覺得在墨子書中，亦可找出證據，墨子與人問答往往自稱爲翟，如在耕耘、貴義、公孟、魯問等篇，這種自稱方式，就墨子前後言，原是通例。如論語公治長篇：「十室之邑，必有忠信如丘者，不如丘之好學也。」又：「左丘明恥之，丘也恥之。」述而篇云：「吾無行不與二三子者，是丘也。」孟子萬章下云：「然而軻也，嘗聞其略也。」告子下：「軻也，請無聞其詳，願聞其旨。」孔子名丘，故自稱爲丘；孟子名軻，自稱爲軻，如是則墨子自稱爲翟，當亦爲名。故墨子我們說他。

姓墨氏，名翟。

㈡生卒年代——墨子的生卒年代，的確不易考證，司馬遷史記謂「或曰並孔子時，或曰在其後。」劉向別錄謂「在七十子之後。」班固藝文志自注謂「在孔子後。」張衡以爲「當子思時，出仲尼後。」（後漢書衡本傳引衡集。）這些記載，已經不同，而葛洪神仙傳，謂：「墨子年八十二，入周狄山學道，漢武帝嘗使聘，不出。」更是荒誕不經。

清朝學者，考證甚多，畢沅墨子注敘以爲「翟實六國時人，至周末猶存。」汪中墨子序：「以爲墨子與楚惠王同時，其仕宋當在景公，昭公之世，其年於孔子差後，或猶及見孔子。」孫詒讓墨子年表以畢說失之太後，汪說失之太前，他認爲墨子「當生於周定王初年，卒於安王之季。蓋八九十歲。」胡適中國古代哲學史又以孫氏所考有誤，不如汪說爲確，他以爲墨子大概生於周敬王二十年與三十年之間，而死在周威烈王元年與十年之間。」梁啓超墨子學案又指胡氏有誤，以爲「墨子生於周定王初年（元年至十年間），約當孟子生前十餘年。方授楚墨學源流又以梁氏依然有誤，他重定「墨子生於周敬王三十年，而在孔子卒前十年。至墨子之卒年，當在周威烈王二十三年左右。錢穆考「墨子之生（先秦諸子繫年。）至遲在元王之世，不出孔子卒後十年，其卒當在安王十年左右，不出孟子生前十年。」凡諸此說雖然仍不一致，大抵有越後越眞之勢。但我們得上述諸說雖異，但有一點，斷定墨子在孔子後，孟子之前，大概是不錯的，就是墨子書中，有提及孔子的話，孔子書中，沒提及墨子的話，而孟子之時，楊朱墨翟之言盈天下，故蔣伯潛諸子通考中亦只說：

「其生卒之年，無從確知，當在孔子之後，孟子之前，亦爲壽考人云。」

㈢籍貫——墨子出生地，歷來頗有異說，呂覽當染及愼大篇高誘注以墨子爲魯人，葛洪神仙傳，又選長笛賦李善注引抱朴子，荀子修身篇楊倞注及元和姓纂均以其爲宋人，畢沅墨子注敍，武億授堂文鈔跋均以其爲楚人。孫詒讓墨子傳略，梁啓超墨子學案，張純一墨子魯人考，又以墨子爲魯人，然亦竟有以墨子爲外國人的，如胡懷琛墨子學辨即以墨子爲印度人，衞聚賢墨子小傳，以爲墨子是婆羅門教徒，金祖同墨子回教徒考，及陳盛良墨子文法的研究，又以墨子爲阿拉伯回教徒，這些標新立異的說法，已爲方授楚在墨學源流中一一駁斥。

以墨子非宋人及楚，當以梁氏墨子學案爲切，學案說：「因史記孟荀列傳，漢書藝文志都說墨子嘗爲士大夫，故誤認爲宋人，梁氏據墨子書中公輸篇中有墨子「歸而過宋」一語，以其非宋人可知。至以墨子爲楚人，古書未見，乃畢沅之輩，以「墨子與魯陽文君有問答。（魯問篇），謂魯陽是楚邑。」墨子遂又成楚人。」梁氏又據貴義篇「墨子南遊於楚。」謂若是自楚之魯陽往，當云遊郢，不當云遊楚。又墨子南遊使衞，謂若自魯陽往衞，當云北遊。他又據渚宮舊事載魯陽文君說楚惠王「有墨子北方賢聖人。」可證墨子非楚人。

以墨子爲魯人，以孫詒讓墨子傳略引貴義篇「墨子自魯即齊。」又引呂覽愛類篇公輸般造雲梯攻宋，墨子自魯往見荆王曰：「臣北方鄙人也。」魯問篇「越王爲公尚過束車五十乘，以迎墨子於魯。」及淮南子修務訓：「自魯趨而往，十日十夜，至於郢。」而張純一墨子魯人說更舉新證曰：

「非攻篇曰：『東方有莒之國者』莒在魯之東也。貴義篇曰：『北之齊，至淄水，不遂而返』魯在齊之南也。魯問篇魯君與墨子問答者再，設非魯人，何不云遊於魯，見魯君耶？」

由以上之證，則斷墨子爲魯人，當較可信。

(四)出身——墨子生平行事，舊史不詳，今參考墨子之書，蓋出身於平民，而身爲工匠。貴義篇有墨子見惠王獻書而不能用，惠王使穆賀以老辭曰：「子之言則誠善矣，而君王，天下之大王也，毋乃曰：「賤人之所爲而不用乎。」墨子獻書惠王，年已逾五十，猶爲賤人，則始終爲平民可知，然其爲何等平民，貴義篇又說：「翟上無君上之事，下無耕農之難。」則其職業，非官非農。又魯問篇云：「公輸子削竹木以爲鵲，鵲成而飛之，三日不下，公輸子以爲巧。子墨子謂公輸子曰：子之爲鵲也，不如翟之爲車轄，須臾劉（斲）三寸之木，而任五十石之重，故所爲功，利於人謂之巧。不利於人胄之拙。」韓非子外儲說左上云：「墨子爲木鳶三年而成，蜚一日而敗，弟子曰：「先生之巧，至能使木鳶飛，墨子曰「不如爲車輗之巧也。用咫尺之木，不費一朝之事，而引三十石之重，致遠力多，久於歲數。」此知其必爲工匠也。然知備城門以下諸篇，更知其長於兵器戰略。

墨子既爲賤人，在古代受學不易，幸在春秋季年，已開私人講學之風，呂氏春秋當染篇云：「魯惠公使宰讓請郊廟之禮於天子，桓王使史角往，惠公止之，其後在於魯，墨子學焉。」史角是魯惠公向天子請來改良郊廟之禮的，故漢書藝文志「謂墨家者流，出於清廟之守。」淮南要略訓：「墨子學儒者之業，受孔子之術。以爲其禮煩擾而不悅，厚葬貪財而靡民，久服傷生而害事，故背周道而用夏政。」淮南主術訓：「孔墨皆修先聖之業，通六藝之論。」孫詒讓力駁其非，他認爲樂爲六藝之一，如果墨子學通六藝，似乎不會主張非樂，但我們覺得反對一件事，並不見得懂得就不會反對，而且反對的人，必須眞懂得的人。非樂篇墨子自己說：「是故墨子之所以非樂者，非以大鐘鳴鼓琴瑟竽笙之聲，以爲樂也。」由以上所言，故墨子當亦受儒者弟子影響。

二、墨子的行事

墨子的一生，悽悽遑遑，奔走於各國之間，全在實行他的兼愛非攻之主張。淮南脩務篇云：「孔子無黔突，墨子無暖席。」是最好的說明。墨子一生與諸國之關係，大概不外，魯、宋、衛、楚、齊、等國，下面舉些墨書中記載以明之：

㈠居魯——魯爲墨子出生之國，我們雖不能確定如蔣伯潛話諸子通考所云：「其見諸侯，蓋自魯君始。」亦不能如方授楚說他與魯君文化不相容。其與魯國關係之密切，則可以下列二事見之：

魯問篇云：「魯君謂子墨子曰：『吾恐齊之攻我也，可救乎？』子墨曰：可。昔者三代之聖王，禹湯文武，百里之諸侯也，說忠行義取天下，三代之暴王桀紂幽厲，讎怨天下，吾願主君之上者尊天，事鬼，下者愛利百姓，厚爲皮幣，卑辭令，偏理四鄰諸侯。敺國以事齊，患可救也，非此顧無可爲者。」

又「魯君子謂子墨子曰：「我有二子，一人者好學，一人者好分人財，孰以爲太子而可。」子墨子曰：「未可知也，或爲所賞譽爲是也，約者之恭，非爲魚賜也，餌鼠以蟲，非愛之也，吾願主君合其志而觀焉。」

由以上魯君以立太子之事相問，可見其與魯之關係之密切。

(二)遊宋——司馬遷班固皆以墨子爲宋大夫，汪中墨子序，孫詒讓墨子傳略及蔣伯潛諸子通考均承之，而梁啓超墨子學案卻云：

「查本書中，絕無仕宋痕跡，太史公或因墨子曾救宋難，所以說他仕宋，其實，墨子救宋，專爲實行他的兼愛非攻主義。那裡論做官不做官呢？墨子說：「道不行，不受其賞，義不聽不處其朝。」（貴義篇。）當時的宋國，就會行其道，聽其義嗎？墨子是言行一致的人，如何肯立宋朝，所以我想墨子始終是個平民，沒有做過官的。」

方授楚更進而謂

「即如墨子止楚，其往則也則起於魯，其歸也則言過宋，且守閭者不納，其非宋大夫明矣。當墨子獻書楚惠王，乃在止楚攻宋以後，穆賀告墨子曰：「君王，天下之大王也。毋乃曰賤人之所爲而不用乎？」若墨子已爲宋大夫，不得云賤人也。

但我們覺得司馬遷班固之言，或亦別有所據。但墨子與宋有不少之關係，如史記鄒陽傳宋信子罕之計而囚墨子。魯問篇：「子墨子出曹公子於宋。」而最著的便是公輸篇的止楚攻宋：

「公輸盤爲楚造雲梯之械，成。將預攻宋，子墨子聞之曰：「起於齊（按應作魯。）行十日十夜，而至於郢，見公輸盤……子墨子見王曰：「……。」王曰：「善哉，雖然，公輸盤爲我造雲梯，必取宋。」於是見公輸盤，子墨子解帶爲城，以牒爲械，公輸盤九設攻城之機變，子墨子九距之，公輸盤之攻械盡，子墨子之守圉有餘。公輸盤詘，而曰：「吾知所以距子矣，，吾不言。」子墨子亦曰：吾知子之所以距我者，吾不言。」楚王問其故，子墨子曰：「公輸子之意，不過欲殺臣，殺臣，宋莫能守，可攻也，然臣之弟子禽滑釐等三百人，已持臣守圉之器，在宋城上而待楚寇矣，雖殺臣，不能絕也。楚王曰：「善哉，吾請無攻宋矣。」

㈢遊衛——其遊衛之事，亦見於貴義篇誡衛大夫公良桓子節約以畜士。

子墨子謂公良桓子曰：「衛小國也，處於晉齊之間，猶貧家之處於富家之間也。貧而學富家之衣食，多用，則速亡必矣，今簡子之家，飾車數百乘，馬食菽者數百匹，婦人衣文繡者數百人，若取飾車食馬之費與繡衣之財以畜士，必千人有餘，若有患難，則使數百人處於前，數百人於後，與婦人數百人處於前後，孰安？吾以爲不若畜士之安也。」

㈣遊楚——墨子與楚之關係，除前見之止楚攻宋外，魯問篇亦有與般及與魯君之問答。

「公輸般嘗自魯南遊於楚，始爲舟戰之器，而屢敗越人，公輸子善其巧，以語子墨子云：「我舟戰有鈎強，不知子之義亦有鈎強乎？」子墨子曰：「我義之鈎強，賢於舟戰之鈎強，我鈎強，我鈎之以愛，揣之以恭，弗鈎以愛則不親，弗揣以親則速狎，狎而不親則速離，故交相愛，反相恭，猶若相利也。」

古渚舊事載：「墨子至郢，獻書惠王，王受而讀之曰：「良書也。」寡人雖不得天下，而樂表賢人，辭曰：「翟聞賢達之人，道不行不受其實，義不聽不處其朝，今書未用，請遂行矣。」將辭之而歸，王使穆賀以老辭，魯陽文君言於王曰：「墨子，北方賢聖人也，君王不見，又不爲禮，毋乃失士，乃使文君追墨子，以書社五百里封之，不受而去。」

㈤遊齊——貴義篇載：「子墨子自魯即齊，遇故人。」耕柱篇載：「高石子去衛之齊，見子墨子」又魯問篇更有以下之記載：

「齊將伐魯，子墨」子謂項子牛曰：「伐魯，齊之大禍也，昔者，吳王東伐越，棲諸會稽，西伐楚，葆昭王於隨，北伐齊，取國子以歸於吳，諸侯報其讎，百姓苦其勞而弗爲用，是以國爲虛戾，身爲刑戮也，故大國之攻小國也，是交相賊也，禍必反於國。」

又載子墨子見齊大王曰：「今有刀於此，試之人頭，倅然斷之，可謂利乎？」大王曰：「利。」子墨子曰：「多試人頭倅然斷之，可謂利乎？」大王曰：「利。」子墨子曰：「刀則利矣，孰將受其不祥？」大王曰：「刀受其利，試者受其不祥。」子墨子曰：「併國覆軍，賊殺百姓，孰將受其不祥？」大王俯而思之曰：「我受其不祥。」

㈥遊魏越問題

魯問篇載「子墨子遊公尙過於越，公尙過說越王，越王大悅，謂公尙過曰：「先生苟能使子墨子於越而教寡人，請裂故吳之地五百里，以封子墨子。公尙過許諾，遂爲公尙過束車五十乘，以迎子墨子於魯……子墨子謂公尙過曰：子觀越王之志若何？意越王將聽吾言，用我道，則翟將往，量腹而食，度身而衣，自比於群臣，奚能以封爲哉？抑越王不聽吾言，不用吾道，而吾往焉，則是我以義糶也，鈞之糶，亦於中國耳，何必於越哉。」

方授楚以墨子曾遊魏，因魯問篇載

子墨子游，魏越（孫註墨氏子弟）曰：「既得見四方之君，子則將先語？」子墨子曰：「凡入國，必擇務而從事焉，國家昏亂，則語之尙賢、尙同。國家貧，則語之節用節葬，吳家憙音湛湎，則語之非樂非命，國家淫僻無禮，則語之尊天事鬼，國家務奪侵凌，則語之兼愛非攻，故曰，擇務而從事焉。」

按若照孫氏之注，魏越爲人名，此段自不發生疑義，但方授楚云：

「魏越，孫氏以爲墨子弟子，似誤，蓋墨子實欲西遊魏而南遊越，所過不止一國，故問者曰：『得見四方之君，子則將先語』也。若果爲墨子弟子，則閒詁引『子將奚先』之語，亦翩其反矣，遊魏越是否成行，則本書及他書無所考見，以意度之，大抵嘗往，此墨子所以見稱栖栖遑遑，席不暇暖，突不得黔也歟？」而且方氏將開首二句標點爲

子墨子遊魏越，口：「既得見四方之君……」所加之方塊，表示問者之姓名。

余意以爲孫氏之說，雖可成解，但亦頗値得商榷，方氏加一方塊表示問者之名，更屬自

作主張，且其云閒詁「子將奚先之語。」更是不知所云。余意此處可疑者。

第一在此段之前，墨書中子墨子「遊」公尙過於越。句中之「遊」字，順理應作派遣解。則魏越必爲人名，而非國名。如此而斷句，則下面「曰」字，當係魏越向墨子請示之辭，可能因爲此次任務不止一國，故魏越請示曰：「旣得見四方之君。子則將先語。」「則此二句之意，因爲解『解如我此次得見各國諸侯，先生以爲我將以什麼先遊說他們呢？』故子墨子詳語以下之事，若爲墨子出遊，則其必不語如下之詳也。」

三、墨子的著作

墨子未嘗自著書也，今所傳墨子書，乃其弟子及後學所記。釋迦牟尼及耶穌亦未嘗自著書、孔子亦名言述而不作，皆不影響其爲聖人。墨子一書，後書藝文志著錄七十一篇，隋書經籍志則云十五卷，目一卷、唐書經籍志，新唐書藝文志，宋史藝文志以及元馬端臨文獻通考均列十五卷。四庫全書列入子部雜家類共十五卷五十三篇，篇數較漢志少十八篇。此即今存之墨子，另王應麟玉海，及陳振孫直齋書錄解題有一本止存十三篇者，或係別本，今依胡適中國古代哲學史、梁啓超墨子學案，方授楚墨學源流將其分類如下：

第一類

(甲）親士、修身、所染三篇。內容不純，或係僞託。

(乙）法儀、七患、辯過、三辨四篇，記墨學之概要，提綱絜領。

第二類

尚賢、尚同、兼愛、非攻、天志，非命諸篇，皆分上中下三篇，節用分上中兩篇，節葬下一篇，明鬼下一篇，非樂上一篇，非儒下一篇共二十四篇，這些篇中，除非儒篇無子墨子曰，不是記墨子之言外，餘十個題目，篇中皆有子墨子曰。是墨學的大綱目，墨子書的中堅，每題各有三，篇文義大同小異，所以各有三篇，歷來各有解釋。

俞樾墨子閒話序云：「墨子死而墨分爲三，有相里氏之墨，有相夫氏之墨、有鄧陵之墨，今觀尚賢，尚同，兼愛、非攻、節用、節葬、非樂、非命、天志、明鬼、皆分上中下三篇，字句小異，而大旨無殊，意者，此乃相里、相夫、鄧陵三家相傳之不同，後人合以成書，故一篇而有三乎？」梁啓超墨子學案，羅根澤墨子探源皆因之。

兪梁羅三氏之說，墨分三派、實本韓非子顯學篇，然顯學篇下云：「故孔墨之後，儒分爲八、墨離爲三、取捨相反不同，而皆自謂眞孔墨，孔墨不復生，將使誰定後世之學乎？」如依此，則三派之墨，本屬取捨相反不同，今該組之文，僅有文句不同，無內容意義上相反，由此可知三氏之說待商，但陳柱墨學之大路（墨學十論）有云：

「余意墨子隨地演說，弟子各有紀錄，言有時而詳略，記有時而繁簡，是以有三篇，當時演說，或不止三次，所記亦不止三篇，然古人以三爲成數、故編輯墨子者，僅存三篇，以備參考，或以此乎？」

第三類

經上下篇、經說上下、大取、小取這六篇，晉魯勝稱墨辨，並作墨辨注。大半是講論理學，梁啓超謂經上下篇是墨子自著，其他係後學所記。孫詒讓以爲是墨家別傳之學，方授楚以爲是墨子後學鉅子禽滑釐、孟勝、田襄子作品，羅根澤以爲其中有駁惠施、公孫龍之作品，故爲戰國末年之墨家作品，故頗難確定。大旨說來，可能是如孫氏所云別傳之學。今觀莊子天下篇云：

「相里勤之弟子，五侯之徒，南方之墨者，苦獲、已齒、鄧陵子之屬，俱誦墨經，而倍譎不同，相謂別墨，以堅白同異之辯相訾，以觭偶不仵之辭相應，以巨子爲聖人，皆願爲之尸，冀得爲其後世，至今不決。」

第四類——耕柱、貴義、公孟、魯問、公輸，這五篇是記墨子言論行事，體裁頗近論語，爲最足瞭解墨子人格之作品。

第五類——備城門、備高臨、備梯、備水、備突、備穴、備蛾傳、迎敵祠、旗幟、號令、雜守、這十一篇是專言守禦兵法的。

四、墨子的學說

㈠學說的背景，在未談墨子學說背景之前，我們覺得還有把班固漢志之話重提一遍的必要：

漢地云：「諸子十家……皆起於王道既微，諸侯力政，時君世主，好惡殊方，是以九家之術。蠭出並作，各引一端，崇其所善，以此馳說，取合諸侯。」

看了漢志的話，我們覺得對諸子之興起，已爲要言不繁、中肯中的，但各家學說不同，對當時的社會分有不同看法，其主張故亦各自不同，我覺得梁啓超墨子學案中的八點，大致可歸納成對墨學背景意見如下。

⑴春秋中葉，封建階級逐漸衰微，孔子雖欲救其流弊，但其主張非改造，而是糾時下之弊，復古時遺風，墨子之時，時變更甚，墨子是極端主義者，故提出根本改革主張。

⑵孔子曰：「郁郁乎文哉、吾從周」。可是文勝之弊端，變成繁文縟節，孔子對文質之態度，始終取文質彬彬之說，墨子以爲這樣救不了時弊，故然背周道而用夏政。

⑶墨子看到了三家分晉，田氏篡齊，楚極強盛，秦次崛起，而且弱肉強食，爭城以戰，殺人盈城，爭野以戰，殺人盈野，向戍一流彌兵之談，救不了時弊，故倡兼愛而非攻。

⑷經濟上的兼併，形成貧富不均，貴族的侈靡，觀范蠡三致千金，子貢結駟連騎，形成無形的浪費，故倡節用、節葬、非樂。

⑸墨子雖然想救社會，但是無權無勢，又不肯煽動革命，只有用古代迷信的心理，想用宗教的熱忱信仰，故倡天志、明鬼。

⑹墨子之時，老子之無爲而治，已經盛行，同時世亂日亟，什麼避世主義，獨善其身之說，如楚狂接輿，楊朱之流，墨子在政治上採干涉主義，故主張尚賢尚同，在個人行爲採摩頂放踵，利天下爲之，故主張非命。

㈡學說內容——墨子學說，雖內容繁富，諸如論理學、兵學、科學、哲學、無不備，但其一生奔走各國之間，乃在實現其兼愛非攻的主張。又其告魏越曰：「入國擇務而從事，而引出其尚賢、尚同、節用、節葬、非樂、非命、天志、明鬼、兼愛、非攻的十大主張。所以我談墨子學說內容，亦不能以此十大主張爲重心。

⑴兼愛——墨子兼愛篇上曰：「聖人以治天下爲事者也，不可不察亂之所自起，當察亂之何自起，起不相愛，臣子不孝君父，所謂亂也，子自愛、不愛父、故虧父而自利；弟自愛，不愛兄，故虧兄而自利；臣自愛、不愛君，故虧君而自利；此所謂亂也……若使天下兼相愛，愛人若愛其身，猶有不孝者乎？視父兄與君若其身，惡施不孝，猶有不慈者乎？視子弟與臣若其身，惡施不慈……故天下兼相愛則治、交相惡則亂。」

就因爲這一段話，孟子罵他說：「墨氏兼愛、是無父也。」其實我們覺得墨子那樣大聰明的人，難道不明白等差之愛，但他倡兼愛，亦無非是教人愛身作爲愛人之標準。孟子不云乎：「愛人不親，反其仁。」孔子亦講泛愛衆。墨子在那種自私自利的社會上，提倡兼愛，我們覺得亦不可太過厚非。耕柱篇上就有這樣一段很有趣的問話：

「巫馬子和謂子墨子曰：「我與子異，我不能兼愛，我愛鄒人於越人，愛魯人於鄒人，愛我鄉人於魯人，愛我家人於鄉人，愛我親於我家人，愛我身於吾親，以爲近我也，擊我則疾，擊彼則不疾於我，故有我殺彼以我，無殺我以利。」子墨子曰：「子之義將匿耶，將以告人乎？」巫馬子曰：「我何故匿我義。吾將以告人。」子墨子曰：「然則一人說子，一人欲殺子以利己。十人說子，十人欲殺子以利己；天下人說子，天下人欲殺子以利己。一人不說子，一人欲殺子，以子爲施不祥之言也，十人不說子，十人欲殺子，以子爲施不祥之言也。」

巫馬子又曰：「子兼愛天下，未云利也，我不愛天下，未云賊也，功皆未至，子何獨自是而非我？」子墨子曰：「今有燎者於此，一人奉水，將灌之，一人摻水，將益之，功皆未至，子何貴於一人？」巫馬子曰：「我是彼奉水者之意，而非摻火者之意，子墨子曰：「吾亦是吾意，而非子之意。」

(2)非攻——墨子主張非攻、抨擊侵略，不遺餘力，他覺得入人園圃，竊其桃李，攘人犬子雞豚，入人欄廄，取其馬牛，甚至殺不辜之人，這種犯法行爲，人人皆知其不義，這是因爲有官府制裁，但國際間恃強欺弱戰爭，便很少有人能主持正義，甚或爲了自己利益，不惜推波助瀾，這是因爲國際間缺少公法強力制裁的機構，故倡非攻主張。

墨子勸阻魯陽文君不要發動侵略戰爭，先後用三種不同的譬喻，很可以看出其非攻之主張。

耕柱篇子墨子謂魯陽文君曰：「大國之攻小國也，譬猶童子之爲馬也，童子之爲馬，足用而勞，今大國之攻小國也，攻者農夫不得耕，婦女不得織，以守爲事。攻人者亦農夫不得耕，婦人不得織，以攻爲事，故大國之攻小國也。譬猶童子之爲馬也。」

又子墨子謂魯陽文君曰：「今有一人於此，羊牛芻豢，維人但割而和之，食之不可勝食也。見人之作餅，則還然竊之，曰：「舍余食。」不知甘肥安不足乎？其有竊疾乎？」魯陽文君曰：「有竊疾。」子墨子曰：「楚四境之田，曠蕪而不可勝闢，壉墟數千、不可勝入，見宋鄭之閒邑，則還然竊之，此與彼異乎？」

又魯問篇魯陽文君將攻鄭，子墨子聞而止之。謂魯陽文君曰：「今使魯四境之內，大都攻其小都，大家伐其小家，殺其人民，取其牛馬狗豕，布帛米粟貨財，則何若？」魯陽文君曰：「魯四境之內，皆寡人之臣也，今大都攻其小都，大家伐其小家，奪之貨財，則寡人必將厚罰之。」子墨子曰：「夫天之兼有天下也，亦猶君之有四境之內也，今舉兵將以攻鄭，天誅其不至乎。魯陽文君曰：「……鄭人三世殺其父……吾攻鄭也，順於天之志。」子墨子曰：「……譬有人於此，其子強梁不材，故其父笞之，其鄰家之父，聞而舉木擊之曰：「吾之擊也，順於其父之志，則豈不悖哉。」

(3)節用、節葬、非樂——墨子爲實利主義，所以以節用做骨子，節葬不過節用之一端，非樂亦是從節用中演繹出來、事例至繁，不能多舉，我們只各舉原文一段，以見其主張一般而已。

節用上曰：「是故用財不費、民德不勞、其興利多矣。」其爲衣裘何，以爲冬以圉寒，夏以圉暑雨，其爲宮室何？高足辟潤濕，邊走圉風寒，上足待雪霜雨露，宮牆之商，足以別男女之禮。其爲飮食何？增氣充虛，彊體適腹，其爲舟車何？全國輕利，任重致遠。

節葬下曰：「衣食者，人之生利也，然且猶尚有節，葬埋者，人之死利也，夫何獨無節於此乎？」子墨子制爲埋葬之法曰：「棺三寸，足以朽骨，衣三領，足以朽肉，掘地之深，下無菹漏，氣無發洩於上，壟足以期其所，則止矣。」此反儒者三年之喪也。

非樂上篇云：「子墨子之所以非樂者，非以大鐘鳴鼓琴瑟竽笙之屬，以爲不樂也，非以刻鏤文章之色，以爲不美也，非以芻豢煎炙之味，以爲不甘也。非以高台厚榭邃野之居，以爲不安也，口知其甘也，目知其美也，耳知其樂也，然上考之不中聖王之事，下度之不中萬民之利，是故子墨子曰：爲樂非也。」

(4)天志、明鬼、非命三篇，組成墨子的宗教思想，墨子的天志篇，實即指民意而言，遠在古代，誰敢說人民可以直接行使罷免權，故墨子宛轉其辭，說明天意之不可背。至其於明鬼，雖有迷信之譏，然在人心亂極之時，大家橫字當頭，對嚴刑峻法，尚且肆無忌憚，社會輿論的制裁，當然更無關痛癢，故墨子之明鬼，在古代神權主義社會中，不無嚇阻作用。墨子既信天、又信鬼，何以不信命呢？因爲當時社會，老子主張自然，孔子主張天命，孔子曰：「獲罪於天，無所禱也。」社會上的人，亦認爲命富則富，命貧則貧，命壽則壽，命夭則夭。而墨子則深信天志鬼神都能賞善罰惡，人之行爲，倘能順天之志，中鬼之利，便可得福，否則便得禍。故禍福全由個人之行爲，全由自己意念善惡，不由命定。若禍福皆由命定，便沒有人再努力做好事了。下面我們只引其原文、其例子請參看其本書。

天志篇上曰：「然而天下之士君子之於天也，忽然不知以相儆戒，此我所以知天下士君子，知小而不知大也，然則天亦何欲何惡，天欲義而惡不義，然則率天下之百姓，以從事於義，則我乃爲天之所欲也，我爲天之所欲，天亦爲我所欲，則我何欲何惡，我欲福祿而禍祟，若爲不爲天之所欲，而爲天之所不欲，然則我率天下之百姓，以從事於禍祟中也。然則何以知天之欲義而惡不義，曰天下有義則生，無義則死，有義則富，無義則貧，有義則治，無義則亂，然則天欲其生而惡其死，欲其富而惡其貧，欲其治而惡其亂，此我所以知天欲而惡不義也。」

明鬼篇下云：「子墨子曰：「聖王既沒，天下失義，諸侯力政，是以存夫爲人君臣上下者之不惠忠也，父子弟兄之不慈孝弟長貞良也，正長不強於聽治，賤人之不強於從事也，民之爲淫暴寇亂盜賊，以兵刃毒藥水火，退無罪人手道路率徑，奪人車馬衣裘以自利者並作，由此始，是以天下亂，此其故何以然也，則皆以疑惑鬼神之有與無之別，不明乎鬼神之能賞賢而罰暴也。今若使天下之人，偕若信鬼神之能賞賢而罰暴也，則夫天下豈亂哉。」

非命篇曰：「子墨子曰：「執有命者，以雜於民間者衆，執有命者言曰：命富則富，命貧則貧，命衆則衆，命寡則寡，命治則治，命亂則亂，命壽則壽，命夭則夭，雖強勁何益哉。以上說王公大人，下以駔百姓之從事，故執有命者不仁。「

⑸尚賢尚同——墨子的尚賢，因爲那時的貴族政治不曾完全消滅，雖然亦有才俊之士跳上政治舞臺，但是權勢還是大半操在貴族世卿之手。儒家的政治亦脫不了貴貴、親親、墨子反對家族和貴族政治，故在尚賢中篇云：

「今王公大人有一裳不能製也，必藉良工，有一牛羊，不能殺也，必籍良宰……逮至其國家之亂，社稷之危，則不知使能以治之，親戚則使之，無故富貴。面目姣好，則使之。」又曰：「故古聖王，其尊尚賢。而任使能，不黨父兄，不篇富貴，不嬖顏色，賢者舉而上之，富而貴之，以爲官長，不肖者抑而廢之，貧而賤之。以爲徒役。」

墨子的尚同，因爲其生在春秋之後，眼看諸國互相征伐，不能統一，故主張尚同，他的尚同，就是主張尚同於天。尚同篇上曰：

「古者民始生未有刑政之始，蓋其語人異義，是以一人則一義，二人則二義，十人則十義，其人茲衆，其所謂「義」者亦茲衆，是以人是其義，以非人之義，故交相非也……是以天下之亂，若禽獸然。

尚同中篇亦曰：「夫既上同乎天子而未上同乎天者，則天菑將猶未止也……故古者聖王明天鬼之所欲，而避天鬼之所憎，以求興天下之利，除天下之害。」

五、墨子的徒眾

墨子政治地位雖不高，但他的俠義行爲，很能感動人心，所以在先秦諸子中，除孔子外，恐怕誰亦趕不上他。呂氏春秋有度篇曰：「孔墨之弟子徒屬滿天下。」淮南子謂「墨子服務者百八十人。」韓非子謂「仲尼，爲服者七十人。」七十人即指七十子，則爲墨服務者百八十人，亦其弟子矣。公輸篇記墨子對楚王亦謂「臣之弟子禽滑釐等三百人。」此足證墨子弟子之多，孫詒讓墨學傳授考輯辭書及先秦諸子所記，得墨子弟子十五人（附存三人。）再傳弟子三人，三傳弟子一人，治墨學而不詳傳授系次者十三人、襍家四人。其詳可參考孫詒讓墨學傳授考、方授楚墨學源流中墨學侍授表。」這裡要說明，是墨子的徒衆，組織嚴密，有指定之領袖，稱鉅子，猶之目前幫會，他們重互助，尚義氣，這裡選幾件墨子徒衆故事，以作本文的結束。

㈠法嚴——墨者鉅子有腹䵍，其子殺人，秦惠王曰：「先生之年長矣，非有他子也。寡人已令吏弗誅矣，先生之以此聽寡人也。」腹䵍對曰：「墨者之法，殺人者死，傷人者刑，此所以禁殺傷人也，夫禁殺傷人者，天下之大義也，王雖賜全而吏弗誅，腹䵍不可不行墨者之法。」（呂氏春秋去私篇）

㈡服從——子墨子使勝綽事項子牛，項子牛三侵魯地，而勝綽三從。子墨子聞之，使高孫子請而退之曰：「我使綽也，將以濟驕而正嬖也，勝綽祿厚而譎夫子，夫子三侵魯，而綽三從，是鼓鞭於馬靳也。翟聞之，言義而弗行，是犯明也。」綽非弗知之也、祿勝義也。」

㈢重義——墨者鉅子孟勝善荆之陽城君……欲死其難其弟子徐弱諫孟勝曰：「死而有益陽城君，死之可矣，無益也，而絕墨者於世，不可。」孟勝曰：「不然，吾於陽城君，非師則友也，非友則臣也、不死、自今以來，求嚴師者必不於墨者矣，求賢友者必不於墨者矣，求良臣者必不於墨者矣，死之所以行墨者之義，而繼其業者也。我將屬鉅子於宋之田襄子。……孟勝死，弟子死者百八十三人。」（呂氏春秋尚德篇）

㈣量材——子墨子怒耕柱子曰：「我毋愈於人乎？」子墨子曰：「我將上太行，駕驥與牛，子將誰敺。」耕柱子曰：「將敺驥也。」子墨子曰：「何故敺驥也。」耕柱子曰：「驥以足責。」子墨子曰：「我以子爲足以責。」

本篇發表於民主憲政四十七卷二、三、四期「分上、中、下三篇」

談荀子禮治與韓非法治

韓非是集古代法家的大成人物，主張法治，但是他的老師，卻是儒家的荀子，以隆禮治名於當世。因何一個儒家的老師，傳授出一個法家的門徒，其遞授演變之跡，是有其淵源可尋的。我們知道戰國時代的諸子之學，都是適應當時的社會需要，而提出的學說與主張，以求迎合諸侯，致用於世，由荀子的禮治演變成韓非的法治，亦是這樣形成的。

中國儒家的始祖孔子。他的學說，是以「仁」爲中心，一部論語，共五百零一章，論及「仁」字的有五十九章，「仁」字共出現一百零九次。何謂「仁」？韓愈說：「博愛之謂仁。」可見孔子是汎愛衆生的。但是到了孟子的時代。世變日亟，人心不古，這種純粹以德化汎愛衆生的理論，已有些不能救世之弊，故孟子的書中，言仁多配以「義」字，常常「仁義」並舉。何謂「義」？韓愈說：「行而宜之之謂義」就是說愛人要得其宜，當愛者則愛之，不當愛者則惡之。荀子已至戰國的末世，社會上的紛亂，更甚於孟子的時代。聖人苦口婆心提倡的仁義，更不能範圍當時的人心，故荀子針對當時的需要，又提出禮治的主張。什麼是禮？禮是人類社會行爲的規範，教人知禮守禮，以規範人之言行，雖無強制性，但禮已有明確之條文。及至韓非，已是秦始皇將統一六國的時代，這時社會上已是仁義不行，禮教廢弛，非有強有力的政府，無以一當世之民，故韓非法治的說，應當而起。什麼是法？韓非定法篇說：「憲令著於官府，賞罰必於民心。」以明確的條文，強制的手段，賞罰的方法，而達到齊民治國的效果。茲將由荀子的禮治，演變成韓非的法治。其間遞授演變的過程，析論於后：

一、荀子的時代

史記荀卿列傳云：「荀卿疾濁世之政，亡國亂君相屬，不遂大道，而營於巫祝，信機祥，鄙儒小拘，如莊周等，又滑稽亂俗，於是推儒墨道德之行事興壞，序列數萬言而卒。」是荀子的著書之說，特成於「疾」字而已，其所「疾」者為何，便是當時的世變日深了。

我們第觀荀子的時代，是在戰國的末期，當時社會上由於諸侯的兼併，縱橫術的盛行，堅白同異之辯，觭偉不偶之辭，相訾相應，言無定術，行無常儀，是非靡定，辯訟不決。荀子的崛起，善為詩、禮、春秋，以碩學茂行，游於齊楚，故其歷觀時變，更倡新說，其於儒家，雖自云：「上則法舜禹之制，下則法仲尼子弓之義。」然究其學說，先賢多列為齊教義外之儒，實在是有原因的。

荀子之在孔門，為別派，其原因當今研究荀子者歸納二點：一曰染於齊教，言禮必參於法，與孔門出於魯教言仁義者迥不相侔。二曰荀子之學，其功為傳經，所以是經生，與孟子以聖人道統自任者不同其趣。而荀子於傳經之功，見於清儒汪中之言。

「蓋於七十子之徒既歿，漢諸儒未興，中更戰國暴秦之亂，六藝之傳，賴不以絕者，荀卿也。」又云：「荀卿之學，出於孔氏，而尤有功於諸經。」又云：「毛詩、魯詩、韓詩，並出荀卿，又傳禮與左氏春秋，其書兼公羊穀梁之義。」（荀子通論）。

所以今日聖門的六藝，多賴荀卿相傳，其於傳經之功較孟子爲大，限於篇幅，不多詳析。而於其染於齊教，言禮必參於法，演變成日後韓非的法治思想，則有待詳作比較。

二、荀學與齊教

荀子之學，雖出孔門爲儒家，然其徒韓非李斯，衍襲其說，成爲法家之祖，世儒惑而不解，是不能深得於荀氏者。熊師翰叔於染於齊教，曾引呂氏春秋之旨云：「齊教魯教之所以分，魯啓周公，其治尚恩，故爲禮治，爲王跡，爲性善說，爲義內說，而要以仁義爲本。齊肇太公，其治尚功，故爲法治，爲霸政，爲性惡說，爲義外說，而以性善爲依歸。」以實考之，齊國雖肇至太公，而盛莫若桓公，桓公之時，管仲執政，而管仲者，固法家之鼻祖。」管仲治齊，立法制之令，通貨積財，富國強兵，嘗曰：「倉廩實而禮節，衣食足而知榮辱。」其手澤教令，遺風未泯，司馬遷謂齊國其政百餘年。荀子曾遊學稷下，三爲祭酒，其於管氏治齊之法術，固不能無所襲染，今竅二子之論，多有若合符節者：

(一)論禮法之產生

管子樞言篇云：「人故相憎也，人心之悍，故爲之法。」又君臣下篇云：「古者未有君臣上下之別，未有夫婦妃匹之合，獸處群居，以力相征，於是知者詐愚，強者凌弱，老弱孤獨不得其所，故智者假衆力以禁強虐，而暴人止；爲民興利除害，正民之德，而民師之，是故道術德行，出於賢人，其從義理，兆形於民心，則民返道矣。名物處違是非之分，則賞罰行矣。」

荀子性惡篇云：「古者聖王以人之性惡，以爲偏險而不正，悖亂而不治，是以爲之起禮義，制法度，以矯人之性情而正之，以擾化人之性情而導之也。使皆出於治，合於道者也。」富國篇云：「救患除蔽，則莫若明分使群矣，彊脅弱也，智懼愚也，民下違上，少陵長，不以德爲政，如是，則老弱有失養之憂，而壯者有分爭之禍也……故智者爲之分也。」

很明顯的可以看出，管子與荀子所論法之產生，都是由於人之性惡，由於以力相征，而形成了社會上強凌弱、智欺愚的紊亂，故聖人爲之制禮義法度以分之，使社會上之大衆，得相安以生活生存。

(二)論禮法之功用

管子明法篇云：「法度者，主上所以制天下而禁姦邪也，所以牧頤海內而奉宗廟也。」又禁藏篇云：「法者，天下之儀也，所以決嫌疑而明是非也。」又法治篇云：「雖有巧目利手，不如規矩之正方圓也，故巧者能生規矩，不能捨規矩以正方圓，雖聖人能生法，不能捨法而治國。」又任法篇云：「法者，上所以一民使下也。」

荀子修身篇云：「故人無禮則不生，事無禮則不成，國無禮則不寧。」不苟篇云：「推禮義之統，分是非之分，總天之要，治海內之衆，若使一人。」王霸篇云：「禮之所以正國也，譬之猶衡之於輕重也。猶繩墨之於曲直也，猶規矩之於方圓也。既錯之而人莫能誣也。」所以荀子論禮之功用，與管子論法之功用，完全相同，只是稱名之異，荀子所論之禮，就是管子所言之法。其功用在禁姦邪、決嫌疑、明是非、一民以使下，國君不能捨法以治國，猶匠人之不能捨規矩以方圓。

㈢論禮法之相關

管子樞言篇云：「法出於禮，禮出於治，治禮道也，萬物待治理而後定。」又心術篇云：「義者，謂各處其宜也；禮者，因人之情，緣事之理而爲之節文也。故禮者，謂有理也。理也者，明分以論義之意也。故禮出乎義，理因乎宜者也。法者所同出，不得不然者也。」

荀子性惡篇云：「禮義生而制法度。」修身篇云：「非禮無法也。」勸學篇云：「禮者，法之大分。」禮論篇云：「故先王聖人安爲之立中制節，一使足以成文理，則舍之矣。」儒效篇云：「曷謂中？曰：禮義是也。」彊國篇云：「夫義者，內節於人而外節於物者也。」所以荀子言禮法之關係，亦襲管子法出於禮之說。故荀子染於齊教之論，不待辨而自明。

但是禮於法的區別安在？以淵源言，同出於人之性惡，相征以力；導致社會秩序之紛亂，故聖人制爲法禮以分之。以其功用言，禮法同爲人類社會行爲之規範，其不同者，禮出於個人的自約，主張以教化達到目的，禁於事件未發生之前。法出於強制，主張以賞罰達到目的，禁於事件已發生之後，所以禮與法只是一線之隔。但是荀子雖是儒門之徒，在其用世的主張上，不襲孔門仁義之說，乃因世變日亟。不採管子法度之名，而主張隆禮以治，蓋猶守孔門之餘緒，實則其所禮，而具備了法之實質，所以到了其徒韓非，便因時代變化，而公開主張法治了。

三、荀子與韓非

史記老莊申韓列傳云：「非見韓之削弱，數以書諫韓王，韓王不能用，於是疾治國不務修明其法制，執勢以御臣下，富國彊兵，而以求人任賢，反舉浮淫之蠹，而加於功實之上，以爲儒者用文亂法，而俠者以武犯禁，寬則寵名譽之人，急則用介胄之士。今者所養非所用，所用非所養，悲廉直不容於邪枉之臣，觀往者得失之變，故作孤憤、五蠹、內外儲、說林、說難十餘萬言。」

觀這段記載，明瞭荀子與韓非的著書立說，乃同「疾」於世變。社會變了，爲人君臣者，猶執仁義禮教之說以治民化民，則勢有所不可。故韓非主張君主治國，在修明法制，執勢以御臣下，然其所謂法，實亦荀子書中之禮，不過有了強制執行的賞罰。今覈二家之說，分論如后：

(一)性惡說：

荀子性惡篇云：「今人之性惡，必待師法然後正，得禮義然後治，今人無師法，則偏險而不正，無禮義，則悖亂而不治。」禮論篇云：「禮起於何也？曰：人生而有欲，欲而不得，則不能無求，求而無度量分界，則不能不爭，爭則亂，亂則窮；先王惡其亂也，故制禮義以分之，以養人之欲，給人之求，使欲必不窮於物，物必不屈於欲，兩者相持而長，是禮之所起也，故禮者養也。」

韓非五蠹篇云：「古者丈夫不耕，草木之實足食也，婦人不織，禽獸之皮足衣也。不事力而養足，人民少而財有餘，故民不爭。是以厚賞不行，重賞不用而民自治。今天有五子不爲多，子又有五子，大父未死而有二十五孫，是以人衆而財貨寡，事力勞而供養薄，故民爭，雖倍賞罰而不免於亂。」又云：「今有不才之子，父母怒之弗爲變，鄉人詐之弗爲動，師長教之弗爲變，夫以父母之愛，鄉人之行，師長之智，三美加焉，而終不動其脛毛，不改。州部之吏，操官兵，推公法，而求索姦人，然後恐懼，變其節，易其行矣。故父母之愛不足以教子，必待州部之嚴刑者，民固驕於愛，聽於威矣。」

是荀子以禮義之生，出於性惡，出於爭奪，故必有師法之正，禮義之化，韓非亦以人之性惡，有欲望而相爭奪，但不可恃禮義之教，必出於法治賞罰，因爲人之性惡，驕於愛而聽於威。此於荀子論禮之生，同出於性惡。而荀韓二氏之異，僅在化性之方法上有異。

㈡義利論

荀子儒效篇云：「凡事行，有益於理者立之，無益於理者廢之，夫是之謂中事。凡知說，有益於理者爲之，無益於理者舍之，夫是之謂中說。事行失中，謂之姦事，知說失中，謂之姦說。若夫充虛之相施易也，堅白同異之分隔也，是聰耳之所不能聽，明目之所不能見，辯士之所不能言，不知無害於君子，知之無損爲小人。」

韓非六反篇云：「父母之於子也，產男則相賀，產女則殺之，此具出父母之懷衽，然男子受賀，女子殺之者，慮之於便，計之長利也。故父母之於子，猶有計算之心相待也，而況無父母之澤乎？今學者之說人主也，皆去求利之心，出相愛之道，是求人主過父母之親也。此不熟於論恩詐而誣也。」

就二家之論較之。荀子論義利之辨，在於以事言之，合於理教爲義，不合於理者爲非。而韓非於義利之辨，特重功利之心，就是父母之於子女，亦有計算利害之心，何況一般世人。故荀子隆禮治，雖不免雜於有益無益爲言，然猶不離於理。韓非行法治，則特重功利。六反篇云：「法之爲道，前苦而長利，仁之爲道，偸樂而後窮，聖人權其輕重，出其大利，故用法之相忍，而棄仁人之相憐也。」

(三)法後王

荀子非相篇云：「欲觀千歲，則數今日，欲知億萬，則數一二；欲知上世，則審周道；欲知周道，則審其人所貴君子。」又同篇云：「聖人者，以己度者也。故以人度人，以情度情，以類度類，以說度功，以道觀盡，古今一度也。」儒效篇云：「略法先生，而足亂世術，謬學雜舉，不如法後王，而一制度，不知隆禮義，而殺詩書，是俗儒者也。」

韓非心度篇云：「故治民無常，唯治爲法，法與時轉則治，治與世宜則有功。故民樸，而禁之以名則治；世知，維之以刑則從；時移而治不易者亂，能治衆而禁不變者前，故聖人之活民也，法與時移，而禁於能變。」五蠹篇云：「今有構木鑽燧於夏后之世者，必爲鯀禹笑矣，有決瀆於殷周之世者，必爲湯武笑矣；然則今有美堯舜禹湯武之道於當今之世者，必爲新聖笑矣，是以聖人不期修古，不法常可，論世之事，因爲之備。」

孟子與荀子不同者，一是主性惡、一是法後王、性善性惡，其旨則同勉人爲善，先王後王，其旨則同勉於治，荀子與韓非，則同主法後王，因爲二人乃篤實踐履之學者，以爲去古太遠之言行與規範，年湮代邈，略而不詳，所謂「文久而息，節族久而絕。」且由於世變，其不適合今世之用。故欲先王，不若審周道，因周道明備，經歷代聖王參驗革陳增新，最適合當世之需要。孔子亦云：「殷因於夏禮，所損益，可知也；因周於殷禮，所損益，可知也。」故歷代君主所行之法，皆有所損益，非一成不變也。

㈣隆禮儀

荀子禮論篇云：「故繩墨誠陳矣，則不可欺以曲直，衡誠懸矣，則不可欺以輕重；規矩誠設矣，則不可欺以方圓；君子審於禮，則不可欺以詐僞。」榮辱篇云：「故先王案爲制禮義以分之，使有貴賤之等，長幼之差，知愚能不能之分，皆使人載其事而各得其宜，然後使愨祿多少厚薄之稱，是夫群君和一之道也。」

韓非有度篇云：「故當今之時，能去私曲就公法者，民安而國治；能去私行行公法者，則兵強而敵弱；故審得失之制者加以群臣之上，則主不可以欺以詐僞，審得失有權衡之稱者以聽遠事，則主不可以欺天下之輕重。」又姦劫弑臣篇云：「而聖人者，審於是非之實，察於治亂之情也，故其治國也，正明法、陳嚴刑，將以救群生之亂，去天下之禍，使強不凌弱，衆不暴寡，耆老得遂，幼孤得長，邊境不擾，君臣相親，父子相保，而無死亡係虜之患，此亦功之至厚者也。」

故荀子之隆禮義，與韓非之崇法治，異名同實，故荀子之隆禮義，在有貴賤之等，長幼之差，使群君和一。韓非之崇法治，在使耆老得遂，幼孤得長，君臣相親，故荀子之禮治，與韓非之法治，其爲治之目的，是相同的。

結論

諸子之學，皆爲救世之弊而起，班固漢書藝文志諸子略云：「諸子十家，其可觀者，九家而已，皆起於王道既微，諸侯力政，時君世王，好惡殊方，是以九家之術，蠭出並作，各引一端，崇其所善，以此馳說，取合諸侯。」荀子在儒家較晚出，荀子而上，孔孟言治，植本於仁，荀子而下，韓非言治，專崇於法，荀子居其中，捨仁、法而言禮治。仁者，本於天性，重德化；法者，重在人爲，重賞罰，而禮者，可禁人於自約，而不可禁人於故犯，故韓非之說出焉。荀子者，實由儒家過渡到法家之重要的人物。非天生之不同，實由世變使然耳。

本篇發表於青年日報77 9

論禮治與法治比較

爲國之道，其徑萬端，大要別之，則禮與法而已。儒家重禮治，法家重法治。嘗觀古今，言治國之道者，學說爭鳴，百家雜出，其可施於治道，見諸實行者，亦禮法之二端。吾中國文化久遠，歷史緜長，其治亂興亡之由，可得而尋，三代之仁政，其本在禮；春秋霸政，法代而興；秦用晉法，短祚而滅；及漢而下，要亦禮治爲本，而參以法術之政。及至近代，西學漸興，歐西各國，競言法治，新學之士，皆欲效顰，倡言法治，以圖富強，實乃未明本末之舉，而計一時之安也。大學不云乎：「物有本末，事有終始，知所先後，則近道矣。」夫禮固政之本也。顧禮治之政，重仁義，尙道德，在以禮化民成俗，必以人治爲本，雖難齊日陷之人心，然捨禮治以言法治，重術勢，尙賞罰，在以法齊民於一，必以法治爲本，固可收效於一時，終難言久安之策。然禮治法治之優劣，非可一言而盡，爰條陳如后，以析論之：

一、禮治與法治之淵源

儒家重禮治，法家重法治，其言之皆有故，持之皆成理，若不尋其立論之本源，而強欲議其是非，斯亦無根之論，今綜二家之本，則得性善與性惡之二端：

1. 儒家禮治源於性善——儒家之禮治，乃據人之性善而出發。孟子告子上云：「人性之

善也，猶水之就下也，人無有不善，水無有不下。」又曰：「人皆可以爲堯舜。」儒家既肯定人性爲善，則爲政之人，皆有不忍人之心，以行不忍之政。人既皆可爲堯舜，則爲政在人。故儒家基本政治思想，建立在人本政治上。論語顏淵篇云：「政者，正也，子率以正，孰敢不正。」孟子離婁下云：「君仁莫不仁，君義莫不義，君正莫不正，一正君則國定矣。」荀子王制篇云：「君子者，道德之總要也，得之則治，失之則亂。故有良法而亂者有之矣，有君子而亂者，自古及今，未之聞也。」故直謂有治人而無治法。故儒家人本政治，一切以人爲本，以人爲起點，以爲人終點，以人爲內容，以人爲目的。謀人性之合理發展與滿足。其滿足之道，全在爲政之人，經過格致，誠正，修齊，治平之功，以求其人格高度昇華，達到「與天地參」。「贊天地化育」之境。中庸云：「唯天下至誠，爲能盡其性，能盡其性，則能盡人之性，能盡人之性，則能盡物之性，能盡物之性，則可以贊天地之化育，可以贊天地之化育，則可以與天地參矣。」然則此與天地參之君子，得非修道明禮之人乎。故曰：「率性之謂道，修道之謂教也。」朱子釋云：「道，路也；修，品節之也，聖人因其所當行者而品節之，以爲法於天下，則謂之教，若禮樂刑政是也。」故儒家之禮治，全在修道明禮之君子，以居高位，盡己之性，盡人之性，盡物之性，以率群下，以化萬民，移風易俗，以使天下歸仁，以使天下歸治，此儒家禮治之所本也。

2.法家法治源於性惡——法家之法治，乃據人之性惡而出發。法家以爲自私乃人之通性，管子樞言篇云：「人故相憎也，人心之悍，故爲之法。」愼子云：「匠人成棺，不憎人死，利之所在，忘其醜也。」韓非亦云：「輿人成輿，則欲人之富貴；匠人成棺，則欲人之夭死也，非輿人仁，而匠人賊也，人不貴則輿不售，人不死，則棺不買，情非憎人也，利在人死也。」六反篇又云：「且父母之於子也，產男則相賀，產女則殺之，此俱出父母之懷衽，然男子受賀，女子殺之者，慮其後便，計其長利也。故父母之於子也，猶用計算之心以相待也，而況無父母之澤乎？」故法家以人類一切活動，以利害爲標準，親子亦無例外。至君臣之間，無血統之緣，更惟利害是視。故韓非備內篇云：「人臣之於其君，非有骨肉之親也，縛於勢而不得不事也，故爲人臣者窺覘其君心也，無須臾之休，而人主怠傲處其上，此世之所以有劫君弒君也。爲人主而大信其子，則姦臣得乘於子以成其私，爲人主而大信其妻，則姦臣得乘於妻以成其私……后妃、夫人、太子之黨成，而欲君之死也。君不死則勢不重，情非憎君也，利在君之死也。」由此可見人性是惡，人性既惡，則在政治上措施，自不可委之於主觀之人，而不委之於客觀標準之法。管子禁藏篇云：「法者，天下之儀也。」又法度篇云：「雖聖人能生法，不能廢法而治國。」商君書開塞篇云：「今有主而無法，其害於無同。」又修權篇云：「君臣釋法任私必亂，故立法名分，而不以私害法則治。」韓非用人篇云：「釋法術而任心治，堯不能正一國，去規矩而妄臆度，奚仲不能成一輪。」故法家認爲以法治國，則舉措而已。此又法家法治之所本也。

二、禮治與法治之治術

禮治與法治，其據一本性善，一本性惡，然性善說者主禮治，其本在仁愛；性惡說者言法治，其本在利害，其本不同，其於政治上施爲，則亦不同。故禮治重修己，法治重治人；

禮治重治德，法治重賞罰；禮治重導民，法治重禁令；禮治緣人情，法治緣法準，比其大較也。析之如后：

1. 禮治重修己，法治重治人

儒家之禮治，既爲人本政治，故重修己治人，其視人我爲一體，其爲政池，在於行仁，故重復禮以致仁。何以明其然也？論語顏淵篇：「顏淵問仁？子曰：克己復禮爲仁。」論語八佾篇云：「人而不仁，如禮何？」故知復禮爲仁政之本。能克己復禮之人，則天下可以歸仁，其令天下歸仁之道，則在修己以禮也。論語季氏篇云：「不學禮，無以立。」故不學禮之人，不能立身，不能立身之人，又焉能「己欲立而立人，己欲達而達人也。」中庸亦謂：「知所以修身，則知所以治人，知所以治人，則知所以治天下國家矣。」又憲問篇：「子路問君子，子曰：修己以敬。」修己以敬者，修己以禮也。故儒家之禮治，全在修己立人，而修己之道，又在復禮，故子路篇云：「上好禮，則民莫敢不敬。」憲問篇：「上好禮，則民易使也。」禮記禮器篇云：「君子有禮，則外諧而內無怨，故物不懷仁，鬼神饗德。」曾國藩曰：「先王之道，所謂修己治人，經緯萬彙所歸者，亦曰禮而已矣。」此儒家禮治重修己也。

法家之重心，建立在法治，爲政者不視人我爲一體，而視人我之間爲對立，爲利害，故其爲政也，不重修己立人，而重爲法以治人。管子任法篇云：「法者，所以一民使下也。」七臣七主篇云：「法律政令者，吏民規矩準繩也。」韓非有度篇云：「一民之軌，莫如法。」此皆以法爲民之規矩準繩，使民不得逾越，以齊民於一。又法家之視民也，以物擬之。管子禁藏篇云：「夫法之治民也，猶陶之於埴，治之於金也。」韓非外儲右下篇云：「椎鍛者，所以平不夷也；榜檠者，所以矯不直也，聖人之爲法，所以平不夷，矯不直也。」又守道篇云：「服虎而不以柙，禁姦而不以法，塞僞而不以符，此賁育之所患，堯舜之所難也。」夫惟視民如物，故可治之椎之，視民如獸，故可柙之塞之，此法家重嚴法以治人也。

2.禮治重德治，法治重賞罰

禮治重化人，故行德治，何謂德治，即在高位者宜爲賢德之人，使賢者在位，能者在職。以達選賢與能之目的。論語子路篇「仲弓問政？子曰：先有司，赦小過，舉賢才。」論語爲政篇「哀公問政？孔子對曰：舉直錯諸枉則民服，舉枉錯諸直則民不服。」孟子離婁上云：「唯仁者宜在高位，不仁而在高位，是播其惡於衆也。」此皆言在政治上宜用賢德之人，使有司得人，則事無不舉，政治修明，否則邪枉在位，政法必定腐敗，不但不能施惠於民，反爲害於民；不惟民不能服，反招致民怨。且爲政之人如多爲賢者，則小人亦自歛跡。論語顏淵篇：「舜有天下，選於衆，舉皐陶，不仁者遠矣。」然爲政之人，將何以致天下之賢才，曰敬之禮之，孟子公孫丑下云：「故將大有爲之君，必有所不召之臣，欲有謀焉，則就之。其尊德樂道，不如是，不足與有爲也。」又云：「故湯之於伊尹，學焉而後臣之，故不勞而王，桓公之於管仲，學焉而後臣之，故不勞而霸。」故在上位者不僅要選賢與能，而且要禮賢敬能，此禮治者重德治之證也。

但法家在政治上，以爲人性是惡，自私爲人之通性，利害爲人相與之前提，故爲政者不能依人而治之，必依法而治之，但行法之手段，則爲賞罰。蓋人情之所視以爲利莫如賞，人情之所視以爲害莫如罰，愛賞惡罰，乃人類之通性，故政治必須利用人類利害觀念設賞以將有功，陳刑以戒有罪。如是則天下無不法。故管子云：「明主之道，立民所欲，以求其功，故爲爵祿以勸之，立民所惡，以戒其罪，故爲刑罰以畏之。」尹文子大道上篇云：「治衆之法，慶賞刑罰是也。」韓非八經篇云：「凡治天下，必因人情，人情有好惡，故賞罰可用，賞罰可用，則禁令立，禁令立，則治道具矣。」又二柄篇云：「明主之所道制其臣者，二柄而已矣。二柄者，刑德也，何謂刑德，殺戮之謂刑，慶賞之謂德，爲人臣者畏誅罰而利慶賞，故人主自用其刑德，則群臣畏其威而歸其利矣。」此法家以賞罰爲治之證也。

3. 禮治重導民，法治重禁令

就政治治術言，禮治重修己，重德治，其目的在導民於治，化民成俗。論語爲政篇云：「爲政以德，譬如北辰，居其所，而衆星拱之。」朱熹引范氏註曰：「爲政以德，則不動而化，不言而信，無爲而成。」可見以德爲政，則民自化。又論語爲政篇云：「道之以政，齊之以刑，民免而無恥；道之以德，齊之以禮，有恥且格。」此亦言爲政如以刑一之，則人民雖不敢抗拒，但求苟免於刑，而無羞恥之心，反之若以禮齊之，則民自恥爲不善，而趨化於治。可見政刑末也，德禮本也。行德禮之治，則民自己悱啓憤發，故儒家言治，政治是上行下效，風行草偃之事，領導者果能立身修禮，以身示範，以身爲先，必能達不令而行，不言而化。大學云：「一家仁，一國興仁；一家讓，一國興讓。」論語子路篇「葉公問政於孔子，子曰：近者悅，遠者來。」所謂悅，所謂來，非導而致之，烏可得乎？

法治主義者則不然，其爲治也，非導民於向善，而重在禁民不爲惡，導民於善，其機出於主動積極，禁民不爲惡，其機出於被動消極。故其優劣之判，概可想見。今觀法家言治，管子明法解篇云：「明主者，有法度之制，故群臣皆出於方正之治，而不敢爲姦。」商君書君臣篇云：「民衆而姦邪生，故立法制爲度量以禁之。」韓非制分篇云：「夫至治之國，善以止姦爲務。」六反篇云：「明主之治國也，使民以法禁。」問辯篇云：「言行不規於法令者，心禁。」說疑篇云：「是故禁姦之法，太上禁其心，其次禁其言，其次禁其事。」故法家之治民，重在禁而不在導也。

4.禮治緣人情，法治緣法準

儒家之禮治，緣人情以爲治。人情何者？喜怒哀懼愛惡欲也。治之何道，修義以行之，修禮以節之，使其發而皆中節也。論語衛靈公篇：「君子以義爲質，禮以行之。」禮記禮運篇云：「何謂人情，喜怒哀懼愛惡欲，七者弗學而能……故聖人所以治人七情，修十義，講信修睦，尚辭讓，去爭奪，舍禮何以治之。」蓋人之情，莫不好逸惡勞，好生惡死，故不以判之，則不當；不以禮分之，則逾節。故禮運篇又云：「飲食男女，人之大欲存焉，死亡貧苦，人之大惡存焉。故欲惡者，心之大端也。人藏其心，不可測度……欲一以窮之，舍禮何以哉？」又云：「故聖王修義之柄，禮之序，以治人情，故人情者，聖王之田也，修禮以耕之，陳義以種之……禮也者，義之實也。」故禮義者，治國之大端。禮運篇云：「治國不以禮，猶無耜而耕也，爲禮不本於義，猶耕而弗種也。」又云：「夫禮先王以承天之道，以治人情，故失之者死，得之者生。」此儒家禮治緣人情爲治也。

法家則認爲任賢，任情，均不足爲治，惟法之條文，具客觀之標準。大公無私也。以其客觀言，愼子云：「懸於權衡，則釐髮識矣，以權衡者，不可以欺輕重，有尺寸者，不可以差以長短，有法度者，不可以巧以詐僞。」又云：「君人者，舍法而以心治，則賞罰從君心出，受賞者雖富，而望多無窮；受罰者雖當，而望輕無已，君若以心裁輕重，則同功殊賞，同罪殊罰，怨之所由生也。」再就法之大公言，愼子云：「法者所以齊天下之動，至公大定之制也。故智者不得越法而肆謀，辯者不得越法而肆議，士不得背法而有名，臣不得背法而有功。」韓非有度篇云：「刑不阿貴，法不撓曲，法之弗加，智者弗能辭，勇者弗敢爭，刑過不避大臣，賞罰不遺匹夫。」又云：「是故誠有功，則雖疏賤必賞，誠有過，則雖近愛必誅。」此正今日，法律之前，人人平等也。故法家以爲舍法以治國，猶舍規矩以正方圓，烏可得乎？

三、禮治與法治之功效

禮治與法治，其治術之異，已論之於前矣。今更就二者之功效，析論如次，禮之效，防之於將然，法之效，防之於已然；禮之效，其入民深；法之效，其入民淺；禮之用，在正名分；法之用，在樹威嚴；禮之用，趨民行義；法之用，趨民爭功，固不可同日而語也。

1.就防患言——禮者，在節民心，防之於將然之前，法者，在懲民亂，罰之於已然之後。禮記云：「君子之道，譬猶防歟，夫禮之塞亂所叢生也，猶防之塞水所從來也，凡人之知，能見已然，不能見將然，禮者禁於將然之前，而法者，禁於已然之後……禮云禮云，貴絕惡於未萌，而起敬於微眇，使民日徙善遠罪而不自知也。」史記太史公自序亦云：「夫禮禁於未然之前，法施於已然之後，法之所爲用者易見，禮之所爲禁者難知。」故禁於前，制於未萌，禁於後，制於已亂。易見者其效有限，難知者其效無窮。故云：「禮本於太一。」「並於天地。」其從來者固已遠早矣。

2.就風俗言——就風俗言，禮重化民，其入深，其效久；法重化民，其入淺，其效暫，熊師翰叔，固論列之矣，其引東坡告神宗語曰：「夫立國之道，存亡之數，在道德之淺深，而不在乎強與弱；在風俗之厚薄，而不在乎富與貴，道德誠深，風俗誠厚，雖貧與弱，不害於安而存。道德誠淺，風俗誠薄，雖富且強，無救於危而亡。是以古之善爲國者，不以弱而忘道德，不以貧而傷風俗，而智者觀人之國，亦必以是察之。齊至強也，周公知其後必有篡弑之禍，衛至弱也，季子知其後亡……然則禮治法治，其爲效，灼可判矣。」又云：「政之所及者淺，俗之所入者深，善政未必能移薄俗，美俗恆足以救惡政。」再徵之於太史公自序論法家之弊曰：「法家不別親疏，不殊貴賤，一斷於法，則親親尊尊之恩絕矣，可以行一時之計，而不可長用也。」不已明乎！

3.就功用言——禮之用，在正名，法之用，在立威，故齊景問政，孔子對以「君君臣臣，父父子子。」信如君不君，臣不臣，父不父，子不子，齊景公知有粟不得而食也。子路問夫子衛君待子而爲政，子將奚先？孔子對曰：「必亦正名乎！」蓋亦深知「名不正則言不順，言不順則事不成，事不成則禮樂不興，禮樂不興則刑?不中，刑?不中則民無所措手足。」禮之用不誠大乎？夫禮者何，曰名與分而已。熊師翰叔曰：「所謂禮者，有義分焉，有名器焉。」又云：「禮必待分而後嚴，分必待名而後著。」故唯名與器，不可假人也。法之用者不然，不在正名使民自正，而在以法樹政之威，威立而民畏怯，畏怯而民服治，服治則法效可見。故管子心術篇云：「殺戮誅禁謂之法。」七臣七主篇云：「法者，所以興功懼暴也。」韓非難勢篇云：「抱法處勢則治，背法去勢則亂。」又揚榷篇云：「主施其法，大虎將怯，主施其刑，大虎自寧。法刑苟信，虎化爲人。」故使民者以德服，使民畏威者以力服也。

4.就義利言——儒家言禮，主於義行，法家言法，主於利害，主於義行者，趨民向善，主於利害者，趨民爭功。故論語衛靈公篇：「君子以義爲質，禮以行之。」論語憲問篇「子路問成人，子曰：文之以禮樂。」又曰「見利思義，見危授命。」亦可爲成人矣。論語子張「士見危授命，見得思義，祭思敬，喪思哀。」故曰：「君子之於天下也，無適也，無莫也，義之與比。」皆禮治重於義行之證也。法治言法，主於爭功。韓非姦劫弑臣篇云：「操法術之數，行重刑嚴誅，則可以致霸主之功。」說疑篇云：「故有道之王，遠仁義，去智能，服之以法，是以譽廣而名成。」飭邪篇云：「明主使民，飾於法，故佚而有功。」八說篇云：「息文學而明法度，塞私便而一功勞，此公利也。」其爭功之效，不已明乎。

四、禮治與法治比較

禮治與法治之功效，已論之於上矣，其優劣得失，不待辨而自明，然禮治法治之說，備於往古，行於後世，其持說立論，各皆有故，今出二家之長說以較之。

1.人法之較——禮治重人治，就人與法言，認爲人重於法，因法爲人制，行法在人，人能制法，非法制人，惟有行法之人，才能不失法之原意。孟子離婁上云：「徒法不能以自行。」又云：「人存政舉，人亡政息。」荀子君道篇云：「君子者，法之原也，原清則流清，原濁則流濁。」又云「法不能獨存，類不能自行，得其人則存，失其人則亡。」王荆公亦云：「制而用之存乎法，推而行之存乎人。」此重人之說也。法家論法，以爲禮治主義者行法之聖賢，殊不易求，且孰爲君子，孰爲聖賢，當時亦無制度，孟子僅云：「天與賢，則與賢，天與子，則與子。」又云：「舜有天下，孰與之，天與之。」然天意從何表現，孟子云：「天視自我民視，天聽自我民聽。」然民意如何選賢，儒家並無明言。且堯舜之君，千百世才一出。孟子云：「由堯舜至於湯，五百有餘歲，由湯至於文王，五百有餘歲。」故韓非云：「背法而待堯舜，堯舜至乃治，是千世亂而一治也。」又云：「廢法尚賢則亂，舍法任智則危，故曰尚法而不尚賢。」故法家主張去己能，因法數，循名而責實，因任而授官。

2.德刑之較——禮治重德治，以爲法者之嚴刑峻法，刻薄寡恩，可服民之口，不可服民之心。可使民勉而守法，不可使民自動向善，可爲治於一時，不可圖治於久遠。且世固有頑固不馴之徒，威武不屈之士，皆非法之能爲功。老子云：「民不畏死，奈何以死懼之。」故論語有「齊之以刑，則民免而無恥，齊之以禮，則有恥且格。」「上好禮，則民莫敢不敬。」「上好禮，則民易使。」故曰「能以禮讓爲國乎！何有？」法家以爲治國之道，一切仁義道德，禮樂詩書，均不能爲治，惟嚴刑峻法，始可塞亂之源。韓非六反篇云：「法之爲道，前苦而長利，仁之爲道，偷樂而後窮。聖人權其輕重，出其長利，故用法之相忍，而棄仁人之相憐也。」顯學篇云：「言先生，言仁義，無益於治。」八說篇云：「舉先生言仁義者盈庭，而政不免於亂。」五蠹篇云：「明主之國，無書簡之文，以法爲教，無先王之語，以吏爲師。」此德刑之較也。

3.情法之較——禮治者主張緣人情以為治，法治者主張緣法典以為治。儒以為緣法為治，法為死物，焉可盡變易之人心。法為固定，焉可盡無窮之事物。故主張用其絜矩之道，以恕為標準，推己及人，故主張以人度人，以情度情，以類度物。張耒憫政論云：「天下之情無窮，而刑之所治有極，使天下之吏操有限之法，以治無窮之情，而不得稍議其中，而惟法之知，則下之情，無乃一枉於法而失實歟。」梁任公先秦政治思想史亦云：「一尺可以盡萬物之長短，一衡可以盡萬物之輕重，人心之輕重長短，幾許之法治能盡之耶。法雖如牛毛，而終必有法之所不至者。」但法家則以為緣情以議法，則法壞，法壞則民亂，民亂則國危，故管子明法解篇云：「是故先王之治國也，不淫意於法之外，不為惠於法之內，動而無非法者，所以禁過而外私也。」又云：「夫舍公法而行私惠，是利姦邪而長暴亂也。」五蠹篇云：「人之情性，莫先於父母，皆見愛而未必治也。雖厚愛，奚遽不亂，今先王之愛民，不過父母之愛子，子未必不亂也，則民奚遽治哉。」有度篇云：「故當今之世，能去私曲，就公法者，民安而國治，能去私行，行公法者，則兵強而敵弱。」此法治之益也。

結語

禮治與法治比較，其優劣之較，得失之故，固已詳論之矣，然則吾人問曰？治國之道，可任禮而釋法乎？曰不可。熊師翰叔在其韓非法理研討一文中固曰：「方今世界，競言法治，韓非之說，有不可竟廢者，然其蔽不可不審也。取其長而不溺其偏，君子擇術，正如是耳。」

此旨言也。且中國至秦漢以來，雖以禮治爲本，而亦未釋法治之術，正以此耳，故禮者政之本，法者政之末。而且儒家言禮，未嘗舍法。孟子曰：「徒善不足以爲政，又曰：上無道揆也，下無法守也，朝不信道，工不信度，君子犯義，小人犯刑，國之所存者幸也。」此未嘗釋法也。法家言法，亦未嘗釋人。韓非曰：「背法而待堯舜，堯舜至乃治；抱法而待桀紂，桀紂至乃亂。」亦重人治之證。」故知其本末，悉其蔽端，調其中和，人待法而治，法待人而行，爲政之道，盡於斯矣。

本文作者：本校中文系主任

發表於復興崗學報四十期

利瑪竇與中西文化交流

明清之際，西學東漸，其有功於東西文化之融會，以耶穌會教士爲其主力。其著者如西人利瑪竇、湯若望、南懷仁、艾儒略等。而吾國學者與之通力合作者，則有徐光啓、李之藻等。而此耶穌會教士之中，其胸襟最廣，理想最高，見地最遠，抱負最大，功力最深，又能篳路藍縷，啓漢學研究之先河；誘導獎掖廣漢學研究之後進者，厥爲利瑪竇先生。方杰人先生在其所著中西交通史中，對利氏亦有如下之記載：

「利瑪竇爲明季溝通中西文化之第一人，自利氏入華，迄於乾嘉厲行禁教之時爲止，中西文化的交流，蔚爲巨觀。西洋近代天文、曆法、數學、物理、醫學、哲學、地理、水利諸學，建築、音樂、繪畫等藝術，無不在此時傳入；而歐洲人之開始迻譯中國經籍，研究中國儒學及一般文化之體系與演進，以及政治、生活、文學、教會各方面影響，亦無不出於此時。」

從方先生所述，則吾人知利氏對中西文化交流貢獻與影響，在近代東西文化交流史上，固無能出其右者。其對西方科學知識之輸入我國，以及西方水利建築之技術，音樂繪畫之藝術，由利氏東來傳入中國。而西人方熱衷於迻譯中國經籍，研究中國文化，亦因而日盛，此利氏之功誠不可沒也。爰先將其傳略，述之如后：

一、利瑪竇傳略

利瑪竇（1552-1610）（Matteo Ricci）字西泰，生於意大利之馬戚拉達城（Macerata）其城之耶穌會學校創設後，瑪竇於中研究文學亙七年。一五六八年，迻入羅馬肄習法學，有志修道，即入聖母會。後決心赴印度傳教。一五七八年，泛舟赴印，同年九月，抵臥亞研究神學。一五八〇年，授司鐸。一五八二年（萬曆十年），應范禮安神甫之召赴澳門，即研究華語。一五八三年（萬曆十一年），隨羅明堅神甫（Michacl ruggieri）赴肇慶，爲外籍傳教士至中國內地傳教之始。在肇慶時，因民變幾受害。利氏始悟傳教必先華人之尊敬，遂製萬國輿圖，頗受士大夫之歡迎。同年八月，至韶洲傳教。一五九二年（萬曆二十年），遊南雄。一五九五年（萬曆二十三年），利氏離韶州赴南京。溯贛江，乘舟觸灘沉沒，利氏手握船繩，得脫此厄。抵南京後，不爲當地官吏所容，復返南昌。一五九七年（萬曆二十五年），受任爲傳教區會長。既爲會督，愈欲作北京之行，因與省中大吏及明代宗王訂交，俾能助成此事。適有其舊識王忠銘者，新授南京禮部尚書，入京覲見，遂以此喜音告瑪竇。一五九八年（萬曆二十六年），利氏偕郭居靜神甫王忠銘同赴南京，爾時中日構兵，忠銘已先行赴北京，二神甫買舟北上。同年九月，利氏初抵北京，客王忠銘家，宮內宦官首領曾來訪，羨其貢物，然見彼等無煉金術，不爲上達，且有流言，謂此夷人乃日人間諜，故復返南京。一六〇〇年（萬曆二十八年），郭居靜神甫（Cattaneo）偕龐迪我神甫齎異物甚多至南京，利氏復欲作北京之行，貢此異物於朝，都御史某贊此事，利氏遂偕龐迪我依某權閹之庇，首途入京。權閹某者，故狡詐人也。行至山東，嗾使其黨人馬堂截奪貢物，送諸神甫至天津，扣留六月，有幸臣某以其事上聞，會帝亦有聞外人貢自鳴鐘事，遂命人召諸神甫入京。一六〇一年（萬曆二十八年），利氏復抵北京，進呈貢物，有大小自鳴鐘各一，油畫三幅，內天主圖像一幅，天主母圖像二幅，天主經二本，珍珠鑲嵌十字架一座，萬國輿圖一册，西琴一張。神宗嘉納之，尤愛其自鳴鐘，賴有此鐘，瑪竇等遂獲居留北京，蓋當時宮內人無能修理此物也。利氏志在傳教，故亦不辭。瑪竇在京，朝中大小官吏爭來過訪，利氏每日接見賓客，宣揚天主教理，自是以後，瑪竇不復離京。翰苑中人入教者，著名者如徐光啓即於一六〇三年（萬曆三十年）在南京從羅如望神甫受洗。以後同瑪竇過從甚密，並同譯幾何原本。一六〇九年（萬曆三十六年），在北京首創信徒團體，名曰天主母會。自是瑪竇以北京爲中心，指揮諸傳授教士，其本人亦勤勞不倦，日常事業，則爲受洗人講說教義，鼓勵入教，編輯書籍，並建築大教堂，親自督工，兼入宮廷任事，以事務繁劇，遂促其天年，一六一〇年（萬曆三十七年），臥疾不起，自知末日已至，曾對臨視神甫作遺言：「對新自歐洲來者，務必施以仁愛。」是年五月十一日，夜間安然而逝。壽五十七歲。遺命由龍華民神甫繼任。死後帝賜葬於阜城門外之柵欄，在場士大夫多參加葬禮焉。

二、利瑪竇貢獻

綜利氏一生之學，其大者修身事天，其微者格物窮理，至其對中西文化融通之貢獻，約其大者有四端。一是科學知識輸入，二是治學方法出新，三是中西思想會通，四是東學西漸媒介。分別略述之如后：

(一)科學知識輸入——利氏對中國科學之貢獻，其最著者即爲地輿學、天文學、數學、兵器學。

1.在地輿學上——吾國古代對於地輿學，絕少正確觀念，自利氏萬國輿圖出，始改正中國人對地理學上錯誤，據利氏萬國輿圖自序中云：

「吾古昔以多見聞爲智，原有不辭萬里之遐，往訪賢人觀名邦者。人壽幾何，必歷年久而後得廣覽備學，忽然老至而無遑用焉。豈不悲哉！所以貴有史記之，圖傳之，四方之士所覩見，古人載而後人觀，坐而可減愚增智焉，大哉圖史之功乎？」

又云：「但地形本圓球，今圖爲平面，其理難於一覽而悟，則又仿敝邑之法，再作半球圖者二焉。一載赤道以北，一載赤道以南，其二極則居二圈當中，以肖地之本形便於互見。共成大屏六幅，以爲書齋臥遊之具，嗟嗟，不出戶庭，歷觀萬國，此于聞見不無少補。」

又據金尼閣神甫入華紀錄，中有敘述利氏製圖之言云：

「欲使中國人重視聖教事宜，此世界地圖蓋此時絕好，絕有用之作也。前此中國人亦曾刊刻輿地圖誌多種，然僅以中國十五行省居圖之中央，稍以海繞之，海中置島若干，上列知聞所及諸國之名，合諸島之地，廣袤不及中國一小省也。彼等既以世界惟中國獨大，餘皆小且野蠻，則欲使彼等師事外人，殆虛望而已，迨彼等既見世界之大，中國小而僅處一隅，其愚者輒加此圖以譏笑，其智者反此。圖中經緯度，南北二分，赤道，五帶，整齊比列，地名繁多，國俗各異，既皆出於舊圖，而舊圖亦爲刻本，雖欲不信，不能也，……且此圖表現海洋廣浩，而歐洲諸國去中國至遠，彼等不復虞歐人之東來侵略，此其堅拒信教要因之一，將不復存在矣。」

從上二氏之敘述，知利氏繪此圖，除其傳教之因素外，確實糾正往昔中國學者對地理之錯誤。利圖之後，南懷仁（Ferdinand Verbiert）之坤輿全圖，坤輿圖說，白進（Bouvet）皇輿全覽圖，艾儒略（Julio Aleni）職方外紀等，當皆受其影響。故柳詒徵在其中國文化史下册云：

「元明間人，猶未究心於地理，至利瑪竇等來，而後知有五大洲，及地球居於天中之說，艾儒略著職方外紀，繪圖立說，是爲吾國之有五洲萬國誌之始，而清康熙中，各教士測繪全國輿圖，大有功於吾國焉。」蓋其實也。

2.在天文學上——天文之學，中國古昔已有之，但歐西方天文學輸入中國，則自利氏始。利氏爲布教之便，與中國士大夫相交遊，而士人對利氏，乃其科學之知識贏得彼等之稱許。利曾撰乾坤體義，其上卷即言天象之學，述日月蝕之理，又述七曜與地體之比例。又著經天該一卷，將已知之恒星，造爲歌訣，以便觀象者之記誦。並製渾天儀、天球儀、地球儀諸實器，中國學者徐光啓、李之藻、周之愚輩，皆習其術。利自北京時上疏自謂：「臣先於本國忝科名，已叨祿位，天地圖及度數，深測其祕，製器觀象，考驗日晷，與中國古法脗合。」故明末徐、李、測驗改憲之功，皆利氏之授者也。故明史天文志論利氏之功云：

「明萬曆間，西洋人利瑪竇入中國，精于天文曆算之學，發微闡奧，運算製器，前此未曾有也。」

清阮元疇人傳人卷四十四附錄亦云：「自利瑪竇入中國，西洋人接踵而至，其於天學，皆有所得，採而用之，此禮失求野之義也。而徐光啓至謂利氏今日之羲和。」

*3.*在數學上——利之乾坤體義下卷，乃談數學之作，以邊線、面積、平圖、橫圓互相容較，是爲西方數學輸入中國之始，及利入北京，與徐、李輩合譯西籍，最先譯者爲幾何原本六卷，其所述之定理，直到今日，無大改變者，故四庫提要稱是書爲「西學之弁冕。」並在測量法義提要論及此書云：

「自是之後，凡學算者，必先熟悉其書，如釋某法之義，遇有幾何原本相同者，第註曰見幾何原本某卷某節，不復更舉其言，惟幾何原本所不能及者，始解之。」可見其書之風行。

*4.*在兵器上——明末邊境不寧，知西洋火器之重要。徐光啓從利瑪竇遊，習兵器之術，力請多鑄大礮。徐文定公三百年紀念彙編中引錢塘張星曜傳中徐光啓之言曰：「公得西學守禦之道，精造火器，捍衛不虞，且更條陳保安制勝之策，屢疏於朝，上欲大用，小人忌其功。阻抑不用，集有庖言等書，存於監局中，後章皇帝得之，讀不釋手，嘆曰：『使明朝能盡用其言，則朕何至此耶。』」徐氏之言，可知一般。

(二)治學方法出新——明末西學東漸，不特科學知識輸入，尤在學者治學方法出新。蓋吾國學術，自宋至明，崇尚理學，流於空疏，不切實際，梁任公在其中國近三百年學術史中曾云：

「明朝以八股取士，一般士子，除了永樂皇帝欽定的性理大全外，幾乎一書不讀，學界本身，本來就像貧血症人衰弱得可憐。」

又云：「自利瑪竇，熊三拔（Sal.de Ursis）龍華民（Longobardi）鄧玉函（John Tereng）、艾儒略（Jul.Aleni）、湯若望（J.Adam Schall von Bell）等。自萬曆末年至天啓崇禎間，先後入中國，中國學者如徐文定、李涼庵、都和他們往來，對於各種學問，有精深的研究……在這種環境之下，學界空氣，當然變換，從此清朝一代學者，對於曆算都有興味，而且喜歡經世濟用之學，大概受利、徐諸人的影響不小。

再觀利氏至中國，以西方治學精神，一掃徒託空言之習，其發現吾國經典，受宋代理學之影響，層層注疏，將經書眞義，面目全非，故利主直讀原文，不拘前人疏解，以見古人立言大義，實爲啓迪清朝樸學一大助力。

㈢中西思想會通——利氏至中國，知欲宏揚天主教義，必先透視中華文化精義，其認爲中國文化，與天主教義並行不悖，如將天主教義融會其中，不僅爲中國人易於接受，且可建立以中國文化爲本位之中國天主教會。其重要著作，如天主教實義，交友論，即爲融會孔孟學說與天主教義之著作。天主實義中，對中國人所敬之天，認爲即天主教義中之上帝。並在中國經書找出證據。天主實義首卷第二篇中云：

「西士曰：雖然天地爲尊之說，未易解也，夫至尊無兩，惟一焉耳。曰天曰地是二之也。……吾天主乃古經書所稱上帝也。中庸引孔子曰：『郊社之禮，所以事上帝也。』朱註曰：『不言后土者首文也』。竊意仲尼明一之不可爲二，何獨省文乎？周頌曰：『執競武王，無競爲列，不顯成康，上帝是皇。』又曰：『於皇來牟，將受厥明，明明上帝。』湯頌曰：『聖敬日躋，昭假遲遲，上帝是祇。』雅頌云：『維此文王，小心翼翼，昭事上帝。』易曰：『帝出乎震。』夫帝也者，非天之謂。蒼天者抱八方，何能出於一乎？禮曰：『王者備當，上帝其饗。』又曰：『天子親耕，粢盛秬鬯，以事上帝。』湯誓曰：『夏氏有罪，予畏上帝，不敢不正。』湯誥曰：『惟皇上帝降衷於下民，若有恒性。克綏厥猶，惟后。』金縢周公曰：『乃命於帝廷，敷佑四方，上帝有庭。』則不以蒼天爲上帝可知。歷觀右書而知上帝與天主特異以名也。」

又其對中國人祀孔祭祖，解釋爲希聖希賢，中國人孝道，與天主講三父之孝，孝家君，孝國君，孝天主無別，故其在天主實義下卷曾云：

「欲定孝之說，先定父子之說，凡人在宇宙內有三父，一謂天主，一謂國君，一謂家君也。逆三父之旨者爲不孝矣。」

又對中國「仁」字解釋，天主實義上卷云：

「仁者以己及人也，義者人老老長長也。俱要除人己之殊。除仁己之殊，則畢除仁義之理矣……獨至仁人君子，能施遠愛，包覆天下萬國，而無所不及焉。君子豈不知我一體，彼一體，此吾家吾國，彼異家異國，然以爲皆天主上帝生養之民物，即分當兼切愛恤之。豈若小人但愛己之骨肉哉。」

日本學者中村久次郎所著利瑪竇傳中引藤原明遠評利瑪竇交友論亦云：

「利瑪竇曰：友也爲貧之財，爲弱之力，爲病之藥焉。是的亞之俗，多得友者，稱之謂富也。嗟夫！旨哉言也，余謂其切磋之輔，而能使己之德義進修以躋，則友是善之府也，亦非富而何？」

故其天主實義，歷引中國六經之語，以證其說，不僅絲絲入扣，而且天衣無縫。故其著述與說教，能深入中國人心者在此也。故明馮應京在其天主實義序言中曾云：

「是書也，歷引吾六經之語證其實，而深詆空談之誤，愚生亦晚，足不偏闡域，識不越井天，第目擊空談之弊而樂夫人之實談也。」

又明謝肇淛亦在其五雜俎中稱譽利氏云：「其人通文理，儒雅與中國無別……余喜其說近於儒，而勸世較爲親切。」

㈣東學西漸之媒介——中西交通歷史，雖在利氏之前已爲頻繁，但來華之人，皆志在貿易，未曾注意學術之介紹也。利氏到中國，不僅將西學輸入中國，而且對東西之西漸，亦且不遺餘力焉。利對中國文物與典章制度，深入觀察，以通訊報告方式，寄送西方，斯類資料，後由金尼閣神甫譯爲拉丁文，頓史馬可波羅所寫之日記，闇然失色，其對西人影響之大，爲可知矣。其中對中國人風俗習慣，如飲酒喝茶，占卜風水等，中國科學，如濾水計時、印刷論等，中國藝術，如音樂戲劇等，中國制度，如科舉御史等，甚至孔子修齊治平之道，墨子兼愛之說，皆能取精用宏，紹介西方。故至十八世紀，歐州人之傾慕中國文化，利氏實爲其先導。故近人張其昀在徐文定公誕生四百週年紀念曾評利氏云：

「中國儒家知天事天，窮理盡性之學，實與西方公教心同理同，故中國爲宗教之沃壤，宗教無他，敬天愛人而已。利瑪竇曾對徐文定說，他曾週遊列國，見到中華土地人民，聲名禮樂，實爲列國冠冕。徐文定稱利瑪竇有實心、實行，實學。他感嘆利子爲人，謂其道甚正，其守甚嚴，其學甚博，其識甚精，其心甚正，其見甚定。」可謂至當矣。

三、利瑪竇軼事

利氏軼事甚多，散見各篇，茲錄余前述其傳略中不及備載者於此，以供參考。因蒐羅各篇，固未暇理其次序也。

㈠金尼閣入華紀錄中曾載：「有一事頗可注意者，利神甫之善於迎合中國人之心理也。彼等信天圓而地方，而中國居天之正中，故見西洋地理學家置中國於地圖極東之一角，則怒，雖數以理諭之，地與海既合成球形，無所謂東西終始，然終不能曉也。利氏於是稍變更吾人繪圖常法，移福島及其零度經線，出圖之中央，而置之於左右兩邊，如是，則中國竟移居至圖中，而中國人遂大滿意。」

㈡又同書敘述李應試入教經過云：「此時入教者有一要人，既是貴士，復深於世故，尤熟於三教，此人於錦衣衛士有世襲之祿，其父曾爲長官焉。彼於今雖無官守，然數年前固曾爲一兵官往朝鮮禦倭，皇帝賜彼以重產於湖廣，世免其稅，彼湖廣人也，生長於北京，余與其母二子及妻居焉。此君溺於邪教，積習頗深……且精於壬課、星命、堪輿，擇吉諸術。其名甚著，趨之者甚衆，將謂其爲僞乎？然亦頗有驗，故只可告以此乃惡魔之害，於是如夢初醒，幡然棄暗，學習既畢，遂於萬曆三十年八月初六日，即宗徒瑪竇節日，受洗禮，此君姓李，吾人呼之曰保祿。」

㈢艾儒略所撰之西泰利先生行蹟中載：「利居肇慶時，一日有踰後垣而盜其柴，家人與爭，利子命讓其柴曰：吾烏可以微物而與人競，且其來或爲貧也。躬負柴，就垣邊送之，其人慚謝而去。」

㈣又同篇云：「端州有一鄉人，夜過荒塚，爲惡魔所憑，忽發顛狂，其父母延僧道巫覡之流，祈禱百端，俱無效，時有告其父曰：大西有利先生，崇奉天主正教，能驅魔立應，盍往誠求之，其懇祈利子，利子至其家，見諸魔像符籙，諭之曰：是皆邪魔之招也。悉取燬之，因代誦經，籲祈大主，且取自佩之聖櫝付之，病遂立愈。自是一家人無不崇奉聖教。」聖櫝乃藏聖賢小塊遺骸者。

㈤又云：「瞿太素既締交利子，遂揄揚利子之學於縉紳間。利子因請曰：公亦有所求乎？太素曰：吾年四十三，吾內四十有二，尚未有子，先生能爲我祈求天主乎？利子因代爲密禱，是年即生一男，今名式穀者也。」

㈥又云：「利子居南京時，適戶部劉公斗墟者，見利子，問曰：聞子欲卜居於此，信乎？利子曰：然。公曰：昔於洪武崗嘗備數椽，不意爲魔所據，吾子若不懼魔，甘心售子，毋論値也。利子曰：吾自少奉天地眞主，受庇良多，況天主聖像爲魔所極畏者，魔害不必慮也。遂偕利子往觀。殊愜意，乃捐資買之。是日，手廳事立台，奉天主聖像其中，又以聖水灑淨一室，夜同郭子及鍾念江等居之，魔絕無影響，相知諸公過訪問安，見其怡然無恙，俱詫爲奇。」

㈦又云：「利子往訪某公，有僧三槐在坐，而利子偕瞿太素至，三槐岸然居上，利子以謙承之。三槐乃問利子曰：聞吾子知天文之學，有諸？利子曰：頗識其略。三槐曰：子之考日月也，或上天看日月乎？抑日月下而與心目接乎？利子曰：非我上天，亦非日月下也；我存日月之像于心，照此像可知日月矣。三槐欣然曰：若此則子能造日月于心矣，何人不可以造天地乎？利子答曰：是不然，有日月矣，而我見之，因所見而生是像于於，非無日月而我能自造日月也。譬之鏡然，懸之空中，物咸照焉。則天地日月亦入照矣。然必先有物而後造有像，非無其物而鏡自能照其物也。衆人稱善。」

(八)又云：「其在洪州時，一會士與之調備鳴鐘，蓋將以獻大廷者，忽誤破其機，會士憂形於色。利子詢其故，怡然曰：無傷也，若無此進御，則別覓其他可也。」

(九)又云：「利子著天主實義成，而僉憲馮公（應京）令速梓以傳，利子以文藻未敷，未敢輕許。馮公曰：譬如垂死之人，急需藥療之，如必待包裹裝飾，其人已不可起矣。斯文爲救世神藥，烏可緩也。于是二十五言梓行世，馮公兩爲文弁其首。

(十)清薛福成日記卷三云：「西人多以姓氏行，余略誌之矣，亦有以姓繫名後者，如前明萬曆間，意大里國人利瑪竇以傳教至中國，西人之顯名於中國者，自利瑪竇始，名在前而姓在後西人用此例者頗多。」蓋指利氏原名爲 Ricci 也。

(士)日人新井白石其跋覽異言誤利子乃中國人云：「歐羅巴人未聞有利子之氏者也，美竊怪焉，嗣後適得金閶鐘始振闢邪論於新增大藏函中，因知竇本生於廣東旁近海島，北學於中國，實非西方人。」

(ㄜ)堅瓠集中記利氏容貌曰：「其人紫髯碧眼，顏如桃花，年五十餘，如二三十歲人。」仁和縣志寓賢部云：「虬髯碧眼，聲若巨鐘。」

(ㄝ)曾德昭（semedo）之中國史第四章以利氏等雖被召入宮，但未嘗得見神宗云：「一千六百零一年一月四日，諸耶穌會士入北京，受款待，召入宮中，一宦官接待之，繼而彼等整理貢品，明日宦官備盛儀迎之宮中，獻於帝，帝嘉納焉。帝贊美其天主像與聖母像，感嘆於鐵絃琴，即使宦官習其技，帝又欽服於時鐘之新奇精巧，命耶穌會士入宮運轉機械，於是彼等遂入宮，許入第二室，（第三第四室非宦官宿值禁兵不得入。）太監承上命頗優遇彼等，留宮中三日，或運轉所獻時鐘，或授四宦官以時鐘之使用法。或應宦官之質問，而告以歐洲諸國之國俗民情，其後宦官皆奏之於帝，於是皇帝益喜耶穌會士之言行，欲親召見，然以古來無皇帝召見外國人之例，遂不果。惟使畫彼等肖像，以察其容貌，終未得引見云。」見禹貢半月第五卷三四合期中村久次郎著利瑪竇傳中引。

㈣馮承鈞譯入華耶穌會士利氏傳云：「利氏由南京返江西時，以不爲官吏所容。既逆流，復逆意，彼夢見一未識之人與之共語曰：汝流蕩此國，蓋爲廢止舊教，輸入新教歟？瑪竇答云：此我心事，從未對人言，汝既知之，非邪魔即天主。入夢者答云：我非邪魔，乃天主。瑪竇投其足下，哀訴曰：主既知我心願，緣何不助我成此大業。主於是慰之曰：我將助爾於兩京，已而瑪竇似覺返入京城，往來無阻，後來果應夢中言。」

㈤又帝京景物略卷四紀利氏北京天主堂云：「天主堂，堂在宣武門內，東城隅，大西洋奉耶穌者，利瑪竇自歐羅巴航海九萬里，入中國，神宗命給廩賜第此邸，邸左建天主堂，堂製狹長，上如覆幔，傍綺旒、藻繪詭異，其國藻也。供耶穌像其上，畫像也，望之如塑，貌計三十許人，左手把渾天圖，右叉指，若方論說狀，指所說者，鬚眉，豎者如怒，揚者如喜，耳隆其輪，鼻隆其準，目容如矚，口容有聲，中國繪事所不可及。」

㈥又紀利氏之墓云：「瑪竇卒，詔葬以陪臣禮，葬阜城門外二里，嘉興觀之右，其坎封也異中國，封下方而上圜，方若台圮，圜若斷木，後虛堂六角，所供縱橫十字文，後垣不琱篆而旋紋，脊紋螭之岐其尾，肩紋蝶之矯其鬚，旁紋象之卷其鼻也。垣之四隅石也，杵若塔焉。祔左而葬者，其友鄧玉函也。」

㈦利氏喜與中國文士游，所贈之詩，錄之如后：

其㈠明李贄贈利西泰云：「逍遙下北溟，迤邐向南征，刹利標名姓，仙山紀水程。回頭十萬里，舉目九重城，觀國之光未，中天日正明。」（見李贄文集）

其㈡明李石華贈利瑪竇：「雲海盪朝日，乘流信采霞，西來九萬里，東泛一孤槎，浮世常如寄，幽棲即是家，那堪作歸夢，春色任天涯。」

其㈢又云：「雲海蕩落日，君猶此外家，西程九萬里，東泛八年槎。蠲潔尊天主，精微別歲差，昭昭奇器數，元本浩無涯。」（見紫桃軒雜綴）

其㈣明譚元春過利西泰墓云：「來從絕域老長安，分得城西土一棺，斫地呼天心自苦，挾山超海事非難，私將禮樂攻人短，別有聰明用物殘，行盡松楸中國大，不教奇骨任荒寒。」

其㈤明葉向高贈西國諸子云：「天地信無垠，小智安足擬，爰有西方人，來自八萬里。言慕中華風，深契吾儒理，著書多格言，結交皆賢士。淑詭良不矜，熙攘乃所悲，聖化被九埏，殊方表同軌，拘儒徒管窺，達觀自一視，我亦之與遊，冷然得深旨。

其㈥明尤侗得意之外國竹枝詞云：「天主堂開天籟齊，鐘鳴琴響自高低，阜城門外玫瑰發，杯酒還澆利泰西。」

四、利瑪竇著作

利氏著作甚夥，錄其要者如后：㈠天主實義——一名天學實義。一五九五年初刻於南昌。

㈡交友論一卷——一五九五年刻於南昌，與明建安王論友之作也。

㈢西國記法一卷——一五九五年刻於南昌。

㈣二十五言一卷——一六〇四年刻於北京。

㈤畸人十篇二卷——一六〇八年刻於北京，是書設爲問答以駁釋氏之說。

㈥辨學遺牘——一六〇九年刻於北京，駁釋氏之書。

㈦西琴八曲——附畸人十篇之後，言琴理之書。

㈧齋旨一卷——後附司鐸化人九要一篇。

㈨畸人十規——一五八四年刻於肇慶，爲第一部教義綱領。

㈩奏疏——是爲一六〇一年利瑪竇入京進呈貢物請許留京之表文。

(十一)幾何原本六卷——徐光啓筆述，一六〇五年刻於北京。

(十二)同文算指一卷——李之藻筆述，應用算術，一六一四年刻於北京。

(十三)測量法義一卷——徐光啓筆述，應用幾何之書。

(十四)勾股義一卷——收入天學初函。

(十五)圜容較義一卷——李之藻筆述，一六一四年刻於北京。

(十六)渾蓋通憲圖說二卷——李之藻筆述，一六一四年刻於北京。

(十七)經天該一卷——傳經堂叢書收入。

(十八)萬國輿圖——一五八四年瑪竇作此圖於肇慶，一五九八年在南京重將此圖修改，一六〇九年將此圖仿繪八幅。

(十九)西字奇跡——一六〇五年北京刻本。

(廿)乾坤體義二卷——阮元疇人傳言此書甚詳。

(廿一)四書拉丁文譯本——一五九三年譯。

(廿二)天主教傳入中國史——一六一三年金尼閣神甫將其譯爲拉丁文。一六一五年在歐洲出版，曾再版四次，全部英文本，到一九五三年由耶穌會加萊閣神父譯出，在紐約出版。

發表於東方雜誌復刊號十三卷一期

湯若望與中華文化

在中國天主教史上，繼利瑪竇（Matteo Ricci）而來之西方傳教士，其聲譽可與利氏相埒，而活躍於明清之際人物，湯若望可謂當之無愧。正如魏特（Alfons Vath）在其所著湯若望傳序言中所云：

「我們直到如今，尚不曾有一本略少與湯若望之價值與偉大相適合的著作，爲世人之所知曉的，僅只是幾種簡略通俗但缺點百出的傳記……對於湯若望的敘述，則僅只是片面的、不完全的，並且記載敘述，亦是不甚清晰的。因此社會上的一般人士們，對於這位中西皆知，但卻多所誤會，到中國傳教，而爲歐洲科學在中國首闢道路偉人要有一種較大傳記著作之志願，早已都經吐露出來了。」

又云：「爲湯若望寫傳記的，應當是一位聚集傳教會歷史家、數理天算科學專家，以及中國學術專家於一人之身的人物。」

魏氏之言，粗讀之難免有自高身價之嫌；細味之亦覺其言有至理。由斯觀之，湯氏之成就與偉大之處，概可見其一斑矣。方杰人先生在其中國天主教史人物傳湯若望一傳更言：

「在中國天主教史上，有幾位人物是活躍於明清兩代之際的。但比較起來，他們的事功，以在清代爲多，湯若望便是其中最著名的一位。中國早期傳教士，當然以利瑪竇的聲望爲最大。利氏以後，凡為人稱道的，亦往往與利氏相提並論，艾儒略、龐迪我、湯若望，都曾獲得這一殊榮，而被號為「利艾」、「利龐」、「利湯」。故湯在利氏之後聲譽，已可知矣。」

一、湯若望傳略

湯若望（Joannes Adam Schall Von Bell）字道未，德國人。出身貴族世系，於一五九一年，生於可侖城（Kurkoln）。幼習拉丁文，後入耶穌會所設立之三王冕中學受教，研習修辭文法諸學。因受校長（Jean L'eon）之賞識，於一六〇八年，遣之至羅馬日耳曼學院，以優異成績，修滿三年哲學課程後，放棄世俗虛榮，於一六一一年入耶穌會為修士。研習神學與數學，於一六一七年完成其研究，升為神甫。在此期間，因受在中國傳教諸神甫利瑪竇及龍華民（Nicolas Longobardi）寄歸旅行報告之影響，故萌遠越重洋之志。

一六一四年，金尼閣神甫（Nicolas Trigault）返抵羅馬，一六一八年金尼閣返歸中國，途中至葡，湯隨之東來。是年十月抵臥亞，一六一九年七月至澳門。在澳數年，作其赴中國之準備與等待。於一六二二年（天啓二年）抵華，隨龍華民神甫於一六二三年抵北京，從徐光啓習漢文，以預測月食三次皆中，聲譽雀起。

一六二七年，湯被遣往陝西布教。由於受當地居民仇視，侮謗叢生。其同事魯德照，正此期間曾云：「南京牢獄之後，較優於西安之自由。」可見其遭遇。後賴其堅忍，侮謗之風遂息。信士日衆，並建立大教堂一所。

崇禎即位，禮部侍郎徐光啓上書請修正曆法，帝命龍華民、鄧玉函（Terreng）治其事。

一六三〇年（崇禎三年），玉函去世，徐復上書請帝徵召羅雅谷（Jaccbus Rho）、湯若望繼其未竟之業。此後湯即在欽天監供職，但頗受中國官吏之嫉。禮部尚書徐光啓，頗左右西士，命曆官與西士各推算日蝕，及期驗之，若望推算不爽，因是嫉恨益深。一六三三年（崇禎六年），光啓逝世，臨終時若望在側。自此，西士在中國者，遂失去強有力之袒護人矣。

一六三四年（崇禎七年），湯與羅向帝進呈望遠鏡一、天體儀一、半面球形圖一、水平日晷一、日晷質爲玉石，其針金龍負之。復爲朝中貴人製小型日晷，便於攜帶，以象牙爲之。又爲諸天文家製大小望遠鏡、球儀、羅盤、觀象儀等器，帝覽物甚歡，賚以御宴，並准羅湯二人，得出入禁宮聖地。

一六三五年（崇禎七年），曆書完成，共一百三十七卷，分五次進呈。全書分三部，即輔助科學部分，天算理論與實用部分，天算表格部分。此時，欽天監監正爲徐之繼任人李天經。是書前後共歷七年，雖在湯手中完成，但參加者有徐光啓、李之藻、龍華民、鄧玉函、羅雅谷、湯若望、李天經。李天經雖爲徐之繼任人，然無前任之學識，亦無任事之魄力。雖個性善良，在新書曆長期對抗局勢中，處處退讓。使西士之曆官，時時遭受攻擊。

後韃靼勢力日盛，漸有進迫京師之勢，朝中大臣有與湯議防守事者，若望言及書中鑄礮之法，未嘗試行，一六三六年（崇禎九年），帝命在宮旁設鑄礮廠一所，命若望董其事。若望鑄成戰礮二十門，口徑可容四十磅之礮彈，小礮五百尊。已而又製長礮，每門須士卒二人駱駝一頭，負之以行。崇禎帝爲獎其勞，賜金匾二方，一旌其功，一頌其教。

若望於此時雖供職曆局，然亦頗注意宮中布教工作。至一六四〇年（崇禎十三年），宮中信教者，有貴婦五十人，中官五十餘人，皇室一百四十人。是年十一月，湯若望以巴維耶（Bavaria）國君寄來之耶穌行跡圖一冊，附以中文說明，並又附蠟質慕閣王朝覲像一座，外施彩色甚麗，進呈皇上。帝喜之異常，陳之殿廷，若望遂乘機上書，勸帝信教。天主教傳行中國考卷十四記云：「若望上書後，適有以軍餉乏絕告急者，皇上毫不遲疑，即命宮中將累年供奉之金銀佛像不知凡幾，盡數搗毀，以充軍餉。倘非確知神佛之虛誕，安能不恤人言，堅決若此。」此事牟潤孫先生撰崇禎帝之撤像及其信仰一文，載輔仁學誌八卷一期，言之較詳，可供參考。

一六四四年（順治元年），李闖陷北京，崇禎帝自縊，京師陷於火海屠殺恐怖中，諸教徒勸若望出走，若望嚴拒不從。蓋其非徒不願離開已拓闢之教區，亦不願捨棄苦難中之教友。清兵入京，若望上書攝政王，請保護天文儀器及已刻書版，奉諭安居舊宅，堂中旗兵退出。

順治即位，是年十一月，詔封湯若望爲欽天監監正，但禮部擱置未發。一六四五年二月，湯復進呈月食之推算，帝覽奏見湯姓名上無欽天監銜號，故諭禮部速發此任命，不得再延。湯上表七次請辭，終未獲允。而傳教會會長傅汎濟，亦勸湯接受此職，因其峻拒，恐新朝將誤解爲對舊朝之忠心，湯獲其允准後始受職。但朝職有礙其教務，皇帝特免其朝役之勞，准其在自宅理治欽天監事務。一六四六年（順治三年），加太常寺少卿銜。順治親政後，對若望禮遇有加，慣以「瑪法」呼之。瑪法乃滿文，漢文可譯作「尚父」、「長老」、「師父」等意，其親信可知。帝每有諮詢，隨時召其入宮，不拘禮節，或親駕其禮拜堂、書房、校園，詢其課程、習慣、例規，若望乘機向帝言教理、十誡及宗教史略，故帝同若望之歡洽，如家人父子。帝嘗曰：「瑪法爲人無比，他人愛我，惟因祿利，時常求恩。朕常命瑪法乞恩，彼僅以寵眷自足，此所謂不愛祿利而愛君親者矣。」又語諸大臣曰：「汝曹祇知語我以大志虛榮，若望則不然，其奏疏語皆慈祥，讀之不覺淚下。」故在一六五一年（順治八年）九月十五日一日內，若望獲三封號，即通議大夫、太僕寺卿、太常寺卿之銜號。一六五二年（順治十年），又獲賜通玄教師嘉名。一六五七年（順治十四年），又授通政使司通政使。一六五八年（順治十五年），又授光祿大夫之封號，比秩一級正品，並追封父母及祖父母曾祖父母二品秩，皆冠以中文湯姓。並賜母姓謝氏、祖母郎氏、曾祖母則特賜中國皇室之姓趙氏。一六六一年，順治十八年，其過繼之義孫，著入監肄業。故順治之世，若望在宮中影響力量最大。

順治崩後，康熙即位，諸輔政大臣，禮重若望，授以少保之號。先是一六五七年（順治十四年），監官吳明煊首劾若望，一六六〇年（順治十七年），楊光先再劾若望非聖人之教。及康熙沖齡踐祚，楊又撰闢邪論，詆毀天主教及西洋曆法，再作不得已論。至是滿、漢、佛、回、儒、士合謀，欲屏天主教之名於中國之外。一六六四年（康熙三年）七月，光先上疏參若望，其罪名有三：一邪說惑衆，不合中國忠教禮法。二潛謀造反，聚兵械於澳門。三曆法荒謬，採用足爲中國羞。雖經答辯，終益無效。此一七十四歲老人，鋃鐺入獄，跪地受訊，見之可憫。十月，若望論死。諸神甫在京被捕者爲南懷仁（Ferdinandus Verbiest）、利類思（Ludovicus Buglio）、安文思（Cabriel de Magalhaens）。外省教士被捕送京者三十人。後中國信教官吏五人被斬決。一六六五年（康熙四年）四月彗星、地震、火災諸天災屢見，上天示警，乃開釋諸神甫，除若望外，俱遣發廣東。輔政大臣將若望案，請太皇太后懿旨定奪。太皇太后覽奏不悅，擲奏摺於地，以若望乃先帝信任重臣，不可置之於死，遂命釋放，但其教堂已被輔政大臣封閉，與南懷仁、利類思、安文思共居一室。若望自知死期已至，作末次書札致諸會士，請恕其不足為範之罪，遂於一六六六年（康熙五年）八月十五日，聖母升天日逝世。

二、湯若望的貢獻

湯氏之貢獻，約略言之，可分三端。一是對學術上之造詣，二是對朝廷之影響，三是對教會之擴展。茲分別述之如后：

㈠學術上之造詣——若望熟習天文曆算，並諳華語，其經多年完成之崇禎曆書，入清後更名西洋新法算書。而若望順治元年疏中尚有「百十餘卷」，方師杰人斷謂必有刪併。今據阮元疇人傳卷四十五湯若望傳云：「十一月，以若望掌欽天監事，時若望疏言，臣等按新法推算月食時刻分秒，復定每年書目，重複者刪去，以免混淆。」故知刪併之斷不誤。其論新曆，異於中曆者四十二事，具詳疇人傳中。阮元復評其新曆云：

「若望以四十二事，表西法之異，證中術之疏。由是習於西說者，咸謂西人之學，非中土所能及。然元嘗博觀史志，綜覽天文算術家言，而知新法亦集古人之長而為之，非彼中人所能獨創也。」

顧元之言，雖在為國曆辯護。但由此可知，湯之曆算，確有異於中士之優，至言非其獨創，乃集中學之長爲之，顯係枝蔓之語。蓋學術焉有憑空而生，必皆有所本。然集其成者，則有先後，湯乃得其先者也。今觀魏氏湯若望傳中亦云：

「湯若望和羅雅谷在開頭，都是把自己鎖在住室中暗自工作的。爲的是可以避免當地舊有天算家之反對。以往的著作，他們拿來做爲新著作之基礎，或加以修正，或重新翻譯歐洲的典籍……徐光啓爲一位一等之學者與文士，在各種譯著上，皆予以詞藻之潤色，使成爲典謨之作。」

故湯擇中土曆算之長，亦未見掩。然湯在學術上之造詣，非僅天算之理論與實驗，關于器械之製作，除天文儀器外，尙有光學，水力學和音樂方面諸器物，甚至爲明廷鑄造鉅礮，設計城防工事圖樣，製造起重機，設計教堂建築，皆有效績。魏氏傳中又云：

「充足的知識，在他能與一種實際上技能相結合。……他爲技術家與藝術家，因爲他曾鑄造火礮，設計要塞圖樣，建造起重機器，並且還按歐洲文藝復興後期建築式樣，建造了爲羅馬爭光榮的教堂。他又製造天文儀器，修改開始時期原形鋼琴，最後據一種報告，還製造了一條雙桅帆船，以便皇帝在禁城北海內捕魚與遊船之用，在他的著作中，亦還有一篇論到礦物的文章。」

讀魏氏之言，則湯於學術上之造詣，可謂多才多藝矣。

㈡對朝廷之影響——在湯一生中，前事明之末帝，後輔清之始祖。皆能以一異域之教徒，而得二帝之寵幸，而清之始祖，呼之以「瑪法」之尊，言之有九鼎之重，當非倖致。概擇魏氏傳中所述，以見其麟爪。

湯在明朝，雖在天算國防上對宮廷關係頻繁，但從未面見明之末帝。其所得之褒譽，僅爲象徵性之匾額。如崇禎帝親書「欽保天學」，及禮部所贈「功堪羲和」匾額。又在帝登城遊覽時，距其教堂近處，令鑾車停進，對教會之貢獻，作其眺望與讚嘆而已。但在清廷，湯之於順治，則非完全君臣之敬，極有家人之親矣。魏傳中曾有以下記載：

「順治帝性格上亦有許多缺點，這在他這幼稚年齡裡，當然不足爲怪的。他在運動上，竟能把一切國家大事與義務都忘掉，遊獵是他一種非常大的嗜好。……如果規勸的人不在他身旁時，他是毫無顧慮這樣度日的。他心內會忽然想起一種狂妄計劃，而以一種青年人們底固執心腸，堅決施行。如果沒有一位警告的人，乘時剛強地加以阻止時，一件小小的事情，已經足夠激起他的暴怒來，竟致使他的舉動，如同一位發瘋發狂的人一般了。……他是世間最大國家權威無限的一位王子，全國官吏在他眼前，俱皆塵埃拜伏，神天一般敬畏……誰是敢來向這位火烈急燥的青年加以諫正的人呢？他略暗示，就足夠把進諫者底性命毀滅了。當時朝中，惟獨湯若望有這膽量和威望，他不避一切，敢向皇帝指示所應走的道路。」

又云：「對這位熱烈急燥的童子，他是不得不小心應付的。凡是能使皇帝覺得可羞恥的事情，他都是神密地在四隻眼睛之下，向他進言。凡是關于國家的事情，他亦是呈報於內閣的。在他所作的各公事奏摺中，他都是要乘機塡注上向皇帝進勸的。譬如說皇上對於臣屬，應持愼重緘默態度，不應當把時間消磨於嬉戲俳優上。又說，皇帝當節制凶野的騎馳，對火器應當愼重小心。一次，皇帝問他爲什麼臣吏大多數怠忽職守，湯答曰：「他們是以陛下的行動作榜樣。」

又云：「甚至多次被召入皇帝寢殿，當時皇帝晚間已躺在床上，將要安息時，他命他的「瑪法」坐於他的床底旁邊，湯若望便屈身和青年的皇帝談話。」

又云：「有時皇帝只爲數位侍童所扈從，有時竟帶領一大批爲數竟達六百名扈賀騎兵，親臨湯若望住宅，訪問湯若望，扈從兵馬一方面在大街上圍護守候，一方面皇帝獨自同湯若望坐在室內，或穿房越屋，在宅內到處走動，或令湯若望進飲食，自己隨便取用。一六五六至一六五七兩年之間，皇帝竟有二十四次，臨訪湯若望於館舍之中，作較長之晤談。」

從以上之引述，湯對順治帝，可謂作到揚善公堂，規過私堂，知無不言，言無不盡，筆者不憚煩引述。以此見其對順治帝之影響，固無須作者多費筆墨，已概可想見也。

(三)對教會之擴展——湯若望一生，雖任職欽天監，但從未放棄其傳教職務與熱衷，其向中國皇帝任何效力，皆在使皇帝對基督教產生銘感之心，而使傳教工作進行順利。其傳教對象雖爲全體人民，但在方法之運用上，其特別注意上流階級之士大夫，由彼等之影響，對傳教工作助益更大。因此，故在崇禎之時，擔任爲皇帝鑄礮之工作，其工作曾引起議論。因湯若望既爲天主福音使者，焉可從事以屠殺爲目的之軍事工作？魏之湯若望傳中曾有以下之記述：

「當在他於長久的拒絕之後，終於拜命受詔時，他的心裏，對於這件事情，在教會方面之容許，他決定有把握的，甚至他還是視這種工作爲一種間接傳教方法。連一切同他一起傳教的弟兄們，亦都覺得，這沒有什麼不合教規之處。在當時的一切傳教報名中，我們連一句責難的和疑慮的言詞也發現不出。……我們亦可以假定，他曾獲有傳教會各會長之明文贊成的，即我們在今日之下，亦可以完全了然原諒他這種教士以外的行動。」

又云：「如果湯若望當時拒絕他的援助，那中國皇帝一定會招請荷蘭國軍事專家的。實際上，自荷蘭方面，似乎也眞有這種建議，已經進呈御前，可是爲天主教傳教會底利益起見，人們能不設法防止荷蘭人在朝中獲得政治勢力。」

就吾等今日觀之，湯之教外職務，雖給予在中國傳教士無上之方便，但其日後之冤獄，亦完全由此等教外職務招來積怨所致。對此，更可瞭解湯對教會之熱衷。至其最後目的，在勸崇禎信教一節，魏氏傳中亦有明白之記載：

「當時大家最大的希望い就是先勸皇帝左右婦女入教，這樣就可以在皇帝的四周，創造一種宗教氛圍，使皇帝不知不覺，呼吸基督教的空氣。」

又云：「他們在宮中，彼此視爲基督聖靈的姊妹們，彼此互相提醒彼此的過錯，而時時以修心進德相勉勵。……此外，教士還向他們作善良的勸告。就是勸告他們，應當怎樣行爲聰慧，無須人前驚慌。並且怎樣因他們的好榜樣，可以對皇上發生一種好的影響。」

及順治即位，湯以其親信之寵，獲帝之許可，會士可以自由入境，自由傳教，故從一六五〇年至五六六四年，十四年間，受洗者逾十萬人之衆。並藉朝鮮國王來朝之際，向之講說教理，以拓教會於域外。至其對教會兄弟之救助，更是不遺餘力。闖賊陷北京，在此腥風血雨之城，湯不避不縮，對基督徒盡其熱誠守護之責。而提及若望之名，可以出龍華民神甫於獄，可以令李方西神甫自謫所召還，可以免安文思、畢方濟、魯德照神甫之死，可以免澳門葡人被逐，此皆其對教會偉業之犖犖大端者也。

三、湯若望之軼事

湯若望一生，由自幼離鄉赴羅馬求學，學成後遠度重洋傳教，歷兩代之興衰，事三朝之聖主，寵則受尊尙父，辱則鋃鐺入獄，其絢爛多姿，可謂極人事之滄桑。其言行之可談助者頗多，簡述如后，藉補傳略之不足。

㈠貴族世系——湯爲貴族世系，由其先祖紋章得知，紋章藍色爲底，底之左右兩行，各畫兩線上下相並，且有紅色銀章十方格之橫樑，上端畫盔頂，盔頂象鷹飛之狀，口凸開，以成兩邊飛翅，翅上仍有畫方格之橫樑。

㈡修士行裝——湯由日耳曼學院入耶穌會爲修士，其所攜之行裝，據湯簽之收條，爲「氈帽一、深棕色絨造外套一、教士服一、紅色短外上衣一、深棕色布一、黑布襪一、襯衫一、毛巾一、家常便鞋一、皮鞋一雙。」

㈢湯之評語——湯初至北京傳教數年中，在一六二六年教會第二本目錄中之評語爲：「其資質和判斷力，及在科學方面進步，頗爲優良。缺乏機警與人生經驗，天性卓越優異，性格火烈爽直，樂天無憂，但未至成熟，懂交友之道，能從事於著述，以之充當上司，尙嫌能力不足。」

㈣富於同情——孫元化和張燾之獄，若望喬裝炭夫探監，爲其聽告赦罪。明永曆太后納烈送錮北京後，若望探問不輟。

㈤新曆特色——若望受職欽天監之附帶條件，祇掌管星宿運行、日月蝕滅，季候循環之事。至於舊曆吉凶日之判別，事涉迷信，則不能爲之。但在其曆書上留有空白，以備政府之填注。

(六)惡人報應——崇禎時，有戈姓欽天監監副，上書御前，彈劾欽天監情形惡劣，並請逐若望於欽天監之外，卻受崇禎帝之嚴厲譴責。當其得此消息時，正在用膳，喫驚而誤呑小骨噎死。

(七)護教熱衷——湯爲明廷鑄礮時，深知中國習俗，必祀火神，故預爲之計，以阻天主教所不能容忍之迷信，令於每尊礮之前，設祭壇一座，安置基督聖像，其自佩法巾，令工人禮拜上帝，後得帝旨遵行。

(八)多才多藝——崇禎十三年，在皇上之寶庫，尋出歐洲初創鋼琴一架，乃利瑪竇進萬曆帝之禮品。崇禎帝欲一聆歐洲之樂聲，但修理之責，令若望承之。若望寫漢文鋼琴學一篇，附以聖歌歌調之釋文。

(九)神佑教會——闖賊陷北京，肆意燒殺，京師陷火海之中。然湯之天主教堂，賊投入之火把七次皆熄滅。其賃居鄰人室一間，藏印刷天算書籍之木版。鄰宅被焚，其室完整無損。

(十)偉大時刻——一六四四年九月一日湯之日食預測，中國舊曆官與回回曆官各有預測，政府將三種測算預先公佈。至期，帝令兩位閣臣同赴觀象台，觀測日食，由湯與其門徒指導一切，朝內多數官員，不得不至禮部，跪於地上，以禱太陽戰勝惡魔。湯之所測皆中，得皇帝之讚盡善盡美。

(土)得寵之由——滿人對天算與科學懷有極高之敬意，視湯若望爲一傑出人物。因其能熟知天文，則塵世一切，必能知之無異。而且新朝之始，曆法如能澈底改良，迷信國運便可永久存在。

(十二)壯麗建築——一六五〇年，湯若望恃其在朝中之威望，在宣武門外建築公衆教堂一所，採歐洲盛行之（Barockshil）式建築，制逾舊有諸堂，長八十尺，寬四十五尺，中有主祭壇一，奉救世主像，救世主一手托地球，一手伸出作降福狀，周圍爲天使及教徒所圍繞。側壇四、壁畫十誡、八福及諸信條，堂前金匾御書。

(十三)醫術神奇——皇太后蓄一皇族女於宮中，以備順治帝正宮之選。後此女得重病，群醫束手。求若望，若望以非醫師辭。固請之，若望授以神牌一，令掛之胸前，疾遂愈，太后感激莫名。

(十四)寵渥有加——順治帝賜湯爲通玄教師，湯受後，登朝謝恩，帝免其三跪九叩之禮。此種優遇，僅爲兩位大學士與四位部臣所享有。享其飲料時，帝先嘗飲而後進，並賜其親手御書之摺扇，皆禮遇中之最隆者。

(十五)親駕訪舍——順治常親造湯若望之館舍。按中國習俗，皇帝曾用之椅櫈，必用黃布封存，不得再用。他人見此物，須跪地行禮。湯告帝室內椅櫈封存，已剩無幾。帝笑曰：汝何拘此禮節。

(十六)不計小失——帝壽誕前夕，臨若望宅，聞隔壁打鐵之聲，奇欲觀之，但火花四迸，帝驚後退，失足落水溝中，湯跪地請其勿介意。帝曰：「此微事耳，盡人皆會遇之，勿足介意。」

㈦救護滿吏——滿族軍律，隨親王出征，親王戰死，其部吏皆論處斬。有親王特勇，獨陷敵陣死，其屬下二百餘軍官皆當論斬。湯獨上奏疏，陳非其部屬之過，且帝不可選有勇無謀之將，諸滿吏遂得免死。

㈧奏摺箴銘——若望上順治奏疏，共三百餘件。順治帝選其佳者，置於文庫之一格。出宮遊獵，懷藏不離，以備隨時閱覽。其聖訓六册，包含不少基督教義，或出湯之授意。

㈨關愛部屬——湯任職欽天監時，爲欽天監之員生，請求增加膏火酬報，增加員工，而免過度操勞。冬夜寒冷，並請給觀衆人員，增製羊皮大衣，添置爐火。

㈩阻駕親征——鄭成功入侵南京，形勢垂危，京師震驚，順治帝欲避難滿州，太后叱之，帝怒而劍碎玉座，決駕親征。京城人心惶恐，各官吏列隊至湯館舍，請其勸阻，若望冒死親阻，帝遂罷親征之舉。

四、湯若望之著作

湯若望之著作，其著者如后：

㈠進呈書像——乃進呈天主事蹟圖及慕闍王朝覲像說明書。

㈡主制群徵二卷——初刻於絳州。

㈢主教緣起四卷——一六四三年刻於北京，論天主教來歷。

㈣眞福詮詮一卷——或云刻於北京，即釋「登山寶訓。」

㈤渾天儀說五卷。

(六)古今交食考一卷——一六三三年刻於北京。

(七)西洋測日曆一卷。

(八)學曆小辯一卷。

(九)民曆補註解惑一卷——一六八三年南懷仁刻於北京。

(十)新曆曉惑一卷。

(十一)大測二卷。

(十二)遠鏡說一卷——一六三〇年刻於北京。

(十三)星圖。

(十四)恒星曆指四卷。

(十五)恒星出沒二卷。

(十六)恒星表五卷。

(十七)交食曆指七卷。

(十八)交食表。

(十九)測食說二卷。

(廿)共譯各圖八線表。

(廿一)測天約說二卷。

(廿二)奏疏四卷。

(廿三)新法曆引一卷。

(四十四)新法表異二卷。

(四十五)曆法西傳。

(四十六)赤道南北兩動星圖。

(四十七)西洋新法曆書三十六卷——徐光啓、湯若望、羅雅谷合撰。

(四十八)崇一堂日記隨筆一卷——一六三七年刻本。王徵輯。

(四十九)則克錄三卷——一六四三初刻，談火器之書。

五、結語

湯之一生，順治帝在一六五七年所立其教堂前碑文之後，附以銘言四句褒之曰：

事神盡度，
事君盡職，
凡爾疇人，
永斯矜式

可謂略盡其生平矣。

發表於東方雜誌復刊號十五卷二期

小爾雅之紹評

治文字學者，無論其治字形之學，字音之學，字義之學，皆在通其詁訓，明其義釋，而文字義之書，莫先於爾雅。郭璞爾雅序即云：

夫爾雅者，所以通詁訓之指歸，敘詩人之興詠，總絕代之離詞，辨同實而殊號者也。誠九流之津涉，六藝之鈐鍵，學覽者之潭奧，摛翰者之華苑也。若乃可以博物不惑，多識於鳥獸草木之名者，莫近於爾雅。

邢昺爾雅疏序亦云：

夫爾雅者，先儒授教之術，後進索隱之方，誠傳注之濫觴，爲經籍之樞要者也……洎夫醇醨既異，步驟不同，一物多名，繫方俗之語，片言殊訓，滯古今之情，將使後生苦爲鑽仰，繇是聖賢間出，詁訓遞陳……。

由上稱引，故知爾雅一書，乃通詁訓之旨歸，義書先河，然時移世變，應用日繁，文字孳乳日廣，詁訓亦非一書可盡，此爾雅之所以作也。漢書藝文志有小爾雅一篇，雖不著作者姓氏，然亦知其出甚古。隋書經籍志有小爾雅一卷，李軌略解，亦無作者姓名。舊新唐志並與此同。至中興書目，始題小爾雅一卷，孔鮒撰，故晁公武郡齋讀書志，陳振孫直齋書錄解題，王應麟玉海皆因之。清代學者，對小爾雅之作者，爭論紛紜，約分以下之派別。

壹、小爾雅作者之派別

㈠謂是後人掇拾成書，非古小學遺書者，此有下列各家主之：

1. 戴東原書小爾雅後曰：「小爾雅一卷，大致後人皮傅掇拾而成，非古小學遺書也。」如云：

鴿中正，謂之正，則正鵠之分，未之考矣。四尺謂之仞，則築宮仞有三尺，而爲及肩之牆矣。澮深二仞，無異洫深八尺矣，其解釋字義，不勝枚數以爲之駁正。故漢代大儒，不取以說經，獨王肅杜預及東晉枚頤奏上之古文尚書孔傳，頗涉乎此。或曰：小爾雅者，後人采王肅杜預之說爲之也。（戴東原小爾雅卷三）

2. 段玉裁在與胡孝廉世琦論小爾雅中稱譽戴氏所說云：「沈濳諸大儒傳注，確有所見之言。」並說：東原師意謂漢志所載者，乃眞小爾雅，今入於孔叢子者，則後人所爲，如僞家語，僞古文孔傳，僞孔叢子，皆未嘗無所因襲。」（經韻樓集卷五）。

3. 四庫全書總目提要亦云：「漢儒說經，皆不援及，迨杜預左傳，始稍見徵引，明是漢末晚出，非漢志所稱之舊本。」

㈡謂是孔鮒所作者，此說清王煦仍因之：

王煦小爾雅疏敘曰：

爾雅三百篇，辨言觀政，故詁訓用昭，周道旣衰，哲人寢糞，百家殽亂，人自爲師，由是七十子之徒，折衷雅訓，表章聖經，以爲章句，撏撦增成雅詛，推演聖涯，類附條分，雜而不越，孔鮒之作小爾雅，猶七十子之志也。遭秦滅學，古籍就湮，孔氏側足，方愍儒之世，投命方蹐戍之間，守廔褎殘，詮言補綴，用意勤矣。

王氏又駁戴氏之說曰：

而近世戴東原從而訾之曰：「小爾雅乃後人皮傅掇拾而成，非古小學遺書也，故漢世大儒不取以說經……今按小爾雅本文，證以漢魏諸儒傳注之義，則知東原之說非也。孔氏生當秦季，約其時以與大毛公比肩接踵，篇中如釋公孫碩膚，鄂不韡韡。並與毛傳合，可知當日經師授受，實出一原，自餘諸訓，亦無不酌蒼雅，與漢魏諸儒相發明，安所見皮傅掇拾乎？鄭樵謂爾雅掇拾傳注而成，東原幾不惜尋其覆轍矣。古人釋經，不必定舉援引書目，漢世稱大儒者，莫如後鄭，觀其易注云：由，用也。詩箋云：肆，犯突也。儀禮注云：素，故也。曲禮注云：跋，本也。周官注云：蠲，潔也。孝經注云：資，取也。若此之類，悉取是書，若以其未嘗援引書名，即謂並非取此，則毛公據爾雅作詁訓傳，亦不舉爾雅名，亦將謂毛公不取爾雅釋詩乎？況許慎說文解字引爾雅涼，薄也。王肅周官注引爾雅云：射張皮謂之侯，侯中者謂之鵠，鵠中者謂之正，正方二尺，正中謂之槷，槷方六寸，古人引小爾雅，即同稱爾雅，豈非見取之明證邪？正鵠之義，禮經未有明文，鄭衆，馬融，王肅並依小爾雅以鵠中爲正，賈逵雖云鵠居正內，與諸家別，而亦以正鵠爲一侯，其分采侯爲正，皮侯爲鵠者，惟鄭康成耳。今姑不必鬪康成祖小爾雅，第必欲埽衆家之說，獨取康成以排孔氏，其墨守不已甚乎？……。（見小爾雅疏序）。

㈢謂是王肅所僞造，此說臧鏞主之：

戴東原氏曾說：「或曰小爾雅者，後人采王肅杜預之說爲之也。至臧鏞則既信東原所說，又引其曾祖之說，確定爲王肅所僞造，其於小爾雅文中說：余……考之有年，知郭璞之前，王肅實首引此書，余高祖玉林先生，孔叢爲王肅僞作，而小雅在孔叢編第十一，又自王肅以前，無有引小爾雅者，凡作僞之人，私撰一書，世之人未之知也，必作僞者先自引重，而後無識者從而群然和之，世遂莫有知其僞者矣，然則小雅之爲王肅私撰，而孔叢書之由肅僞作，皆確無疑也。」（拜經堂文集卷二）。

㈣謂今傳之小爾雅，是古小學遺書，而採入孔叢子者，此說以下各家主之：

1.胡承拱爲譚正治作小爾雅疏證序，即主此說：

小爾雅一卷，見於漢藝文隋書經籍志者，孔鮒之本，李軌之解已不可復見，今所傳者，具戴孔叢子第十一篇，世人遂以孔叢之僞而幷僞之，戴氏東原謂是後人皮傅撮拾而成者，非古小學遺書也。以序考之，漢以後傳注家徵引此書者，王肅之說，見於詩禮正義，杜預之注左傳，訓詁多與之合，至酈注水經，始著名書名，其後陸氏釋文，孔賈經書，釋元應一切經音義，李善文選注，徵用尤夥，持較今本，則皆燦然具在，其逸者不過數條，則安知非僞造孔叢者，勦取入之，諸儒所見之本，固猶無恙邪？（求是堂文集卷四）。

胡氏又在其小爾雅證自序中曰：

漢儒之訓詁，多本爾雅，鄭仲師，馬季長注禮，亦往往有與小爾雅合者，特以未著書名，後人疑其未經援及，如說文所引爾雅之䳸，則固明在小爾雅矣，其中如金鳥之解，公孫之偁，請命之禮，屬婦之名，合符詩書，深裨經籍，沿及魏晉，援據益彰，李軌作解，今雖不存，而所注法言，曼無邵美，即用雅訓，是故足以名其學矣。唐以後人取爲孔叢之第十一篇，世遂以孔叢之僞而并僞之，而酈氏之注水經，李氏之注文選，陸氏之音義，孔賈之義疏，小司馬之注史，釋元應之譯經，其所徵引，核之今本，粲然具在，此可見孔叢本多剌取古籍，而所取之小爾雅，猶係完書，未必多所竄亂也。

2. 朱駿聲氏作小爾雅約注，其序曰：

訓詁之書，權輿於爾雅，自後之小爾雅，方言，說文解字，釋名，廣雅賡之，而小爾雅十三章最古，亦乃六籍之襟帶，百氏之綱維也，漢志列孝經家，隋志附論語類，皆別列爲一卷，不著撰人姓氏，而藝文類聚引作孔叢，晁公武謂孔子古文，見於孔鮒書，今館閣書目之孔鮒撰，即孔叢子第十一篇，然孔叢一書，不著前志，殆魏晉人依托而摭取小爾雅入之。（傳經室文集卷四）

3. 宋翔鳳有小爾雅訓纂書，則曰：

七略有小爾雅一篇，蓋爾雅之流別也。經學之餘裔也，說詩者毛氏，說禮者鄭仲師氏，馬季常氏，往往合焉。晉李軌作小爾雅略解，傳於唐世，書並單行，故隋唐諸志並著李軌解而不著撰小爾雅者名氏，顏注漢書，此亦蓋闕，蓋是書出西京之初，儒者相傳，以求佔畢之名，輔奇觚之絕誼，則其來已古矣。迭更王季，茲書遂佚，晚晉之人，僞造孔叢，嘗剌取以入其書，宋人寫館閣書者，又就孔叢中以錄出之，當代書目，遂題爲孔鮒所撰，而李軌之解不傳，則唐以前之元本不可復見。今既來自僞書，定多竄亂。

4. 任兆麟小爾雅序中說：

小爾雅一卷，漢志列孝經家，蓋孔壁中古文也，今見孔叢子，孔叢後出，疑信參半之書，此篇及孔臧書賦，皆確然無可疑，王厚齋謂是古書之幸存者，此其一也。（有竹居集卷八）

台案以上四種論斷，皆可謂得其一偏，未見全允。戴氏之說，以爲漢儒說經，皆未援及，斷爲非古小學遺書，已爲王氏所駁。而王氏又確承宋人之說，認爲孔鮒所著，豈漢書藝文志及史記所不能斷者，而宋人可以斷之乎？若謂是王肅所造，書中合鄭志者實多，王肅既欲難鄭，不應又合於鄭也。然亦不能謂今之傳本，必是漢志之舊，蓋古字義之書，亦猶今之字典辭源辭海也。其解釋字義，皆前有所承，設前無此義，作字義書者，自造一義，果能爲社會大衆所接受乎？故字義工具之書，其有編者無作者明矣。編字義書者，限於時地，難於並收，設此工具之書果爲世間所重，其增訂之次數，必與斯書之盛衰而並存，今之辭海辭源其歷次之增訂，既不能謂編者爲一人，爾雅爲漢儒說經之所重，獨能謂編者爲一人乎？其成書爲一時乎？漢初爾雅嘗立博士，學已大行，而碩師鉅儒，訓粹經典，則取資小爾雅與爾雅同功，可知當時名分雖削，實則兼行，然小爾雅既以廣爾雅之所未備，則此小爾雅之名，定出爾雅書名之後，而其中所收之字，亦難見其必全後於爾雅，蓋二書皆經補綴而成也。

貳、小爾雅一書之內容

晁公武曰：「小爾雅，孔子古文也。謂之小者，蓋廣爾雅之所未備，附爾雅而行，故稱名小也。」由是觀之，則知小爾雅爲爾雅之羽翼也。往往古義舊訓，不見於他書，而獨存於此，則可以補爾雅之不足，而其間載存之周秦訓詁，與漢儒多相印合者，則又可以旁證毛鄭賈馬訓詁之不誤。共有十三篇：即廣詁、廣言、廣訓、廣義、廣名、廣服、廣器、廣物、廣鳥、廣獸、廣度、廣量、廣衡，所載詁訓及名物，凡三百七十四事，所釋雖不多，亦彌足珍貴，茲將全書內容略紹於後：

第一類——廣詁、廣言、廣訓三篇。此三篇皆依爾雅舊題之名，廣者，廣其所未備也，爾雅釋詁以今言通古言也，釋言以常言釋異言也，釋訓順其意而摹描其字義也。故此三篇，皆通詁訓之旨歸，然其分題者何也？王煦小爾雅廣詁第一云：「爾雅詁訓言分題何也？曰三篇皆詁訓也，古書竹簡連編累策，則檢閱為難，分之所以使人省覽，義不繫乎題也。釋親以下不言詁訓何也？曰十九篇皆詁訓也，釋訓以上，其類同，故分詁訓言題之，釋親以下，其類別，故各從其類題之，其為詁訓一也。王應麟亦曰：「小爾雅十三章，推衍詁訓，故廣詁、廣言、廣訓仍依爾雅舊題，謂之廣者，廣爾雅之所釋也。小爾雅此三篇計廣詁五十一條，廣言一百五十八條，廣訓二十二條。

第二類——廣義、廣名二篇，乃言人事，補廣訓之未及，推釋親、釋宮、釋器之未備。說文：「義古作誼，事之宜也。」義由人出，東晉古文尚書仲虺之誥曰：「以義制事。」是義者，立人之道，制事之幹也。說文又云：「名，自命也。」釋名云：「名，明也。名實使分明也。」魯語云：「黃帝正名百物。」蓋物生有類，辨類以名。孔子曰：「必亦正名乎？」故義以制事，名以辨物。此二篇乃廣爾雅釋訓，釋親，釋宮，釋器之所未備，而不各篇單獨分題者，或字數甚少，單獨不可成篇，故總名之曰廣義，廣名者，亦使省覽也。故王煦小爾雅廣名第五下疏云：「上章廣義通于名，此章廣名通于義，推之十三章，其實皆名義也。獨此二章發之者，分篇表題，用便省覽，無他奧旨也。」本類廣義計十二條，廣名計十八條。

第三類——廣服、廣器二篇，此二篇乃就爾雅釋器一篇而廣之。爾雅釋器一篇，兼言衣物之名稱，然亦不過裞襮、純、褮、襟、裾、袸、褑、袺、襭、襜、縭、纀，十餘條。廣服於爾雅十餘事而外，凡織、布、纑、縞、素、絺、綌之類，皆釋之無餘。易不云乎？「黃帝堯舜垂衣裳而天下治。」記曰：「文繡有恒，冠帶有常，制有小大，度有長短，言服之貴乎衷也。至廣器一篇，係廣爾雅釋器之文。說文云：「器，皿也，象器之口，犬所以守之。」至廣器中坰，地也，墉牆謂之障，高平謂之太原，汪，池也，水北謂之汭，澤之廣謂之衍，則又兼釋地，釋水，釋宮而廣之，其所以如此者，或以條少，不便分篇，兼附於此，而亦分類混淆之致也。本類皆廣釋器，而不言廣器以包廣服者，或亦條數較多，故分篇言之，本類計廣服二十六條，廣器三十二條。

第四類——廣物一篇，乃就爾雅釋草，釋木而廣之。王煦小爾雅廣物第八下疏云：「易曰，物以群分。」莊子曰：「號物之數謂之萬。」是盈天地之間皆物也。此篇廣物，蓋就爾雅釋草木而廣之，不言釋草釋木者，卷帙簡約，無事分門，故以物該焉。」本篇計十三條。

第五類——廣鳥、廣獸第二篇，此乃就爾雅釋鳥，釋獸，釋畜而廣之也。說文鳥長尾禽總名，佳鳥，短尾總名也，然亦多通用。廣鳥如源爲長尾雁，雅爲短尾，而總題爲鳥，蓋鳥實是羽蟲之大名。爾雅釋鳥云：「舒鴈，鵝，乃指鴚鵝，與鴻雁異類。又云鷽斯鵯鶋，燕白脰鳥，而不及備述其形，故此特廣而釋之。獸者：賈公彥周禮疏云：「在野曰獸，在家曰畜，今此篇所釋，大半釋豕，乃是畜類，而題曰獸者，蓋古畜亦稱獸，鄭氏天官獸醫注：「獸牛馬之類。」祭義云：「天子諸侯必有養獸之官，祭牲必于是取之，是對文則獸畜異稱，散文則通用也。爾雅獸畜分爲二篇，小爾雅則不分。且無蟲魚之條，惟爾雅只釋鳥獸草木魚蟲之名，小爾雅則及于事，如拔心曰揠，拔根曰擢，鳥之所乳者謂之巢，雞鳩所乳者謂之窠，魚之所息者謂之橧。此又分類混淆之致也。本類計廣鳥四條，廣獸七條。

第六類——廣度、廣量、廣衡三篇，此三篇皆爾雅所無。度者，漢書律歷志曰：「度者，分、寸、尺、丈、引也。分者，自三微而成箸，可分別也。寸者，忖也。尺者，蒦也，丈者，張也。引者，信也。夫度者，別于分，忖于寸，蒦于尺，信于引，引者，信天下也。職在內官，廷尉掌之。」量者：「漢書律曆志曰：「量者，龠、合、升、斗、斛也。所以量多少也。本起於黃鍾之龠，用度數審其容，以子穀秬黍中者，千有二百實有龠，以井水準其概，合龠爲合，十合爲升，十升爲斗，十斗爲斛，而五量佳矣。職在太倉，大司農掌之。」衡者，漢書律曆志曰：「衡權者，衡平也。權重也。衡所以任權而均物，平輕重也。權者，銖、兩、斤、鈞、石也。本起于黃鐘之重，一龠容千二百黍，重十二銖，兩之爲兩，二十四銖爲兩，十六兩爲斤，三十斤爲鈞，四鈞爲石。」（本類廣度計十一條，廣量計九條，廣衡計十條。）

參、小爾雅之條例

小爾雅的條例，大致與爾雅相同，今若就小爾雅與爾雅之比較，可以得以下之條例：

㈠補爾雅之未收例——爾雅雖爲最古義書之籍，但其所收，亦不能盡包，其最著名，如廣度、廣量、廣衡三篇，爾雅所無。其餘爾雅所分各類，鮮能皆備，小爾雅補其未收，亦其夥矣如廣詁共計五十一條，其中「大」、「治」、「高」、「近」、「美」、「多」、「法」、「易」、「近」、「久」、「因」、「止」、「疾」、「餘」、「事」十五條，乃爾雅所有，餘三十六條，皆不見於爾雅，茲以下列之例證之。

1. 爾雅廣詁云：「頒、賦、鋪、敷，布也。」案頒者：周禮太宰八曰：「匪頒之式。司農注頒讀爲班布之班。郭注謂布與廣雅釋詁云：班，布也。賦者，大雅烝民：明命使賦。傳云：賦，布也。鋪者，詩大雅江漢云：鋪敦淮濆，鄭箋以鋪訓陳。禮記樂記云：鋪筵席者皆陳布之意。左氏宣十二年引作鋪時繹思。杜注：鋪，布也。敷者：禹貢：禹敷土。周禮大司樂弔鄭注尙書云：「敷，布也。案鋪敷布三字古皆通用。」

2. 小爾雅廣名篇云：「請天命曰未可以戚先王，請諸侯命曰未可以近天君，請大夫命曰未可以從先子。」胡承珙在與潘芸閣編修論小爾雅中說：「請天子命云云，尙書正義引鄭志答趙商問曰：君父疾病方困，忠臣孝子不忍默爾，視其歔覩，歸其命于天，中心惻然，爲之請命，周公達于此禮，著在尙書，若君父之病，不爲請命，豈忠孝之志也。據此則請命之禮，其來甚古，不見他書，而獨見於此。(求是堂文集)。

3. 廣衡云：「二鍰四兩謂之斤。」胡承珙氏疏云：「漢書律曆志十六兩爲斤，斤者，明也。三百八十四銖。易二篇之爻，陰陽變動之象也。十六兩成斤者，四時成四方之象也。」淮南天文訓云：「天有四時，以成一歲，因而四之，四四十六，故十六兩而爲一斤。」御覽八百三十引孔叢子曰：「二鍰四兩謂之斤。」按王煦小爾雅疏：律曆志云：「斤三百八十四銖，按鍰六兩，爲一百四十四銖，二鍰爲二百八十八銖，又加四兩，爲九十六銖，合之則爲

三百八十四銖。」

㈡補爾雅收而未盡之例：

1.小爾雅廣詁云：「封、巨、莫、莽、艾、祈、大也。」爾有釋詁雖有「大」字一條，其所收之文，共三十九文，而小爾雅此六文則不見也。胡承珙小爾雅義證疏曰：封者，詩周頌列文云：「無封靡于爾。商頌殷武：封建厥福。」毛傳並云：「封，大也。巨者，方言云：巨大也。齊宋之間曰巨。且孟子亦云：爲巨室，則必使工師求大木。莫者，莊二十八年左傳，狄之廣莫。莊子逍遙遊篇：廣莫之野，釋文引簡文注云：「莫，大也。呂氏春秋知接篇：莽者，何以爲之莽莽也。高誘注云：「莽莽，長大貌。故王莽，字巨君。艾者：廣言云：艾，老也。禮記曲禮，五十曰艾，老大義通。祈者：詩小雅吉曰：其祈孔有。毛傳：祈，大也。」此悉周秦之訓詁，而爲爾雅所未收。

2.廣詁云：「隆、巢、岸、峻，高也。」爾雅釋詁雖有：「喬、嵩、崇，高也。」故爾雅之收，尚只三文耳。小爾雅之補，則有四文。胡承珙小爾雅義證疏曰：「隆者：爾雅釋山，宛中隆。」郭璞注云：「隆中央高。」荀子禮論云：「高者，禮之隆也。巢者，說文云：鳥在木上曰巢。左傳成十六年，楚子登巢車以望晉軍。說文作陖，云兵車也。車高如巢，以望敵也。岸者，說文云：岸水厓而高者。大雅皇矣，誕先登于岸，傳云：岸高位也。峻者，說文作陖，云陖，高也。文選江賦「峻湍崔嵬」。李善注引小爾雅曰：峻，高也。

3.廣鳥篇云：「去陰就陽者謂之陽鳥，鴻雁是也。」然爾雅雖有「舒鴈鵝」。說文云：「鴈鵝也。」鵝，駉鵝也。鴈自關而東謂之駉鵝。南楚之外謂之鵝。莊子山木篇云：「命童子殺鴈而烹之，蓋鴈即鵝。」而與此鴻雁異類。胡承珙疏曰：「禹貢，陽鳥位居，鄭注陽鳥鴻雁之類，隨陽氣南北。小原鴻雁于飛。毛傳云：大曰鴻，小曰雁。禮注云：「雁是隨陽之鳥，要從夫之義也。」

又廣鳥篇云：「純黑而反哺者，謂之慈烏，小而腹下白不反哺者，謂之鴉烏。白項而群飛者謂之燕烏，燕烏白脰烏也。鴉烏鸒也。」然爾雅釋鳥云：「鸒斯鵯鶋。」郝懿行疏曰：「鴉烏也，小而多群，腹下白。說文云鸒，卑居也。」又云：「鴉楚烏也。一名鸒，一名卑居。」又爾雅釋鳥云：「燕白脰烏。」郝疏：小爾雅云：白項而群飛者謂之燕烏，今此烏大於雅烏，而小於慈烏。禽經云：「慈烏反哺，白脰不祥。」漢書五行志云景帝三年十一月，有白頸烏與黑烏群鬥楚國呂縣，白頭不勝，墜泗水中死者數千。」說文云：烏孝鳥也。後書趙典傳云：「烏鳥反哺報德。」詩邶風北風云：「莫黑匪烏。」戴侗六書故曰：「烏者，象其飛烏黑，不辨其目，此就其形補爾雅之不盡也。」

㈢與爾雅同收同義訓異例：

1. 小爾雅廣詁「治」字一條，釋爲政治之「治」。爾雅釋詁下「治」字一條，則訓釋治亂之治，政治義較治亂義爲朔也。茲引其原文及疏證比較如下：

爾雅釋詁下云：「乂、亂、靖、神弗、淈、治也。」郝懿行疏云：釋文云：治，訓整也，正也，理也。喪服傳云：故名者，人治之大者。鄭注治，猶理也。禮大傳云：上治祖禰，鄭注治，猶正也。乂者嬖之叚借也，嬖，治也，洪範五行傳云：言之不從，是謂不乂，鄭注乂治也。亂者，說文云：亂，治也。論語，武王曰：予有亂臣十人。靖者，詩經：俾予靖之。

毛傳，靖，治也。神者，引之治也。神訓引，引伸與治義近。廣雅云：伸理也。理即治也。弗者，訓不，矯揉所以治之。故詩以弗無子。毛傳：弗，去也。淈者，汩之段借，說文云：汩，治水也。以上之釋皆有治理之義也。

小爾雅廣詁云：「攻、爲、詰、相、旬、宰、營、匠，治也。」胡承珙義證曰：「攻者，周禮瘍醫以五毒攻之。注云：攻，治也。詰者，周禮大司馬制軍詰禁，注云：詰，猶窮治也。相者，昭九年左傳：水水妃也，而楚所相也。杜注：相，治也。旬者，廣雅釋詁云：旬，治也周禮均人公旬。注云「旬，均也。」爾雅釋訓畇畇田也。釋文引字林作均均墾治也。宰者，僖九年公羊傳，宰周公，何休注，宰治也。營者，小雅黍苗，召伯營之。箋云，營，治也。匠者，說文云：竘匠也，方言廣雅並之竘，治也。

2.又「易」字一條，爾雅爲易直之易，小爾雅爲交易之易，交易義較易直義爲朔也。茲引其條文及疏證比較如下：

爾雅釋詁下之：「平、均夷、弟、易也。」郝疏云：皆謂易直。易者，傷輕也。公羊傒何休注，易猶省也。論語包咸注，易，和易也。平者：案平訓治，易亦有治義。孟子：易其田疇。易皆訓治，故平，齊等也。亦兼和平樂易之意。故平訓易。均者，說文云：平偏也。詩秉國之鈞，皆訓平。與平易義近。夷者，侇之段借音也。說文云：「侇行平易也。」通作夷，說文云：夷，平也。弟者：通作悌，悌順也，和順與說易義近。

小爾雅廣詁云：「愛、換、變、貿、交、更、易也。」胡承珙義證：爰者：僖十五年左傳，晉於是乎作爰田。疏引服虔孔晁皆云：爰，易也。賞衆以田，易其疆畔，漢書食貨志曰：

歲耕者爲不易，上田。休一歲者爲一易，中田。休二歲者爲再易，下田。休三歲者更耕之，自爰其處，案爰田，國語作轅田。漢書地理志秦孝公用商君制轅田，開阡陌，注引孟康曰：「轅爰同。」換者：說文云：換，易也。案換與爰聲相近。詩大雅皇矣。無然畔援，漢書作畔換，敘傳云：項氏畔換，黜我巴漢。注引孟康曰。換，易也。貿者：說文云：貿，易財也。文選吳季重在元城與魏太子箋：古今一揆，先後不貿。注引小爾雅曰：，易也。交者，禮記坊記：交相爲瘉，注云：交猶更。更者儀禮大射儀，更爵洗，注云：更易也。

㈣與爾雅同收義訓同例——小爾雅爲廣爾雅而作，凡爾雅所載，悉不復出，偶有重見者，或係後人所竄入也。茲引例如下：

爾雅釋詁上云：「卬、吾、台、予、朕、身、甫、余、言、我也。」郝疏：卬者與姎同，郭云：卬猶姎也。說文：姎，女人自稱我也。

小爾雅廣言云：「走，卬，我也。」胡承珙義證曰：「爾雅釋詁云：卬，我也。郭注，卬，猶姎也。語之轉耳。說文云：姎，女人自稱我也。」王煦小爾雅廣言下疏云：「邵氏正義曰：大邪生民云：卬盛于豆。毛傳：卬我也，風通義云：南蠻相呼爲姎。

肆、小爾雅之評述

㈠優點——小爾雅既以廣爾雅，當與爾雅有並存之價值，小爾雅之訓詁，求之毛傳鄭箋，頗多同者，故王煦小爾雅疏曰：「小爾雅爲先秦古籍，漢成哀間，劉向，劉歆編入錄略，後漢班固列于藝文，自漢迄唐，傳注家取以訓釋經義，罔有異詞。」茲引胡樸安中國訓詁學史及王煦小爾雅疏中之例，以見其優也。

*1.*毛傳鄭箋注詩引小爾雅者

胡樸安中國訓詁學史中云：「小爾雅之訓詁，求之毛傳鄭箋，頗多同者。如「敷」，布也。詩小雅天保：「吉蠲爲饎。」毛傳「蠲」絜也。詩邶風谷風：「不我屑以。」毛傳「屑」，潔也。詩邶風式微：「微君之故。」小雅伐木：「微我弗顧。」毛傳並云：「微，無也。」詩小雅信南山，「既優既渥。」釋文「優」，多也。詩小雅小明：「政事愈蹙。」鄭箋「愈」猶益也。詩衛風下泉，「侵彼苞稂。」鄭箋「苞」本也。詩大雅桑柔：「執競用力。」鄭箋「競」逐也。詩小雅楚茨：「先祖是皇。」鄭箋「皇」暀也。詩衛風淇奧：「赫兮咺兮。」毛傳「赫」明也。詩豳風七月：「萬壽無疆。」毛傳「疆」竟也。詩大雅大明：「涼彼武王。」涼佐也。詩王風「君子陽陽，右招我由房。」毛傳「由」用也。詩大雅大明：「肆伐大商。」詩大雅皇矣：「是伐是肆。」毛傳並之「肆」疾也。詩周南芣苢：「薄言掇之。」毛傳「掇」拾也。詩小雅節南山：「有實有猗。」詩大雅靈臺：「於牣魚躍。」毛傳「實」「牣」滿也。詩鄭風東門，「縞衣綦巾。」毛傳「縞」白色男服。詩豳風七月：「載纘武功。」毛傳「功」事也。詩大雅文王：「商之孫子，其麗不億。」毛傳「麗」數也。詩小雅鴛鴦：「鴛鴦在梁，戢其左翼。」毛傳「戢」歛也。詩邶風匏有苦葉：「人涉卬否。」毛傳「卬」我也。鄘風牆有茨：「不可讀也。」毛傳「讀」抽也。詩秦風：「白靈未晞。」毛傳晞乾也。詩邶風匏有苦葉：「迨冰未泮。」毛傳「泮」散也。詩周南卷耳：「我姑酌彼金罍。」毛傳「姑」且也。詩大雅生民：「以赫厥靈。」毛傳「赫」顯也。詩大雅嘉樂：「民之攸暨。」毛傳「暨」息也。詩大雅抑：「吾之話言。」毛傳話言古之「善」言也。詩鄭風「子之手兮。」毛傳「手」滿也。詩鄭風「洵美且都。」毛傳「都」盛也。詩秦風終南：「有紀有堂。」毛傳「紀」基也。詩商頌烈祖：「百祿是何。」毛傳「何」任也。詩小雅采菽：「殿天子之邦。」毛傳「殿」鎮也。此皆毛傳鄭箋之訓詁，見于小爾雅者。

2.漢唐諸儒注經引小爾雅者：

王煦小爾雅疏云：「漢唐諸儒釋，經凡引小爾雅之文，多通稱爾雅。如許氏說文引爾雅云：「㨎薄也。」詩賓筵疏王肅引爾雅云：「射張皮謂之侯，侯中者謂之鵠，鵠中者謂之正，正方二尺，正中謂之槷，槷方六寸。周官太祝釋文引爾雅云：愸願也、彊也。尚書呂刑釋文引爾雅云：鏘謂之鍰。禮記釋文引爾雅云：棘實謂之棗。史記裴駰集解引爾雅云：四尺謂之仞，倍仞謂之尋。小司馬索隱引爾雅云：顏頷也，怵狃也。李賢後漢書注引爾雅云：繒之精白者曰縞。(干)謂之橈。李善文選注引爾雅云：階因也，郃美也。棗戟也，翥舉也。蓋載覆也。名爲爾雅，實小爾雅文也。亦有稱小雅者，一見于陸氏周頌潛釋文，至李善注文選，則統稱小雅，蓋省文也。亦有小爾雅所無，而見引于他書者。如易釋文引小爾雅云：杻謂之梏，械謂之桎。考工記釋文劉昌宗引小爾雅云：祭山川曰祈沈。莊子釋文引小爾雅云：盥澡也。灑也。唐沙門玄應一切經音義引小爾雅云：碩遠也。兔之所息者謂之窟。酈道元水經注引小爾雅云：大而白頭者謂之蒼烏。或乃本書逸文，或傳寫之誤耳。」

(二)缺點——小爾雅之優點，其保存周秦訓詁，及爲漢唐諸儒釋經所資者，誠如上述。然其書之編收，亦未盡善也。小爾雅既以廣爾雅之所未備者，然欲以十三篇之籍，廣爾雅十九卷之文，亦勢有所不可，故其中或殘闕未備，或字少歸他篇者，或本有其類而編以淆亂者，不可勝數，此皆蒐編未盡其精功者，茲略舉數例如下：

*1.*小爾雅中未備者——爾雅中釋樂、釋天、釋山、釋丘、釋蟲、釋魚之文，小爾雅中皆付闕如，此非爾雅所蒐之文有盡也，蓋字書之籍，原爲蒐輯而成，小爾雅中之闕此類之文，乃蒐者未盡其功也。

*2.*條少歸併例——如廣義，廣名兩篇，則兼爾雅釋親、釋宮、釋器廣之。廣器篇中，又兼爾雅釋地，釋水而廣之，廣物則兼廣草木。廣獸則兼廣獸畜，此皆字少而歸併之例也。如廣義篇云：「凡無妻無夫通謂之寡，寡夫曰煢，寡婦曰嫠。」又曰：「妾婦之賤者，謂之屬婦。」此廣爾雅釋親之例也。廣名篇云：「空棺謂之櫬，有尸謂之柩。」又曰：「饋死者謂之賵，衣服謂之襚。」此則廣爾雅釋器之文也。又曰：「埋柩謂之肂。」「肂坎謂之池。」「壙謂之竁。」「下棺謂之窆。」「塡竁謂之封。」「宰冢也。」「壟塋也。」此則廣爾雅釋宮之文也。廣器篇曰：「坰地也。」「高平謂之太原。」此廣爾雅釋地之文也。「墉墻謂之陴。」此廣爾雅釋宮之文也。又曰「汪池也。」「水之北謂之汭。」「澤之廣謂之衍。」此廣爾雅釋水之文也，若此之類，皆以條少而歸併之例也。

*3.*條多分篇例——爾雅收服飾之文，於釋器之卷。小爾雅於爾雅之類分，闕者不鮮，獨於廣服，廣器二篇，乃分爾雅釋器之文爲兩篇也。此無他，所收之文較多故也。試觀小爾雅十三篇，除廣言一百五十八條，廣詁五十一條外，則以廣器三十二條，廣服二十六條，廣訓二十二條爲最夥，餘則皆不及二十條者，條數最少者爲廣鳥，僅四條焉。

4.編次淆亂例——小爾雅就其各篇所收文字看，可知為補掇成書，故有闕而不備者，有文少別立類分以賅之者，有文多而分篇者，皆有其可恕可原之處，而其最誤之處，則編次淆亂，本分有其類，而又雜入他篇，此顯見其非成於一人之手也。如本有廣詁、廣言、廣訓三篇，廣義篇乃廣爾雅之釋親。而廣義篇又收「面慙曰戁。」「心慙曰恧。」「體慙曰逡。」此應入廣訓之例也。若謂其與人事有關，則天下何物何名而與人無關乎？本有廣器之篇，而廣名篇又收：「空棺謂之櫬，有尸謂之柩。」廣服篇又收：「璽謂之印。」「簀床笫也。」「大扇謂之翣。」「杖謂之梃。」「鍵謂之籥。」「棋局謂之弈。」本有廣鳥之篇，而廣獸篇又收「鳥之所乳謂之巢，雞雊所乳謂之窠。」此皆編次淆亂之例也。

伍、小爾雅之注本

小爾雅之注之最古者，為李軌注本，其書今已佚，小爾雅之學，至清始精，載氏震雖駁難小爾雅，而嘉道以來之注者，皆能證明小爾雅在訓詁學上之價值，為爾雅之羽翼，六藝之餘緒，茲將各種注本，見於林尹先生訓詁學概要者，引附於後：

㈠李軌略解——陸德明經典敘錄云：「李軌，字洪範，東晉江夏人，祠部郎中，封都亭侯，撰易、書、詩、三禮、左傳、莊子音、舊唐志李軌撰三蒼三卷，揚子法言十三卷，又撰左太冲齊都賦音。蓋深於小學者。隋書經籍志小爾雅一卷，李軌略解。唐志作李軌解一卷。今從隋志。（此條見於王煦小爾雅疏）

㈡清王煦小爾雅疏——小爾雅疏八卷，係據孔叢子本作疏，故舊題漢孔鮒撰。晉李軌解

（案題名孔鮒作，不見於宋前之書。）王氏駁斥戴氏皮傳掇拾之譏。其言曰：「今按爾雅本文，證以漢魏諸儒傳注之義，則如東原之說非也。篇中如釋公孫碩膚，鄂不韡韡，並與毛傳合，可知當日經師授受，實出一原。自餘諸訓，亦無不斟酌蒼雅，與漢魏諸儒相發明，安所見皮傳掇拾乎？」全書乃爲駁斥戴氏而作，故蒐據亦極精審，此書有 翠山房本，杭州局邵武徐氏叢書本。

㈢清宋翔鳳小爾雅訓纂——宋氏之書，與胡承珙、胡世琦之書互不相謀，其書字體，多準說文，胡樸安氏謂書中雖有違誤，但多精義。其言曰：「如履具也，履不得訓具，履當爲展，周禮鄭司農注：展，具也。諮，治也。諮蓋詁之誤字。左傳杜注，詁，治也，皆，因也。凡此皆宋書之違誤者，然宋書亦多精義，如禋，潔也。引書禋於六宗。馬融之：禋，精義以享也。精潔義同。而爲胡氏承珙之書所未引。」全書之疏密，於此可見，宋書有浮溪精舍本，廣州局本，續皇清經解本，潮洲鄭氏刻龍溪精舍叢書本。

㈣清胡承珙小爾雅義證——清季治小爾雅者，以胡承珙義證最享盛名。其自序曰：「曩見東原戴氏橫施駁難，僅有四科，予既授引古義，一一辨釋，因復原本雅故，區別條流，又采輯經書選注等所引。通爲義證，略存舊帙之彷佛，間執後儒之訾議，將有涉乎此者，庶其取焉。」其撰書體例，已詳於此，胡書共十三卷。有墨莊遺書本，貴池劉世珩刻聚學叢書本，四部備要據墨莊遺書校刊本。

㈤清胡世琦小爾雅義證——段玉裁曾譽胡書「校之亦精，考之亦博，爲小爾雅之功臣。」其撰書體例，大致援鄭衆，馬融、賈逵諸儒之說。以駁東原訾議，世琦與承珙同族同時，但承珙在京，世琦在里，所著之書，各不相謀，並互有異同。如廣詁：掠，取也。承珙引說文掠，奪取也。此字乃新附，非許書之舊，不得竟據爲說文。世琦則謂掠字說文所無，掠即掠之或體。說文掠，彊也。掠取猶言彊取，古聲同也。又如撫，拾也。承珙引說文徐諧曰：撫，安也，一曰掇也。世琦謂此繫傳語。玉篇廣韻引說文，俱無一曰掇也四字。不得爲許本，又引廣雅撫、持也。持拾一聲之轉，持猶拾也。凡此皆糾承珙之失。唯世琦書稿成未刻，僅存宋一篇，在小萬卷齋文序中，及段玉裁與胡孝廉世琦論小爾雅一文，在經韻樓集中，宋氏段氏，皆曾親覽原稿，今稿藏國立中央圖書館。

㈥清葛其仁小爾雅疏證——朱駿聲於小爾雅約注序中說「近吾鄉宋翔鳳，嘉定葛其仁，均有疏證，犂然成燦，此書有道光間原刻本，姚氏咫進齋叢書重刻本。」

㈦清譚正治小爾雅疏證——譚氏爲陽湖洪北江氏弟子，所著小爾雅疏證，胡承珙嘗爲之作序，並評介之曰：「其中訂正訛闕，扶剔疑滯，具有條理，是能得到北江先生小學之傳者。」（求是文集四卷。）

㈧清朱駿聲小爾雅約注——共一卷。自序云：「余取陶宗儀說郛，何鐘漢魏叢書，及余有丁氏孔叢子緜眇閣本，郎奎金五雅堂策檻本。陳趙鵠爾雅合刻聽鹿堂本，胡文煥百名家，吳琯古今逸史，吳永續百川，顧元慶文房本，鈞稽異同，審愼裁補，誼會其通，說反平約，仍錄爲一卷，以資循覽焉。」朱氏之書，雖不及前述諸書之豐富，亦有可觀，此書在光緒年間有刻本行世。

㈨清任兆麟小爾雅注——任氏此書，亦駁東原糾舉之失。自序云：「戴東原糾舉一二……

何通彼而昧此也。宋咸注已略。多舛訛。爰徵引經傳注之，以授來學。」（見竹有居集）全書大指，於此可見端倪。

本文作者：政治作戰學校中國文學系系主任

發表於復興崗學報卅九期

雜著論綴

呂氏春秋探微自序

余相州湯陰人，家世業農。祖義，父玉鏡，以勤儉持家，稱小康。母姬氏，生兄弟三人，余其仲也。幼時曾肄業於省立安陽初中，繼升入省立安陽高中。時值民國三十六年，共軍圍安陽，困數月不能下，城中乏食，得政府空運至河南鄭州復課。三十七年，鄭危，復隨學校流亡至江西梓樹鎮。三十八年三月，共軍渡江勢亟，世局混亂，輾轉至湖南衡陽。斯時也，共氛日熾，人心沸惶，領袖引退，中樞無主，余蒿目時艱，知河山變色在即，升學之門既無，歸家之途復絕，而國家興亡，匹夫有責，故毅然投筆從戎，於三十八年七月隨軍來臺。

來臺之始，服務八十軍三四零師，任職上等兵。時共軍以初據大陸之餘威，高唱血洗臺灣之狂調，我三軍將士，皆以守土有責，而孤島隅懸，退此一步，何覓死所之決心，於晝則勵兵秣馬，夜則枕戈待旦，兢業自勉，刻苦奮發，嚴練精訓，蓋二年有餘。民四十年秋，政工幹部學校第一期招生，余前往投考，倖被錄取，遂於是年十月入學。

入幹校後，創建伊始，闢榛蕪，琢磨革命理論，探討工作技術，爲反攻復國作基石，肩團結軍心之重任，於四十二年卒業，奉派軍中擔任政治工作，凡十有六年餘，歷任幹事，營連輔導長，組訓幕僚等職，於民國五十八年辦理軍中假退。

余軍中退伍後，年三十有九。念時值國難，家破萍飄，早歲輟學，益感學淺識陋，應世不足，何不奮此來日，以竟未成之學業，此余復學之初志也。

斯志既堅，即考入淡江文理學院夜間部英文系就讀。當攻讀之日，余無定職，收入微薄，不敷入學之資，常需官兵輔導會之資助，及親友之接濟，始能湊足，此經濟拮據之窘一也；中年慕學，側身青少，衆目訝異，驚爲不類，此精神之苦二也；晝則爲生活奔命，暮則爲課時擠車，而作業之繁重，力或不繼，此學業之苦三也。然志之向，撼山難移；經濟之拮据，正養我節儉之美德；中年慕道，愈知爲學之重要；晝夜不遑，更覺寸陰之可貴；故數年以來，恒如一日；其中憂樂，甘苦自知。所幸一分耕耘，一分收穫，而余在校之成績，竟數度列全班之冠，此餘夜讀時之大概焉。

民國六十年，淡江畢業後，以求學之門既啓，慕道之志益堅，本擬出國深造，以諸種原因之限制，深思之餘，乃決定投考國內研究所。斯時也，國內各大學，英文研究所尚未有博士班之設置。而余在淡江英語系就讀時，除修習英語系必修課程外，復選修中文系之必修課程，共修得三十六學分，遂決定投考中國文學研究所碩士班，但不幸以微分之差，竟落榜在外。遂窮全部精力，於工作之暇，自修不懈，終於翌年秋，復投考國立政治大學中國文學研究所，得錄取。所長高仲華老師，於新生入學之初，召新生點名訓勉，至余則訝謂曰：「汝是英文學系學生，因何考上中國文學研究所，而汝之入學國文成績一科，則在諸生之前，此余在錄取後翻閱汝之入學資料始知也。」先生之言，記憶猶新，對余爾後向學鼓勵甚大。蓋試卷採糊名，余初亦不識先生也。

政大是屆碩士班，共招中國文學研究組十名，目錄學組五名，共十五名（含女生四名）。

吾儕早夕相處，同窗問道，相處極爲和諧。同學輩以余年最長，見面時皆不稱余名，而以大哥呼之。弦歌琢磨之樂，令余側身群彥之中，亦忘其年歲之長也。斯後半工半讀，凡閱三載，於六十四年秋以王充思想研究一書，獲得文學碩士。復於是年秋，經考試升入博士班攻讀，終以呂氏春秋研究一書，於民國六十八年十二月十四日，在教育部舉行覆試，主試者爲臺大教授毛子水先生，考試委員則有指導老師高仲華先生、林尹先生、華仲麐先生、李鍌先生、王靜芝先生、何佑森先生，得全票通過，獲得國家文學博士。而諸考試委員，對余之研究論文，亦多加讚譽，前輩獎勵培育後進之心懷、風範有足多式。是歲余適知命之年，從余卸戎裝後，十一載之苦讀，稍得欣慰於一二焉。

余半生戎馬，生活萍飄，孑身孤零，未遑家爲，直至民國六十一年，淡江畢業後，得友人之介紹，同在越南之華僑小姐張秀蘭結爲連理，然後即育二女一子，此正值余攻讀研究所期間，既分心於學業，復操勞於謀生，雖身心交瘁，而此志未懈。所幸夫婦和樂，簞食瓢飲，能自得其甘，終能完成未竟學業。於民國六十八年冬，得政治作戰學校之聘任，歸母校任教於文史系。民七十三年秋，接長母校新成立之中國文學系主任。

拙著呂氏春秋探微，原名呂氏春秋研究，即余之博士論文也。教育部通過後，即藏之箱籠，未敢公諸世人，授課之暇，時而翻閱，字裡行間，常見訛誤，即手書正之，頓悟前賢懸壁改文之妙，蓋文章之道，如雞孵卵，如爐煉丹，錘琢之功，正不可忽。

黃君文吉，東吳大學中國文學研究所博士班畢業後，受聘任教於系內，以其學生書局出版之博士論文宋南渡詞人一書惠贈，談及余之博士論文，極鼓勵余付諸剞劂，而友好及授課諸生，平日亦多索取，以博士論文，早無存本，多所方命，今得黃君之介紹，主編人劉兆祐先生之鼎力贊助，商得學生書局之同意，交由其付梓。高師仲華弁序文於其首，黃君並助余校訂，特此一併致謝。至於是書之大旨，在緒論已有詳盡之介紹。付印之前，未能免俗，將余求學之經過贅於書端，非敢有以自眩，蓋亦前賢所云：「誦其詩，讀其書，不知其人可乎」之餘意也。

民國七十四年十一月十二日鳳台寫于屏山齋書屋

先秦八家學述自序

春秋戰國之際，百家騰踴，學說發皇，九流十家之說，並馳當世，誠中國之學術黃金時代。然世代邈遠，典籍湮沒，十家之中，惟儒、道、墨、法四家之學，不惟其書較完，而此四家諸子，亦傲然卓立千古者也。其餘諸家，其說雖存，其書殘而不全，或竟散佚，僅賴輯取他書，以見其學。而先秦雜家之學，其書雖備，然作者又不可考，其說要亦集諸家之學，而鮮少創意也。

余年少格於世亂，輟學從戎。來台後軍旅生涯，未能恣意於典籍。中歲卸戎裝，復憤志於學，游道上庠，得窺治學之門徑，先後完成王充論衡研究及呂氏春秋研究二書。而王充論衡，其學以儒、道、爲大宗，博其辯說，泛引古籍，卓立於漢代之世，以結秦子書之局。而呂氏春秋，乃不韋集賓客所著，綜百家之學，以貫治道，集成於先秦之世，以啓雜家之先聲。斯二書者，固導余寖淫先秦子籍之淵源也。

余於執教之暇，於先秦諸子之學，其好未懈。蓋諸子之學，其思富，其意創，其文宏肆，其說博辯，修之於己可以持身，用之於世可以兼善，研之於理可以啓思，運之於筆可以暢文。此其所以爲中國典籍中之瑰寶，學術淵源之林藪也。

今於先秦諸家之中，擇其八子，於儒取孔、孟、荀三家，於道取老、莊二家，於墨取其鉅子，法則取管，韓二家，蓋管則取其先導，韓則取其集成。其餘申不害、愼到、商鞅之說，不能出其外者也。斯八家者，其書完，其說備，誦研之餘，札其勝義，歷時三載，積卡盈尺，得便之暇，稽以他籍，條分而類析之，探其奧義，繹暢其說，以成此書，題其名曰先秦八家學述。

本書大旨，重在析其學而不在考其人。而八家之學，取塗雖異，旨歸則一，大要以探天道性命之奧，人生道德之倫，治人理政之本，成人化材之教。故其區目，類皆大同。惟儒家以教化爲倡，故別立教育論。老莊不以授徒爲業，其學在追求眞知之理，故曰認知論。墨家規嚴，門徒以紀律爲先，故曰紀律論。法家之學，以法治爲本，富強是尙，富則以財，強則以兵，故有法治、財經、軍事諸論，此皆就其所重以析其學，限於篇幅，非曰盡之，蓋取其大端也。疏漏之處，尙祈大雅，不吝以教之。

古籍重要目錄書析論自序

目錄學者，讀書之門徑，士人之津梁也。蓋書籍則亙古所傳，汗牛充棟；學術則流衍紛歧，千門萬戶；故載籍之浩瀚，學海之無涯，雖天生之資，累世猶不能竟其業，況其下焉者乎！而窮學之士，如欲即類以求書，因書以究學，惟在愼擇焉而已矣，此則非目錄之書不爲功也。清江藩云：「目錄者，本以定其書之優劣，開後學之先路，使人人知某書當讀，某書不當讀，則爲易學而成功且速也。」旨哉言乎！

余肄業政大中研所時，所內開設有目錄學研究課程，授課之初，余頗病其枯澀，而千章萬卷，盡是書名之排列；日以繼月，煩研著錄之體例，始猶不能達其堂奧也。其後學與日進，漸窺其要旨，方悟雖書名之微，排列實有其倫次；著錄之體例，乃目錄之緊要，何者爲優，何者爲劣，雖飽學之士，不能盡其當而略無瑕疵也，此目錄之演進，代有遞嬗，學者之見解，世有新猷，莫不以便人於林林總總之載籍中，得一擇書選書之管鑰也。自斯而後，趣興漸厚，學有餘暇，篤於鑽研，此余有志斯學之梗概也。

本書所收八篇文字，以漢隨二志始，蓋二書一爲中國目錄七略分類之始祖，一爲四部分類法定型。隋志而後，能突破七略四部分類之成法，則有鄭樵通志之藝文略。而鄭對目錄學上之貢獻，非僅分類上有其創見，其通志中之校讎略，亦爲中國目錄學理專著之濫觴。降及元代，馬端臨文獻通考中之經籍考，卷帙浩繁，其分類雖仍因隋志，鮮所發明；解題則迻錄諸家，略無創意。然元代以前，目錄體例完整之工作，不得不以其書爲考鏡源流，辨章學術之鉅編也。有明一代，焦竑之國史經籍志，雖云偉構，然於目錄之體制，多所因襲，糾繆之篇，專論前人類書之出入，此仁智之見，難爲定是，故略而不論。下迄清世，樸學風盛，士人之言論受限，古籍董理之風復熾，目錄之作，世有其人。其能卓然成家，惟朱彝尊之經義考，以專科目錄名家。四庫總目提要，則集中國古籍目錄之大成。章學誠之校讎通義則繼鄭樵校讎略後，爲中國目錄理論重放異彩。張之洞之書目答問，刪繁就簡，將學者必備之籍，縮爲一書，以便檢尋，而其有利提攜，故風行於世。本書就此八家之作，辨其作者之略歷，著書之緣起，體例與分類，或評其書之價值，或論其書之影響，或析其書之疑難，其大端同，其小支異，凡前人之論已詳而且明者，則略而不具，文雖各自成篇，義則一脈相承。讀者苟能細心玩索，則於中國古藉重要目錄之要例，可見一斑。惟學淺才迂，所見管天；八書淵廣，要義難周，尙祈大雅君子，不吝有以教之也。

王充思想析論自序

東漢異人王充，生平著論衡八十五篇，卓犖自立，不隨流俗。余在政治大學中國文學研究所碩士班就讀期間，奇其人而好其書，悉心銳思，費時二載，撰成「王充思想研究」一書，時在民國六十四年五月間事也。

畢業後繼續深造，此稿即置之箱籠，未遑暇顧，時光荏苒，瞬歷十餘寒暑矣。今年夏，得國文天地雜誌社長林君慶彰之推介，由文津出版社付之梨棗，年歲益長，愧學未進，翻閱陳篇，自悔少作。然敝帚尚知自珍，苟有一得之愚，亦可供讀者之參稽也。

付梓之初，商榷舊題於林君，林君以「王充思想析論」見告，余厚其雅意之誠，欣然同之。至於全書之要旨，緒論中言之詳矣，爰贅數語，以弁其首，是以序。

中華民國七十七年八月

晚清自強運動軍備問題之研究序

清季末造，滿清政治腐敗，中國門戶洞開，自鴉片戰爭後，喪權辱國之條約，紛至沓來，數千年閉關自守古老之中國，面臨存亡絕續之考驗。而有識之士，不得不為中國之命運，作未雨之綢繆。太平天國之翼王石達開，在起事時即曾言：「忍令上國衣冠，淪於夷狄；相率中原豪傑，還我河山。」此種沉痛之呼聲，正說明中國士人鬱抑之心情。所可惜者，太平起事諸王，其義舉雖可欽嘉，然其政事之設施，有違中國傳統之禮教，且加諸王之內訌，故終告失敗，此中士人自救之先聲也。

太平之亂平定後，清室重臣如曾左胡李之輩，鑒於內亂雖平，而外患日亟，前此鴉片戰爭與英法聯軍之役，中國之失敗，皆由於外人之科技發達，其堅甲利兵，已非我國長矛刀棍所可抵禦，故倡效法洋人，師其技巧，製造利械，以收以夷制夷之功。曾國藩在長江作戰時，目睹洋船在江面鼓輪如飛，即慨乎言之曰：「輪船之迅，洋礮之遠，在英法則誇其所獨有，在中華則震於罕見。若能陸續購買，據爲己物，在中華則見慣而不驚，在英法亦漸失所恃。」又李鴻章在曾氏屬下時，編練淮軍，其致曾之信函亦云：「每思外國用兵，口糧貴而人口少，至多一萬人即當大敵。中國用兵多至數倍。而經年積歲不收功效，實由於槍砲窳濫，若果能與西洋火器相埒，平中國有餘，敵外國亦無不足。俄羅斯日本從前不知砲法，國以日弱，自其國之君臣，卑禮下人，求得英法秘巧，槍砲輪船漸能致用，遂與英法爭雄長。中土若於此加意，百年之後，當可自立，仍祈師門一倡率之。」故由曾李諸人之倡導，並得滿清宗室重臣恭親王奕訢，與軍機大臣文祥之支持，遂在同治年間，釀成當時之自強運動，或稱洋務運動。

洋務運動之內容，以練兵、製器、造船爲重心。其後同文館之設立，海軍衙門，水師學堂之興建，北洋海軍之編煉，江南製造局，天津機器局，開平礦務局，招商局，大冶鐵工廠，漢陽兵工廠，上海織布局相繼成立，皆洋務運動之成效。然此一運動，及曾死後，李鴻章年老，恭親王奕訢亦爲慈禧所疏遠，朝廷內外更乏有力人士主持此項運動，而洋務運動所經營之海軍設施，亦在中日甲午之役，毀於旦夕，此一持續三十年之久洋務運動，遂陷於停頓狀態。而思挽救中國危亡之知識份子，終又掀起變法維新與革新運動。

回溯中國近百餘年之歷史，釀成中國歷史之巨變者，一爲洋務運動，導致中國由農業經濟社會，邁向為工業經濟社會。一為維新與革命運動，導致中國政治體制由君王專制，轉變為民主共和，而今我中華民國，雖經此百餘年之巨變，仍能屹立不搖，實由於中華民族有悠久之歷史文化，而在此種文化中孕育成長之知識份子，終能在山窮水盡無路之時，開創出其柳暗花明又一村之新境界。而在自由寶島之炎黃子孫，以蕞爾之小島，創造出世界上政治民主經濟大國之奇蹟，正是最佳之明證，此研究中國歷史所不可注意者也。

廖君和永，台灣雲林人，政治作戰學校政治系十一期畢業，畢業後曾服務空軍，後調回母校，民國六十九年來系任教，擔任中國現代史課程。平日工作勤奮，任課餘暇，孜矻不倦。尤對其所任課程，勤於鑽研。今將其歷年所蒐有關自強運動之資料，撰成晚清自強運動中軍備之研究一書，書成，問序於余，故贅數語以為之介。

田鳳台序於屏山齋書房

復興崗歷代文選序

文體之辨，遠在昔代，晉李充翰林論，摯虞文章流別，各有述作，惜其書已佚，難別梗概。至南朝劉勰文心雕龍，昭明太子文選，論文敍筆，囿別區分，可謂詳備。然文體日繁，至明代吳訥文章辨體，徐師曾文體明辨，前者區分文體為五十九類，後者竟達一百二十七種。剖析毛髮，不厭其細。詳其所類，總括詩文，或因題以立義，或古有而今亡，以之覽古今文體，則有足多助，以之備選篇誦詠，則雜而無當。至清姚曾二氏出，始條其大體，而古文辭類纂，及經史百家雜鈔，始可謂選文家之範本矣。

今日各大學中文系，皆有文選課程，或取材昭明，或範規姚曾，或由教師自酌選篇，不一而足。顧昭明之選，僅及梁前，姚曾之選，雖稱完備，然篇目繁多，且時在清代，文體之流變，至今日亦有二氏所不及者矣。本校中國文學系於民國七二年奉准設系，於文選之教材，幾經斟酌，爲顧及本校教學宗旨及環境，特選此編，以供需用。

本編由本人發凡起例，篇目之商定、及編注工作，由系內席涵靜、周小萍、黃文吉三位老師共同負責，至於編輯之大旨，已見凡例中之說明。本編成集在諸老師授課之餘暇，疏漏之處，或所不免，正待大雅之指正，及日後之修訂也。

中國文學系主任田鳳台序民國七十五年五月卅一日

復興崗國學導讀序

國學者，本國學術之簡稱。中國歷史悠久，文化淵深，欲窮前代之學術，雖伏案皓首，有不可盡者矣。然治學之道，能別其門類，明其方法，挈其綱要，通其大旨，庶幾於千門萬戶之學，源流紛雜之籍，得窺其涯涘，而知其所擇矣。

中國學術分類，源始漢代劉向，劉向撮群書要旨，著成別錄。其子歆，繼志承業，據別錄所述，類別區分，以成七略，七略者，典籍分類之始祖，而學術源流之濫觴也。惜其書不傳，賴班固漢書藝文志之傳述，得明其梗概，故欲明代學術門類，舍漢志而外，莫得究竟。其後典籍日衆，分類代有不同，直至隋書經籍志出，四部次序始定。千百年來，未曾更改，此研究國學者所宜深知者也。

顧四部之分法雖簡，然數千年來，典籍衆多，治國學者，終難盡知。而中國文學系之學子，其生於科技昌明之今日，士子之所追求者，醉心功利，無不競研新學，是以國故式微，鮮人問津，猶能窮年兀兀，爲往聖繼此絕學，其精神固有足嘉，然苟無啓迪門徑之書，亦將望洋興嘆，此所以近日各大學中文系，皆有國學導讀課程之開設也。

本校中文系成立於民國七十二年，創立伊始，百端待學，教材之編纂，尤屬首要，而此啓迪門徑之國導讀課程，更宜著其先鞭。故不揣譾陋，以成此編。惟才疏學淺，掛一漏萬，或所不免，尚望方家有以正之。

中國文學系主任田鳳台序於復興崗

復興崗中國現代文學史序

新文學運動於民國六年興起後，迄今已七十餘個年頭。當日此一運動領導人胡適與陳獨秀，雖早已作古；但此一運動的影響，使中國文學，無論在題材方面，文字表達方面，都引起了空前的蛻變，致中國文學在廿世紀，有了新的內容，新的面貌。文學的變化，套句古語說，亦如人世的變化一樣，所謂「江山代有人才出，各領風騷數百年。」

文學隨時代的演變，乃潮流的趨勢。清顧炎武的日知錄中即說：「詩文之所以代變，有不得不變者，一代之文沿襲已久，不容人人皆道此語，今且數百年矣，而猶取古人之陳言一一而模仿之，以是爲詩可乎？」顧先生的話，正是文學必需配合時代而演變的最好詮釋。

現今各大學中文系，中國文學史是必修的課程，但坊間所售教本，史料大都編纂至清代，民國以後的文學發展史料，多付闕如。對於身處大時代洪流中的中文學子，以爲如果只是一股勁兒向漢賦、唐詩、宋詞、元曲等舊史料中求鑽研，而忽略與己身息息相關新時代的文學史料，則有蔽於古而不知今的感受，學子課堂上的心聲，促成了我編此册的動機。

本册的編成，參酌了在台出版各種新學文史料，旨在提要鉤玄，使系上學子，對民國以後的文學演進，有一輪廓的認識，以彌補坊間教本的不足。文稿截止於抗戰末期。抗戰以後，大陸淪陷，文學的發展，由於兩岸政治環境的差異，各致其趣，且方興未艾，學子目睹身受，報章雜誌多所論列，若有志研究，資料蒐集容易，所以不願多贅，至於成編倉促，篇幅的限制，漏誤的地方，或所難免，尙祈方家的指正，衷心則致無盡的感激。

中華民國七十七年臘月

中國文學系主任田鳳台序於復興崗

復興崗六十八年班畢業美展專集序

人文之元，肇至太極，幽贊神明，易象爲先。庖犧畫其始，仲尼翼其終，故聖王立教，爲圖章以辨衣飾，定尊卑，識美惡，判忠慝，以穆容止，以敦俗尙，而教化興焉，故漢宣帝圖麒麟以顯功，唐太宗繪凌煙以懋績，稽諸史乘，丹青爲道，豈不大哉！降及近世，藝道不彰，贗品惑世，無視乎文彩之教，藝術之價，繪事爲邪惡所污，丹青爲魚目所混，以僞亂眞，而畫道失其準矣。

本校爲革命學府，負復興之重任，爲政教之先鋒。美術系師生，歷年孜勤於伏案，奮勵乎彩筆，欲藉乎毫端之微，轉移乎世道之鉅，爲革命大業，竭盡心力，庶幾乎滌盡僞謬，爲反攻復國大業略盡棉薄耳！

今屆六十八年班畢業畫展，喜其用意深厚，有裨世教，爰贅數語，以資嘉勉。

復興崗六十九年班畢業畫集序

藝繪之事，與天地始。溯乎玄黃色雜，方圓體分，在上則日月天之象，在下則山川舖地理之形，故雲霞呈色，有踰畫工之妙，草木發華，妙善錦匠之奇，此昊天垂象，所以導人精神於高華之域也。故聖王立教，仰則觀象於天，俯則觀法於地，近取諸身，遠取諸物，取象河洛，問數蓍龜，作易八卦，而人文生焉，此迺聖王則天之象，所以成教化者也。

原夫畫之爲道亦大矣，天造生物，峙者山，流者水，紛葩者花朶，飛走者鳥獸，而畫者獨能肖之，此繪事所以能盡天地之變也。而及其用也，則在成教化，別善惡，敦人倫，美風尚。是以旗章名則昭國制，鐘鼎刻則識魑魅，勵忠烈則圖於雲臺，獎勳爵則登於麟閣，留乎形容，以判忠邪，此繪事可與六籍同功者也。而近世繪藝，獨取其肖物運筆之巧，而遺其化世成教之功，是不明畫道之原也。

本校六十九年班藝術系學生，深知藝術乃政治作戰之利器，以滅共復國以爲己任。能窮年兀兀，孜勤伏案，思藉乎彩筆之構，以成其觸景感心，效用即見，或發人深省，激揚愛國報國情操之敷教功能，今將其畢業畫展，裒集成册，問序於余，嘉其用意誠美，故樂爲之序焉。

復興崗七十五年班畢業美展專集序

夫天地一畫室也，萬象一畫圖也，故太極肇兩儀之生，文字以象形爲始。是以聖垂教，仰觀俯察，河圖洛書，以繪呈瑞；八卦結繩，用象達意，人文之生，丹青爲功，豈不大哉。

原夫藝繪之道，其效至宏。描山川，則千巖競秀，浩渺千里；壯人物，則忠奸妍蚩，惟妙畢肖；寫花草，則萬卉爭艷，碧茵若絲；飾禽鳥，則炳蔚凝姿，翠鳥枝頭。舒靈思於尺素之上，表意象於筆墨之外，展卷淋漓，宛然在目，此其移情思，冶性靈，因繪成化者也。至若設蘭竹以譬君子，畫松梅以喻節操，龍鳳見帝王之貴，駿馬比豪傑之能，觀忠烈於雲臺，視勳爵於麟閣，此其敦人倫，明治教，與六藝同功者也。

本校爲革命學府，負復興之重任，肩政教之先鋒，七十五年班美術系師生，窮年孜吃，埋首彩案，思藉乎毫端，刺破乎鐵幕，轉移世道，滌盡僞邪。爲反攻竭綿薄，爲中興立奇功，今彙集成册，問序於余，嘉其用意美善，故樂爲之序焉。

七十五年三月於復興崗

復興崗四十週年校慶論文集序

曹丕典論論文云：「蓋文章者，經國之大業，不朽之盛事，年壽有時而盡，榮樂止乎其身，二者必至之常期，未若文章之無窮。是以古之作者，寄身於翰墨，見意於篇籍，不假良史之辭，不託飛馳之勢，而聲名自傳於後。」旨哉言乎！

古人嘗以立德、立功、立言謂之三不朽。立德之功，在於淑身；立功之效，在於淑世；然二者之彰顯，苟無立言者著於竹帛，垂於後代，亦恐隔世而漸杳也。徵諸史乘，孔子先聖，德儀萬古，見於論語；漢武雄主，功勳彪炳，著於史記；若非弟子稟筆，馬遷爲文，僅賴口耳之傳，世人亦難知之稔而述之詳也。此曹氏以文章爲經國大業，不朽盛事，信不誣也。

本校位於風光明媚之大屯山麓，景色秀麗，人傑地靈。平日弦歌不輟，乃講文習藝之所；學系林立，實人文薈萃之府。研國學外文，揚文化通友邦之好；習政治社工，舒經邦治國大綸；探政戰敵情，制敵人先機之勝；講心理革理，強統御固國大本。或寫新聞爲民喉舌，或繪美術描善醜惡。譜音樂振大漢天聲，演影劇轉移世道，操軍事充實國防，鍊體育強身健種。師生融樂，虛心問道於講堂；學習風盛，揮毫成文以立說。四十年來，著成專册，藏之名山；或發爲專論，見於報章。珠璣琳瑯，不可勝舉。

今值四十週年校慶，爰集群彥，出其所述，彙成論文專集。是集也，都二十篇，五十萬言，一以誌興學之績效，一以壽不惑之大慶。同仁等有幸參與盛舉，共襄集成，以爲誌焉。

八十一年元月六日

復興崗四十週年校慶特刊序

復興崗原係日據時代之競馬場，四十年前，斷垣殘壁、榛蕪荒涼。民國三十九年三月一日，先總統　蔣公在台復行視事，規畫中興復國之大猷，整軍建軍，以台灣爲復興基地。而建軍工作之首要，在先改革軍中政工制度，乃任命故總統經國先生爲總政治部主任。經國先生受命伊始，深思欲建立健全之政工制度，必須培養健全之政工幹部。故於民國四十年七月一日，由國防部核定成立政工幹部學校。旨在培養術德兼修、文武合一之革命幹部，以擔負起復國建國之神聖使命。至民國五十九年，本校始正名爲政治作戰學校迄今。

本校成立於國家播遷來台伊始，外則風雨飄搖，人心浮動；內則民生艱困，經費短絀；全賴全校師生，在本校創辦人經國先生精神感召下，胼手胝足，克難建校，遂使一片廢墟荊棘滿目之競馬場，成爲今日林園茂密風光秀麗之人間黌宮。

創建之初，在教教育制度上，爲因應軍中需求，一至五期學生，僅施以一年半之訓練，即派赴部隊擔任基層政戰工作。從民國四十五年六期起，改制爲專科，四十九年，復改制爲四年制大學。並先後設立革理、政戰、軍事、敵情、政治、法律、外文、新聞、美術、音樂、影劇、體育、心理、社會、中文各學系，六十三年，又設立三年制之專科部，在深造教育上，成立政治研究所博、碩士班，及新聞、外交研究所碩士班。本校之教育制度，始粲然大備。

本校爲復興基地革命思想教育之洪爐，除負責基礎教育政戰人員之培訓外，並設有多種短期班次：如預官、軍訓、譯電、心戰、保防、監察、軍樂、反情報、女青年等，舉凡政戰人員之進修、專業訓練，以及社會青年之思想陶冶，無不具備。其教育精神，以誠實爲校風，培養堅定信仰主義，熱愛國家，敢冒險、能喫苦、肯負責能忍氣之開闊、大方、忠厚、實在、徹底之革命幹部。四十年來，菁英輩出，深入社會各階層。在詭譎多變世局中，復興基地能始終社會安定，經濟繁榮成長，多賴忠貞不二強大之國防力量所致。由於本校思想教育之成功，而蜚聲國際，故異邦友人，能不辭千里之遙，來本校受教，現本校之遠朋班，尤爲明證。

回顧建校四十年來，本校稟承先總統 蔣公之正確指示，在故總統經國先生之精心擘畫，歷任校長之慘淡經營，全體師生之蓽路藍縷，披荊斬棘，將廢墟之競馬場，變為美侖美奐，重簷藻梲，弦歌不輟之黌宮學府，其間甘苦，冷暖自知，難為外人道也。

今值四十週年校慶，爰集歷年師生朝斯夕斯之生活圖片，歷屆長官校友之題詞嘉勉，彙為一册，使來參觀之貴賓校友，睹物思往，歷歷在目。一以憶往日之艱辛，一以惕來茲之共勉。本格全體師生，在歡慶之餘，更當思今日國家正處社會轉型時期，人心之阢隉，更甚往日；吾輩責任之重大，尤逾於從前，如何為國家作中流之砥柱，創造更光之未來，實責無旁貸，風雨如晦，雞鳴不已，爰誌所感，以惕共勉，是以序。

復興崗一期畢業三十五週年紀念活動邀請函

〇〇學長：

自賦驪歌，瞬屆三十五載。學長等自畢業後，各奔征程，勞心悉力，盡瘁國事。或投身軍旅，為政戰作先鋒；或獻身學校，為青年作導師；或從事新聞，伸民衆之喉舌；或譜曲成歌，振大漢之天聲；或展其彩華，描善醜惡；或獻身舞台，轉移世道；或馳騁徑場，強身健種；史跡斑斑，歷歷在目。

然歲月不居，時序如流，當年之硯友，今雖多雲散四方。而在職者仍能堅其節操，恆如一日；解甲歸里亦能各盡餘力，默默耕耘。至有爲國捐軀者，則永載青史之編；而物亡人故者，亦令人徒興昔日之慨。滄海桑田，感世事之多變，人海浮沉，念好景之難再。

今屆一期畢業同學三十五週年，特訂於四月三十日（星期六）下午二時，假我復興崗母校，舉行紀念活動暨餐會（摸彩），把臂敘舊，話久別之離情；握手言歡，憶往日之佳興，凡我學長，務望屆時撥冗參加，共襄盛聚。

鄭學稼教授行述

鄭學稼教授，福建長樂縣人，生於民國前六年，幼穎異，讀書逾常人。民國十四年，考入國立東南大學農科畜牧獸醫系，以志趣不合，改習經濟，蓋先生幼時，即以經濟學爲社會科學之基礎；而良醫濟世，遠不若從社會改革有效也。

民國十九年，先生卒業，入上海商檢驗局工作。上海乃繁華之區，人文薈萃，得與諸聞人遊，思想日啓，當時知識分子，迷醉於馬克斯主義學說，興起研究熱潮！先生潛心於社會科學之著述，蓋從此時始也。先著成「馬克斯經濟學說」，由神州國光社出版，後寫「馬克斯主義政治經濟學」，批評其勞動價值論，因生活書店編輯要其更改，遭拒出版。其他論著譯作，尙有多種，而先生此時在上海，即以工作與譯著爲業。

民國二十年，日寇侵略東北，先生目睹國事蜩螗，民生凋殘，得同鄉劉雅扶之助，東渡日本，先生赴日之目的，一則研究其經濟，一則研究其歷史，曾寫成「日本財閥史論」，以及「日本明治維新史綱」等書，歸國後復有「日本史」之鉅著，在日並鑽研馬克斯全集。民國二十四年由日歸國時曾云：「我讀馬克斯著作愈多，對馬克斯主義愈感懷疑，俟我返國前，我則可肯定把馬克斯主義作為嬰孩時代的鞋子。」

先生抵滬後，由友人之介紹，與在日本務本女中教書之吳佩華女士結婚，一生伉儷情篤，先生之譯著生活，多得照顧與扶持，直至吳女士早先生逝世為止，在滬為從事反共工作，與任卓宣、林一新、吳曼君成立眞理出版社，並著「蘇聯黨爭」與「蘇聯黨獄」，由於反共旗幟鮮明，曾遭受中共及左派分子之圍剿。稱之為「托派」及「藍衣社理論家」。

抗戰軍興，先生離滬，由汴轉武漢，後抵重慶。在此期間，先生雖屢出任公職，然時皆短暫，此後大部分時間，以從事教育與著述為主，作反共理論之鬥士，為青年學子之導師，直迄易簀之時，未嘗稍懈，先後曾任教於復旦、暨南、台大、政大、與政治作戰等學校，凡親炙其教誨者，莫不慕其樂教不倦之精神焉。

先生一生，淡於名利，著作等身。常有句云：「紫綬雖榮爭及睡，朱門雖富不及貧。」可謂其一生寫照。民國三十七年夏，曾應印尼蘇卡諾總統之聘，擔任顧問之職。民國四十七年，應邀訪問日本，在日本國會發表有關中日與亞洲問題演說，廣受日本朝野敬重。民國六十八年，榮獲英國「傑出成就獎」。民國七十一年，榮登英國「國際知識分子名人錄」。成為國際知名之學者。生平著作，約八十餘册，重要者有：「中國與日本」、「魯迅正傳」、「第三國際史」、「史達林傳」、「中共興亡史」、「列寧評傳」、「南斯拉夫史」、「共產主義之異化」等書。及即將完成之「陳獨秀傳」，而今春突患腸癌，旋入三軍總醫院割治後，回家靜養，六月間忽感舊疾復發，再延醫診治，而病情惡化，回天乏術，於民國七十六年七月十三日凌晨與世長辭。

先生有女慶子，留學美國馬利蘭大學，獲博士學位，婿莫璨，任職美國。子玉麟，媳劉淑琛女士，均成就輝煌。哲人日遠，典型猶在，爰述其生平，以誌哀思。

懷鄉長 李子平先生

鄉長李子平先生，豫省之聞人也，余幼時僅耳其名，初不識先生也。三十八年來台後，投身軍旅，與先生又緣慳一面之晤。民國六十一年十二月十日，余與留越華裔張秀蘭小姐結婚之典禮，即由子平先生擔任福證。蓋先生為本縣國大代表，誼屬鄉長，而余之識先生，由鄉兄李選民之介紹也。

余時正就讀政治大學中文研究所碩士班，先生知余隻身來台，中年由部隊退伍後，又奮志投考研究所，常鼓勵有加，每值舊曆年節，必擇日約鄉親至其家餐敍，先生健談好客，縷述家鄉風貌、人物、掌故，如數家珍，令舉座樂聽不倦，而忘海角飄零，佳節思鄉之苦。

先生來台後，與夫人王慕信女士，同為國大代表，生活不虞匱乏，本可頤養自樂，但先生公餘之暇，篤志好學，不忘讀書與著述。常從姚從吾先生習宋史，而對鄉先賢岳武穆之生平與事功，闡揚不遺餘力，所成著作多種，倍受海內外學人所推重，此不僅有光大本縣鄉先賢之功，而武穆精神之發揚，在今日大陸河山未復之時，先生大聲疾呼，倡之不倦者，其孤臣孽子之苦心，尤非局外人所能知也。

余讀博士班時，及畢業後擔任政治作戰學校中國文學系主任期間，先生每有著作發表，必寄予商酌，其謙虛情懷，令人可敬。後先生得病住院期間，密不告鄉親，直至出殯之先日，余始得其死訊，可見其律己之嚴。而余又以公務纏身，未能親赴奠祭。憾憾於心。今值其逝世週年之日，友好徵文紀念，余忝列鄉晚，念先生之流風餘澤，足多範式，哲人雖遠，典型尚在，爰紀所行，以誌不忘。

林大國醫天樹先生行狀

林公天樹(原名國材)，籍隸山東省萊陽縣，先祖景明公，父鴻文公，咸以精湛醫術聞名桑梓。於敦詩崇禮，潛心聖學之餘，兼習岐黃之術，刻意研求，頗得家學眞傳。以少年風發之姿，即行醫濟世，求診者輒起沉疴，稱揚鄉里。

抗日戰爭勝利後，舉國騰歡，奈好景不常，大好河山旋即變色。先生毅然辭家，隨流亡學校輾轉來台，於澎湖集體入伍，獻身救國大業。復於民國四十年考入政工幹部學校第一期政治學系。越三載畢業。先後歷任陸軍經理學校、工兵學校、國防醫學院、三軍大學隊教職。以學養涵富，任事勤勉，甚得長官同僚之青睞。後於民國六十二年限齡退伍，即懸壺濟世，以遂生平之志。

先生於民國五十五年參加中醫特考及格。並在國防醫學院服務七年之久，平時精研中醫外，由於耳濡目染，對西醫之理論診術，領會頗多，故能將中西醫學，融於一爐。應診之餘，歷任中醫師考試典試委員，檢覆委員，暨中國藥學會針灸研究委員會主任委員。民國七十九年，又榮膺傑出中醫師華陀金像獎之殊譽。其間曾參加美拉斯維加世界針灸大會，並被延聘分至美密西根州及加拿大針灸診病，後復應聘至西德訪問講學，其妙手回春，神乎其技之醫術，輒令人驚佩，誠可謂蜚聲國際，譽滿杏林。

唐孫思邈云：「良醫導之藥石，救之以針灸。」先生施診爲人稱道者，以結合此兩種療法，故能癒非常之疾，救人於垂危之際。常以「切」字雖居四診之末，實乃醫術權輿，故於方脈一學，有獨研之妙。凡奇病怪症，疑難疾患，一經先生診治，莫不著手回春。更於應診之暇，爲維護傳統醫學於不墜，應慕名者之請，設帳授徒，從其遊者，遍佈全球。其教學方法，析微闡奧，深入淺出，道人所未道，發人所未發，以近世醫學理念，溝通傳統醫學精髓，師生情誼，非素常之補習班可望其項背也。

近年來，由於業務日盛，中外慕名來求診者，絡繹於途，先生視病如親，無不竭心診治，廢寢忘食。尤於七十初度之辰，有完成林氏醫學三書之願。三書者，即林氏針灸學、林氏內科學、林氏診斷學。現前二書已付梓行世，林氏診斷學正在撰寫中，惜天不假年，竟於民國八十三年十二月十一日下午四時半辭世，誠國醫界之損失，亦病家之大不幸也。距生於民國五年七月三日，享壽七十有九。

先生元配李氏，育三子，長子希竹、次子希良、三子早夭，俱留大陸。來台後，於民國五十二年與林鑾女士結縭，林女士賢淑勤樸，夫妻鶼鰈情深，亦育三子。長男得玉，中興大學化學學士，現就讀北京中醫藥大學碩士班，次男本玉，台北醫學院藥學士，三男子玉，台北醫學院醫學系。古人云：「不為良相，當為良醫。」先生衣缽，傳之有人，亦可以瞑目九泉矣。良醫雖遠，典型猶在，爰錄行述，以誌哀思。

楊石卿先生傳略

楊石卿先生，諱天麟，石卿其字也。江蘇省高郵縣臨澤鎮人。生於清光緒九年（一八八三年）臘月三日，卒於民國三十三年（一九四四）五月二十八日，幼承嚴訓，乃父母五子女中唯一男丁，故獨得鍾愛。及長，受業於同里宿儒車伯起之門，以聰穎異常人，甚受青睞。早年曾應童子試，嗣因科舉廢除，入兩江高等師範學堂，以優等生卒業獲獎，引為殊榮。

先生卒業後，時值英年俊發，勇於任事，曾任縣參議員，水利研究委員會副主任委員，商會會長，任內對地方公益事業之建言籌畫，無不竭心盡慮，以繁榮地方為務。並自創滙豐錢莊——以融通市場。尤於縣學務委員任內，與高承第先生聯名建議，將臨澤鎮麗澤初小擴充升格，成為全縣第二高等小學，事成，並親撰校歌，歌詞中勉勵學生不忘「勤實」二字，蓋寓意「業精於勤荒於嬉」也。臨澤地方爾後之菁莪倍出，建設蒸蒸日上，先生之功，多不可沒。

民十五年，先生南遊，得方丈洪度高人之介，執弟子禮於騰衝李根源（印泉）先生之門。李氏曾留學日本，民初曾與蔡松坡（鍔）起義於雲南，乃民初國會政學系領袖，曾任黎元洪政府之農商總長兼國務總理，時方息影吳門，與國學大師章太炎（炳麟）先生組國學會，倡導經學研究。斯時名士經常往來李氏之門者，有章太炎，張仲仁（一慶），楊暢卿（永泰）冷禦秋（遹）等，李氏皆紹介與先生識，可見對先生之器重。由於良師益友切磋，德識日進，並為李氏編審藏書，文牘手稿，其成者有「曲石盧藏書目」。「蘇學金石錄」。又校注李氏自撰年譜「雪生年錄」等多種。在李氏之門三年，為先生治學生涯最恬適之時期。據先生自述，後李氏曾薦其出任江西泰和縣長，經堅辭未果，自應聘為津浦鐵路管理局主掌文牘，蓋為家計故也。

七七事變起，國事蜩螗，李氏示意先生南遷，先生以家中子女幼小，照顧乏人，決定離京返鄉，李氏但囑先生為國珍重。先生返鄉時，團結地方，支援抗戰。後敵陷臨澤，即閉門課讀為業，昔日先生任縣參議員同僚王君，時任縣長，親邀先生參與縣政，當遭嚴拒，唯日與臨澤文士車紹伯，韋鶴琴，鄭穀樓，賈筱齋等先生以詩人唱和，以抒發鬱抑之心情，並蓄髯以示不復出。

惟先生於日據時期，雖不問政事，然對地方公益事業，未嘗少懈，民國三十三年，臨澤人士，為整頓義倉積弊，挽先生出面董理，先生即役然受命，親冒嚴寒辛勞，免去貧民排隊鵠侯施粥之苦痛。又以其在地方之清譽人望，鄉人有遭敵偽苛擾濫捕者，無不央先生出面求情，活人無數。然與蠻橫之敵僞交涉，偶遭屈辱者有之，致憂鬱成疾終於民國三十三年逝世，享壽六十有三。鄉人感其德澤，生時多不呼其名，而代以楊四太爺之尊稱。

先生身偉岸，美丰儀，清癯瘦削，銀髯飄拂，笑容常掬面，有儒雅長者之風，深受鄉里尊敬，晚年自號髯翁。凡所作詩文，多署髯翁之鈐印其上。且工書法，仿石門頌隸字。詩文輯爲「松柏廬吟草」（手稿），著述有「同形同音字辨」（初稿），惜年荒世亂，散佚無存，誠憾事世。其在台哲嗣楊國生（原名鳳升），猶憶得其集中鄉居一首云：「炎天避暑到山家，切藕浮瓜樂事奢；最是晚涼新雨後，青草池塘夜聽蛙。」其清新洒脫之詩風，雖置之盛唐王孟集中，當無遜色。

先生育子女各三人，長子鳳翔已故，次子鳳來，三子鳳升均來台，鳳來現任職行政院人事行政局副處長，均有所成，三女鳳華，鳳安，鳳雲均留大陸，皆任教職。今值先生逝世五十週年，追懷往事，歷歷在目，哲人日遠，典型尙在，爰記所聞，永遠不忘。

林君木川雕塑集序

造形藝術，源自太古。石器肇其始，陶銅翼其終。商之甲骨，雕技之術；周之鼎彝，冶方之型。秦收天下兵器，金人見鑄工之妙，始皇不瞑地下，秦俑見塑技之奇。其後敦煌千佛，龍門石刻，皆我國造形藝術之尤著者也。

林君木川，高雄縣林園鄉人也。幼穎異，家世務農，因其出生鄉間，長於農村，對泥土有親切之感，在中學時，即醉心雕塑，思以三度空間，表現立體藝術，多次參加各項比賽，嶄露頭角，其藝術天賦，已見端倪。

民國四十七年，考取政治作戰學校第八期藝術系，得名師指導，由此藝技大進，兼融中西。畢業美展中，以「玉山雲海」國畫，得當時國防部長　經國先生之青睞，留作收藏，更以成績優異，破格留校任教。

其在校任教期間，除誨人不倦，精研藝技外，益以中西畫之基礎，專注於雕塑藝術，數十年中，未嘗少懈。目前國內外之機關學校，名勝古蹟，凡可資紀念表現風土人情之史蹟浮雕，古聖先賢名人烈士義行銅像，多出其手，作品不下百餘件，琳瑯滿目，美不勝收。凡國內足跡所至，即可見林君作品，亦非虛言。其塑技精湛細膩，刀法生動渾成，神態姿勢，栩栩如生，予人莊嚴可愛，和諧統一之美感，可謂神乎其技矣。

林君嘗言：「藝術家之責任，非爲藝術而藝術，當創作富有民族意識之健康題材，激發國民黨愛國情操，端正社會風氣。」此尤非一般自鳴清高之藝術家所可比擬。今當其雕塑集付梓之日，來請序於余，余嘉其藝精志誠，故樂爲之序焉。

民國八十四年元月文學博士田鳳台序

陸戰隊登陸演習輓沉海溺戰士輓聯

人生自古誰無死，演習死，作戰死，爲國捐軀無二致。

留取丹青照汗青，世上生，史上生，一樣英名皆長春。

通訊錄緣起

歷史與文化，乃民族繁衍之根本。中華文化，歷史悠久，博大精深，爲世界上最早之文化大國。本校於民國四十年創建之初，即設一般學科系，負責全校之國文與歷史教育，民國六十四年，使更名文史系。民國七十二年，復奉教育部令成立中國文學系，開始招收新生，本系之責任義益形重大。

回顧本系成立歷史，由全校之共同學系迄今之雙重使命，可謂艱辛備嚐，幸賴上級之正確領導，歷屆系主任汪大鑄、李少怡、陸鐵乘、張子靜、張卜庥、至七十二年曹伯恆文史系主任時；正式成立中國文學系，曹主任逾一年雖任滿交卸主任職務，然中國文學系卻於焉誕生。

中國文學系草創伊始，在師資、教材、課程調取，皆虞匱乏，又無先例可循，而軍校環境特殊，如何配合需求，達成使命，尤須困知勉行，殫精竭慮。然經歷屆師生之共同努力，無論在師資素質，教材編纂，課程安排，在本校各系中，已有蒸蒸日上之趨勢，此中國文學系至今日能弦歌不輟，有此致之也。

然格於世變與國防部之精實政策，本校所有系所，不得不作大幅度之調整，本系即在此一政策下，奉令於民國八十六年暫停招生，總計本系從民國七十二年開始招生起，至民國八十六年暫停招生止，共歷十五屆，畢業男生共計男生一九六名，女生三十四名，共計畢業生二百三十名，白雲蒼狗，世事多變，撫今追昔，難免令人有不勝唏噓之嘆。

鳳台忝列中國文學系一員，親歷本系之成立與發展，未嘗一日或離，尤幸保有歷屆同學贈與之通訊錄，今值本系有停招之議，視囊篋中所藏散置之通訓訊錄，若不及時付梓，恐將來散佚，蒐集不易，遂急商現任主任張志豪君，得其慨然應允全力協助，此冊之成，更賴助教許文恭之不眠不休，方告厥功，在此與張主任一併致感激之情。

此冊通訊錄，同學部分，係據原有各期之通訊錄，其中有部分同學，中途轉系或退學，則註明之。老師部分，專任者以中國文學成立始，兼任部分，以擔任文學系專業課日者為準。文史系以前主任或教職，或亡故，或移民，或散居他處，蒐集不易，已在緣起中序及，故從闕。或仍有遺誤，留待他日之訂正。同學手此一冊，一以通往日知情愫，一以他日天涯相逢，無論識與不試，得悉同為中華文化傳人，發揮互助合作之精神，以維護中文系傳統倫理於不墜，此尤有厚望焉。

田鳳台序於復興崗

附記自擬政戰學校中國文學系箴言

閎胸容天下物

凝神讀天下書
放手做天下事
昂首行天下路

屛山齋文集序

屛山齋者，因屋屛山而築也。修竹茂林，室蔭其下，雖夏日暑炎，得塵爽之樂。清夜靜寂，臥讀其中，可以聽山籟，可以耳蟲鳴，悄然凝慮，則思接千載；默然動容，忽視通萬古。覺人生在世，電光石灰，數千載之生命，染指而過，回首往事，已感茫然。此古人以生命爲無常，而著述可不朽也。

爲文之道，錘創最難，有著述千篇，而了無一字；有三言兩語，而成千古絕響。余暇時提筆爲文，常感述錄易，創作難。貌似易，神合難。創作者，出古人之外，述錄者，在古人之中；貌似者，得古人之形，神和者，得古人精隨，故千古著述，而將永垂久遠者，實鮮見也。

是集也，前半學術論著，多余肄業研究所時舊作，資料之彙集，得知不易，然不以此爲已足，亦常思有已見能出古人之外者，庶不致盈篇累牘，盡是古人之語言，後半之雜著，則爲文集之序言，酬應之習作，篇目雖短，下筆爲難，一語爲妥，竟日難安，爲文甘苦，可以概見。

念庸錄餘生，或忙於公務，或困於生計，登錄之稿件雖剪輯留存，無暇彙整，恐日久散佚，蒐集不易，故彙整而成册，使於付梓，維才疏學淺，書中所見，難免有敝帚自珍，野人獻曝之譏，然苟有一得之愚，或可供後之參稽。因集成斯屋中，故以題名焉。

中華民國八十一年三月田鳳台序